Bayern in der NS-Zeit VI

Herausgegeben von Martin Broszat und Elke Fröhlich

Die Herausforderung des Einzelnen

Geschichten über Widerstand und Verfolgung

Von Elke Fröhlich

R. Oldenbourg Verlag München Wien 1983

Veröffentlichung im Rahmen des Projekts »Widerstand und Verfolgung in Bayern 1933–1945« im Auftrag des Bayerischen Staatsministeriums für Unterricht und Kultus bearbeitet vom Institut für Zeitgeschichte in Verbindung mit den Staatlichen Archiven Bayerns.

Bei der vorliegenden Arbeit handelt es sich um eine Dissertation, die von der Münchener Universität angenommen wurde.

CIP-Kurztitelaufnahme der Deutschen Bibliothek

Bayern in der NS-Zeit: [Veröff. im Rahmen d. Projekts „Widerstand und Verfolgung in Bayern 1933–1945"] / [im Auftr. d. Bayer. Staatsministeriums für Unterricht u. Kultus bearb. vom Inst. für Zeitgeschichte in Verbindung mit d. Staatl. Archiven Bayerns]. Hrsg. von Martin Broszat u. Elke Fröhlich – München; Wien: Oldenbourg

NE: Broszat, Martin [Hrsg.]; Institut für Zeitgeschichte ‹München›

6. Die Herausforderung des Einzelnen: Geschichten über Widerstand u. Verfolgung / von Elke Fröhlich. – 1983.

ISBN 3-486-42411-4
NE: Fröhlich, Elke [Mitverf.]

© 1983 R. Oldenbourg Verlag GmbH, München

Das Werk ist urheberrechtlich geschützt. Die dadurch begründeten Rechte, insbesondere die der Übersetzung, des Nachdrucks, der Funksendung, der Wiedergabe auf photomechanischem oder ähnlichem Wege sowie der Speicherung und Auswertung in Datenverarbeitungsanlagen, bleiben, auch bei nur auszugsweiser Verwertung, vorbehalten. Werden mit schriftlicher Einwilligung des Verlages einzelne Vervielfältigungsstücke für gewerbliche Zwecke hergestellt, ist an den Verlag die nach § 54 Abs. 2 Urh.G. zu zahlende Vergütung zu entrichten, über deren Höhe der Verlag Auskunft gibt.

Gesamtherstellung: R. Oldenbourg, Graphische Betriebe GmbH, München

ISBN 3-486-42411-4

Inhaltsverzeichnis

Vorwort 7

Einleitung 13

   I. Zwei Münchener Kommunisten 23

   II. Der Pfarrer von Mömbris 52

   III. Ein »Volksschädling« 76

   IV. Redakteur am Starnberger »Seeboten« 115

   V. Regimekritik in privaten und anonymen Briefen 138

   VI. Ein katholischer Polizeiwachtmeister 157

   VII. Grenzfälle: Widerstand oder Verrat? 172

   VIII. Ein gelehrter Sammler 193

   IX. Die Falle für den Grafen 209

   X. Ein junger Märtyrer 228

Abkürzungsverzeichnis 258

Sachregister 260

Vorwort

Mit den gleichzeitig vorgelegten Bänden V und VI wird die Reihe »Bayern in der NS-Zeit« - nach den vorangegangenen Veröffentlichungen in den Jahren 1977 (Band I), 1979 (Band II) und 1981 (Band III und IV) nunmehr abgeschlossen. Zu den Antinomien zeitlich befristeter Forschungsprojekte gehört es, daß die Fertigstellung der Schlußarbeiten häufig unter erschwerten Bedingungen erfolgen muß. Das gilt auch für das dieser Reihe zugrundeliegende Forschungsprojekt »Widerstand und Verfolgung in Bayern 1933-1945«, dessen Finanzierung durch das Bayerische Staatsministerium für Unterricht und Kultus schon Ende 1981 auslief. Um so mehr erfüllt es den Leiter dieses Projekts mit dem Gefühl der Genugtuung und des Dankes, daß die Reihe dennoch mit nur geringfügiger Verzögerung, aber ohne Abstriche an dem inhaltlichen Programm zu Ende geführt werden konnte. Das ist vor allem das Verdienst der Mitherausgeber Elke Fröhlich und Hartmut Mehringer, die als Hauptautoren dieser beiden Schlußbände für notwendige Ergänzungen und Überarbeitungen, für Korrektur und Registererschließung ihrer Beiträge bis zur Drucklegung »bei der Stange blieben«, obwohl sie seit 1982 bereits anderen Forschungsvorhaben verpflichtet sind. Mein besonderer Dank gilt auch Klaus Schönhoven und Anton Großmann, die als Verfasser eigenständiger Studien im Band V der Reihe zur Abrundung der hier behandelten Thematik wesentlich beitrugen.

In ausführlichen Vorbemerkungen haben die genannten Autoren über die Zielsetzungen, Probleme und Quellengrundlagen ihrer Untersuchungen selbst eingehend Auskunft gegeben. Es erübrigt sich deshalb eine längere Paraphrase des Inhalts, wie sie den Bänden I bis IV mit ihrer sehr viel größeren thematischen Streubreite vorangestellt wurde.

In Erinnerung gerufen werden soll an dieser Stelle - im Anschluß an die Zwischenbilanz, die am Ende des Bandes IV gezogen wurde - aber noch einmal der thematische und methodische Stellenwert der Bände V und VI im Rahmen des Gesamtprojekts. Bei dessen Konzeption ging es zunächst darum, die engere Thematik - Widerstand und Verfolgung in der NS-Zeit - auszuweiten zur Dokumentation und Darstellung der vielfältigen Wirkungsgeschichte des NS-Regimes und der Gesellschaftsgeschichte politischen Verhaltens in ganz verschiedenen Milieus und Lebensverhältnissen. Die sieben Dokumentationskapitel des ersten Bandes, sämtlich gestützt vor allem auf vertrauliche periodische Berichte staatlicher und nichtstaatlicher Institutionen, schufen dafür eine erste Evidenz. Diese ist dann vertieft worden durch insgesamt zwanzig Untersuchungen verschiedenster Zonen des Konflikts zwischen politischer Herrschaft und Gesellschaft, die in den Bänden II bis IV veröffentlicht wurden. Auf der so gewonnenen breiten Grundlage der Darstellung keineswegs einheitlicher Betroffenheiten und Bedingungen politischen Verhaltens während der NS-Zeit galt es in den abschließenden Forschungen zurückzukommen auf die engere Thematik des Projekts: Widerstand und Verfolgung sollten dabei unter dem Gesichtspunkt einerseits der wichtigsten parteipolitischen *Gruppen* (Band V), andererseits des mehr oder weniger auf sich gestellten *Einzelnen* (Band VI) untersucht und paradigmatisch dargestellt werden.

Am meisten Immunität gegenüber dem Nationalsozialismus bewiesen, wie bekannt, bis 1933 die beiden Arbeiterparteien und das Lager des politischen Katholizismus, letzteres, in Bayern, in Gestalt der Bayerischen Volkspartei (BVP). Schon deshalb konnte sich die Darstellung des parteipolitisch motivierten Gruppenwiderstandes beschränken auf die drei Parteien KPD, SPD, BVP einschließlich der Splittergruppen und außerparteilichen Organisationen und Gesinnungsgemeinschaften, die diesen Lagern zuzurechnen sind. Die Eingrenzung auf diese drei Parteien war um so mehr zu rechtfertigen, als die in Bayern außerhalb dieser Gruppierungen – wenn auch mit mancherlei Verbindungen zur BVP – am meisten nennenswerte monarchistische und konservative weiß-blaue Gegnerschaft zum NS-Regime in den vorangegangenen Bänden dieser Reihe, vor allem in den Beiträgen von Aretin und Troll, bereits behandelt worden ist. Wenn sich im übrigen schon bei der von Klaus Schönhoven erarbeiteten Studie über die BVP deutlich zeigt, daß hier, im Gegensatz zu Kommunisten und Sozialdemokraten, von illegaler Untergrundtätigkeit nach 1933 kaum gesprochen werden kann, die Opposition oder Resistenz von ehemaligen Funktionären und Anhängern der BVP vielmehr andere Formen annahm und als Gruppenverhalten nur schwer faßbar ist, so gilt dies noch mehr für die in Bayern ohnehin schwachen bürgerlich-liberalen Parteien bzw. deren ehemalige Anhänger: Sie waren deshalb in das Sample des parteipolitischen Gruppenwiderstandes nicht einzubeziehen.

Obwohl der Grad aktiven und prinzipiellen Widerstandes und die Zahl der Opfer, die dabei gebracht wurden, über die historische Wirkung und den Bedeutungsgehalt allein noch nichts aussagen, bildeten sie doch den Maßstab für die Gewichtung und Anordnung der Beiträge zu diesem Thema. Daraus ergab sich zwangsläufig, daß die von Hartmut Mehringer verfaßten Darstellungen über die KPD und SPD in Bayern, letztere ergänzt durch die lokalgeschichtlichen Beiträge Anton Großmanns, den Kern des umfangreichen V. Bandes bilden. Das bisher zusammenfassend überhaupt nicht und auch regional und lokal erst schwach erforschte Feld der Geschichte des Widerstandes und der Verfolgung der sozialdemokratischen und kommunistischen Arbeiterbewegung in Bayern während des Dritten Reiches ist durch diese Studien intensiv beackert worden, wobei auf einige andere im Rahmen dieses Projekts erarbeiteten lokalgeschichtlichen Untersuchungen (vgl. vor allem die Beiträge von Tenfelde und Hetzer in Band III und IV dieser Reihe) mit Gewinn zurückgegriffen werden konnte. Das Leitmotiv des ganzen Projekts, über die parteipolitisch tradierten Einstellungsmuster und weltanschaulichen Motivationen hinaus Milieu- und Kommunikationsbedingungen von Widerstand transparent zu machen, blieb auch für diese Studien maßgeblich, die deshalb mehr sind als Organisations- und Akionsgeschichte sozialistischer Untergrundarbeit und ihrer in der Regel brutalen Zerschlagung. Um das soziale Profil der beiden Arbeiterparteien in Bayern und ihres Umfelds in dieser Zeit trotz der in dieser Hinsicht besonders schlechten Quellenlage ansichtig zu machen, waren ausführliche historische Rückgriffe bis auf die Zeit vor dem Ersten Weltkrieg erforderlich. Dem gleichen Zweck dient die Annotation biographischer Daten zu der Fülle der Namen von Aktivisten und Opfern. Sie bilden, ebenso wie die beiden Exkurse auf der Basis der Würzburger Gestapo-Akten im zweiten Teil des V. Bandes, eine Grundlage auch für eine Soziologie kommunistischen und sozialdemokratischen Widerstandes. Von einem anderen Aspekt her, nämlich der lokalgeschichtlichen Ausprägung des von Ort zu Ort verschiedenen Milieus, der politischen »Kultur« und des gesellschaftlichen Ansehens der Repräsentanten der Arbeiterbewegung, ist diese Perspektive einer historischen Soziologie von Widerstandsbedingungen auch in den Beiträgen Anton Großmanns über ausgewählte sozialdemokratische Ortsvereine Bayerns aufgenommen worden.

Die in Band V zusammengefaßten Untersuchungen über die beiden Arbeiterparteien und die BVP ergeben aus zugleich politikgeschichtlicher und sozialhistorischer Sicht deutliche Konturen eines für die drei Parteienlager durchaus unterschiedlichen Widerstandstypus: aufopferungsvolle, nicht selten verwegene und bedenkenlose, auch durch schärfsten Terror lange Zeit nicht stillzustellende Untergrundaktivität von Kommunisten, wurzelnd in einem schon vor 1933 entstandenen Potential radikalen politisch-sozialen Protests gegen die etablierte Herrschaft; daneben die eher passive, attentive Oppositionshaltung von Sozialdemokraten, mehr charakterisiert durch erstaunliche Unverführbarkeit im Meer der bürgerlichen Anpassung als durch riskante illegale Aktionen; und wiederum ganz anders die auf gesellschaftlich-wirtschaftliche oder kirchliche Rückhaltspositionen gegründete Immunität und Resistenz im Lager des politischen Katholizismus. Die Frage, ob aus solchen unterschiedlich gelagerten Möglichkeiten, sich zu behaupten, tatsächlich aktiver Widerstand oder wirksame Opposition hervorging, führt aber fast immer in die Biographie einzelner Personen und leitet über zu Elke Fröhlichs ausgewählten Geschichten individuellen Widerstandes in Band VI dieser Reihe.

Die Mühsal oft auch ergebnislos gebliebener Quellenrecherchen und Befragungen, die die Erarbeitung dieser »Geschichten« zur Voraussetzung hatte, ist in deren Darbietung mit Absicht verborgen worden zugunsten einer eindringlichen Erzählform. Die schon in einem sehr frühen Stadium der Projektüberlegung entstandene Absicht, unterschiedliche Bedingungen und Motivationen des Widerstandes nicht nur strukturgeschichtlich evident zu machen und in Begriffe zu fassen, sondern auch biographisch und erzählerisch nahezubringen, ist in diesem abschließenden Band verwirklicht worden. Die einer größeren Öffentlichkeit und innerhalb des historischen Schrifttums meist ganz unbekannt gebliebenen Fälle, die Elke Fröhlich aus entlegenen Akten oder zugeschütteten Erinnerungen zutage gefördert hat, zeigen, wieviel dramatisches Geschehen sich hinter den Stichworten »Widerstand und Verfolgung« auch außerhalb der in der Geschichtsschreibung kanonisierten großen Beispiele, etwa der Akteure des 20. Juli 1944, der »Weißen Rose« oder der »Roten Kapelle«, verbirgt. So wenig »heroisch« die meisten der in diesen Geschichten erzählten Schicksale und Handlungen sind, so menschlich berührend sind sie gerade deswegen. Bei aller Konditionierung durch Herkommen, Erziehung, Milieu und Erfahrung gibt es überall in ihnen einen Punkt, wo diese überindividuellen Bedingungen umschlagen in höchstpersönliche Entscheidungen und Handlungsentladungen, die nicht selten querstehen zu den Maßstäben zumutbaren, adäquaten Oppositionsverhaltens. Dabei wird auch deutlich, was die jeweils von Einzelnen ausgehenden moralischen Handlungsimpulse des Widerstandes in deren sozialem Beziehungsnetz, nicht selten auch bei den Verfolgern, auszulösen vermochten und wie sehr es innerhalb der Gesamtgeschichte des Widerstandes auf diese individuellen Anstöße ankam. Die relativ große Zufälligkeit der Entdeckung, auch des Maßes der Verfolgung und ihres glücklichen oder unglücklichen Ausgangs, von dem diese Geschichten Zeugnis geben, offenbart, wie unkalkulierbar die Folgen entschieden oppositionellen oder nur nonkonformen Verhaltens waren. Diese Unberechenbarkeit des Risikos ist sicher geeignet, die bei unseren Formulierungen über wichtige Erkenntnisse des Projekts verschiedentlich aufgestellte Behauptung der Möglichkeit zumutbaren Widerstandes im Dritten Reich mit Vorbehalten zu versehen. Sie ermöglichte aber auch weit über das Maß des Zumutbaren hinausgehende Widerstandsaktivitäten unterhalb der Schwelle bewußten Märtyrertums.

Dabei zeigt sich aber auch: Freigewählter Entschluß zum Widerstand, der optimistisch und mutig auf Ansteckungswirkung und politischen Erfolg setzte, war nicht gänzlich grundlos, aber die Ausnahme, Widerstand als Reaktion auf vorher erlittene Demütigung oder Verfolgung, d. h. aus einer schon vorgegebenen Diskriminierung oder Außenseiterposition heraus, war dagegen die Regel. Individuelles Aufbäumen gegen solche Verwundungen, vielleicht das stärkste Motiv individuellen Widerstandes überhaupt, berührt sich hier aufs engste wiederum mit dem Sozialen, mit dem Bedürfnis bestimmter (sozialer, politischer, weltanschaulicher) Gruppen, ihre vom NS-Regime zerstörte oder schwer beschädigte Respektabilität wiederherzustellen. Das Bedürfnis, die Ehrenhaftigkeit der eigenen Überzeugung durch entsprechend waghalsige, aufopferungsvolle illegale Aktivitäten zu bekunden, war häufig Zweck an sich, neben und unabhängig von den politisch-programmatischen Rationalisierungen, die die illegale Parteistrategie solchem Aktionismus unterlegte.

Individuelle und überindividuelle Motivation des Widerstandes, das zeigen die Beiträge in den Abschlußbänden dieser Reihe, lassen sich zwar sinnvoll unterscheiden, aber nicht strikt trennen. Ohne jeden Gruppenrückhalt war Widerstand kaum möglich und seine Schwäche insgesamt vor allem eine Folge der vom NS-Regime mit Erfolg bewirkten sozialen Isolierung gegnerischer oder nonkonformer Gesinnungen. Das vor allem im deutschen bürgerlichen Mittelstand erkennbare geringe Vermögen, soziale Isolierung auszuhalten und zu respektieren, und der starke soziale Konformitätsdruck innerhalb der deutschen bürgerlichen Gesellschaft, durch geschichtliche Traditionen und vorangegangene soziale Krisen und Krisenängste verstärkt, sind offenkundig wesentliche außerpolitische Gründe, die bei der Erklärung sowohl der großen Wirkung totalitärer Erfassung und Kontrolle durch das NS-Regime wie der Geringfügigkeit riskanten Widerstands im Dritten Reich in Anschlag zu bringen sind. Dem entspricht es auch, daß am ehesten im Milieu der von sozialistischen Traditionen bestimmten Arbeiterschaft, im noch stark ländlich traditionellen katholischen Milieu und daneben auch in aristokratischen oder künstlerisch-intellektuellen Zirkeln mit stark ausgeprägten besonderen Lebensgewohnheiten Potentiale der Resistenz gegenüber dem Nationalsozialismus lagen.

Mit den nunmehr vollständigen Veröffentlichungen der Reihe ist – bezogen auf Bayern –, so hoffen die Herausgeber, ein zwar gewiß nicht vollständiges, aber doch sehr dichtes, vielfältiges und vor allem realistisches Bild der Geschichte von Widerstand und Verfolgung während des NS-Regimes erstellt worden. Als ein Versuch, dieses Geschehen in seinen konkreten alltagsgeschichtlichen Zusammenhängen aufzuspüren und deshalb auch besser nachvollziehbar zu machen, haben schon die bisher veröffentlichten Resultate des Projekts erfreuliche Resonanz erfahren und auch manche Nachahmung angeregt. Den Herausgebern und Autoren wie den Projektförderern und -partnern, dem Bayerischen Staatsministerium für Unterricht und Kultus und den Staatlichen Archiven Bayerns, denen an dieser Stelle noch einmal herzlich zu danken ist, kann kein schönerer Lohn zuteil werden als der, daß sich die Bände dieser Reihe auch in Zukunft behaupten als ein grundlegendes Werk zur politischen Gesellschaftsgeschichte der NS-Zeit.

München, im Mai 1983   Martin Broszat

Einleitung

Den Widerstand in der NS-Zeit von seinen – im weitesten Sinne – *gesellschaftlichen* Bedingungen her zu erfassen, war ein wesentliches Ziel des Forschungsprojekts, dessen Ergebnisse in dieser Reihe vorgelegt worden sind. Daran wird auch in den folgenden Beiträgen festgehalten. Aber die Widerstandsgeschichten, die hier erzählt werden, stellen jeweils einzelne Personen und ihr Verhalten in den Vordergrund. In bewußtem Kontrast zum kollektiven Widerstand in mehr oder minder organisierten Gruppen aus dem Lager nichtnationalsozialistischer (kommunistischer, sozialdemokratischer, katholisch-politischer) Gesinnungsgemeinschaften, die den Gegenstand des voranstehenden Bandes bilden, geht es im Folgenden um den individuellen Widerstand in seinen unterschiedlichen Ausdrucksformen. Die Herausforderung des *Einzelnen* ist das Thema dieses Buches.

Die Hauptfiguren der folgenden Geschichten werden dabei aber nicht isoliert. Es war vielmehr das Ziel, ihre biographische Porträtierung und die Schilderung ihres Verhaltens und Schicksals zu verbinden mit einer mehr oder weniger weitgehenden Rekonstruktion ihres Umfeldes unter Einbeziehung einer Reihe von Nebenfiguren, von Neben- oder Parallel-Handlungen als Spiegelungen, Brechungen oder Kontraste des Hauptstranges der Geschichte. Wenn auch gruppiert um bestimmte Personen, können die mit solcher Zielsetzung multiperspektivisch angelegten Geschichten als ein Ensemble lebens- und situationsgeschichtlicher Ausschnitte und Variationen der vielfältigen »großen Geschichte« des Widerstandes und der Verfolgung in der NS-Zeit angesehen werden.

Sie bestehen sämtlich aus bisher gänzlich oder fast gänzlich unbekannten Fällen, die aus oft entlegenen Akten und anderen Quellen-Überlieferungen erschlossen wurden. Wenigstens einige von ihnen sind auch ein Zeugnis dafür, daß sich den bekannten Denkmälern aktiven persönlichen Widerstandes während des Dritten Reiches, an denen die geschichtliche Erinnerung in Literatur, Funk, Fernsehen, Film und Gedenkreden immer wieder festhält, kaum weniger eindrucksvolle, bisher verborgene Fälle ungewöhnlich mutigen und tapferen Widerstandes an die Seite stellen lassen, wenn entsprechende Anstrengungen gemacht werden, sie aus der Vergessenheit zurückzuholen. Das Bildkräftige der folgenden Geschichten kann vielleicht dazu beitragen, das geschichtliche Bewußtsein von dieser Zeit um einige weitere Beispiele bemerkenswerter Menschen und ihres Verhaltens zu bereichern.

Allerdings war es am wenigsten unsere Absicht, Monumente des Widerstandes additiv zu vermehren oder gar eine exklusive bayerische Galerie solcher Denkmäler zu errichten. Es geht bei den folgenden Geschichten im Gegenteil darum, nicht bei der Erzählung der res gestae stehenzubleiben, die – für sich genommen – das Außerordentliche, kaum Vergleichbare besonders herausstellen würde, vielmehr die Berichte auszudehnen auf alle erkennbaren Voraussetzungen, Anlässe, Umstände und auch Widersprüche des individuellen Verhaltens, um so nahe wie möglich heranzukommen an den Kern der Psychologie und Motivation, die solches Widerstandshandeln bestimmten.

Neuere und ältere Forschungen und Kontroversen zu dem Thema konzentrieren sich vielfach auf die Frage, wie nur begrenzt oder wie fundamental oppositionell – in politischem Denken und Zielsetzungen – die eine oder andere namhafte Person des Widerstandes eigentlich und tatsächlich gewesen sei. Demgegenüber gibt es vergleichsweise wenige vorbehaltlose Versuche, das so oder so gelagerte Widerstandsverhalten des Einzelnen aus der realistischen Erfassung und Beschreibung des individuellen Lebens- und Erfahrungszusammenhangs heraus als menschlich nachvollziehbares Verhalten in einer bestimmten Situation verständlich und plausibel zu machen. Der moralisch legitimatorische Anspruch des Themas erdrückt oft die Realistik seiner historischen Reproduktion.

Die folgenden Berichte versuchen statt dessen, schon aufgrund der Bandbreite sehr verschiedenartig gelagerter Fälle, gerade dies zu erreichen: das Verständlichmachen von Lebensprägungen, Veranlagungen, anerzogenen Einstellungen, Umwelteinflüssen, Interessen, oft verzweifelten Lebenslagen und (als ihre nicht seltenen Folgen) auch mancher moralischen Gebrochenheit, besonderen »Reizung« oder nur selektiven Wahrnehmungsfähigkeit. Faktoren, die allesamt mitbestimmend und mitauslösend sein konnten für Handlungen und Verhaltensweisen, die zu Widerstand und Verfolgung führten. Erst aus der realistischen Wiedergabe alles dessen läßt sich Einsicht vermitteln in die Verschränkung überindividueller Bedingungen mit höchst persönlichen Impulsen, aus der heraus auch exzeptionell mutiges Widerstandsverhalten entsprang. Das »Heldische« verliert sich dabei, das respektable Menschliche tritt um so deutlicher hervor. Damit ist auch bereits angedeutet, warum für die folgenden Beiträge bewußt die Erzählform – ohne allen Ballast gelehrter Anmerkungen – gewählt worden ist.

Im Verlauf der – seit nunmehr rund 15 Jahren – verstärkt in Gang gekommenen Diskussionen über das angebliche oder wirkliche Theoriedefizit der Geschichtswissenschaft ist lange Zeit in Vergessenheit geraten, daß das Erzählen von Geschichten nicht nur seit altersher die selbstverständliche Ausdrucksform der Historie gewesen ist, ehe diese seit dem 19. Jahrhundert sich ihrer Wissenschaftlichkeit im Vergleich zu Natur- und Sozialwissenschaften stärker versichern mußte.

Das gewiß auch Ungenügende des historischen Verstehens als alleiniger Legitimation der Geschichte als Wissenschaft hat die Frage nach der Verallgemeinerungsfähigkeit historischer Erkenntnisse, nach ihrer Begriffsfähigkeit, ohne die zumal Strukturgeschichte nicht auszukommen vermag, mit gutem Grund nachdrücklich stellen lassen. Gerade aber von sozialgeschichtlichen Erkenntnisinteressen her ist dabei schließlich in den vergangenen Jahren, nach manchen auch enttäuschenden Ergebnissen großangelegter quantitativer historischer Sozialforschung, der Blick wieder freier geworden für die paradigmatische qualitative Sozialgeschichte, einschließlich der Lokal-, Milieu- und Lebensgeschichten, und des erzählerischen Elements solcher Historiographie.

Dieser wiedergewonnenen positiven Einschätzung des »narrativen Elements« in der Geschichtswissenschaft, auch als eines Mittels, um Strukturen ansichtig zu machen und Begriffe bilden zu helfen, folgt unser Vorhaben. Und es lag naturgemäß besonders nahe, das erzählerische Stilmittel, neben den dokumentarischen und analytisch-monographischen innerhalb dieses Projekts, auf die mühsam recherchierten Fälle individuellen Widerstandes anzuwenden. Die Verfasserin vertraut darauf, daß die Evidenz der folgenden Geschichten die Methode legitimiert, daß das erzählerische Verweilen im biographischen, lokalgeschichtlichen, handlungsgeschichtlichen Detail nicht als Episoden-Liebhaberei und Selbstzweck mißverstanden wird, die erzählten Geschichten vielmehr geeignet sind, Konturen für Typologisierungen und Begriffsbildungen zu liefern. Wenn solcher Anspruch auf Darstellung von Geschichte durch das Erzählen von Geschichten auch nur einigermaßen eingelöst werden soll, ist freilich eine ausreichende Breite, eine genügende Variation der Fälle, die dabei zu Wort kommen, erforderlich. Ehe wir darauf – d.h. auf die Auswahl und Zusammenstellung der folgenden Geschichten – näher eingehen, ist aber zunächst von ihrer Erarbeitung zu berichten.

Wenn es darauf ankam, bisher unbekannte Fälle exzeptionellen individuellen Widerstandes, aber auch Beispiele »kleiner« Fälle von Nonkonformität, Resistenz oder Opposition so anschaulich wie möglich zu erzählen, um ihre Voraussetzungen und Anlässe faßbar und verständlich zu machen, dann konnte das in aller Regel nur möglich sein, wenn in den überlieferten schriftlichen Quellen der NS-Zeit, vor allem den amtlichen Akten in den bayerischen Archiven, sich ungewöhnlich gut bezeugte »Fälle« dieser Art fanden. Denn gestützt allein oder vorwiegend auf die Erinnerung von so oder so Betroffenen war nach so langer Zeit ein authentisches, gesichertes Bild nicht mehr zu erwarten, zumal einige der Hauptakteure ihr Verhalten mit dem Tode zu büßen hatten. Wer solche amtlichen Akten kennt, weiß aber, daß sie, bedingt durch den speziellen und nur zeitweiligen Zweck der behördlichen Aktenführung, auch im günstigen Falle – z.B. bei Personen- oder Prozeßakten – meist nur wenige schwache Anhaltspunkte und kleine Ausschnitte der persönlichen Geschichte liefern. Ausreichende biographische oder gar psychologische Details, Informationen über lokale Kleinergebnisse und situationsbedingte Umstände, die bei unserem Vorhaben in jedem Einzelfall besonders interessieren mußten, konnten in den erfreulicherweise erhalten gebliebenen Tausenden von Personen-Akten, z.B. der Staatsanwaltschaft beim Obersten Landesgericht und beim Sondergericht München oder der Gestapo-Stelle Würzburg, wie in den Zehntausenden von einschlägigen Akten des Bayerischen Landesentschädigungsamtes oder der bayerischen Spruchkammern, die nach 1945 angelegt wurden, nur zufällig, im seltenen Ausnahmefall, entdeckt werden. Und vor allem, es gab nur sehr begrenzte Möglichkeiten, solche Fälle systematisch zu suchen. Die Verfasserin war in der wissenschaftlich wenig beneidenswerten Lage, die genannten und andere umfangreiche Quellenmassen in zahlreichen Archiven auf »Verdacht« hin durchzusehen. Sie war abhängig vom zufälligen Auffinden ausnahmsweise dicht bezeugter und auch inhaltlich genügend ergiebiger, aussagekräftiger Fälle. Dabei ergab es sich oft, daß ein solcher »Fund« zunächst nur schwache Konturen eines vielleicht einschlägigen Falles erbrachte, und erst Zusatzrecherchen an anderen Quellenfundorten, dann auch Befragungen, Korrespondenzen mit ehemaligen Zeugen u.a., allmählich Stück für Stück der »Geschichte« lieferten, oder – vielfach auch – enttäuschender Anlaß wurden, die weitere Suche aufzugeben. Um es kurz zu machen: Der zur Rekonstruktion der folgenden Geschichten erforderliche Such-, Erkundungs- und Arbeitsaufwand war überdurchschnittlich groß, vergleicht man ihn mit der historischen Erforschung eines bestimmten, quellenmäßig begrenzten und zielstrebig verfolgbaren Themas.

Jeder der folgenden Geschichten ist ein Anhang »zum Quellenhintergrund« beigefügt, der im einzelnen Auskunft gibt über diese Recherchen. Er soll als eine Art knapper Werkstattbericht wenigstens andeutungsweise auch über manche bemerkenswerte Erfahrungen informieren, die dabei gemacht wurden und die sich mitunter zu einer eigenen aufregenden Geschichte entwickelten.

Besonders erfreulich war, daß es in einer ganzen Reihe von Fällen, die in den Akten ausfindig gemacht wurden, trotz des großen Zeitabstandes gelang, Kontakte mit noch lebenden Haupt- oder Nebenfiguren der geschilderten Ereignisse oder wenigstens mit weiter abseits stehenden, aber gut informierten Zeit-Zeugen aufzunehmen und im Laufe vieler, oft stundenlanger Gespräche, aber auch ganz punktueller mündlicher oder schriftlicher Befragungen viele Einzelheiten und »Imponderabilien« zu erfahren, die zur Bewertung und Skizzierung von Personen und Ereignissen außerordentlich wertvoll waren und ohne die manche der Geschichten gar nicht hätten geschrieben werden können. In allen hier erzählten Fällen aber war das aus der NS-Zeit oder unmittelbaren Nachkriegszeit stammende schriftliche Quellenmaterial so dicht, daß eine unkontrollierbare Abhängigkeit der Verfasserin primär oder gar allein von nachträglichen Erzählungen der Beteiligten nicht eintrat. Die Notwendigkeit kritischer Überprüfung gerade auch solcher mündlichen Zeugnisse gehört im übrigen zum Handwerkszeug zeitgeschichtlicher Quellenkritik und braucht deshalb hier nicht besonders erläutert zu werden.

Den mühsamen Prozeß der Quellen-Suche und ihrer kritischen Bewertung, das Abwägen des Für und Wider bei der Erklärung und Deutung von Personen und Vorgängen in die Darstellung selbst mithineinzunehmen oder Abschnitt für Abschnitt durch Anmerkungen zu annotieren, wie dies normalerweise in wissenschaftlichen Abhandlungen geschieht, das hätte den »Fluß« der Erzählung empfindlich gestört. Deshalb wurde darauf generell verzichtet. Die aus den Inhalten, Gegenseitigkeitsbeleuchtungen, oft auch Widersprüchen der Dokumente und Aussagen in methodisch exaktem Bemühen um gesicherte Erkenntnis schließlich entstandenen Einschätzungen wurden als Ergebnis der Forschung statt dessen erzählerisch »umgesetzt« und die Spuren der vorangegangenen Kärrnerarbeit bewußt getilgt. Gegenüber allen denjenigen Lesern, die sich dafür interessieren, ist die Verfasserin selbstverständlich bereit, über ihre Angaben »zum Quellenhintergrund« hinaus, genaue Auskünfte zu geben, auf welcher Material- und Informationsgrundlage die einzelnen, in den Geschichten aufgeführten Fakten und in ihnen enthaltene Deutungen beruhen.

In einigen wenigen Geschichten, in denen die Intimsphäre von Haupt-und Nebenfiguren durch die erzählte Geschichte unvermeidlich berührt werden mußte und begründete Bedenken bestanden, daß die Betreffenden oder ihre Anverwandten sich deswegen gerechtfertigt verletzt fühlen könnten, wurden die echten durch fiktive Namen ersetzt (diese sind zur Kenntlichmachung kursiv gesetzt).

In acht der folgenden zehn Kapitel wird jeweils *eine* zusammenhängende Geschichte, wenn auch, wie bereits aufgeführt, oft unter Einschluß von vergleichbaren oder damit in Verbindung stehenden Nebenhandlungen und mitunter mit mehr als nur einer Hauptfigur erzählt. In den anderen zwei Kapiteln (V und VII) sind das einemal vier, das anderemal zwei an sich selbständige Geschichten zu kleinen Fall-Gruppen zusammengefaßt worden. Mithin enthält der Band insgesamt 14 individuelle Geschichten zum Thema Widerstand und Verfolgung. Der unterschiedliche Umfang ergab sich zum Teil aus der größeren oder geringeren Dichte der Quellenüberlieferung, vor allem aber auch aus dem Gewicht oder der Bedeutung des jeweiligen Falles, der eine ausführlichere oder weniger intensive Auslotung und Darstellung des persönlichen, lokalen oder sonstigen Hintergrunds angezeigt erscheinen ließ. So mußte z. B. die biographische Porträtierung unentbehrlich sein, wenn es darum ging, die außerordentlich mutigen und riskanten Widerstandsaktionen der Münchener ehemaligen Kommunisten Eisinger und Meier (I) oder des Ansbacher katholischen Studenten Robert Limpert (X) zu schildern, während dieser Aspekt unerheblich war in einem exemplarischen Fall der Verfolgung wegen unerlaubter Beziehungen mit Kriegsgefangenen, wie er hier aufgrund eines besonders spektakulären Vorkommens in der oberbayerischen Kleinstadt Bad Aibling herausgegriffen wurde (VII). Ähnlich kam es auf die Rekonstruktion der lokalgeschichtlichen Szenerie und des örtlichen Milieus, die in einer Reihe unserer Geschichten ausführlich wiedergegeben worden sind, vor allem an, wenn es galt, den Resonanzboden individueller Oppositionshaltungen sichtbar zu machen, wie bei der Darstellung der von einem Pfarrer angeführten Volksopposition im unterfränkischen Dorf Mömbris (II) oder des resistenten Verhaltens eines Polizeibeamten und Staatsanwalts im katholischen Eichstätt (VI).

Die Zahl der auf solche Weise erzählbaren Geschichten ist, wenn man den Maßstab der exzeptionell guten Überlieferung schriftlicher Quellen anlegt, sicher begrenzt und ließe sich auch durch noch weitergehende Recherchen nicht sehr stark vermehren. Aber sie ist durch unsere Zusammenstellung dennoch nicht ausgeschöpft. Diese ist vielmehr bis zu einem gewissen Grad zufällig. Die Lückenhaftigkeit der Quellenüberlieferung infolge nationalsozialistischer Selbstzerstörung, der Kriegseinwirkungen und sonstiger Umstände, die vermutlich die Erinnerung an manche vergleichbaren Fälle unwiederbringlich zugeschüttet hat, sei nur als *ein* Grund dieser Zufälligkeit erwähnt. Von den Fällen des weniger spektakulären Widerstandes des »kleinen Mannes«, von denen wir einige herausgegriffen haben, die sich unter die Stichwörter »Defaitismus«, »Heimtücke«, »Wehrkraftzersetzung« rubrizieren lassen (vgl. vor allem Nr. VIII und IX), enthalten die Akten dagegen ähnliche Beispiele in Hülle und Fülle; hier stellt sich für die Nacherzählung meist nur das schon genannte Problem, daß aus der Quellenüberlieferung bloß wenige, rudimentäre Faktenangaben zu gewinnen sind.

Abgesehen von den Zwängen dieser Quellenlage waren für die Auswahl und Zusammenstellung der folgenden Geschichten auch typologische Erwägungen maßgeblich, wenngleich das hier vorgestellte »Sample« methodisch gesicherte Repräsentativität naturgemäß nicht beanspruchen kann. Letzteres auch nur anzustreben, war von vornherein unmöglich. Die Vielzahl der Gesichtspunkte, die dabei zu berücksichtigen gewesen wären (gleichmäßige regionale Streuung, angemessene Berücksichtigung von Alters-, Konfessions-, Sozial-Gruppen, aber auch von Institutionen oder zeittypischen Konflikt- und Fallgruppen in den verschiedenen Zeitphasen des Dritten Reiches u. a.) hätte eine mehrfache Multiplikation der Zahl der hier erzählten Geschichten erforderlich gemacht. Und die Erarbeitung hätte nicht nur die Grenzen des quellenmäßig Möglichen überschritten, sondern auch die Arbeits- und Zeitressourcen, die dem Projekt zur Verfügung standen, wie – vermutlich auch – die Aufnahmekapazität des Lesers und die Finanzierbarkeit entsprechender Veröffentlichungen.

So bleibt zwangsläufig das Ensemble der im Folgenden erzählten Geschichten eine locker gefügte Anthologie zu dem Thema, aber keine unbegründete. Wenngleich die

Quellenlage manchen zunächst bei der Konzeption des Vorhabens verfolgten Absichten unübersteigbare Hindernisse in den Weg stellte, so erfolgte doch der Entschluß, diesen oder jenen »Fall« in die Sammlung dieser Geschichten aufzunehmen, jeweils aus guten historischen Gründen und nicht nur aus Quellenopportunismus oder wegen der Farbigkeit einer »story«. Die Archiv- und Aktenkenntnis aus langjährigem Umgang mit dem in Bayern überlieferten Schriftgut von Polizei, Justiz, Bezirksämtern, Regierungen, Parteidienststellen, kirchlichen Behörden u. a. aus der NS-Zeit sowie der NS-Prozesse, der Spruchkammern und Entschädigungsämter der Nachkriegszeit vermittelte der Verfasserin einen ziemlich genauen Überblick über die relative Häufigkeit bzw. Seltenheit bestimmter einschlägiger Fälle und ihre inhaltliche Variationsbreite. Es entwickelte sich vor allem auch ein »Gespür« für die seltenen Ausnahmen besonders plastischer, mehrdimensionaler Überlieferung eines Falles und seiner Erzählbarkeit. Die Kenntnis dessen, was die große Masse der unveröffentlichten Quellen enthält, bildet die Basis dieser Auswahl-Sammlung, bei der sich für jeden Einzelfall ziemlich genau bestimmen läßt, ob und in welcher Hinsicht er singulär ist oder ein exemplarisches Beispiel vieler ähnlich gelagerter Fälle. Wenigstens andeutungsweise sind dazu in den Geschichten selbst oder in den Bemerkungen über ihren Quellenhintergrund entsprechende Angaben gemacht worden.

Aber auch dort, wo die Einzelgeschichte deutlich als Beispiel einer häufig vorkommenden »Fallgruppe« von Opposition oder Nonkonformität gekennzeichnet ist, bleibt sie in ihrer Modalität natürlich singulär. Und die vergleichende Betrachtung offenbart die engen Grenzen von Verallgemeinerungen und Typologisierungen. Das gilt schon für die konventionelle Unterscheidung zwischen bewußt politischem, aktivem Widerstand und den vielerlei »Kleinformen« der mehr partiellen und weniger riskanten Opposition. So gehört z. B. die illegale Aktivität der beiden schon genannten Münchener Kommunisten, die auf sich allein gestellt, etwa zur gleichen Zeit wie die Geschwister Scholl, Anfang 1943 Kampfflugblätter gegen den verbrecherischen Krieg des NS-Regimes selbst herstellten und in erheblicher Zahl verbreiteten, ebenso in die erstgenannte Kategorie wie die mutige Tat des jungen Limpert zur Beendigung der Kriegshandlungen in Ansbach, dessen Geschichte den Abschluß unserer Sammlung bildet. Dem steht, was die kämpferische Entschlossenheit betrifft, die Geschichte des Falles Obermayer (Nr. III) sicher nicht nach, eines Juden mit homosexuellen Neigungen, der sich im Zustand schlimmster Verfolgung in ganz ungewöhnlich standhafter, hartnäckiger Weise gegen seine Peiniger zur Wehr setzte, Widerstand im wörtlichsten Sinne leistete, dabei aber eigentlich nur für sich, um das eigene Überleben kämpfte. Auch der Fall des Starnberger Journalisten Otto Knab, der sich nicht länger anpassen konnte und wollte (Nr. IV), schließlich durch seine Flucht in die Schweiz und die hinterlassenen und später aus der Emigration geschriebenen Anklagen gegen das Regime Zeichen setzte, ist – wenn das Risiko hier auch geringer war – wohl gleichfalls der Gruppe der aktiv Widerstand Leistenden einzuordnen und ein ziemlich singulärer Fall. Gerade aber die Frage, was einer tatsächlich riskierte, hebt die Unterscheidung von »großem« und »kleinem« Widerstand vielfach auf. Der Fall des Grafen Montgelas (Nr. IX), der in vermeintlich nur vertraulichem Gespräch über das »braune Gesindel« herzog und dafür – weil er ausspioniert wurde und zu honorig und zu ungeschickt war, um sich aus der Schlinge zu ziehen – zum Tode verurteilt und hingerichtet wurde, zeigt das besonders deutlich.

Der personale Handlungs-Typus allein, das mögen diese Andeutungen belegen, reicht zu einer Typologie der Widerstandsfälle schwerlich aus. Die Hauptfiguren derjenigen Geschichten, die von ungewöhnlich mutigem, beherztem Widerstand handeln, unterscheiden sich kaum kategorial von den Hauptfiguren der paradigmatischen Fälle »kleinen« Widerstandes. Sie alle sind keine Helden gewesen, sondern relativ normale Menschen, und keiner von ihnen hat unentwegt Widerstand geleistet, sondern sie kamen dazu meist aus einem besonderen äußeren oder inneren Anlaß. Vor allem verschränkt sich, wie unsere Geschichten zeigen, der Typus des Widerstandshandelns vielfach mit dem der Verfolgung. Selbsterlittene oder miterlebte Verfolgung oder Diskriminierung waren nicht selten Anlaß oder mitbestimmend für Oppositionshaltungen oder Widerstandsaktivitäten, und umgekehrt wurden manche relativ harmlose regimefeindliche Äußerungen oder Betätigungen erst durch das Übermaß drakonischer Verfolgung zum Widerstandsschicksal.

Da Polizei- und Justizakten erstrangige Quellen der meisten einschlägigen Fälle sind, konnte das nach Zeit und Ort sehr unterschiedliche Maß polizeilicher oder gerichtlicher Verfolgung in einer ganzen Reihe unserer Geschichten paradigmatisch herausgearbeitet werden. Diese, sofern die Quellen es zuließen, bewußt detaillierte Rekonstruktion des Verfolgungsszenariums und -ablaufs offenbart nicht nur eine erhebliche Variationsbreite von krasser Rechtsbeugung bis hin zu mannhafter Verteidigung rechtlicher Grundsätze. Sie veranschaulicht auch, wie folgenreich, neben der verhängnisvollen Rolle fanatischer Ankläger oder Richter, die kleinen Feigheiten, Anpassungen und Beflissenheiten der als Polizei- oder Justizbeamten Beteiligten oft waren, wie viel von dem verheerenden Verfolgungsunrecht auf solches kleine Versagen, auf den Automatismus einer unmenschlich gewordenen Amtsmaschine zurückzuführen ist, und wie anders die Dinge laufen konnten, wenn – wie im Fall unserer Geschichte aus Eichstätt (Nr. VI) – sich ein Polizeibeamter oder Staatsanwalt fand, der sich dem Rechtsmißbrauch widersetzte.

Die Handlungstypologie von Opposition und Widerstand steht in ähnlich interdependentem Verhältnis aber auch zum Typus der »Herrschaft« des NS-Regimes. Die im jeweiligen örtlichen Milieu sehr unterschiedliche Durchsetzungsfähigkeit der Partei, der sehr verschiedenartige Grad der Indoktrination oder Einschüchterung, der sich daraus ergab und die Oppositionsmöglichkeiten begünstigte oder stark einengte, kommt in einer Reihe der folgenden Geschichten deutlich zum Ausdruck und ist deshalb auch, wo es angebracht erschien und möglich war, als Hintergrund des individuellen Handelns in einigen unserer Geschichten ausführlich dargestellt worden. Die Dorfopposition in Mömbris bildet im Rahmen solcher unterschiedlicher Gegebenheiten ein Paradigma der starken potentiellen Resistenz eines relativ geschlossenen ländlich-katholischen Milieus, wie es innerhalb und außerhalb Bayerns auch sonst in der NS-Zeit nicht selten anzutreffen war. Die Handlung des wortführenden Einzelnen, des Ortpfarrers, ist in diesem Fall ganz wesentlich bestimmt von geistlichem Einfluß und oppositionellem Resonanzboden, den er in seiner Gemeinde hatte und nutzte.

Mit Absicht haben wir in diese Sammlung schließlich auch Fälle des Widerstandes, der Nonkonformität und Verfolgung einbezogen, die von ihrem Anlaß her überwiegend unpolitisch und sozusagen privat waren, bis hin zu Grenzfällen, in denen der Begriff des Widerstandes ganz fraglich wird oder sich auflöst. An anderer Stelle dieser Reihe – bei der Betrachtung von sogenannten Heimtücke-Fällen, die vom Sondergericht München verhandelt wurden – hat Peter Hüttenberger bereits dargelegt, welche Rolle persönliche lebensgeschichtliche Erfahrungen für Politikeinstellung und Regimekritik im Dritten Reich spielen konnten. In der Fallgruppe »Postüberwachung« (Nr. V) haben wir hierfür einige Beispiele nachgezeichnet. Von ähnlichen Fällen finden sich vor allem in den Gerichts- und Polizeiakten der NS-Zeit vielerlei Spuren.

Neben solchen typologischen Erwägungen war für die Zusammenstellung unseres Samples natürlich auch die Absicht maßgeblich, aus der Reihe der überhaupt in Frage kommenden – d.h. vor allem von der Informations- und Quellengrundlage her einigermaßen ausführlich nacherzählbaren – Fälle solche auszuwählen, die – zusammengenommen – in bezug auf die Hauptpersonen, den Ort, die Zeit und den Anlaß der »Handlung« eine gewisse Streubreite ergaben. So stehen als Mittelpunktfiguren in den folgenden Geschichten ehemalige Kommunisten neben katholischen Geistlichen, ein Volkskundler aus Berchtesgaden neben einem Journalisten, ein älterer Aristokrat neben einem jungen Studenten, Arbeiterfrauen und lokale sozialdemokratische Funktionäre neben einem jüdischen Weinhändler. Orte der Handlung sind – mehr zufällig als beabsichtigt – überwiegend kleine oder mittelgroße bayerische Städte: (Ansbach, Würzburg, Furth i.W., Eichstätt, Berchtesgaden, Starnberg, Bad Aibling) neben einigen Dörfern (Mömbris, Brettheim) und Großstädten (München, Nürnberg). Daß die Handlung der meisten unserer Widerstandsgeschichten entweder in die ersten Jahre des Dritten Reiches (1933–1935) oder in die Kriegszeit und besonders die letzten Kriegsjahre fällt, entspricht der allgemeinen Entwicklung des Dritten Reiches, das in den Jahren 1936–1940 den Höhepunkt seiner Erfolge, seiner Stabilität und Integrationskraft entfalten und in dieser Phase auch oppositionelle Aktivitäten auf ein Minimum reduzieren konnte.

Wenn im Sinne des bisher Dargelegten die folgenden Geschichten zu verstehen sind als individuelle Ausschnitte und Variationen der allgemeinen Geschichte des Widerstandes und der Verfolgung in der NS-Zeit, so drängt sich abschließend – ohne daß dem Eindruck des Lesers ungebührlich vorgegriffen werden soll – vor allem die Frage auf, welche Erkenntnisse aus diesen Berichten über die Herausforderung des Einzelnen zu gewinnen sind für die Einschätzung des persönlichen Elements im Widerstand der NS-Zeit.

Anders als selbst bei den meisten historisch namhaften Fällen bedeutenden Widerstandes in der NS-Zeit, wo besonders aktive Männer wie Claus von Stauffenberg, Achim Oster, Adam von Trott, Julius Leber u.a.m. ebenso wie viele weniger bekannte kommunistische oder sozialdemokratische Verschwörer im Untergrund oder Exil doch entweder über bestimmte organisierte Machtmittel (vor allem innerhalb der Wehrmacht) verfügten oder im Konsens einer Gruppe planten und handelten, stellt sich bei denen, die ohne solche Mittel auf sich allein gestellt aktiven Widerstand leisteten, die Frage nach den Antrieben für diese persönliche Entscheidung gleichsam in Reinkultur.

Gerade auch die genaue Rekonstruktion individuellen Verhaltens in Widerstand und Verfolgung zeigt zunächst, so scheint uns, wie stark konditioniert der Einzelne dabei war durch vielerlei überindividuelle Gegebenheiten. Was selbst so einzelgängerische Personen wie der junge Robert Limpert, ein Robert Eisinger oder Leopold Obermayer als ihre Aufgabe und Pflicht ansahen, aus welchem Anlaß sie Widerstand leisteten und wie sie das taten, war in starkem Maße geprägt und mitgeformt von Erziehung, Herkommen, Gruppenbewußtsein u. a. m. Eine vollkommene »innere Freiheit« der Entscheidung läßt sich aus dem Widerstandsverhalten ebensowenig herausdestillieren wie aus anderem menschlichen Entscheidungshandeln. Aber selbst in denjenigen Fällen, wo der Einzelne offensichtlich im Rahmen eines gewissen gesellschaftlichen oder institutionellen Rückhalts handelte, wie z. B. der katholische Geistliche in Mömbris oder der Berchtesgadener Volkskundler Kriß (Nr. VIII), wird doch deutlich, daß es in ganz hohem Maße an einem solchen Einzelnen hing, ob es über die bloße oppositionelle Stimmung und Disponiertheit hinaus zu einer aktiven Widersetzlichkeit kam und dadurch mitunter auch gesellschaftlich etwas in Bewegung gesetzt wurde. Es mußte einer da sein, dem es zuviel wurde, der es in der nur passiven Resistenz oder in der gebotenen partiellen Anpassung nicht mehr aushielt und der, nicht selten abrupt, etwas zu tun anfing, gefährlich offene Kritik aussprach oder auf andere Weise Zeichen setzte und damit hinausging über die relativ risikolose, kalkulierbare partielle Resistenz zur Verhinderung oder Begrenzung bestimmter Zumutungen des NS-Regimes, die gleichsam systemimmanent möglich war.

Was trieb die ehemaligen, schon mehrfach verfolgten Kommunisten Eisinger und Meier Anfang 1943 dazu, ihre bisherige vorsichtige Zurückhaltung plötzlich aufzugeben und sich mit äußerst riskanten Aufrufen gegen das Regime zu befassen? Was veranlaßte den jungen Limpert zu dem fast selbstmörderischen Versuch, die Nachrichtenverbindung zwischen dem Kampfkommandanten von Ansbach und den ihm unterstehenden Truppen zu unterbrechen, um weiteres Blutvergießen in der letzten Kriegsstunde zu vermeiden? Was entlud sich plötzlich bei Rudolf Kriß, als er einem NSDAP-Funktionär seine wahre Einstellung zum NS-Regime unverblümt ins Gesicht sagte? Was verursachte die plötzliche Angriffslust des Pfarrers von Mömbris, die seine Gemeinde ebenso beeindruckte wie erschreckte? Und was war in dem Journalisten Otto Knab vorgegangen, als er sich gleichsam über Nacht entschloß, alle berufliche und soziale Sicherheit fahrenzulassen, und sich nicht weiter für eine anpasserische Zeitungsschreiberei zur Verfügung zu stellen? Moralisches und Politisches war hier überall im Spiel. Aber statt von moralischer Größe zu sprechen, sind wir angesichts solcher Fälle – und man findet sicher Entsprechungen, wenn man die Motivstruktur und die Entschlußbildung historisch namhafter Figuren des Widerstandes genauer betrachtet – eher geneigt, von persönlicher Sensibilität und moralischer »Nervosität« zu sprechen, die entzündbar sein mußte, wenn es aktiven Widerstand gegen alle vorsichtige Vernunft geben sollte. Abgesehen vielleicht von dem jungen Robert Limpert waren die in unseren Geschichten vorkommenden Einzelnen, die sich zu ungewöhnlichem Widerstand entschlossen, von Natur aus keine Märtyrer. Gewiß glaubten auch Eisinger, Limpert, Pfarrer Wörner oder Otto Knab, durch ihre Tat andere mitreißen und dadurch mehr bewegen zu können, als sie alleine zu leisten vermochten. Aber die Entstehungsgeschichte des Handlungsentschlusses, die wir in diesen und anderen Fällen nachzuzeichnen versucht haben, verrät doch meist deutlich, daß solches Kalkül nicht das Entscheidende war, daß es vielmehr einen inneren Handlungszwang gab, einen Druck, der übermächtig wurde, auch wenn die daraus folgende Tat objektiv als sinnlos oder »verrückt« erscheinen konnte.

Eine erhebliche Rolle scheint dabei, gleichsam als innerer Motor, das Bedürfnis gespielt zu haben, sich treu zu bleiben bzw. – gerade wegen der vielfach bestehenden Zwänge zu Anpassung und Vorsicht – durch eine befreiende Tat zu sich selbst, zu der eigentlichen, lebensgeschichtlich veranlagten Identität zurückzufinden. Der zum Juristen ausgebildete Obermayer wurde während der schlimmsten Verfolgung zum unerschrockenen Anwalt des Rechtsstaates; der in seiner ganzen Lebensart und -einstellung auf Unabhängigkeit und Individualität gegründete Rudolf Kriß brandmarkte besonders die in der NS-Zeit bewirkte Degradierung der Menschen zu gesichtslosen Massen. Die gegen den kriegerischen Imperialismus schon aufgrund ihrer politischen und weltanschaulichen Herkunft besonders sensibilisierten Altkommunisten Eisinger und Meier agierten in ihren Flugblättern vor allem als Pazifisten. Der Dorfpfarrer Wörner hatte, als er in seiner Gemeinde gegen die Kirchenfeindlichkeit der lokalen Repräsentanten des Nationalsozialismus eine gar nicht so unrealistische Opposition anzettelte, doch zugleich die Märtyrer der Heiligen Schrift vor Augen. Und der – materiell so sehr abhängige – Journalist Otto Knab schwang sich mit seiner riskanten Emigration auf die Stufe jenes prinzipienfesten, unbestechlichen Geistes, der sein persönliches und berufliches Leitbild ausmachte.

Auch unter dem Vorzeichen einer nicht monumentalisierenden Widerstands-Betrachtung, die die vielerlei menschlichen Relativierungen des theoretischen Prinzips fundamentaler Gegnerschaft gegen die Herrschaft des Nationalsozialismus realistisch ins Bild zu bringen sucht, erfüllt gerade diese Treue zu sich selbst, die als Motiv persönlichen Widerstandshandelns so sehr auffällt, den Inbegriff schlichter Vorbildlichkeit, auch und gerade wenn geschichtlich Bedeutendes dabei nicht gewollt oder erreichbar war.

Von daher ergibt sich auch ein gleitender Übergang zu jenen Formen der Resistenz und Opposition, die riskante Angriffshandlungen auf das Regime, seine Repräsentanten, Einrichtungen und Zwecke vermieden, sondern vielmehr bewußt und unter Inkaufnahme mancher Nachteile in erster Linie der Selbstbewahrung der eigenen Überzeugung und Lebensform dienten. Die aktive Widersetzlichkeit und die wirksame Resistenz gegen Verführbarkeit und Indienstnahme haben hier ihren gemeinsamen Punkt als würdigste Formen des Widerstandes in einem Meer der Anpassung, in dem sich nur Inseln couragierter Standhaftigkeit zu behaupten vermochten.

I. Zwei Münchener Kommunisten

Es war in der Nacht nach dem 30. Januar 1943, knapp drei Wochen vor der spektakulären Flugblattaktion der Geschwister Scholl im Lichthof der Universität München. Die Kundgebungen der Partei zum zehnten Jahrestag der Machtergreifung standen im Schatten der Schlacht um Stalingrad, der Katastrophe der 6. Armee.

Der 33jährige Emil Meier, vor 1933 Organisationsleiter der Kommunisten im Stadtteil Giesing, hatte sich für die von seinem Gesinnungsgenossen Robert Eisinger hergestellten Flugblätter die Siedlung der »Alten Kämpfer« der NSDAP im benachbarten Vorort Neuharlaching ausgesucht. Im Schutze der Verdunkelung schlich er mit dem Packen unter dem Mantel vorsichtig durch die Siedlung. Am Morgen fanden die Bewohner in Hausfluren und Vorgärten hektographierte Blätter mit folgendem Text:

»30.1.1933 –   10 Jahre Nationalsozialismus   – 30.1.1943
Wohin hat Hitler Deutschland in 10 Jahren geführt?
Von der Übernahme der Regierungsgewalt an beschritt Hitler eine Straße, die geradenwegs in diesen blutigsten aller Kriege führte.
Die Stationen sind:
    1935 Wiedereinführung der allgemeinen Wehrpflicht
    1936 Wiederherstellung der deutschen Wehrhoheit im Rheinland
    1937 Inkrafttreten des Vierjahresplanes zur Aufrüstung
    1938 Überfall auf Österreich und den Sudetengau
    1939 Besetzung der Tschechoslowakei
         Angriff auf Polen und damit Beginn des 2. Weltkrieges
Die leicht errungenen Siege der ersten zwei Jahre und die Unmöglichkeit, wirksam gegen den Hauptfeind England vorzugehen, veranlaßten dann Hitler zu dem verhängnisvollen Fehler, gegen Rußland zu marschieren. Trotz aller Anfangserfolge neigt sich seit dieser Zeit die Waagschale zugunsten der Gegner. Hitler selbst in seinen Reden beweist es.
In den Neujahrsbotschaften hieß es:
    1941 das Jahr des Endsieges
    1942 das Jahr der Entscheidung
    1943 auch dieses Jahr werden wir überstehen. !!
Diese Jahr für Jahr bescheidener gewordenen Mottos sprachen eine deutliche Sprache.
Deutsches Volk! Weißt Du überhaupt, wofür Du diesen aussichtslosen Kampf noch fortsetzt? Für Deine Wohlfahrt und Existenz? Nein! Du sollst kämpfen bis zum Weißbluten, weil diejenigen, die für diesen Krieg verantwortlich sind, um ihre Köpfe besorgt sind. Dafür allein sollen unsere Väter, Söhne und Brüder ihre Haut zu Markte tragen.
Dieser verbissene, sture Alleskönner, der in seiner Anmaßung im September 1942 erklärte, daß wir ... ›Stalingrad berennen und auch nehmen werden, worauf sie sich verlassen können‹ ... und am 1. Oktober 1942, daß uns ... ›kein Mensch mehr von dieser Stelle (nämlich Stalingrad) wegbringen wird.‹... Und nur um ihn nicht Lügen zu strafen, ließ man die 6. Armee beim Rückzug im Stich, so daß sie jetzt in einem Blutbad ohnegleichen sterben und verderben muß. Die Hinterbliebenen speist man jetzt schon täglich in Rundfunk und Presse mit dem Loblied auf ›unsere Helden, die Unsterbliches geleistet haben‹. Hitler und nur Hitler allein trägt die Verantwortung für dieses grauenhafte Blutbad!
Nach dem Willen Hitlers soll nun durch seinen Trabanten Sauckel das letzte aus dem deutschen Volk und seinen Vasallenstaaten herausgepreßt werden, um die schon wankenden Fronten vor dem Zusammenbruch zu retten.
Und wie sieht es an diesen Fronten aus? In Afrika ist Rommels Armee rettungslos geschlagen und Italien hat damit sein Imperium restlos verloren. Im Osten haben uns die Russen in einem

Ansturm ohnegleichen fast alles wieder abgenommen, was wir im Sommer unter hohen Verlusten gewannen und noch schwillt diese Offensive täglich an. Im Westen und Norden müssen wir stets und überall stark genug sein, um eine evt. Landung der Gegner zu verhindern. Die englischen Luftangriffe, denen sich wohl bald die amerikanischen hinzugesellen werden, werden von Monat zu Monat stärker. Fürwahr eine düstere Bilanz!
Wie lange noch, deutsches Volk, willst Du untätig zusehen, wie Du in den Abgrund geführt wirst?
Noch ist es nicht zu spät, noch kannst Du das völlige Chaos und den Zusammenbruch vermeiden, wenn Du Dich gegen die Hitler-Tyrannei auflehnst. Sabotiere die Anordnungen der Regierung, wo Du kannst! Verweigere Deinen Beitrag zu den Sammlungen oder gib nur den kleinsten Betrag!
Sieh Dich nach Gleichgesinnten um und besprich mit ihnen, was getan werden kann, um den Krieg so rasch wie möglich beenden zu helfen. Wenn Du die Möglichkeit hast, verfasse ebenfalls Flugzettel.«

Im Unterschied zu den Angehörigen der »Weißen Rose«, über deren Leben und Tat zahlreiche Publikationen erschienen sind, blieben Verfasser und Verbreiter dieses Flugblattes nach 1945 fast ganz unbekannt. Auch sie riskierten ihr Leben, hatten aber nicht die Absicht, Märtyrer zu werden oder mit ihrem Tod ein Zeichen zu setzen. Obgleich sie aufgrund ihrer unterschiedlichen Einstellungen und Veranlagungen nie enge Freunde wurden, stimmten sie doch in einem Punkt überein: Gegen den Nationalsozialismus mußte endlich etwas getan werden. Diesen Entschluß hatten sie erst kurz zuvor, Anfang 1943, gefaßt und in die Tat umzusetzen begonnen. Ihm war eine lange Entwicklung vorausgegangen, die sehr unterschiedliche Lebens- und Erfahrungsgeschichte zweier Männer, die sich schon in der Art ihres zeitweiligen Engagements für die kommunistische Partei stark unterschieden hatten.

Robert Eisinger, ein Mann von kleinem Wuchs und schmaler Gestalt, noch im hohen Alter mit seiner drahtigen Figur, den lebhaften Augen im charaktervollen Gesicht ein eindrucksvoller, beredter, stets bestimmter Gesprächspartner, entsprach schon vor 1933 in keinerlei Hinsicht dem klischeehaften Bild vom sozialdemokratischen oder kommunistischen Funktionär. Am 6. Mai 1900 als Sohn eines kleinen kaufmännischen Angestellten in der Münchener Altstadt geboren, war der Junge, nachdem seine jüdische Mutter 1905 vom Vater geschieden worden war und die Stadt verlassen hatte, ganz der väterlichen Obhut und Fürsorge überlassen gewesen. Von dem aufstrebenden, bildungsbeflissenen, auch später noch verehrten Vater, der sich früh den Sozialdemokraten angeschlossen und von seiner katholischen Herkunft losgelöst hatte, wurde dem Sohn offenbar schon frühzeitig das Rüstzeug jener bildungsgläubigen, von strengen Grundsätzen geleiteten Rationalität und idealistischen politisch-sozialen Moralität vermittelt, das sich so viele »kleinbürgerliche« Anhänger des »materialistischen« wissenschaftlichen Sozialismus vor dem Ersten Weltkrieg angeeignet hatten. Auf eine gute Erziehung bedacht, ermöglichte Vater Eisinger dem Sohn nach 6-jähriger Volksschule eine weitere 6-jährige Ausbildung auf der Städtischen Höheren Handelsschule. Im übrigen hielt er ihn streng zur Arbeit an, gestattete ihm außer der Betätigung im Turnverein 1860 wenig Freiheit. Der Junge, durchweg ein sehr guter, begabter Schüler, hatte außerhalb der Schule wenig mit Gleichaltrigen zu tun und lebte meist in der Erwachsenenwelt des Vaters, der ihn bald auch mit sozialistischer Lektüre vertraut machte. Zwei dieser Schriften, Bebels »Aus meinem Leben« und Tschernyschewskis »Was tun?«, beeinflußten die politischen Vorstellungen des jungen Eisinger besonders stark und begleiteten ihn sein Leben lang. Nach der Schulentlassung folgte er dem Vater auch in die aktive Politik und trat wie dieser 1918 in die USPD ein. Wie so viele den pazifistischen Idealen des internationalen Sozialismus anhängend, hatten Vater und Sohn die Bewilligung der Kriegskredite durch die SPD als »Verrat« empfunden. Dem jungen Eisinger, der zu der Grundredlichkeit der idealistischen väterlichen Erziehungsmitgift noch einen Schuß jugendlicher Abenteuerlust mitbrachte und damals von schwärmerischen revolutionären Vorstellungen erfüllt war, schien die SPD außerdem viel zu sehr verbürgerlicht und zu wirklich sozialistischer Veränderungspolitik unfähig geworden zu sein. Nach der russischen Oktoberrevolution entzündete sich die Kritik des jungen Eisinger an der SPD vor allem auch an deren zurückhaltend-kritischer Haltung gegenüber der bolschewistischen Regierung in Rußland. Nur die USPD schien ihm für ein Zusammengehen mit der siegreichen Partei Lenins bereit und fähig, auch in Deutschland den »totalen Marxismus« zu verwirklichen. Dabei dachte der junge Marxist weniger an die »Diktatur des Proletariats« als an die »soziale Befreiung des gesamten arbeitenden Volkes«, wie er 1945 vor der Gestapo aussagte.

Noch in der späteren Erinnerung blieb ihm der Hauptgedanke des frühen sozialistischen Credos lebendig: »... daß die Ausbeutung der Massen durch Einzelpersonen beseitigt werden und damit dem sogenannten Kapitalismus ein Ende bereitet werden müsse. Ich dachte dabei keineswegs an die Verstaatlichung aller Industriezweige, sondern vielmehr an deren Übergang in den Allgemeinbesitz eines Volkes. Ich dachte auch niemals bei diesem Gedanken an das sogenannte Proletariat als nur einer Klasse der Arbeiterschaft, sondern immer an das Volksganze, an die Herrschaft des Volkes im Gegensatz zur Herrschaft des Kapitals.« Es sei ihm, so erklärte er später rückblickend mit besonderer Betonung, nie nur um eine Klasse, um eine Position aus der Perspektive der Zu-Kurz-Gekommenen, gegangen, sondern um ein allgemeines ideales Ziel.

Nachdem Robert Eisinger Ende Juli 1918 noch zum 1. Feldartillerie-Regiment nach Landsberg als Kanonier eingezogen worden war, schrieb ihm sein Vater, der offenbar auch persönlichen Kontakt zu Eisner hatte, eilig, er solle sofort nach München kommen, geleitet von dem Wunsch, sein Sohn möge die Umsetzung der sozialistischen Ideale in die Praxis aus eigener Anschauung miterleben. Robert Eisinger folgte dem Rat des Vaters, nahm Urlaub, fuhr in die Landeshauptstadt und kam gerade rechtzeitig zum Revolutionsausbruch. Dieses Erlebnis und das der darauffolgenden Monate bis zum Ende der Räterepublik sollten Eisingers politische Einstellung stark prägen. Sein jugendlicher Idealismus veränderte sich zu einem eher skeptischen Bild vom Menschen.

Eisinger wurde am 1. Dezember 1918 aus dem Militärdienst entlassen und fand über seinen Vater Kontakt zum Kreis um Kurt Eisner, Leviné, Leviné-Nissem, Landauer und Mühsam, wo sein Vater als Protokollant fungierte. Er selbst fand Verwendung als Kurier, was seiner Abenteuerlust entgegenkam. Die persönliche Nähe zu den Führern der Münchener Revolution war ein Grund dafür, daß die Ermordung Eisners am 21. Februar 1919 einen überaus nachhaltigen Eindruck auf den 18jährigen machte. Seiner Erinnerung nach wohnten der Beerdigung über 300 000 Menschen bei, viele hätten geweint. Er gewann den Eindruck, die Münchener seien in ihrer überwiegenden Mehrheit Anhänger Eisners gewesen. Intensität und Subjektivität des eigenen Empfindens und Glaubens bewirkten auch solche Fehleinschätzungen. Die Beisetzung Eisners wurde ein Schlüsselerlebnis für Eisinger, Symbol auch der Enttäuschung der idealistischen Hoffnungen auf revolutionäre soziale Veränderung, die die Folgezeit mit sich brachte.

Zunächst blieb Eisinger aber weiterhin für die USPD recht aktiv. Bei der Verwertungsstelle für Heeresgut beschäftigt, warb er über 30 neue Mitglieder für die Partei. Bald machten er und sein Vater aber auch erste Bekanntschaft mit der Gegenrevolution. Eine Episode aus der Endzeit der Räterepublik ist ihm in Erinnerung geblieben. Die Eisingers wohnten damals in der Holzstraße, nicht weit entfernt vom Luitpold-Gymnasium, in dem am 30. April die bekannten Geiselerschießungen der ›Roten Armee‹ stattgefunden hatten. Vater und Sohn fürchteten aus diesem Grund, daß ihr Stadtviertel als erstes von den ›Weißen Garden‹, den Regierungstruppen, besetzt werden würde. Sie versteckten deshalb ihre beiden Gewehre in einem Kasten unter einer Bank und setzten sich in ein anderes Stadtviertel ab. Als sich die Lage wieder beruhigt hatte, kamen Vater und Sohn zurück, trugen alsbald die nicht entdeckten Waffen zur Isar und versenkten sie dort.

Das bedeutete aber nicht, daß dadurch den jungen Eisinger schon jetzt politischer Optimismus und Wagemut verlassen hätten. Der noch unentschiedene Kampf zwischen Revolution und Gegenrevolution bot seinem revolutionären Elan mancherlei Gelegenheit der Betätigung. Die Haltung des jungen Mannes wird durch folgende von ihm selbst erzählte Episode beleuchtet: Am 2. Mai hatte er gehört, am Milchhof bei der Hackerbrücke stünden einige Mörser auf Güterwagen. Zunächst trieb ihn schiere Neugierde dorthin. Das war nicht so ungewöhnlich, vollzog sich die Rückeroberung der Stadt München durch Regierungstruppen, die nicht der burlesken Züge entbehrte, doch unter starker Anteilnahme der Münchener Einwohner. Auf dem Wege zum Milchhof, der Erhöhung am Ende der Schwanthalerstraße bei der Theresienwiese, traf er auf einige Spartakisten, die um zwei Feldhaubitzen herumstanden. Auf Eisingers Frage, was denn los sei, behaupteten diese, auf der Galerie der gegenüberliegenden Kirche befänden sich Weißgardisten und schössen auf die Straße herunter. Als ausgebildeter Kanonier ergriff Eisinger in jugendlichem Übermut die Chance, es den verhaßten Gegenrevolutionären heimzuzahlen. Er richtete den Lauf der Haubitze auf die Galerie und schoß. Der erste Schuß ging daneben, der zweite traf. Wenn Eisinger darüber berichtet, blitzen seine Augen auch heute noch verschmitzt und amüsiert. Nach ihm schossen offenbar noch andere, denn tags darauf war in der Zeitung zu lesen, daß die evangelische Kirche hart umkämpft gewesen und ihr Turm durch acht Treffer arg mitgenommen sei. Eisinger selbst wartete das Ende der Kämpfe nicht ab, sondern machte sich rechtzeitig davon. Zum Märtyrer war schon der jugendliche Sozialist nicht gemacht. Noch bezeichnender für ihn aber war: Das Ende der Revolutionsphase bedeutete für ihn zunächst auch das Ende des aktiven politischen Engagements. Schon in diesem Lebensalter war er nicht geneigt, sich für eine hoffnungslos gewordene Sache weiter einzusetzen. Als sich die USPD spaltete und die meisten Mitglieder entweder zur KPD oder zur SPD gingen, tat Eisinger weder das eine noch das andere, sondern blieb die nächsten 10 Jahre parteilos. Die SPD war für ihn durch Politiker wie Noske vollends diskreditiert, und die KPD schien ihm beherrscht von einem ›Lumpenproletariat‹, mit dem er sich nicht gemein machen wollte. Er hielt weiterhin an den sozialistischen Ideen fest, aber die Möglichkeiten ihrer Verwirklichung schienen ihm verschüttet. Den »Genossen« beider linker Parteien traute er nichts mehr zu. Zur Rechtfertigung diente ihm das Lenin-Wort: »aber die verfluchten Menschen versagten«. Seine politische Resignation führte zu einem selbstbewußten Pragmatismus. Eisinger arrangierte sich mit den gegebenen Verhältnissen, blieb parteilos und betätigte sich überhaupt nicht mehr politisch, ja verzichtete sogar auf das regelmäßige Lesen der Zeitung, war politisch also nur noch unterdurchschnittlich interessiert. Statt dessen widmete er sich nun voll und ganz seinem Beruf. Nachdem er im Volkskunsthaus Wallach sein kaufmännisches Volontariat abgeschlossen hatte, zog es ihn aus München hinaus. Er wechselte in kurzer Folge die Firmen und Wohnungen, kam nach Köln, Berlin, Itzehoe, Hameln a.W. und zuletzt nach Zwickau, wo er als Einkäufer beim jüdischen Schocken-Konzern kunstgewerbliche Gegenstände im Stil der neuen Sachlichkeit einkaufte; später kehrte er wieder nach München zurück. Im Jahr 1928 gründete er eine Familie, im Sommer 1930 erfaßte auch ihn die große Entlassungswelle.

Infolge der Arbeitslosigkeit kam er in Kontakt mit der KPD, die ihm ein Jahr später, im Sommer 1931, eine Anstellung als Lagerleiter bei der Derop AG München (Deutsche Vertriebsgesellschaft für russische Ölprodukte) verschaffte. Noch im selben Jahr wurde er Mitglied der Roten Hilfe, ein Jahr später Mitglied der KPD. Bei diesem Entschluß mag sicher ein persönliches Gefühl der Verpflichtung oder gar Dankbarkeit gegenüber der Partei, die ihm aus wirtschaftlicher Not geholfen hatte, eine gewisse Rolle gespielt haben. Aber bei Eisinger war ein anderer Grund mindestens ebenso wichtig: Infolge der schweren Krise war in das politische Leben am Ende der Weimarer Republik seiner Meinung nach wieder Bewegung gekommen, die auf Veränderung hoffen ließ. Und bei seiner früheren Erfahrung und grundsätzlich weiterbestehenden Einstellung kam nur eine Betätigung innerhalb der KPD infrage. Da er ihr jetzt eine reale Chance einräumte, wurde er wieder politisch aktiv.

Schon beim ersten Besuch einer Versammlung der Stadtteilgruppe Michaeliburg fiel er als Diskussionsredner so sehr auf, daß er auf der Stelle zum Leiter einer Zelle innerhalb dieser Stadtteilgruppe ernannt wurde. Seine Hauptaufgabe als Zellenleiter sah er vor allem in der Schulung seiner 11 ihm unterstehenden Genossen anhand von sozialistischer Literatur. Unermüdlich machte er ihnen klar, was er für seine wichtigste Erkenntnis hielt: nur der Sozialismus sei imstande, dem Volke anständige Lebensbedingungen zu verschaffen. Die Zelle betrieb auch den Verkauf von Broschüren und beteiligte sich an der Wahlpropaganda. Nach der Regierungsübernahme im Reich durch die Nationalsozialisten glaubte Eisinger zunächst nicht, daß diese am Ruder bleiben würden. Er beteiligte sich infolgedessen auch bei der Propaganda zur Märzwahl 1933 noch sehr aktiv. Erst nach der Machtübernahme der Nationalsozialisten auch in Bayern am 9. März resignierte er. Sein alter Realismus kam jetzt wieder zum Tragen. Überzeugt davon, daß die Nationalsozialisten nun auch in Bayern sämtliche politisch Andersdenkenden, allen voran die Kommunisten, verfolgen würden und er und seine Gesinnungsgenossen jeden Tag mit Haussuchungen rechnen müßten, rief er deshalb seine Zellengenossen zusammen und riet ihnen, bei sich selbst Haussuchung abzuhalten, ein guter Rat, wie sich sehr bald herausstellen sollte.

Kurz darauf, am 6. April um 5 Uhr morgens, umstellten ungefähr 300 SA-Angehörige das Viertel, in dem Eisinger und seine Genossen wohnten, und nahmen bei jedem von ihnen gezielte Haussuchungen vor. Vor und hinter dem Haus von Eisinger postierten sich 6 SA-Männer, drei kamen in die Wohnung, stöberten alles durch und suchten den Verdächtigen schon durch ihr rüpelhaftes Benehmen einzuschüchtern. Eisinger behielt aber einen klaren Kopf, obwohl er sich in einer besonders prekären Lage befand. Tags zuvor hatte er einem Freund in Hamburg einen langen Brief mit ziemlich freimütigen Äußerungen über die politische Lage geschrieben, der noch offen auf dem Schreibtisch lag. Er nahm seinen zweijährigen Jungen auf den Arm und hüllte ihn in eine Decke, in die er in einem unbeobachteten Moment den verräterischen Brief steckte. Als die SA-Leute ihn und die anderen 11 Genossen mitnahmen, übergab Eisinger den Sohn seiner Frau und ließ dabei den Brief in ihre Hände gleiten.

Die 12 Kommunisten wurden zwei Tage lang im Polizeipräsidium verhört. Eisinger kam anschließend zwei Tage nach Stadelheim und wurde am 10. April mit der Häftlingsnummer 254 in das Konzentrationslager Dachau eingeliefert.

Das erst seit drei Wochen auf dem Gelände einer stillgelegten ehemaligen Pulverfabrik begründete Lager war damals noch nicht vergleichbar mit den späteren Dimensionen des KL Dachau, den Elends-Massenquartieren für Tausende ausgemergelter Arbeitssklaven verschiedenster Nationalität, die während des Krieges das Gesicht des Lagers bestimmten. Auch das zynisch-bürokratische Reglement der Lagerstrafen, der Lager-Hierarchie und Kapo-Herrschaft sowie die Praxis, politische Gefangene mit Kriminellen in den Lagern zusammenzusperren und die Gegensätze zwischen den Häftlings-Kategorien als Element selbsttätigen Terrors wirken zu lassen, hatte sich noch nicht entwickelt. Die bis zum 10. April 1933 von bayerischer Landespolizei bewachten ehemaligen Fabrikgebäude und provisorischen Baracken beherbergten erst einige hundert fast ausschließlich politische Häftlinge, unter denen die Kommunisten in den ersten Monaten die große Mehrheit ausmachten. Auch nachdem am 11. April 1933, einen Tag nach der Einlieferung Eisingers, die Bewachung von der SS übernommen und damit eine neue Phase eingeleitet worden war, schwankten die Grundsätze der Lagerführung offenbar noch zwischen willkürlicher Gewalttätigkeit, der brutalen »Abrechnung« mit besonders verhaßten Gefangenen und erzieherischen Vorsätzen zur »Bekehrung« der Masse der kleinen »irregeleiteten« Kommunisten. Die noch halbwegs ordentlich untergebrachten und verpflegten, einander vielfach bekannten kommunistischen Gefangenen waren in überschaubarer Zahl noch weitgehend unter sich und konnten deshalb auch eine starke Gruppensolidarität aufrechterhalten.

So ist es nicht verwunderlich, daß Robert Eisinger von den ersten Tagen seines Aufenthalts im Lager zwei konträre Eindrücke im Gedächtnis behalten hat: das Pichelsteiner Gemüse, das es mittags zum Essen gab, und das schockierende Erlebnis vom 12. April: Beim Abendappell rief Lagerführer Vogel vier jüdische Häftlinge namentlich auf, die anschließend von SS-Männern zum Lagertor hinausgeführt wurden. Kurz darauf fielen Schüsse. Am nächsten Morgen gab Vogel beim Appell, auf einem Handwagen stehend, eine Erklärung für die Morde ab: »Diese Judenschweine wollten euer Schicksal nicht teilen und wollten fliehen, sie sind aber auf der Flucht erschossen worden.« Sie waren die ersten Toten in Dachau. Die Mehrzahl der politischen Häftlinge hatte dagegen für ihr Leben nichts zu fürchten, sie hatte sogar noch die Freiheit, miteinander zu politisieren und zu diskutieren. Angehörige der SPD und KPD gerieten dabei oft hart aneinander. Eisinger lernte in Dachau auch Alfred Andersch kennen, der als Organisationsleiter im Kommunistischen Jugendverband in Schutzhaft genommen worden war, aber dank der Intervention seiner Mutter schon bald wieder entlassen wurde.

Auch Eisingers Aufenthalt in Dachau war nur von kurzer Dauer. Er habe eben Glück gehabt, so meint er rückblickend. Aber die Einzelheiten seiner Erzählung machen deutlich: der stets anstellige, gewandte Eisinger fiel auch unter den Häftlingen auf, vermochte selbst die Bewacher für sich einzunehmen. So wurde ausgerechnet er, während er in einem Arbeitstrupp von Häftlingen beim Abreißen einer Baracke beschäftigt war, von dem inspizierenden Kriminalkommissar Säring von der Bayerischen Politischen Polizei herausgerufen und gefragt, was er für einen Beruf habe. Als Säring erfuhr, daß Eisinger kaufmännisch vorgebildet war und Schreibmaschine schreiben konnte, machte er ihn sofort zu seinem Schreiber. Eisinger führte nun die Häftlingskartei und konnte seine neue Stellung nutzen, um dem einen oder anderen Häftling einen Tip für die Vernehmung durch Säring zu geben. So legte er, wenn möglich, für den Kriminalbeamten neues Kohlepapier für die Vernehmungsniederschrift hin, so daß er diese anschließend lesen konnte. Er war aufgrund dessen manchmal imstande, einem anderen von der Vernehmung betroffenen Häftling mitzuteilen, was die BPP über seinen Fall schon wußte und wo sie noch völlig im dunkeln tappte. Säring ahnte nichts von der konspirativen Geschicklichkeit seines Schreibers, vertraute ihm vollkommen, behandelte ihn sehr anständig und beförderte sogar Eisingers private Briefe nach draußen.

Als zum 1. Mai 1933, dem Tag der nationalen Arbeit, 100 Häftlinge aus Dachau entlassen werden sollten und Säring am 30. April die Liste der entsprechenden Empfehlungen der Polizeistellen von Würzburg, München, usw. durchging, fragte er Eisinger, ob er etwas dagegen habe, wenn er auch ihn auf die Liste setzen würde. Natürlich war dieser einverstanden, und so kam er schon am nächsten Tag, nach nur drei Wochen Lageraufenthalt, wieder auf freien Fuß. Der Kriminalkommissar hatte allerdings die Bedingung gestellt, daß Eisinger seinen Nachfolger einarbeite. Das gab diesem Gelegenheit, in der folgenden Zeit als freier Mann nach Dachau zu kommen, dort seine ehemaligen Mithäftlinge zu besuchen und in seinen Strümpfen Kassiber aus dem Lager herauszuschmuggeln.

Nach der Entlassung betätigte sich Eisinger nicht in illegalen kommunistischen Untergrundgruppen; er will zwar noch die eine oder andere illegale, kleinformatige Arbeiterzeitung verteilt, auch einmal für einen Freund Beiträge für die »Rote Hilfe« gesammelt haben, aber all das geschah ohne jeglichen Kontakt mit der Parteileitung. Er nahm auch keinen Kontakt mit seinen Zellengenossen auf, nicht weil er eingeschüchtert gewesen wäre, sondern weil er dieser Art von Widerstand keine Chance einzuräumen vermochte. An seiner politischen Grundeinstellung änderte sich jedoch nichts, zumal er die diskriminierenden Folgen der Haft, wie andere ehemalige kommunistische KZ-Häftlinge, deutlich zu spüren bekam. Zweieinhalb Jahre suchte er vergeblich eine Stellung und mußte arbeitslos zusammen mit Frau und Kind von kärglichen Unterstützungsgeldern leben. Anfangs gab es 24 Reichsmark Arbeitslosenunterstützung pro Woche, nach einem halben Jahr nur noch 18 Reichsmark Krisenunterstützung. Die Wohnung wurde zu teuer und mußte gewechselt werden. Er sah sich gezwungen, auf irgendeine Weise etwas hinzuzuverdienen. Bis 1934 ging er mit Kaffee hausieren, kam dann durch Zufall zu einem Radiohändler, dessen Buchführung er übernahm. Dieser vermittelte ihn schließlich zu einer größeren Radio-Handlung, der Firma Göbel, wo er im April 1936 endlich wieder eine feste Stellung fand und als Verkaufsleiter bis zu seiner dritten Verhaftung im Januar 1945 arbeitete.

Anläßlich des Hitler-Mussolini-Treffens in München wurde er am 15. April 1937 ohne Angabe von Gründen zusammen mit rund 30 anderen ehemaligen Münchener Kommunisten zum zweitenmal verhaftet und nach Dachau gebracht. In dem inzwischen für eine Belegstärke von rund 2000 Häftlingen ausgebauten Lager empfing sie eine Doppelreihe von SS-Leuten, die eine Gasse bildeten und ihnen zuriefen: »Was, ihr Schweine, ihr wolltet den Führer töten!« Die Unterschiede zum ersten Lageraufenthalt waren allenthalben spürbar. Erschwerend kam hinzu, daß Eisinger als sogenannter Rückfälliger galt und deswegen in die Strafkompanie eingereiht wurde. Diese hatte die Aufgabe, für den Lagerkommandanten einen Teich auszuheben, in dessen Mitte eine Insel mit Jagdhütte angelegt werden sollte. Die Kiesarbeiten in der Strafkompanie waren schwer, und die Aufseher schikanierten gern.

Hier in der Strafkompanie lernte Eisinger auch den Münchener Kommunisten Emil Meier kennen, der, wie er, zum zweitenmal inhaftiert – ebenfalls anläßlich des Mussolini-Besuches – und deshalb automatisch als Rückfälliger eingestuft worden war. Meier hatte nach dem sehr viel längeren und schwereren ersten Lageraufenthalt noch mehr Grund, dies als bittere Ungerechtigkeit zu empfinden. Nach einem Monat wurden beide entlassen. Obwohl die Parallelität ihrer momentanen Situation Anlaß geboten hätte, sich politisch auszutauschen und nach der Entlassung Verbindung zu halten, geschah nichts dergleichen. Beide waren zu verschieden und verloren sich zunächst jahrelang aus den Augen. Sie ahnten nicht, daß sie nach Jahren zu gemeinsamen illegalen Aktionen zusammenfinden würden.

Meier, neun Jahre jünger als Eisinger, am 31. August 1909 ebenfalls in München geboren, war, anders als Eisinger, in einer kinderreichen Proletarier-Familie aufgewachsen. Der Vater hatte in den 20er Jahren in seinem erlernten Beruf als Friseur keine Anstellung finden können und war gezwungen gewesen, jede sich bietende Arbeit anzunehmen. Die wirtschaftliche Not, die den Alltag der Familie Meier über die Jahre hinweg begleitete, trug wohl in nicht geringem Maße dazu bei, daß der junge Emil Meier frühzeitig bittere Erfahrungen machte. Nicht zuletzt waren es wohl heftig empfundene Zurücksetzungen, bei Kindern aus solchem Milieu keine Seltenheit, die Meier schon bald in ein politisch radikales Fahrwasser geraten ließen.

Ein Vorfall, den der 10jährige bei der Ersten Kommunion erfuhr, wurde zum Schlüsselerlebnis. Der Familie Meier hatte es an dem nötigen Geld zur Anschaffung des Kommunionanzuges gefehlt. In solchen Fällen half üblicherweise die Kirche aus. Der kleine Meier bat also den zuständigen Pfarrer um Hilfe. Als er auf dessen Frage eingestehen mußte, daß sein sozialdemokratisch gesinnter Vater ihn auf die Simultanschule schickte, die vom katholischen Klerus heftig bekämpft wurde, erhielt er statt der erbetenen Hilfe einen Tritt in den Hintern. Diese beschämende Behandlung wegen der ›falschen‹ Weltanschauung seiner Eltern traf den jungen Emil Meier schwer und, wie er rückblickend meint, beeinflußte dies seinen weiteren Lebensweg stark.

Nach Abschluß der Volksschule ging Meier in die Lehre als Möbelpolierer bei einer renommierten Firma, die Schiffseinrichtungen für die Hamburg-Amerika-Linie herstellte. Die sozialdemokratisch geprägte Atmosphäre des Elternhauses war auch für den jungen Lehrling zunächst bestimmend. Auf Veranlassung der Eltern trat er als 14-jähriger der Sozialistischen Arbeiterjugend (SAJ) bei, der schon seine zwei älteren Brüder angehörten. Im Gegensatz zu diesen blieb er dort aber nur etwa anderthalb Jahre. Die bei der SAJ üblichen Wanderungen, Musikaufführungen u. ä. machte der junge Meier zwar mit, sie konnten aber den älter Werdenden, in dem sich eine stärkere und schärfere politische Einsatzbereitschaft herausbildete, immer weniger fesseln. Verglichen mit dem unbedingten, »schneidigeren« Ton und Stil, der die Aktivitäten des kommunistischen Jugendverbandes (KJVD) charakterisierte, erschienen ihm die Unternehmungen in der SAJ als »kindische« Spiele. Auch die militärischeren Uniformen imponierten dem Jungen. Aus all diesen Gründen trat er 1926 ohne Wissen seiner Eltern dem KJVD bei. Eine wesentliche Rolle spielte dabei wohl, daß etwa die Hälfte der Lehrlinge der Firma Ballin diesem Jugendverband angehörten und der junge Emil Meier wegen seiner Mitgliedschaft in der SAJ sich ihrem Spott und zuweilen körperlichen Anrempeleien ausgesetzt sah. Emil Meier wollte aber unter den Lehrlingen nicht als Außenseiter gelten, er brauchte die Anerkennung und übereinstimmende Zugehörigkeit zu einer Gruppe jugendlicher Gleichgesinnter. Deshalb engagierte er sich im KJVD auch sofort überdurchschnittlich stark. Mit der kommunistischen Weltanschauung machte er dabei nicht viel Aufhebens. Er eignete sich die gängigen Schlagworte an und las die eine oder andere Broschüre. Ein grundlegendes Werk aus der klassischen marxistischen oder leninistischen Literatur hat er weder damals noch zu irgendeinem späteren Zeitpunkt gelesen. Auch seine Kenntnisse der kommunistischen Ideologie waren weder jetzt noch später sehr umfassend. Indessen stürzte sich Emil Meier, der zu einem großen, maskulinen jungen Mann heranwuchs, mit Leidenschaft in die Parteiarbeit. Er besuchte nicht nur die Veranstaltungen des KJVD, sondern übernahm auch die, den Jungkommunisten von der Parteileitung befohlenen, wegen der ständigen Polizeibeobachtung der KPD immer sehr riskanten Aufgaben der Flugblattverteilung, Wahlhilfe und dergleichen. Dabei trat, als ein bleibender Charakterzug, nicht nur seine belastbare Festigkeit und Zuverlässigkeit hervor, sondern auch ein umsichtiges, praktisches, organisatorisches Talent. Zusammen mit einem Steinmetz und einem Schreiner, die ebenso wie er von der SAJ zum KJVD übergetreten waren, baute er die Stadtteilgruppe Obergiesing des KJVD, die sich 1926/27 völlig aufgelöst hatte, wieder auf. Die Reorganisation gelang den dreien so vorzüglich, daß schon bald darauf ein Teil der neu gewonnenen Mitglieder an die Stadtteilgruppe Untergiesing abgegeben werden konnte. Allen dreien wurden aufgrund dessen leitende Funktionen in der neugegründeten Stadtteilgruppe Obergiesing des KJVD übertragen: Meier erhielt die Organisationsleitung, die beiden anderen wurden als PolLeiter und AgitPropLeiter eingesetzt. Angespornt von solchen Erfolgen und von der wachsenden Begeisterung für die kommunistische Arbeit, trat Meier im Jahre 1928 auch dem Rotfrontkämpferbund (RFB), dem paramilitärischen Verband der KPD, bei, bis dieser (1929) verboten wurde. Dem RFB habe er, so erklärte Meier später, nur als einfaches Mitglied angehört, sein Engagement habe sich in der intensiven Werbung neuer Mitglieder erschöpft; dagegen unterstellten ihm die Bayerische Politische Polizei und die Gestapo später, Gruppenführer des RFB gewesen zu sein bzw. zumindest eine führende Rolle gespielt zu haben. Fest steht, daß Meier in dieser Zeit mehrmals verhaftet wurde und 1929 sogar einmal 8 Wochen lang wegen des Verdachtes der Vorbereitung zum Hochverrat in Untersuchungshaft saß. Das war für die Firma Ballin, bei der er in Arbeit stand, auch der Grund, ihn zu entlassen. Meier wurde in der Folgezeit zwar nicht arbeitslos, da in München Möbelpolierer gesucht waren, aber er konnte nur noch aushilfsweise und kurzfristig bei verschiedenen Firmen Beschäftigung finden.

So hatte Meier im Alter von 19 Jahren die sichere berufliche Existenz der politischen Arbeit geopfert. Loyal hielt er ohne Aussicht auf Besserung seiner beruflichen Verhältnisse seiner Partei auch dann die Treue, als diese in Bayern schon in der Endphase der Weimarer Republik zunehmender polizeilicher Verfolgung ausgesetzt war. Eisinger hingegen hatte sich als 19jähriger voll und ganz für die berufliche Existenzsicherung entschieden und die politische Arbeit aufgegeben, als er den Eindruck gewann, daß die momentanen politischen Verhältnisse keine Aussicht auf Veränderung im sozialistischen Sinne boten. Der Einzelgänger Eisinger las viel und beschäftigte sich infolgedessen mit dem Sozialismus vorwiegend grundsätzlich und theoretisch. Er hatte wenig übrig für die routinemäßige praktische Arbeit der Partei, wenn er in ihr keine Chance zur Verwirklichung seiner politischen Ideale erblicken konnte. Bei Meier waren die Gewichte anders verteilt. Er ging in der praktischen Gruppenarbeit auf und konnte als 19jähriger auf respektable Erfolge beim organisatorischen Wiederaufbau einer Ortsgruppe zurückblicken. Er entsprach ganz dem Typus des zuverlässigen proletarischen kommunistischen Parteiarbeiters, den die organisatorische Praxis viel mehr als die Ideologie des Marxismus interessierte. Sein Engagement für die kommunistische Sache war auch mehr im Milieu und in den Lebensumständen, weniger »idealistisch« in bildungsbeflissenem politischen Aufklärertum begründet.

Infolge seiner Entwicklung zum kommunistischen Aktivisten war Meier auch mit seiner Familie in Konflikt geraten. Vor allem seine Untersuchungshaft führte zu starken Verstimmungen, zumal in der Familie zu dieser Zeit drei politische Richtungen vertreten waren, die sozialdemokratische durch den Vater, die kommunistische durch Emil Meier, die nationalsozialistische durch seinen ältesten Bruder, der später Gebietsführer der HJ werden sollte. Trotzdem kam es nicht zum völligen Bruch mit der Familie, die den gerade 20jährigen in seiner wirtschaftlichen Not nicht im Stich lassen wollte. Allerdings blieben die wiederholten Versuche seiner Eltern, ihn von seiner kommunistischen Einstellung abzubringen, ohne Erfolg. Im Gegenteil, nach dem Verbot des RFB trat Meier auch der KPD bei, wo ihm in der Stadtteilgruppe Obergiesing wiederum die Funktion des Organisationsleiters übertragen wurde.

In dieser Eigenschaft leitete er zur Zeit der Machtübernahme durch die Nationalsozialisten in Bayern einen Abschnitt von angeblich 100 Mann und war folglich der Bayerischen Politischen Polizei als kommunistischer Funktionär bestens bekannt. Dementsprechend wurde er schon von der ersten großen Verhaftungswelle am Tage nach der Machtübernahme in Bayern erfaßt. Am 10. März kam Emil Meier zusammen mit seinem Vater und einem seiner Brüder zunächst nach Neudeck und wurde nach der Eröffnung des KZ Dachau am 22. März als einer der ersten Häftlinge mit der Häftlingsnummer 44 dort eingeliefert. Im Gegensatz zu Eisinger, der schon nach drei Wochen wieder aus Dachau freikam, bleib Meier fast zweieinviertel Jahre bis zum 26. April 1935 in dem Lager. Für die Politische Polizei gehörte er offenbar zum festen Kern der »hartgesottenen« kommunistischen Funktionäre, an deren Entlassung erst zu denken sei, wenn auch die letzten Reste der kommunistischen Untergrundbewegung in München zerschlagen wären. Über 26 Monate lang erlebte Meier das Kommen und Gehen politischer Gefangener in Dachau, die Übernahme der Lagerführung durch den berüchtigten Theodor Eicke im Herbst 1933 und die Etablierung der von ihm errichteten strengen Lagerordnung. Mit bitterer Genugtuung erlebte der überzeugte Kommunist auch, wie nach dem 30. Juni 1934 anläßlich der Röhmaffäre einige SA-Führer von einem SS-Peloton niedergestreckt wurden. Grimmige Freude bereitete ihm das gerade deshalb, weil Röhm erst wenige Wochen vorher anläßlich der Enthüllung des Horst-Wessel-Denkmals im Lager von der längst verwesten kommunistischen Bewegung gesprochen hatte. Die SS scheint den unbeugsamen Mann gleichwohl auf ihre Weise respektiert zu haben. Meier mußte in Dachau zwar manche Haftverschärfung über sich ergehen lassen, z. B. erhielt er einmal aus einem nichtigen Anlaß 30 »Watschen«, die er noch laut mitzählen mußte, ansonsten war er aber keinen besonderen Schikanen ausgesetzt. Furchtbar war für ihn aber der häufige Anblick eines gefesselten Häftlings beim Essenfassen, der auf dem Betonboden lag und mit einem Ochsenziemer geschlagen wurde. Hunger und Appetit vergingen ihm regelmäßig bei diesem abschreckenden Schauspiel. Sein Beruf als Möbeltischler verhalf ihm bald zu einem Posten in der Schreinerei des Konzentrationslagers, wo er die Leitern für die Bettgestelle anzufertigen hatte. Da er dies über zwei Jahre tat, waren sämtliche Bettenleitern in Dachau von seinen Händen hergestellt worden.

Nach der Entlassung aus Dachau war Meier eine Zeitlang arbeitslos, dann bei verschiedenen Firmen wieder kurzfristig in seinem Beruf tätig. Anschließend wurde er »dienstverpflichtet«, u. a. zum Autobahnbau bei Rosenheim. Über seine politische Einstellung nach der Entlassung gab Meier Jahre später vor der Gestapo zu Protokoll, daß er den »festen Willen« gehabt habe, mit seiner »Vergangenheit zu brechen« und sich »vollkommen unpolitisch zu verhalten«. Ja, er habe die Annehmlichkeiten der DAF und insbesondere der KdF kennen- und schätzen gelernt. Sogar eine KdF-Reise habe er mitgemacht. Aber die Beurteilung seiner früheren Gesinnungsgenossen, die ihn als »Abtrünnigen«, ja sogar als »Spitzel« einstuften, habe ihn doch sehr getroffen. Diese Aussage besaß einen realen Hintergrund. Meier hatte von Dachau aus seinen Eltern geschrieben, er betrachte es als Selbstverständlichkeit, daß sich die Saarländer bei der Abstimmung zum Deutschtum bekennen würden. Seine Mutter interpretierte diese Aussage erleichtert als Gesinnungsänderung und erzählte dies in der Bekanntschaft weiter, unter anderem auch einer Kommunistin, die nichts Eiligeres zu tun hatte, als den ehemaligen Genossen in Giesing dies mitzuteilen, die in ihm nun einen Abgefallenen sahen. Um diesen Vorwurf zu entkräften, so Meier weiter vor der Gestapo, habe er sich doch mehr als ursprünglich beabsichtigt mit den früheren Genossen eingelassen und sei dadurch wieder in das »kommunistische Fahrwasser« geraten. Daß Meier sich bei diesen später brutalen Gestapoverhören, von denen noch die Rede sein wird, als Verführten hinstellte, war offensichtlich eine Schutzbehauptung, von der er sich eine mildere Behandlung erhoffte. Nur so viel wird daran wahr gewesen sein: der durch und durch loyale Meier konnte den Verdacht der Illoyalität am wenigsten ertragen, auch lag ihm viel an der Meinung seiner ehemaligen kommunistischen Kameraden. Aber zu dem Grundzug des treuen kommunistischen Genossen, den wir schon kennenlernten, gehörte auch dies: In der Zeit nach Meiers Entlassung im Jahre 1937, als es keinen organisierten kommunistischen Untergrund in München mehr gab, keine »Befehle« oder Erwartungen illegaler Stadtteil-Leiter, war es nicht seine Sache, selbst initiativ zu werden. So gesehen war es durchaus wahrscheinlich, daß Meier von sich aus kaum zu illegaler politischer Aktivität hingefunden hätte, wenn nicht ein Anstoß von außen gekommen wäre. Aber bis dahin dauerte es noch mehrere Jahre. Die Initiative ging dann auch nicht von ihm aus, sondern von Robert Eisinger.

Nach ihrer Entlassung aus dem Lager Dachau im Mai 1937 hatten Eisinger und Meier nicht vor, sich wieder zu treffen. Da aber ihre Wohnungen nicht weit voneinander entfernt lagen, blieb es nicht aus, daß sie sich einmal zufällig auf der Straße begegneten. Daraus entwickelte sich aber zunächst kein reger Kontakt, wenn man sich auch einmal zum Spazierengehen traf. Erst als die Firma Göbel, bei der Eisinger als Verkaufsleiter arbeitete, Anfang 1939 einen Möbelpolierer suchte, verwandte sich Eisinger für den früheren Mithäftling. Auf seine Empfehlung hin wurde Meier, der gerade wieder einmal eine Stellung suchte, zum 1.9.1939 eingestellt.

Die Beschäftigung in derselben Firma brachte sie in der Folgezeit in nähere Beziehung. Nachdem der von Deutschland angezettelte Krieg die alte sozialistische Warnung – »Hitler bedeutet den Krieg!« – bestätigt hatte, kam es auch häufiger zu privaten politischen Gesprächen. In der entschiedenen Ablehnung der nationalsozialistischen Kriegspolitik stimmten die beiden Ex-Kommunisten völlig überein, so verschieden sie sonst waren.

Aus unterschiedlichen Gründen wurden beide auch vom Wehrdienst freigestellt. Eisinger war nach einer ersten Einberufung am 26. August 1939 wegen einer Lungenkrankheit nach Hause geschickt und schließlich, nach erneuter Einberufung am 1. Juli 1940 – zum Schreibstubendienst im Münchener Wehrbezirkskommando in der Arnulfstraße –, diesmal wegen seiner halbjüdischen Herkunft endgültig aus der Wehrmacht entlassen worden. Bei Meier scheint die Vergangenheit als kommunistischer Funktionär und Aktivist des Rotfrontkämpferbundes der Grund dafür gewesen zu sein, daß er im Herbst 1939 nach nur kurzer Militärzeit als »wehrunwürdig« entlassen wurde. Um so mehr verbitterte es den in seinem Selbstgefühl schon häufig verletzten Mann, daß die Polizei ihn im November 1939 anläßlich des Georg Elser-Attentats auf Hitler im Hofbräukeller, das die Gestapo kommunistischen Hintermännern in die Schuhe schob, erneut für vier Wochen in Haft nahm. Das Gefühl erlittenen Unrechts vermochte Meier wohl um so weniger zu überwinden, als er weder im Beruf noch in einer Familie dafür einen Ausgleich hatte. Der Beruf bedeutete ihm vor allem Broterwerb, und eine eigene Familie besaß er nicht. Er war ledig und wohnte als 30jähriger immer noch in der elterlichen Wohnung. Die Erinnerung an die seit einem Jahrzehnt andauernde Folge ungerechtfertigter kürzerer oder längerer Verhaftungen, vor allem an die Strafkompanie in Dachau im Jahre 1937, und die mittelbaren Wirkungen sozialer und beruflicher Diskriminierung, die diese zur Folge hatten, erfüllten den einfachen Mann mit einem elementaren Bedürfnis, sich rächen zu müssen, ein Gefühl, das er bei den späteren Vernehmungen unumwunden äußerte: »Mein Bestreben ging dahin, mich dafür bei den verantwortlichen Stellen zu rächen, indem ich ihnen Unannehmlichkeiten bereiten wollte. Dieses Revanchegefühl wurde durch neuerliche und immer wiederkehrende vorbeugende, wenn auch kurzfristige Inhaftnahmen nur weiter verstärkt.« Verletzte Gefühle und kommunistische Grundeinstellung machten Emil Meier zu einem andächtigen Zuhörer, wenn ihm Robert Eisinger im weiteren Verlauf des Krieges anhand von Karten mit dem Frontverlauf demonstrierte, daß der Krieg für Hitler nicht zu gewinnen sei. Sowenig Eisinger in dem schlichten Meier einen ebenbürtigen Gesprächspartner fand, so sehr erkannte er dessen tiefe Verletzung und respektierte seine absolute Zuverlässigkeit und Ehrlichkeit, wenn beide die sinnlosen Opfer des Krieges und die irreführenden Sondermeldungen und Wehrmachtsberichte im vertraulichen Gespräch einmütig kritisierten, während umgekehrt Meier Eisingers überlegenes Beurteilungsvermögen anerkannte, ihn für »politisch pfundig« hielt und mit Genugtuung bemerkte, daß es Eisinger ernst war und er »kein Gerede« mache. So ergänzten und bestärkten sich beide, je länger der Krieg ging, in dem Willen, dagegen etwas zu tun.

I. Zwei Münchener Kommunisten

Als sich die deutsche Niederlage bei Stalingrad abzeichnete, war Eisinger der sicheren Überzeugung, daß das die Kriegswende sei und die unvermeidliche deutsche Niederlage einleite. Deshalb scheint sich Meier gar nicht besonders gewundert zu haben, als jener ihm am 30. Januar 1943, am zehnten Jahrestag der nationalsozialistischen Machtübernahme, ein Päckchen selbst verfaßter und hergestellter Flugblätter übergab mit der lapidaren Bemerkung, er habe nun etwas gemacht, nun könne Meier auch etwas tun. Emil Meier zögerte keinen Moment, der Aufforderung Folge zu leisten. Wenn es darum ging, einen Auftrag zu erfüllen, war er der richtige Mann, auch wenn die Ausführung mit besonderen Risiken verbunden war. Über die Art der Verbreitung der Flugblätter verlor Eisinger kein Wort. Das war Sache Meiers, des bewährten ehemaligen kommunistischen Organisationsleiters. Dieser entschloß sich, wie wir schon wissen, die Flugblätter nachts in der Siedlung der »Alten Kämpfer« der NSDAP in Neuharlaching zu verteilen, weil er sich davon, wie er später aussagte, besondere Wirkung erhoffte. Das war sicher nicht die ganze Wahrheit, da er in den Arbeitervierteln der Stadt mit einer stärkeren Resonanz hätte rechnen können. Meier ließ sich vermutlich bei dieser ersten Aktion zur Verteilung von Flugblättern gegen das NS-Regime anläßlich der Katastrophe von Stalingrad durchaus auch von dem aufgestauten Bedürfnis leiten, es »denen« direkt heimzuzahlen, den Nazis mit den Flugschriften einen Spiegel des eigenen Versagens vorzuhalten.

Anders gelagert waren die Motive Robert Eisingers. Er hat darüber in erstaunlicher Freimütigkeit 1945 vor der Gestapo selbst berichtet. Und da er – anders als der hartnäckige Meier, der nur so viel eingestand, wie die Gestapo schon wußte oder aus ihm herauszuprügeln vermochte – die Vernehmungen nun, nachdem nichts mehr vertuscht und niemand mehr belastet werden konnte, als längst herbeigesehnte Chance direkter freier Meinungsäußerung gegenüber den Vertretern des Regimes geradezu genoß (als »erzählerischen Stuhlgang«, wie er sich später ausdrückte), können wir diesen Aussagen weitgehend folgen. Seit seiner Entlassung aus Dachau, so gab Eisinger aussagefreudig zu Protokoll, habe er sich trotz gleichbleibender Gesinnung bis Anfang 1943 nicht mehr politisch betätigt. Er habe ein verhältnismäßig gutes Leben geführt, als Einkäufer und Verkaufsleiter eine verantwortungsvolle Tätigkeit gehabt und sich ihr mit Eifer gewidmet, seit 1935 ausreichend Geld verdient, zumal er es vorgezogen habe, die Freizeit zu Hause, bei Frau und Kind, zu verbringen. Wirtschaftliche oder private Unzufriedenheit, das wollte er auch vor dem vernehmenden Kriminalkommissar klarstellen, hätten ihn nicht getrieben. Aber er habe sich seine Gedanken gemacht und sei schon vor 1939 zu dem Schluß gekommen, daß der Nationalsozialismus keines der vorangegangenen Grundübel beseitigt habe. »Der Kapitalismus war in gleicher Form geblieben, die Kartelle wurden nicht beseitigt, sondern vermehrt, die Freiheit des Einzelnen immer mehr eingeschränkt, und ein offenes Hintreiben auf den Krieg erkennbar.«

Als überzeugter Pazifist habe er den Krieg entschieden abgelehnt und sich mehr und mehr aufgefordert gefühlt, zur Beendigung des sinnlosen Blutvergießens etwas zu tun. Angesichts der deutschen Verluste bei Stalingrad habe er sich gesagt, »daß es nun höchste Zeit sei, den Krieg zu beenden, um weitere Verluste von Menschenleben zu ersparen. Mir taten die Opfer an der Front persönlich leid, gleichfalls wirkten auf mich die feindlichen Terrorangriffe auf die Heimat entsprechend ein. Ich dachte in diesem Augenblick nun nicht mehr an den Kommunismus, zunächst auch nicht an eine andere Staatsform oder Weltanschauung, sondern nur noch an ein Kriegsende um jeden

Preis. Dazu wollte ich nach Möglichkeit beitragen.« Auf Vorhalt des Kriminalkommissars, ob er sich überlegt habe, was die Folgen eines solchen freiwilligen »Aufgebens« für Deutschland und das deutsche Volk sein würden, antwortete Eisinger: »Ich stelle mir vor, daß bei einem vorzeitigen freiwilligen Aufgeben des Kampfes dem Reiche immer noch so viele Ordnungskräfte erhalten bleiben, die das Leben wieder in geordnete Bahnen lenken würden. Bei einem vollkommenen Verlieren des Krieges, was ich vorauszusehen glaube, bleibt nichts als ein Scherbenhaufen mit unübersehbaren Folgen. Es ist auch anzunehmen, daß Deutschland bei freiwilligem Verzicht auf Fortführen des Kampfes territoriale Einbußen erleiden wird, dies wird es aber in noch schlimmerem Maße erleiden bei einer Total-Niederlage. Ich nehme an, daß von solchen Gesichtspunkten aus meine Überlegungen Berechtigung finden müssen. Ich dachte keineswegs an eine Beendigung des Krieges, um damit den Nationalsozialismus erledigt zu sehen, sondern vielmehr nur an Beendigung des Krieges, weil er eben nicht gewonnen werden kann.« Und um keinesfalls Mißverständnisse über seine politische Einstellung aufkommen zu lassen, beeilte er sich, hinzuzufügen: »Der Nationalsozialismus ist selbstverständlich sowieso erledigt, sowohl bei vorzeitigem Waffenstillstand als auch im Falle eines Verlierens dieses Krieges.« Solche offenen Worte lösten bei den Kriminalbeamten noch Anfang 1945 basses Erstaunen aus. Der Kriminalkommissar, der die Vernehmung leitete, scheint besonders durch die belehrende, überlegene Art, in der Eisinger seine Meinung vortrug, in Wut geraten zu sein und nannte ihn einen unverschämten Kerl.

Ruhiges, überlegtes Kalkül hatte schon Anfang 1943 Eisinger bestimmt, als er mit den Flugblättern anfing. Er war damals davon überzeugt, daß die Niederlage in Stalingrad die Stimmung in der Bevölkerung gegen das Regime umschlagen lassen würde. Das war auch keineswegs unbegründet. Die internen amtlichen Berichte über die Volksmeinung zeigen tatsächlich, daß die Stimmung auf dem Nullpunkt angelangt war. Der Regierungspräsident von Oberbayern schrieb in seinem Monatsbericht für Januar 1943: »Die ernste Lage im Osten« habe »eine Fülle von Sorgen und Befürchtungen ausgelöst«. »Das Schicksal der 6. Armee hat die Bevölkerung tief erschüttert. Die Stimmung ist in allen Kreisen sehr gedrückt, und es wächst die Zahl der Volksgenossen, die eine deutsche Niederlage für durchaus möglich halten oder den Krieg bereits als verloren betrachten.« Eisinger schätzte die Stimmung also nicht falsch ein. Er verkannte aber, daß aus solcher Depression noch lange keine Bereitschaft zu aktivem Widerstand erwuchs. Hier unterschied er, der Einzelne, sich ganz und gar von der übergroßen Mehrheit. Ließ ihm die sich abzeichnende Katastrophe keine Ruhe mehr, trieb sie ihn dazu, nach 10jähriger politischer Enthaltsamkeit wieder aktiv zu werden, weil er vom Verstand, von der Einsicht, die Konsequenzen erfordere, ausging und selbst nie in den Bann der Suggestivität des NS-Regimes geraten war, so bedeutete Stalingrad für die Mehrheit der Bevölkerung doch erst den Anfang eines quälenden Prozesses der Ernüchterung. Deshalb kam es nach Stalingrad zwar zu weitverbreiteter Niedergeschlagenheit, aber kaum zu oppositionellen »staatsfeindlichen« Aktivitäten.

Für Januar registrierte der Regierungspräsident von Oberbayern einen einzigen Fall, der mit dem Verhalten Eisingers vergleichbar wäre. In Otting (Landkreis Laufen) hatte ein Unbekannter in der Nacht vom 30. auf den 31. Januar 4 Plakate angeschlagen mit den Worten: »10 Jahre Hitler sind genug, macht Schluß mit dem Betrug.«

Eisinger begnügte sich bei seiner Aktion nicht mit einer solchen knappen Parole, sondern er versuchte in seinem Flugblatt, durch Argumente zu überzeugen. Er zählte die Stationen auf, die zur Entfesselung des Zweiten Weltkrieges geführt hatten, und zog am Ende die »düstere Bilanz«, daß das NS-Regime einen Krieg begonnen habe, den es niemals gewinnen könne. Er wollte mit seinem Flugblatt über das Nachdenken zum Handeln ermuntern. Auch die weiteren Flugblätter, die er verfertigte, knüpften jeweils an ein besonders deprimierendes kriegspolitisches Ereignis an und suchten daraus Kräfte des Widerstandes zu mobilisieren. So anläßlich des Sturzes von Mussolini im Juni 1943, als er ein Flugblatt mit dem Titel »Deutsches Volk. Die Flammenzeichen rauchen« verfaßte. Morgens um 6 Uhr hatte er im Londoner Rundfunk vom Sturz Mussolinis gehört, schon mittags hatte er den Text auf Matrizen geschrieben und abgezogen, so daß das Flugblatt in der kommenden Nacht verteilt werden konnte, noch ehe die Leute die Nachricht von der Entmachtung Mussolinis in den deutschen Zeitungen lesen konnten. Dies sei sein bestes Flugblatt gewesen, so meinte er noch später. »Die Flammenzeichen rauchen«, das war von Theodor Körner entlehnt. Auch die Geschwister Scholl hatten in ihrem Flugblattaufruf im Februar 1943 in der Münchener Universität die Liedzeile Körners zum Motto gewählt »Frisch auf, mein Volk, die Flammenzeichen rauchen«. Der nationale Aufruf der idealistischen Kriegsfreiwilligen des Ersten Weltkrieges war zum Widerstandsappell umgedeutet worden. Bei der Begründung des Todesurteils für die Geschwister Scholl hob der Präsident des Volksgerichtshofes, Roland Freisler, dies als besonders verwerflich eigens hervor. Eisinger wußte von alledem nichts, es war die Ähnlichkeit idealistischen Widerstandsdenkens, die zu demselben Zitat führte. Aber Eisinger suchte in seinem Appell andererseits realistischer und praktischer zu sein. Er wollte nicht zu selbstaufopferndem Märtyrertum aufrufen, sondern zu zumutbaren Widerstandshandlungen, die sich im Rahmen eines kalkulierbaren Risikos hielten, die aber – so glaubte und hoffte er – sich zu einer wirksamen Bewegung der breiten Volkssabotage zusammenschließen könnten. Je nach Beruf und Stand empfahl er, das jeweils Nächstliegende zur Kriegsbeendigung zu tun. Die Eisenbahner sollten den Wehrmachtsverkehr stören, die Rüstungsarbeiter die Fertigung mit allen Mitteln sabotieren, die Soldaten sich in die Gefangenschaft retten. Und immer wieder der Aufruf an die Aktivisten, ähnliche Flugblätter in allen Kreisen des Volkes zu verbreiten. Das Flugblatt endete mit dem Appell an das deutsche Volk: »Du hast im Kampf gegen Deine Gegner soviel Mut und Tapferkeit bewiesen für eine Sache, die nicht die Deine war! Nun zeige ebensoviel Mut im Kampfe gegen Deine inneren Feinde und Bedrücker, gegen den Nationalsozialismus!« Eisinger unterschrieb den Aufruf mit dem fingierten Adressanten »Nationalkomitee Freies Deutschland!«. Er wollte den Eindruck erwecken, hinter dem Aufruf stünde eine bedeutende Widerstandsorganisation.

Einen Anlaß ganz anderer Art boten die zahlreichen im Sommer 1943 in der Stadt angeschlagenen Plakate mit der fordernden Frage: »Was hast Du heute für den Sieg getan?« Eisinger antwortete darauf mit dem Flugblatt »Was hast Du heute für ein rasches Kriegsende getan?«. Wiederum hatte der Verfasser sich um eine leichtverständliche Sprache bemüht und den Text wie bei seinen anderen Flugblättern auf drei einfache Grundgedanken abgestellt: die Sinn- und Nutzlosigkeit des Krieges und jeglicher damit verbundener Opfer; konkrete Ratschläge, wie jeder Einzelne zur Abkürzung des Krieges beitragen könne; schließlich der Aufruf zum Sturz Hitlers bzw. zur Beseitigung des Nationalsozialismus. Eisinger hatte damals auch von der Hinrichtung der Geschwister Scholl gehört und nahm deshalb in dem Flugblatt darauf Bezug. Das Flugblatt verdient es, in seiner ganzen Länge zitiert zu werden:

»Was hast Du heute für ein rasches Kriegsende getan?
 Jeder sollte sich täglich diese Frage vorlegen! – Warum? – Weil feststeht, daß wir diesen Krieg nicht mehr gewinnen können! Seine Fortführung bedeutet daher: Nutzlose Opfer, Leiden und Entbehrungen für das Volk! Hilf daher den Krieg rasch zu beenden und Du hilfst Deinem Volk! Es gibt viele Möglichkeiten dazu beizutragen. Verringertes Arbeitstempo – Spendenverweigerung oder Kürzung – Mauerinschriften – Flugblätter u.s.w.
 Hitler und der Nationalsozialismus haben uns in diesen Krieg gehetzt! Nur ihr Sturz kann ihn vorzeitig beenden! Zeigt Euch des Opfers der Geschwister Scholl und ihrer Mitkämpfer würdig und führt ihren Kampf verstärkt fort!
Für den Frieden!   Für die Freiheit!«

Bei den insgesamt sechs Flugblättern, die Eisinger bis zum Herbst 1943 verfaßte, fällt das völlige Fehlen kommunistischer Parolen auf. Es wird weder die kapitalistische Monopolindustrie als Urheber des Faschismus bemüht noch zum Klassenkampf oder zur sozialen Revolution aufgerufen. Der Krieg hatte die ursprünglichen politischen und gesellschaftlichen Ziele des ehemaligen Kommunisten Eisinger ganz zurückgedrängt. Übrig blieben Pazifismus und Humanismus. Auch der ehemalige KPD-Funktionär Meier war damit offenbar einverstanden. Eisinger verfaßte die Texte der sechs Flugblätter zwar allein, las die Entwürfe aber gelegentlich Meier vor, um seine Meinung darüber zu hören.

Auch die technische Herstellung besorgte Eisinger allein. Seine Stellung als erster Verkaufsleiter bei der Firma Göbel schuf dafür günstige Voraussetzungen: Er besaß die Schlüssel zu den Geschäftsräumen und konnte sich dort auch außerhalb der Geschäftszeiten aufhalten. Schreibmaschinen und Vervielfältigungsapparate der Firma standen ihm zur Verfügung, von Berufs wegen mußte er sie häufig benutzen. Zu Eisingers Aufgaben zählte es, die Büroräume als letzter abzuschließen. So war es kaum verdächtig, wenn er zur Flugblattherstellung nach Dienstschluß noch im Büro blieb. Den jeweiligen Text schrieb er zunächst auf eine Matrize, spannte diese in einen Vervielfältigungsapparat und zog damit jeweils etwa ein halbes Tausend Flugblätter ab. Bei dieser Arbeit trug er stets Stoffhandschuhe, um Fingerabdrücke auf dem Papier zu vermeiden.

Ungefähr ein Drittel versandte Eisinger selbst, insbesondere an Arbeiter, die in firmeneigenen Siedlungen von BMW, AGFA, Steinheil usw. wohnten. Es kam Eisinger sehr darauf an, vor allem die Arbeiterschaft zu erreichen. Er entnahm die Anschriften dem Adreßbuch, tippte sie auf billige grüne firmeneigene Umschläge und frankierte sie mit Briefmarken, die er aus eigener Tasche bezahlte. Der Versand der Flugblätter erfolgte durch die Post. Manchmal legte er in den Umschlag auch zwei oder drei Flugblätter in der Hoffnung, der Adressat würde sie weitergeben; das ersparte auch Geld, denn Eisinger gab bei dieser Verteilungsmethode pro Flugblatt einen guten Wochenlohn aus. Der Kostenaufwand, der ihm dadurch entstand, war einer der Gründe, die es Eisinger geraten erscheinen ließen, neben dem ihm selbst möglichen Postversand seinen Kollegen Meier zur nächtlichen Verteilung des größeren Teiles der Flugblätter zu veranlassen. Hätte Eisinger die Verbreitung der Flugblätter allein durch die Post vorgenommen, so hätte er, wegen des Zeit- und Geldaufwandes, sehr viel weniger vervielfältigen und verteilen können. Da ihm damals aber alles daran lag, eine möglichst große Wirkung zu erzielen, entschloß er sich, neben dem Risiko der Flugblattherstellung das noch größere Risiko der Beteiligung eines Mitarbeiters an dieser illegalen Arbeit einzugehen. Wie sich später zeigte, war das der entscheidende Fehler.

Die öffentliche Auslegung der Flugblätter durch Meier war zweifellos der gefährlichere Part des Unternehmens. Und Meier war, wie sich herausstellen sollte, trotz seiner Zuverlässigkeit nicht voll kalkulierbar. Immer wenn Eisinger ein neues Flugblatt hergestellt, vervielfältigt und ein Drittel in verschlossenen Umschlägen für den Postversand fertig gemacht hatte, schloß er die verbliebenen Flugblätter über Nacht in seinem Schreibtisch ein und gab sie am Abend des nächsten Tages Meier zur Verbreitung. Dabei wurden kaum Worte gewechselt. Meier wußte Bescheid, und Eisinger kümmerte sich nicht darum, wie und wo Meier die Flugblätter verbreitete. Er vertraute ganz und gar Meiers Geschicklichkeit. Abgesehen von der ersten Aktion verteilte Meier die Flugblätter vor allem in der Innenstadt Münchens, vorzugsweise in der Schiller-, Goethe-, Paul Heyse-, Dachauer- und Augustenstraße. Er legte sie in Hausflure oder warf sie in private Briefkästen. Einmal verteilte er Flugblätter auch in Haidhausen, in der Umgebung des Baldeplatzes und in der Auenstraße. Die nähere Umgebung seiner Wohnung vermied er aus gutem Grund. Sonst aber wurde er von Mal zu Mal waghalsiger.

Eisinger versuchte darüber hinaus, Herstellung und Verteilung effektiver zu gestalten. Um eine größere Zahl von Flugblättern in kürzerer Zeit herstellen zu können, benutzte er einen sogenannten »Tausendstempel«. Die beschriftete Matrize wurde über einen Stempel gezogen, mit spezieller Stempelfarbe bestrichen und der Text auf diese Weise gestempelt. Mit dieser Methode ließen sich mit einer Matrize bis zu tausend Flugblätter herstellen. Bei der Verwendung des »Tausendstempels« war Meier anwesend und half wohl auch dabei. Einmal probierte Eisinger noch eine andere, für ihn sehr viel riskantere Methode der Flugblattverteilung. Die Manteltaschen gefüllt mit Flugblättern, mischte er sich nach einem Fußballspiel im 60er Stadion an der Grünwalder Straße unter die herausströmende Menge und ließ im Gedränge die viertelbogigen Flugblätter aus der Manteltasche gleiten. Einige Male ließ er auch von einer Portion gerade frisch abgezogener Flugblätter mehrere Exemplare auf dem Nachhauseweg in der Straßenbahn liegen. In der Regel verließ er sich aber auf den sichereren Postversand.

Diebisches Vergnügen machte es Eisinger und Meier, daß sie eines Tages in die Lage gekommen waren, zur Versendung der Flugblätter Umschläge der Firma BMW benutzen zu können. Meier war zufällig zugegen gewesen, als aus einem Kraftfahrzeug einige Kartons auf die Straße stürzten und Umschläge mit dem Firmenzeichen der Bayerischen Motorenwerke herausfielen. Er tat so, als wollte er beim Aufräumen helfen, und stahl dabei einen der Kartons. Bald darauf versandte Eisinger Flugblätter in diesen Kuverts an Arbeiter in der BMW-Siedlung in Milbertshofen mit der Aufforderung, langsam zu arbeiten.

Über die Gesamtzahl der von den sechs Flugblättern zwischen Januar und Herbst 1943 verteilten Exemplare lassen sich keine genauen Angaben machen. Vor der Gestapo, wo Meier und Eisinger nur so viel einzugestehen suchten, wie gerade noch glaubhaft war, sprachen sie von einer Verteilung von jeweils 300 bis 800 Exemplaren pro Flugblatt, abhängig von der Größe und Herstellungsart, d.h. DIN A 4 oder Viertelbogen, Vervielfältigungsapparat oder Tausendstempel. Das würde bedeuten, daß von den sechs Flugblättern eingestandenermaßen durchschnittlich je 500 Exemplare verteilt worden sind, also insgesamt 3000 Exemplare. Tatsächlich lag der Umfang der zur Verteilung gelangten Exemplare aber wohl beträchtlich über diesen vor der Gestapo genannten Zahlen. Dabei ist zu berücksichtigen, daß Eisinger ein und dasselbe Flugblatt mehrmals an unterschiedlichen Tagen herstellte. Wahrscheinlich waren es demzufolge nicht 3000, sondern 5000 bis 6000 Flugblätter, die von den beiden in München während eines knappen Dreivierteljahres unter die Leute gebracht wurden. Eine beachtliche Leistung illegaler Tätigkeit unter den Bedingungen der 1943 herrschenden scharfen Polizeikontrolle.

Die beiden Verschwörer versprachen sich aufgrund dessen auch eine erhebliche Wirkung, zumal sie hofften, daß die Flugblätter von den Arbeitern vertraulich weitergegeben würden und so ein Schneeballsystem der Vervielfältigung zustande käme. Eisinger interessierte sich brennend für die Wirkung seiner Flugblätter. Er hatte sich aber den Blick für die Realitäten bewahrt und gab sich keinen Illusionen hin. Vor der Gestapo erklärte er 1945: »Wir waren uns vollkommen im Klaren darüber, daß wir selbst keine großen Umwälzungen mit unserer Propaganda erzielen würden, doch dachten wir, daß einmal ein Keim gelegt werden müsse und daß sich dann eben auch andere Personen, angeregt durch unsere Flugblätter, zu Interessengemeinschaften zusammenschließen würden. Wir hatten durchaus nicht die Absicht, selbst Führerpersönlichkeiten zu werden oder einmal führende Stellungen einzunehmen, sondern wir wollten durchaus anonym bleiben. Wir hatten ferner nicht die Absicht, mehrere Personen in unseren Kreis einzubeziehen, sondern ich vertrat den Standpunkt, daß aus Sicherheitsgründen schon zwei Personen viel genug seien.«

Nicht einmal Eisingers 72jähriger Vater, mit dem ihn seit seiner Jugend in den politischen Anschauungen so vieles verband, war eingeweiht. Auch seine Frau wußte nichts davon. Sie war selbst ganz unpolitisch, kannte zwar die politische Einstellung ihres Mannes, sah es aber sehr ungern, wenn ihr Mann sich mit Meier oder anderen über Politik unterhielt und dadurch womöglich den Frieden des Hauses gefährdete.

Auch Meier machte in der elterlichen Familie, in der er noch immer wohnte, nicht die geringste Andeutung über die illegalen Flugblatt-Aktionen. Angesichts der politischen Gespaltenheit der Familienmitglieder wäre er vor einer Denunziation nicht sicher gewesen. Selbst der Freundin, einer Invalidenrentnerin, mit der er häufig verkehrte, vertraute er sich nicht an, zumal sie seine politische Einstellung nicht teilte und der Auffassung war, daß sie es noch nie so gut gehabt habe wie unter Hitler.

Im September oder Oktober 1943, das genaue Datum konnte keiner mehr angeben, stellte Eisinger die Flugblattproduktion ein. Vor der Gestapo gab er als Grund lediglich an, er habe die Zwecklosigkeit seines Tuns plötzlich eingesehen. Den konkreten, ihn so sehr enttäuschenden Anlaß verheimlichte er der Gestapo. Um die Wirkung seiner Flugblätter zu testen, hatte Eisinger auch an ihm persönlich bekannte ehemalige Kommunisten Flugblätter versandt und sie bei Gelegenheit auf der Straße darauf angesprochen. Mehrere ehemalige Genossen fragte er geradeheraus, ob sie denn keine Flugblätter erhalten hätten. Er bekam daraufhin fast übereinstimmend immer die gleiche Antwort: sie hätten sie zwar gelesen, aber sofort verbrannt. Auf weitere Diskussionen ließen sie sich überhaupt nicht ein. Diese ängstliche Reaktion seiner ehemaligen Gesinnungsgenossen, die 1933 bereit gewesen waren, ihren Kopf hinzuhalten, machte Eisinger völlig mutlos. Wie sollte er noch an eine aktivierende, Taten auslösende Wirkung seiner Flugblätter glauben können, wenn schon ehemalige Kommunisten sich so ängstlich verhielten. Nach diesen Erfahrungen schien ihm die Abfassung und Herstellung weiterer Flugblätter sinnlos, und er gab die Aktion auf. Vor der Gestapo sagte er sogar: »Ich habe meine illegale Flugblattherstellung bereut, als ich die Zwecklosigkeit dieses Tuns einsah. Hätte es Sinn gehabt, dann würde ich nichts zu bereuen haben; denn ich bin nun der Ansicht, daß die Ereignisse nun doch ablaufen werden und der Krieg durch innenpolitische Ereignisse nicht mehr entschieden werden kann, sondern an den Fronten ausgekämpft werden muß, wo die Masse des feindlichen Materials am Ende Deutschland doch zum Erliegen bringen wird.« Der politisch ebenso realistische wie beherzte Mann hatte die sich seit Stalingrad für ihn klar abzeichnende Sinnlosigkeit der Weiterführung des Krieges intensiv empfunden, deshalb seine bisherige politische Zurückhaltung durchbrochen und, um etwas zu ändern, eine riskante illegale Aktion ins Werk gesetzt. Für ihn war solcher »Widerstand« aber nicht symbolischer Selbstzweck. Als er sich der Wirkungslosigkeit seines gefährlichen Tuns bewußt wurde, stieg er resigniert wieder aus. Nicht so der in seiner Mentalität einfachere Emil Meier, für den die geheime Verteilung von Flugblättern inzwischen so etwas wie ein Bedürfnis zur Abrechnung mit dem NS-System geworden war, das ihn geschunden und ihn zum diskriminierten Außenseiter gemacht hatte. Einmal auf den Weg der illegalen Arbeit gebracht, konnte er diese Tätigkeit nicht mehr aufgeben. Damit war der weitere Gang der Dinge gezeichnet. Unter den damaligen Bedingungen waren Entdeckung, Haft und Verurteilung nur noch eine Frage der Zeit.

Eisingers und Meiers Wege trennten sich. Während Eisinger sich nicht mehr dazu bewegen ließ, weitere Flugblätter herzustellen, fand sich für Meier im Frühjahr 1944 ein neuer Partner. Bei der Bekanntschaft mit dem neuen Mann ging Meier keineswegs so vorsichtig vor, wie man es von einem geschulten ehemaligen KPD-Funktionär hätte erwarten können. Er verhielt sich vielmehr auf auffällige Weise vertrauensselig und leichtfertig, fast als wollte er das Schicksal der Entdeckung herausfordern. Sein neuer Partner wurde ein gewisser Anton Heiß, ein eingeschriebenes Mitglied der NSDAP, der sich Meier gegenüber aber als scharfer Kritiker des Regimes gab. Daß der neue Freund unter dem Einfluß seines Nennonkels Schmidt stand, der bei ehemaligen Kommunisten als »Arbeiterverräter« galt, weil er nach 1933 an der Aushebung kommunistischer Gruppen beteiligt war, und daß bei Schmidt, wie es hieß, auch jener Max Troll, der zu trauriger Berühmtheit gelangte Gestapospitzel mit dem Decknamen »Theo«, aus und eingegangen war, war Meier nicht unbekannt, und er hätte über Heiß, wenn er sich umsichtiger verhalten hätte, sicher Genaueres in Erfahrung bringen können. Tatsächlich hatte Schmidt Anfang 1944 dem von ihm protegierten Heiß nahegelegt, sich mit Meier anzufreunden und auszukundschaften, ob Meier mit den geheimen Flugblattaktionen vom vergangenen Jahr etwas zu tun habe. Die Gestapo hatte offenbar schon Verdacht geschöpft.

Heiß war offensichtlich, wie sich später zeigen sollte, kein verläßlicher Parteigänger der Nationalsozialisten, sein Unmut war wahrscheinlich nicht nur gespielt. Aber zunächst ließ er sich, da er sich Schmidt verpflichtet fühlte, auf die Spitzelrolle ein. Es gelang ihm auch bald, Meiers Vertrauen zu gewinnen. Nach einigen Wochen, im April 1944, als die beiden schon auf gutem Fuß standen, rückte Heiß mit einem – von seinem Nennonkel als Köder überreichten – ziemlich primitiven antinationalsozialistischen »Gebet« (»Das deutsche Vaterunser«) heraus, von dem er behauptete, es selbst verfaßt zu haben, und schlug Meier vor, den Text zu vervielfältigen und als Flugblatt zu verbreiten. Meier lehnte zunächst ab, aber eigentlich nur, weil ihm der Text nicht gefiel. Heiß überredete Meier schließlich zur gemeinsamen Abfassung eines anderen Flugzettels. Jeder »dichtete« einen zweizeiligen Reim, der in der Aussage zwar etwas unklar blieb, aber für die Zwecke von Heiß ausreichte. Um ganz sicherzugehen und Meiers volles Vertrauen zu gewinnen, machte Heiß mit, als Meier bei helllichtem Tag daran ging, die Flugblätter zu verteilen, er begleitete ihn gleichsam als Zeuge. Ohne Zweifel hatte Heiß vor, aufgrund dieser handfesten Beweise Meier demnächst zu denunzieren, wie es dem von seinem Nennonkel ausgeheckten Plan entsprach. Infolge eines unvorhersehbaren Ereignisses wurde Heiß anderen Sinnes. Bei einem nächtlichen Luftangriff schlugen Brandbomben in das Haus ein, in dem er wohnte. Seine Wohnung brannte vollständig aus. Meier kam noch in der Nacht herüber und holte unter Einsatz seines Lebens aus der brennenden Wohnung einige Sachen heraus. Solche Hilfe erfuhr er von keinem seiner Parteifreunde, die auch in den folgenden Tagen keine Unterstützung gaben. Meier hingegen nahm sich der ganzen Familie seines neuen Freundes an, versorgte sie mit Lebensmitteln, holte Geräuchertes und Mehl herbei. Noch später bei der Vernehmung vor der Gestapo sagte Heiß aus: Meier sei damals die einzige Hilfe in seinem Unglück gewesen und er würde ihm dies nie vergessen. Heiß stand mit seiner Familie einige Tage buchstäblich auf der Straße, bis er sich in eine unbewohnte Wohnung einfach einquartierte. Die Erfahrungen nach der Ausbombung änderten bei Heiß offenbar vollständig die Einstellung gegenüber Meier und der vorher angezettelten Bespitzelung. Als es darum ging, hier wohnen bleiben zu können, hatte er wiederum Konflikte mit der Partei auszufechten und erhielt von dieser Seite keinerlei Hilfe. Der Ärger über die NSDAP staute sich bei Heiß so an, daß Meier, ohne es zu ahnen, nun statt eines Verräters einen zuverlässigen Partner in der Illegalität gewonnen hatte. Heiß war jetzt selbst voller Aggressivität gegen das Regime und wurde ein aktiver Mitstreiter bei der nun auch von ihm nicht mehr zum Schein betriebenen illegalen Arbeit. Meier und Heiß brachten es in den folgenden Monaten insgesamt auf 22 Flugblätter. Diese und die 6 von Eisinger fand die Gestapo später allesamt bei Heiß in einer Rolle. Eine vergleichbar große Sammlung von Flugblättern ist ihr kaum bei irgendeiner anderen Verhaftung in die Hände gefallen.

Die Flugblätter von Meier und Heiß waren fast ausschließlich kleinformatige Handzettel mit einfach formuliertem Inhalt, wobei das Schema von Eisingers Flugblättern offenbar als Vorbild diente. Die Aufrufe und Ratschläge zur Sabotage jeder Art waren sehr schlicht und, im Gegensatz zu Eisingers Texten, auch vulgärer abgefaßt und mit einigen grammatikalischen oder orthographischen Fehlern behaftet. Ungeachtet dieser Mängel verrieten die Flugblattexte dasselbe primär humane, gegen die Kriegsfortsetzung gerichtete Motiv wie die von Eisinger verfaßten Aufrufe. Auch für diese Flugblätter galt: keine lobende Erwähnung Moskaus, kein »Rotfront«, kein Aufruf zur Weltrevolution. Einziges Thema war die Sinnlosigkeit des Krieges, dem sofort ein Ende bereitet werden müsse.

Die Verteilung nahm Meier wie gewohnt vor, aber er bezog jetzt auch andere Stadtviertel ein und erfand auch neue listige Methoden. Besonders stolz war er auf das Schwebebalken-Verfahren, das er, wie er erzählte, folgendermaßen anwandte. Er suchte geeignete ausgebombte Häuser auf. Aus einem hochgelegenen Fenster ließ er einen Schwebebalken ragen. Auf das eine Ende des Balkens legte er ein Paket Flugblätter. Das am Boden aufliegende Ende des Balkens war beschwert mit einem mit Sand gefüllten Eimer. Durch ein Loch im Eimer rieselte der Sand langsam heraus. Bis so viel Sand herausgeflossen war, daß sich das Gleichgewicht verschob, hatte Meier 15–30 Minuten Zeit, um den Ort zu verlassen und als scheinbar Unbeteiligter auf die Straße zurückzukehren und mitzuerleben, wie nach einer bestimmten Zeit das Flugblattpaket in hohem Bogen unter die Straßenpassanten geschleudert wurde.

Ende 1944 begann Meier, speziell auf die Mentalität der ländlichen Bevölkerung abgestimmte Flugblätter zu verfassen und zu verteilen. Während seine Freundin Tauschgeschäfte mit den Bauern machte – 1 Schrobber für 30 Eier, ein Kamm für 10 Eier, 1 Topfkratzer für 3 Eier – und die Bauern abgelenkt waren, steckte Meier seine Flugblätter in Manteltaschen, Milchkannen, Kaninchenställe und Streukästen. Das Flugblatt, das ihm zum Verhängnis werden sollte, hatte folgenden Wortlaut:

»Deutsches Landvolk!
1944 und das Fest des Friedens ist vorüber, aber der Führer der Vernichtung ist noch da. SS Bandit Himmler, der bekannte Antichrist, der den Religionsunterricht untersagte u. die Heiligenbilder entfernen ließ, will das Nazilied: – Wir werden weitermarschieren, bis die Welt in Scherben fällt – zur Tatsache machen lassen! Stadt u. Landvolk muß gemeinsam gegen die braunen Kriegsverbrecher kämpfen! Sabotiert daher alle Anordnungen der Partei! Stellt alle Antreiber u. unverbesserlichen Nazi namentlich fest! Verbreitet unser Blatt über alle Dörfer! Spart Lebensmittel für die Armee d. Freiheit! Seid gerüstet! Der Tag der Abrechnung rückt näher!
Deutsche Friedensbewegung!«

Der Text des Flugblattes vergröberte und verzeichnete gewiß manche der hier charakterisierten nationalsozialistischen Maßnahmen. Der Religionsunterricht war nicht verboten, sondern gekürzt worden, und nicht gegen die Heiligenbilder, sondern gegen die Kruzifixe in den Schulen hatte sich – 1941 – eine Nazi-Aktion gerichtet, für die der bayerische Kultusminister und Gauleiter Wagner verantwortlich war. Von solchen Fehlern abgesehen hatte Meier instinktiv genau diejenigen NS-Aktionen ausgewählt, welche die katholische Landbevölkerung am meisten in Aufregung versetzt hatten. Der ehemalige Kommunist prangerte die Kirchenfeindlichkeit des Regimes an. In einem anderen Flugblatt sprach er sogar von »unserer Kirche«. Meier agierte nicht mehr für die kommunistische Weltanschauung, sondern nur noch gegen das kriegsverlängernde Regime. Er besaß zwar noch Kontakte zu einzelnen Kommunisten und sprach regelmäßig mit dem einen oder anderen von ihnen, aber sie alle waren isoliert, vereinzelt, es gab kein kommunistisches Milieu mehr, nur noch ein – eher kleinbürgerliches – Milieu der einfachen Leute. Und wer diese ansprechen wollte, mußte die Kirche und kirchliche Gesinnung berücksichtigen.

Das vorstehend zitierte Flugblatt wurde im Landkreis Laufen in Ost-Oberbayern schon vor Weihnachten 1944, genau am 16. Dezember, gefunden und war wie die meisten anderen der Gestapo längst bekannt, als Meier am 7. Januar mit seiner Freundin von München aus wiederum in diese Gegend, in den Ort Anger, fuhr, wo seit kurzem seine evakuierten Eltern wohnten, um erneut Flugblätter zu verstreuen. Während der Fahrt ließ Meier jeweils bei den Bahnübergängen einige Exemplare dieses Flugblattes hinausflattern. Ein Streifendienst der Wehrmacht kontrollierte den Zug, fand aber bei Meier nichts. Trotz der gefährlichen Situation ließ Meier nach der Kontrolle auf dem Gang des Zuges zwei Flugblätter aus der Manteltasche gleiten. Aus konspirativem Übermut? Um den Kontrolleuren eins auszuwischen? Wir wissen es nicht. Ein gerade in den Zug eingestiegener HJ-Angehöriger beobachtete ihn dabei und machte dem Streifendienst der Wehrmacht sofort Meldung. Nach der Personenbeschreibung des Hitler-Jungen fiel der Verdacht des Streifendienstes sofort auf Meier. Dieser war offensichtlich überrascht, als der Streifendienst erneut auftauchte und ihm die Flugblätter aus der Manteltasche zog. Offenkundig verlegen, erklärte er nach langem Zögern, er habe die Zettel in der Toilette gefunden. Schon hier war er kein geschickter Lügner. Das sollte ihm in den nächsten Wochen noch viele Qualen bereiten. Dem Einwand des Streifendienstes, daß die Flugblätter dann schmutzig sein müßten, wußte Meier nichts entgegenzusetzen. Auch konnte er nicht schlüssig erklären, warum er die Flugblätter bei der eben erst vorgenommenen Kontrolle dem Streifendienst nicht ordnungsgemäß übergeben habe. Die Streife nahm ihn fest. Er wurde zunächst zur Gendarmerie Teisendorf gebracht, dann im Landgerichtsgefängnis Traunstein in Polizeihaft genommen, einige Tage später, am 13. Januar 1945, der Gestapoleitstelle München überstellt. Bei der Vernehmung suchte er abermals zu leugnen. Er wurde schließlich regelrecht gefoltert. Nur ins Gesicht schlug man ihn nicht, im übrigen wurde er grün und blau geschlagen. Auch der Name Eisinger wurde schließlich aus ihm herausgeprügelt. Als die Polizei auf diese Weise gesiegt hatte, schnitt sich Meier noch während der Vernehmung in einem unbewachten Augenblick mit einer Rasierklinge die Pulsader am linken Handgelenk auf und brach ohnmächtig zusammen.

Meier hatte es sich verboten, vor seinen Feinden geständig und weich zu werden, er hatte sich dabei aber immer mehr in Widersprüchlichkeiten verstrickt. Dadurch, daß er erst nach schwerer Folterung gestand, geriet er in den Verdacht, zahlreiche Gesinnungsgenossen, ja ganze Organisationen zu decken. Der vernehmende Beamte, Adolf Kerker, verdächtigte ihn u. a., der »Brüderlichen Vereinigung sowjetrussischer Kriegsgefangener« (BSW) anzugehören, die nach Ansicht der Gestapo unter russisch-kommunistischer Führung mit Unterstützung deutscher Kommunisten zu einem bestimmten Stichtag eine Aufstandsbewegung auslösen sollte und deren Aufrollung zu dieser Zeit einer der größten Fälle war, die die Gestapo München beschäftigte. Meier wurde von Anfang an als harte Nuß eingestuft, die es mit Gewalt zu knacken galt. Für seinen Fall wurde deshalb Kriminalsekretär Kerker zuständig, der berüchtigt war für seine brutale Art, Geständnisse zu erzwingen. Anfängliches Leugnen quittierte er zunächst »nur« mit Ohrfeigen und Faustschlägen, hartnäckiges Leugnen mit Gummiknüppelschlägen. In ganz »schweren Fällen« griff er zum Ochsenziemer. Meier zählte zu diesen schweren Fällen, aber bei ihm biß sich selbst Kerker lange Zeit die Zähne aus.

Ein paar Tage später, am 20. Januar, wurde auch Eisinger in Haft genommen. Er hatte sich zuvor in Landshut aufgehalten und war dort noch telefonisch von seiner kurz darauf selbst verhafteten Frau vor der Gestapo gewarnt worden. Nach aber nur kurzem Überlegen, ob er versuchen sollte, mit Hilfe eines Onkels, der am Bodensee wohnte, in die Schweiz zu flüchten, zog er es schließlich vor, sich der Gestapo zu stellen. Seine Wohnung war leer, seine Frau schon in das Gestapo-Gefängnis in der Briennerstraße abgeführt worden. Trotz dieser bedrohlichen Anzeichen wartete Eisinger auf die Polizei, bestimmt von seiner sprichwörtlichen Gelassenheit, dem zuversichtlichen Vertrauen darauf, daß dieser Krieg nicht mehr lange dauern könnte und er bisher stets glücklich davongekommen war.

Wenig später, am 27. Januar, stellte sich Heiß der Gestapo freiwillig, wahrscheinlich um – seiner kleinen Kinder wegen – seine inzwischen ebenfalls schon verhaftete Frau freizubekommen, nachdem er vorher geflohen, in Oberbayern untergetaucht und steckbrieflich als Gewaltverbrecher gesucht worden war. Noch aus diesem Unterschlupf hatte er der Gestapo geschrieben und seine gemeinsame Tätigkeit mit Meier gebeichtet. War der Denunziant wieder erwacht? Das Verhalten des labilen Mannes, dessen weiteres Schicksal von der Polizei mit dem Meiers und Eisingers verbunden wurde, soll uns nicht weiter beschäftigen. Es fällt charakterologisch aus der Vergleichbarkeit heraus.

Als Eisinger bald nach seiner Verhaftung in das Gestapo-Gefängnis im Wittelsbacher Palais gebracht wurde, befanden sich dort auch seine Frau und Meier in ungeheizten Zellen bei 15 Grad unter Null. Mit beiden konnte er sich kurz verständigen. Allein die Anwesenheit Meiers und sein Zustand war für Eisinger aufschlußreich genug. Eisingers Fall wurde dem Kriminalassistenten Bauer übertragen, der sich durch eine gründliche Vernehmung offenbar auszeichnen wollte. Der Kriminalasssistent zählte nicht zu den besonders »scharfen« Beamten in der Gestapo München. Abgesehen von einer drohenden Geste zu Beginn der Vernehmung verhielt er sich völlig »sachlich«. Er führte insgesamt drei Vernehmungen mit Eisinger durch. Bei der ersten Vernehmung in der Dietlindenstraße forderte er Eisinger auf, sich hinzuknien und die Brille abzunehmen, während er einen Schnellhefter auf den Tisch knallte. Dieser öffnete sich gerade so, daß ausgerechnet das auf rosa Papier gedruckte Flugblatt »Die Flammenzeichen rauchen« zu sehen war. Eisinger erkannte, daß das Material zur Anklage auf Hochverrat ausreichte. Er stellte sich sofort auf die Lage ein und legte ein komplettes Geständnis ab. Er ließ sich nicht wie Meier von der Gestapo in Schwierigkeiten verwickeln, sondern vermochte durch seine offenen Darlegungen und ausführlichen Begründungen die Regie der Vernehmungen stark selbst zu bestimmen. Das unterschiedliche Verhalten löste auch eine unterschiedliche Behandlung durch die Gestapo aus. Eisingers Vernehmung war nach drei Verhören abgeschlossen, Meier wurde noch bis in den März hinein vernommen. Charakteristisch für die unterschiedlichen Einstellungen der beiden waren auch bestimmte Feststellungen, die sie zu Protokoll zu geben wünschten. Eisinger betonte, daß er das für die Flugblätter benötigte Papier zwar vorderhand aus Beständen seiner Firma genommen, es aber aus eigenen Mitteln wieder ersetzt habe, so daß der Firma kein Schaden entstanden sei. Er wollte deutlich machen, daß er mit gewöhnlicher Kriminalität nichts zu tun habe, daß er sich auch beim Hochverrat kavaliersmäßig verhalten habe. Meier hingegen legte Wert auf die Feststellung, daß er, wenn er geleugnet habe, dies nicht zum Schutze der eigenen Person getan habe, sondern allein um andere nicht hineinzuziehen. Für ihn war die Standhaftigkeit vor der Gestapo zu einer Eigengesetzlichkeit geworden, die ihn am Leben hielt.

Nach Abschluß der Vernehmungen wurden die Fälle an das Reichssicherheits-Hauptamt weitergeleitet, das zu entscheiden hatte, ob eine sogenannte »staatspolizeiliche Behandlung« oder ein Verfahren vor dem Volksgerichtshof folgen sollte. In der Zwischenzeit wurden beide, Eisinger schon am 7. Februar, Meier im März 1945, erneut in das KL Dachau eingeliefert. Meier erhielt eine Einzelzelle, die sogar eine eigene Toilette hatte, zugewiesen und wurde gute 14 Tage in Ruhe gelassen. Eisinger kam zunächst in die Quarantäne-Baracke, wo Hunderte von ausgemergelten Häftlingen auf den dreistöckigen Holzpritschen zusammengedrängt waren und jede Nacht 10–12 Häftlinge starben. Bald aber wurde er in den Bunker verlegt, der ihm, verglichen mit der Baracke, wie das Paradies erschien. Er hatte einen Raum für sich allein mit einem Fenster, aus dem er, wenn er sich auf die Bettkante stellte, München sehen konnte. Auch im Angesicht des drohenden Todes blieb er gelassen. Davon zeugen die Briefe, die er aus dem Lager an seine Frau schrieb. Am 15. Februar teilte er ihr mit: »Ich bin allein in einer sauberen Zelle u. abgesehen von meinem Rheuma fühle ich mich wohl ... Ich selbst finde mich mit philosophischem Gleichmut mit der Lage ab.« In einem weiteren Brief vom 15.3. schrieb er: »Bei mir hat es keinerlei Änderung gegeben u. ich hoffe mit Dir auf eine günstige Entscheidung. In dieser Hinsicht sehe ich der Zukunft mit Gelassenheit entgegen, da man sich mit Nervosität u. Pessimismus nur aufreibt u. doch nichts ändert.« Zur selben Zeit hatte der hartnäckige Meier in seiner Zelle im Wittelsbacher Palais einen verwegenen Fluchtplan für sich und seine Zellennachbarn ausgetüftelt, wurde aber von einem Spitzel, der sich als angeblicher Todeskandidat in das Vertrauen von Meier eingeschlichen hatte, verraten. Er wurde daraufhin am 17. März in das sicherere Gefängnis nach Stadelheim verbracht, und Kerker schärfte dem Gefängnisbeamten ein, daß der Gefangene »fluchtverdächtig« sei.

Das Reichssicherheits-Hauptamt hatte inzwischen entschieden, daß die Fälle vor dem Volksgerichtshof verhandelt werden sollten. Meier kam Ende März wieder in das Gestapo-Gefängnis im Wittelsbacher Palais, wo er nochmals grausam gefoltert wurde. In dieser Zeit kratzte er mit einem Stein große ungelenke Lettern in die Mauer. Was er mühsam in den Stein geritzt hatte, lasen einen Monat später die amerikanischen Besatzer mit Schaudern und fotografierten es: »Hier hat man mich zum Krüppel gemacht. Emil Meier, Flugblattverteiler.«

Eisinger wurde am 21. März von Dachau nach Stadelheim gebracht und dort nach einigen Tagen dem Ermittlungsrichter Dr. Gernet vorgeführt. Dieser bemerkte dabei, er brauche noch ziemlich lange, um seine Akte zu studieren, wobei er deutlich schmunzelte. Eisinger war klar, daß der Ermittlungsrichter die Abgabe der Akten bewußt verzögern werde. Eisinger fühlte sich sicher. Die Amerikaner würden schon bald kommen.

Es sollte aber anders kommen. Am 24. April, um 11 Uhr, trat ein Oberwachtmeister in seine Zelle und legte die Anklageschrift vor mit dem Bemerken, nachmittags, um 14 Uhr, fände die Verhandlung vor dem Volksgerichtshof statt. Alle Hoffnungen waren zunichte. Was war geschehen?

Aufgrund der Evakuierung des Volksgerichtshofes aus Leipzig war der für das Verfahren zuständige Oberreichsanwalt Weyersberg persönlich nach München gekommen, hatte die Akte Eisinger-Meier-Heiß herausgegriffen und in aller Eile auf nur zwei Seiten eine Anklageschrift verfaßt, in der sogar der Name Eisingers fälschlich mit »Eichinger« angegeben war.

Zu dem anberaumten Termin geschah aber nichts. Auch in den folgenden Tagen nicht. Der Termin war, wie die Häftlinge später erfuhren, wegen Luftalarms abgesetzt worden und wohl auch, weil die beiden bestellten Beisitzer, der berüchtigte Zöberlein und der Polizeipräsident von Eberstein, nicht erschienen. Der Volkssturmführer Zöberlein hatte nach dem Aufruf der Freiheitsaktion Bayern in Penzberg für blutige »Ordnung« zu sorgen, von Eberstein war wohl schon geflohen.

Aber Oberreichsanwalt Weyersberg ließ nicht locker. Von den 76 Todeskandidaten, die damals in Stadelheim einsaßen, wollte er wenigstens die drei – Eisinger, Meier, Heiß – zu Tode bringen. Er trommelte am 29. April, als die Amerikaner schon in der

Borstei waren, die dienstfreien Wachtmeister zusammen und bildete aus ihnen ein Exekutionskommando. Die drei Beamten weigerten sich aber zu schießen. Weyersberg gab auf. Am 1. Mai wurden die Angeklagten entlassen.

Wenige Tage später begab sich Emil Meier als freier Mann noch einmal in die berüchtigte ehemalige Zentrale der Münchener Gestapo im Wittelsbacher Palais und holte sich die Gestapo-Akte des Falles Eisinger-Meier-Heiß, das Dokument seines Lebens, auch seiner Tapferkeit. Es bildete das Kernstück der authentischen schriftlichen Quellen, die wir für unsere Nacherzählung heranziehen konnten.

Die geheime Herstellung und Verbreitung von Flugblättern zur Bekämpfung des NS-Regimes, die nächtliche Beschriftung von Bretterzäunen, Mauern, Hauswänden mit antinationalsozialistischen Parolen, schließlich auch die Weitergabe von Flugblättern, die von britischen oder amerikanischen Flugzeugen abgeworfen worden waren, bildeten ein wesentliches Element des Widerstandes gegen die nationalsozialistische Herrschaft, weshalb im Folgenden ausnahmsweise versucht werden soll, diesen »klassischen« Widerstand in seinen historischen Rahmen zu stellen. Der Versuch, auf solche Weise dem nationalsozialistischen Propaganda-Monopol eine sichtbare und lesbare oppositionelle »veröffentlichte« Meinung entgegenzusetzen, wurde von der Politischen Polizei und Justiz besonders drakonisch verfolgt. Bildete die Beteiligung an der Herstellung und Verbreitung vor allem kommunistischer Flugblätter in München im Jahre 1933, als es hier noch eine illegale kommunistische Untergrundorganisation gab, ein häufig vorkommendes Delikt, dessentwegen allein vor dem Sondergericht München in diesem einen Jahr mehrere Dutzend Personen angeklagt und verurteilt wurden, so gelang es dem Verfolgungsapparat des Regimes schon seit Mitte der 30er Jahre, solche Flugblatt-Aktionen fast ganz zu unterbinden. Nach der nahezu völligen Zerschlagung der illegalen kommunistischen und anderen politischen Untergrundorganisationen in den Jahren 1933–1935 waren es nur noch wenige Einzelne, die sich an solche Unternehmungen heranwagten. Daß es auch in der zweiten Hälfte des Krieges, als die Mißstimmung unter der Bevölkerung gerade auch in Bayern rasch um sich griff, nur selten zu solchen Aktionen kam, zeigen die vertraulichen Monatsberichte, z. B. die des Regierungspräsidenten von Oberbayern. Für die Jahre 1943–1945 erwähnen diese Berichte nur selten Fälle, die mit den Aktionen Eisingers und Meiers auch nur entfernt vergleichbar sind. Ihnen entnehmen wir, daß am 27. und 31. März 1943 am Hauptbahnhof in München Flugblätter gefunden wurden mit der Aufschrift »Nieder mit Hitler. Wir wollen Frieden«. Für den Monat August 1943 wird berichtet, einem Einwohner von Trostberg (Landkreis Traunstein) sei mit der Post ein Zettel zugegangen mit der Aufforderung zur Sabotage des Kriegseinsatzes, unterschrieben mit »Nationales Komitee Freies Deutschland«. Hierbei handelte es sich offenbar um eines der von Eisinger hergestellten und verschickten Flugblätter. Nur ein einziges Mal, Anfang 1945, gab der Regierungspräsident wegen des aufsehenerregenden Vorganges ein von Gegnern des Regimes hergestelltes Flugblatt in vollem Wortlaut wieder. Es war am 4. Dezember 1944 in Anzing (Landkreis Ebersberg) an der Gemeindetafel angeschlagen worden und begann mit dem Aufruf »Achtung! Deutscher Volkssturm! Männer der Wehrmacht und Rüstungsarbeiter! Die Deutsche Friedensbewegung ruft Euch!« Der Aufruf ist völlig identisch mit einem damals von Meier hergestellten Flugblatt. Diese wenigen, vom Regierungspräsidenten von Oberbayern ab 1943 berichteten Fälle machen hinreichend deutlich, daß den Aktionen von Eisinger und Meier vergleichbare Fälle in der gleichen Zeit in Oberbayern kaum vorkamen. Da für die fragliche Zeit weder die Berichte der Gestapoleitstelle München noch der Münchener Polizeidirektion erhalten geblieben sind, der Regierungspräsident von Oberbayern sich in der Regel aber nur auf die Berichte aus den Landkreisen stützte, ist es nicht ausgeschlossen, daß es in der Großstadt München ähnliche Aktionen häufiger gab. Es ist aber nicht sehr wahrscheinlich. Auch vor dem Sondergericht München, das für die bayerischen Regierungsbezirke Ober-, Niederbayern (bzw. den größten Teil von Niederbayern) und Schwaben zuständig war, wurden während des Krieges, wie sich aus den fast vollständig erhaltenen staatsanwaltschaftlichen Akten des Gerichts ergibt, insgesamt nur sechs Fälle verhandelt, die die Herstellung und Verbreitung von oppositionellen Flugblättern zum Gegenstand hatten. Auch wenn man berücksichtigt, daß vor dieses Gericht nur relativ unbedeutende Fälle gelangten, die nicht von vornherein als Hochverrat bewertet wurden (hierfür waren der Volksgerichtshof oder das Oberlandesgericht München zuständig), so ist es doch ein Anzeichen dafür, daß das Delikt nicht häufig vorkam. Aus den – freilich weniger gut überlieferten – Akten des Oberlandesgerichts München sind für die Jahre 1939–1943 überhaupt keine Flugblatt-Fälle, für das Jahr 1944 insgesamt acht, für 1945 vier dort verhandelte Flugblatt-Fälle nachweisbar. Es handelt sich dabei aber ganz überwiegend um die Weitergabe einzelner von alliierten Flugzeugen abgeworfener Zettel (sogen. Feindflugblätter). Nur ein einziger Beschuldigter, gegen den das OLG München seit 1943 ermittelte, zeigt eine gewisse Parallele zur Aktivität Eisingers und Meiers. Es handelte sich um einen Obersekretär im Ruhestand, der zwischen 1937 und 1943 insgesamt 26 Zettel »teils staatsabträglichen, teils wehrkraftzersetzenden Inhalts« hergestellt und verbreitet hatte. Die Texte richteten sich vor allem gegen den »Kriegswahnsinn«, die Judenpolitik und die Wirtschafts- und Ernährungspolitik der Regierung. Er legte die Zettel zum Teil auf Straßen und Plätzen, mit Steinen beschwert, nieder, teils heftete er sie an Wände und Zäune. Die Strafverfolgungsbehörden bewerteten den 75jährigen Beschuldigten als einen Grenzfall nahe der Unzurechnungsfähigkeit. Der Mann starb in der Haft, ehe sein Fall vor Gericht verhandelt wurde.

Die nur teilweise zugänglichen und lückenhaft überlieferten Akten des Volksgerichtshofes geben für Bayern aus den Jahren 1943–1945 außer dem Verfahren gegen die Mitglieder der »Weißen Rose« (Geschwister Scholl u.a.) nur Anhaltspunkte für einen weiteren vergleichbaren Fall: eine unbekannte Gruppe in München stellte Flugblätter im Stile der Geschwister Scholl her.

Der Ausnahme-Charakter der Aktivität Eisingers und Meiers wird durch diese Quellen eindrucksvoll bestätigt. Unsere Geschichte zeigt aber auch dies: Die Urheber dieses Ausnahmehandelns waren keine ungewöhnlichen Menschen, keine Helden oder gar Heilige. Mit ihren Motiven, der Ablehnung des Regimes und vor allem des sinnlos gewordenen Krieges und weiteren Blutvergießens, standen sie mit Sicherheit nicht so allein, wie es nach dem Ausnahmefall ihres Handelns erscheinen könnte.

Eine extreme Ausnahme aber war es, daß sie sich trotz des hohen Risikos und der von vornherein geringen Erfolgschancen zu diesem Handeln entschlossen, obwohl sie beide von Natur aus keine Märtyrer waren. Zur leidenschaftlichen moralisch-politischen Ablehnung des Regimes, die manche mit ihnen teilten, gesellte sich bei ihnen aus jeweils verschiedener Lebenserfahrung und unterschiedlichem Charakter ein

Funke persönlicher Entschlossenheit, der den Ausschlag gab, daß sich Gesinnung in Handeln umsetzte.

Zum Quellenhintergrund

Im Frühstadium des Projekts galt einer der ersten Informationsbesuche dem Archiv der KZ-Gedenkstätte Dachau. Die damalige Leiterin, Frau Ruth Jakusch, wies die Verfasserin schon damals auf den interessanten »Fall« Robert Eisinger hin (KZ-Museum Dachau, Gestapo-Vernehmungen Robert Eisinger 3003 und Flugblätter 3969). Sie erwirkte die Erlaubnis, die Dokumente für das Institut für Zeitgeschichte zu kopieren. Blieben diese damals noch für eine Auswertung und Veröffentlichung gesperrt, so konnte der damalige Leiter des Projekts, Professor Peter Hüttenberger, der im Mai 1974 ein erstes Interview mit Eisinger führte, die Zustimmung Eisingers für einen eventuellen Abdruck der Dokumente einholen. Die Absicht einer Dokumentation dieses Einzel-Falles wurde dann zurückgestellt, und erst nach Jahren, als der Plan des vorliegenden Buches sich konkretisierte, erinnerte sich die Verfasserin der Akte und setzte die Interviews mit Robert Eisinger im Jahre 1978 fort. Auf Vorschlag der Verfasserin erstattete dieser ein Jahr später anläßlich einer Tagung des Zentrums für interdisziplinäre Forschung Bielefeld über Widerstand gegen den Nationalsozialismus (veröffentlicht in: Christoph Kleßmann und Falk Pingel: Gegner des Nationalsozialismus. Wissenschaftler und Widerstandskämpfer auf der Suche nach historischer Wirklichkeit. Frankfurt, New York 1980) wiederum – diesmal vor einem großen Publikum – seinen Erfahrungsbericht. So ergab sich die günstige Lage, den Interviewten und sein Verhältnis zu seiner eigenen Vergangenheit in Gesprächen über verschiedene Jahre hinweg kennenzulernen. Das bot auch die beste Voraussetzung für »quellenkritische« Erfahrungen mit Eisingers Selbstdarstellung. Er vermittelte der Verfasserin über die genannten Dokumente hinaus auch Kopien zweier von ihm aus dem KZ Dachau an seine Frau geschriebener Briefe vom 15.2. und 15.3.1945 (KZ-Museum Dachau, 3970).

In der Erzählung über seine Widerstandstätigkeit verschwieg Eisinger keineswegs, daß er zur Verteilung der von ihm verfaßten Flugblätter »einen gewissen Emil Meier« herangezogen hatte, doch schilderte er dessen Rolle als so belanglos, daß die Verfasserin ihr zunächst wenig Bedeutung beimaß. Dies änderte sich schlagartig, als sich bei der gemeinsam vorgenommenen Durchsicht der erhalten gebliebenen 22 Flugblätter herausstellte, daß nur sechs von Robert Eisinger verfaßt worden waren, der weitaus größere Teil hingegen vom Emil Meier.

Unter etwas ungewöhnlichen Umständen brachte die Verfasserin ein Interview mit Emil Meier – in dessen Münchener Wohnung – zuwege, das sich in mehrfacher Hinsicht als äußerst wichtig erwies. Meier hatte nicht nur – nach Überwindung anfänglich starken Mißtrauens – eine Reihe aufschlußreicher Fakten zu berichten, welche die Perspektive des Beitrages beachtlich verschob, sondern er hatte auch sämtliche für diesen Beitrag wichtigen Dokumente im Original in seinem Privatbesitz. Nachdem er mehr Vertrauen zur Verfasserin gefaßt hatte, zog er unter seinem Bett einen Karton hervor, in dem sich u. a. folgende Originaldokumente befanden: Protokolle seiner Gestapo-Vernehmungen ebenso wie der Gestapo-Vernehmungen von Anton Heiß, zwei handschriftliche Briefe von Heiß an die Gestapo und ein Gestapo-Zettel vom 18.3.1945.

Seiner eigenen Darstellung zufolge hatte sich Meier zwei Tage nach seiner Freilassung aus Stadelheim nach der amerikanischen Besetzung Münchens Zutritt zur ehemaligen Gestapozentrale im Wittelsbacher Palais verschafft und – pochend auf sein Recht als verfolgter Kommunist – es fertiggebracht, die Akten seiner Gestapovernehmungen und die seines zeitweiligen Komplizen ausgehändigt zu bekommen. Zu diesem Vorgehen hatte sich Meier keineswegs – wie man annehmen könnte – entschlossen, um sich entweder Entschädigung zu verschaffen oder seine ehemaligen Peiniger anzuklagen (er blieb in dieser Hinsicht nach 1945 tatsächlich stumm). Vielmehr ging es dem schon vor 1933 wegen seiner kommunistischen Gesinnung geschundenen, gegen jede Art von Obrigkeit tief mißtrauisch gewordenen Mann darum, die behördlichen Spuren seiner kommunistischen Vergangenheit ein für allemal zu tilgen. Deshalb erfuhr über 30 Jahre lang auch niemand von diesen unter dem Bett verwahrten Originaldokumenten. Erst kurze Zeit vor dem Besuch der Verfasserin hatte sich Meier entschlossen, wenigstens Kopien eines Teiles der von ihm »erbeuteten« Gestapo-Protokolle (Vernehmungen Meier und Heiß) dem Archiv des KZ-Museums Dachau zu überlassen (dort unter den Dok.-Nummern 12169 und 12168). Anlaß dafür war offensichtlich der Besuch des ehemaligen kommunistischen Mithäftlings Maislinger, der im Namen der VVN (Vereinigung der Verfolgten des Naziregimes, Bund der Antifaschisten, Landesverband Bayern) Meier auch veranlaßt hatte, seine Verfolgungs- und Widerstandsgeschichte auf Tonband zu erzählen. Die Münchener VVN beabsichtigte damals, dieses Material zusammen mit dem anderer ehemaliger kommunistischer Widerstandskämpfer zu veröffentlichen. Sie war schließlich so freundlich, die beiden von Meier besprochenen Tonbänder der Verfasserin zur Auswertung zu überlassen. Neuerdings ist Meier auch von einem Filmteam aufgesucht worden, das seine Geschichte für einen Dokumentarfilm über den Attentäter Maurice Bavaud »Es ist kalt in Brandenburg« verwertet hat.

Abgesehen von diesen wichtigen Dokumenten konnte zur weiteren Beleuchtung der Verfolgerseite die sehr umfangreiche Spruchkammerakte Adolf Kerker (Registratur »S« des Amtsgerichts München) herangezogen werden, in der der »Fall« Meier auch eine, wenn auch untergeordnete, Rolle spielt; ferner die Akten des Spruchkammerverfahrens gegen Max Troll (ebenda) und des Nachkriegs-Strafverfahrens gegen Oswald Schäfer u. a. (Registratur des Landgerichts München I, Kls 12/52); es enthält das Urteil gegen Adolf Kerker.

Die Landratsamtsakten Berchtesgaden enthalten die beiden zitierten Berichte über die Festnahme Emil Meiers (Staatsarchiv München, LRA 29766). Die Entschädigungsakten Robert Eisingers (Landesentschädigungsamt München) lieferten über das schon in Erfahrung Gebrachte hinaus keinen weiteren Aufschluß. Der Altkommunist Meier stellte bezeichnenderweise überhaupt keinen Entschädigungsantrag.

Obwohl für die Rekonstruktion der Geschichte ziemlich unwichtig, fanden sich auch in der Dachau-Kartei des Internationalen Suchdienstes (ITS) in Arolsen die mehrmaligen Einlieferungen und Entlassungen Robert Eisingers bestätigt (insgesamt

I. Zwei Münchener Kommunisten

fünf Karteikarten). Interessanter sind die dort vorhandenen »Schublisten« des KL Dachau, in denen Eisinger ebenfalls auftaucht (Kopien auch im Archiv des IfZ unter Signatur Fa 315, 1–3). Für die Fahndung nach Anton Heiß liefert u. a. auch eine Bekanntmachung im Völkischen Beobachter (vom 19.1.1945) eine Bestätigung.

Für die Geschichte Emil Meiers ist am Rande interessant ein Lagebericht der Polizeidirektion München vom 26.11.1931, in dem berichtet wird, daß in dessen Wohnung ein »militärischer Funktionärskurs« des illegalen Rotfrontkämpferbundes ausgehoben wurde (BayHStA, MA 101 235/3).

Dem abschließenden Teil des Beitrags, der vergleichbare »Fälle« zur besseren Einordnung und Beurteilung des erzählten Falles streift, liegen folgende Quellen zugrunde:

In erster Linie die Berichte des Regierungspräsidenten von Oberbayern von 1943–1945 (BayHStA, MA 106 695), dann die Strafakten des Sondergerichts München (Staatsarchiv München, Stanw 4557, 5294, 6237, 6240, 6329, 8321, 9515, 9665, 9816) und die Strafakten des Oberlandesgerichts (Registratur der Staatsanwaltschaft bei dem Oberlandesgericht München, OJs 62/44, OJs 74/44, OJs 111/44, OJs 230/44, OJs 352/44, OJs 581/44, OJs 600/44, OJs 964/44, OJs 81/45, OJs 119/45, OJs 226/45, OJs 261/45) und die VGH-Akten aus dem Berlin Document Center (Kopien im Archiv des IfZ, Fa 300/43 a).

II. Der Pfarrer von Mömbris

Der Vormittagsgottesdienst in der Kirche von Mömbris war wie gewöhnlich, so auch an diesem Sonntag, dem 20. Dezember 1936, gut besucht. Daran hatten selbst vier Jahre Nationalsozialismus nichts zu ändern vermocht. Zwar hieß der Kirchplatz neuerdings Adolf-Hitler-Platz, aber sonst schien in der idyllisch am Westrand des Spessarts gelegenen Gemeinde alles beim alten geblieben zu sein. Als ein hinterwäldlerisches Dorf konnte Mömbris deswegen noch lange nicht bezeichnet werden. Im Gegenteil, Mömbris war mit der Zeit gegangen. Das Dorf mit nicht viel mehr als 3000 Einwohnern konnte nicht nur einen Bahnhof, sondern auch eine Telegraphenanstalt und eine öffentliche Fernsprechanstalt vorweisen. In dem fast rein katholischen Ort – die 18 Protestanten und 3 Gottgläubigen fielen nicht ins Gewicht, – ging jedermann zur Kirche, ob jung oder alt, Mann oder Frau, Bauer oder Arbeiter, BVP-Anhänger oder Wähler der SPD oder KPD. Von letzteren gab es in dieser Gemeinde für bayerische dörfliche Verhältnisse ungewöhnlich viele. Noch bei der Märzwahl 1933 hatten 301 Einwohner von Mömbris der SPD und 41 der KPD ihre Stimme gegeben. Das lag an der verhältnismäßig hohen Anzahl von Arbeitern und Arbeiterinnen, die fast allesamt in den zehn Zigarrenfabriken im benachbarten Kahlgrund beschäftigt waren. Die absolute Vormacht der BVP, die in dem katholischen Pfarrdorf noch bei der Märzwahl 1933 zwei Drittel der Wähler (1031 Stimmen) gewonnen und ihre Bilanz gegenüber der Novemberwahl von 1932 sogar noch um einige Stimmen verbessert hatte, konnte durch die sozialistischen Arbeiterparteien aber ebensowenig in Frage gestellt werden wie durch die in Mömbris extrem schwache NSDAP. Mit nur 172 Stimmen waren die Nationalsozialisten im März 1933 knapp über die 10 Prozent-Marke gelangt. Konnten die Arbeiter des Ortes wegen ihrer sozialistischen Einstellung für die NSDAP kaum gewonnen werden, so hatte diese bei der übrigen Bevölkerung des Ortes nicht zuletzt deshalb einen schweren Stand, weil hier vor allem das Wort des Pfarrers galt.

Welch große Bedeutung die Einwohner von Mömbris kirchlich-religiösen Fragen auch nach drei Jahren nationalsozialistischer Regierung beimaßen, berichtete die Gendarmeriestation dem Bezirksamt – nicht zum ersten Male –, z. B. im Juli 1936. Der Gendarmeriekommissär hatte sich in seinem Urlaub auch in anderen Teilen Unterfrankens umgehört und faßte zusammen:

»Ich habe dabei die Wahrnehmung machen können, daß die Bevölkerung auch in anderen Teilen Unterfrankens genau wie hier... alles ablehnt, was irgendwie gegen die Religion gerichtet zu sein scheint. Es ist erstaunlich zu hören, wie die Bevölkerung auf dem Lande, die im allgemeinen doch wenig Zeitung liest, über die Meinungsverschiedenheiten zwischen kirchlichen und staatlichen Stellen in Fragen der Jugenderziehung, der Schulreform, des Versammlungswesens und religiöser Belange unterrichtet ist. Es ist mir von zuverlässiger Seite berichtet worden, daß in Kreisen gleichgesinnter Personen oft sehr erregte Debatten über die durch Behandlung religiöser Fragen in der Bevölkerung entstandene Beunruhigung geführt würden.«

II. Der Pfarrer von Mömbris

Dazu trug in Mömbris in entscheidendem Maße die Person des Pfarrers bei. Sein starker Einfluß auf die Bevölkerung paralysierte auch die Wirkung der lokalen NSDAP weitgehend.

Schon vor 1933 legte Dechantpfarrer Seybolt größten Wert darauf, daß sein Dekanatssitz nicht von den Nazis erobert wurde. Sein Nachfolger August Wörner stand bei den Nationalsozialisten in dem gleichen Ruf. Als Wörner seinen Dienst in Mömbris im August 1933 antrat, war die Bevölkerung, die zu seiner Begrüßung herbeigeeilt war, über die wenig imponierende Erscheinung des neuen Pfarrers zunächst enttäuscht. Ein am Straßenrand stehender Schlosser drückte aus, was viele Einwohner dachten: »O, des is awer a kleener Pfarrer; der wird bald geliefert sin.« Prophetisch war dies Wort nur hinsichtlich der Gestapo, in deren Hände er schließlich geliefert wurde. Die Herzen der Einwohner von Mömbris aber vermochte Pfarrer Wörner mit seinem offenen und mutigen Wesen sehr bald zu erobern. Nur drei Familien stellten sich, als es zum Konflikt kam, öffentlich gegen ihn. Von einer Frau aus einer dieser Familien stammte die Bemerkung: »Er hat 98 Prozent der Bevölkerung hinter sich, wir nur 2 Prozent; aber wir haben die Macht.« Wie richtig diese Beurteilung war, zeigen die Ereignisse am 20. Dezember 1936, über die wir im Folgenden zu berichten haben.

Am Vormittag dieses milden Sonntags – vier Tage vor Weihnachten – leitete der junge, allseits beliebte und geachtete Pfarrer »wohlberechnend und in gemeiner Weise« – wie die Nazis später behaupteten – etwas in die Wege, was in die Annalen der Gemeinde Mömbris eingehen sollte. Wie gewohnt fanden sich die Katholiken des Ortes an diesem Sonntag zahlreich zum Vormittagsgottesdienst ein, nur der Ortsgruppenleiter und Bürgermeister van Treeck fehlte dieses Mal – aus gutem Grund, wie noch zu schildern sein wird. Der Pfarrer verstand mitreißend zu predigen. Selbst diejenigen aber, die, wie der Schneidermeister Karl Mehler, vor sich hindösten, weil sie in der Nacht erst spät keimgekehrt waren, fuhren elektrisiert in die Höhe, als sie von der Kanzel plötzlich diese Kampfansage hörten: »Solange ... die Stürmerzeitung aus dem Kasten nicht entfernt wird, wird die Orgel nicht mehr gespielt.« Zum wiederholten Male hatte das von Julius Streicher herausgegebene antisemitische Blatt in den vorangegangenen Nummern (besonders drastisch in der November-Nummer 46) die katholischen »Pfaffen« wie die Juden diffamiert und in seine widerliche Hetze einbezogen. Der Pfarrer von Mömbris war empört und wollte in der Kirche darüber abstimmen lassen, ob die Pfarrkinder für oder gegen die Beseitigung des Stürmerkastens seien. Bis dahin werde er kein Amt mehr singen, auch zu Weihnachten nicht, statt dessen einen Gottesdienst der Trauer über die Verhöhnung der Priester halten. Sollte dies alles nichts fruchten und sollte er den Eindruck gewinnen, seine Pfarrkinder würden sich nicht genügend für ihn einsetzen, wolle er 1937 die Pfarrgemeinde verlassen. Für die Zeit seiner Abwesenheit werde er anordnen, daß »kein Glockengeläute und kein Gottesdienst, Orgelspiel usw. stattfinden dürfe, denn eine Gemeinde, die ihre Priester nicht schützt, ist keinen Priester wert«. Pfarrer Wörner, der mitunter einen Hang zum Pathetischen hatte und sich zum Märtyrer berufen fühlte, ja zeitweilig in der Vorstellung lebte, daß er keines natürlichen Todes sterben werde, bemerkte abschließend noch etwas für ihn sehr Charakteristisches: er habe sein Testament gemacht und wolle auf dem Friedhof Mömbris begraben sein zur Erinnerung, Mahnung und Bitte.

Diese Worte schlugen wie eine Bombe ein und führten zu einer Beunruhigung, wie sie die Gemeinde kaum je erlebt hatte. Wörner registrierte, daß die Leute, vor Wut geladen, darauf brannten, etwas für ihn zu tun. »So mußte ich denn«, rekapitulierte er einige Tage später, »diese aufgespeicherten Energien in gesetzmäßiger Weise zur Entladung bringen. Ich zeigte ihnen den Weg: Von Männern – Bauern – Jungfrauen sollten ca. 10 Personen zu ihrem Bürgermeister gehen und im Namen ihrer Stände bitten, sich dafür einsetzen zu wollen, daß der *Stürmer* nicht mehr öffentlich ausgehängt werde.«

Anschließend hielt Pfarrer Wörner nicht wie am Sonntag üblich ein Amt, sondern nur eine Messe. In der um 13^{30} Uhr stattfindenden Nachmittagsandacht kam er nicht mehr auf den *Stürmer* zu sprechen. Er konnte sich darauf verlassen, daß die Saat, die er gesät hatte, aufgehen würde. Als die Leute die Kirche verließen, winkte der Bauer Heinrich Wissel den Schneidermeister Mehler zu einer etwas abseits stehenden Gruppe von Männern. Einer von ihnen, vielleicht sogar Mehler selbst – er wollte das allerdings später vor der Gestapo, die ihn als Rädelsführer verdächtigte, nicht zugeben – machte den Vorschlag, zum Bürgermeister zu gehen und ihn zu bitten, die anstößigen Bilder aus dem Stürmerkasten zu entfernen. Alle waren der Meinung, Mehler solle das tun, und redeten ihm – inzwischen war die Gruppe schon vor dem Haus des Bürgermeisters angelangt – gut zu. Kurz nach 2 Uhr betraten die Männer das Haus des Bürgermeisters van Treeck. Als Sprecher trat Mehler auf, der schon in den Jahren vor 1933 mit Treeck manchen Strauß ausgefochten hatte. In seiner Begleitung befanden sich die Bauern Leopold und Heinrich Wissel, Alois Sauer und Rudolf Grünewald, der Bruder des Inhabers des Stammlokals der NSDAP in Mömbris. In der Zwischenzeit drängten immer mehr Leute nach und füllten das Zimmer des Bürgermeisters bis auf den letzten Platz. Van Treeck erklärte mehrmals, der Pfarrer habe sie an die falsche Stelle geschickt, als Bürgermeister sei er nicht berechtigt, den Stürmerkasten zu entfernen. Er erklärte sich schließlich aber bereit, die Protestunterschriften entgegenzunehmen, wenn ein entsprechender Antrag schriftlich gestellt würde. Nach einigem Hin und Her, vor allem weil der Sprecher Mehler glaubte, nicht genügend schreibgewandt zu sein, trat der Landwirt Alois Sauer vor und schrieb mit zitternder Hand den Antrag, der nur aus wenigen Worten bestand. Im Zimmer herrschte, wie der Bürgermeister anschließend schilderte, eine sehr erregte, ja explosive Stimmung. Nach der Männerabordnung erschien eine Abordnung von Frauen, Mädchen und Schulkindern, deren Sprecherin, die Tabakarbeiterin Emma Schwarzkopf, den gleichen Antrag stellte. »So dauerte fast fortlaufend die Unterschriftenleistung bis nach 19 Uhr abends. Oft war das Zimmer so überfüllt, daß die einzelnen Leute kaum schreiben konnten und es ihnen schwer fiel, in das Zimmer hinein- oder herauszukommen«, berichtete van Treeck. Es erschienen auch fast alle Mitglieder des Kriegervereins, auch der Kriegervereinsführer, Pg. Adolf Vogt, der sich samt Familienanhang einschrieb. Wie der Bürgermeister beobachtete, trugen sich noch weitere Parteigenossen in die Unterschriftslisten ein, so Anton Feind, der Parteiwirt Alfred Grünewald, der Altbürgermeister August Grünewald, der SA-Musiker Konrad Bathon, der Tünchermeister Friedrich Botzen, alle aus Mömbris, das Mitglied der SA-Kapelle Josef Birkenstock aus Strötzbach. Von der NS-Frauenschaft unterschrieben vier Frauen: die Kaufmannsgattin Maria Fischer, die Frau des Parteiwirts Maria Grünewald, die Blockwartin Grete Kern und die Arbeitersehefrau Maria Jung aus Mömbris. Bald waren es sehr viel mehr als die jeweils zehn Personen von jedem Stand, die der Pfarrer vorgeschlagen hatte.

Wörner, den man laufend über alles, was im Zimmer des Bürgermeisters vorfiel, unterrichtete, wurde gefragt, ob nach Lage der Dinge nicht jetzt jeder zum Unterschreiben hingehen solle, was der Pfarrer ohne zu zögern lebhaft bejahte. Dem Pfarrer wurde auch hinterbracht, daß van Treeck gegen einige der Unterzeichnungswilligen, z.B. gegenüber den Jungfrauen, Drohungen ausgesprochen habe. Schließlich wurde ihm noch gemeldet, eine Kontrolle der Unterschriftensammlung sei nicht gewährleistet und die Möglichkeit, Stimmen zu unterschlagen, sehr groß. Daraufhin begab sich Wörner selbst zum Bürgermeister und machte ihm in erregter Form entsprechende Vorwürfe.

Als dieser vorweisen konnte, daß die Unterschriften nicht, wie dem Pfarrer hinterbracht, auf losen Zetteln, sondern auf Listen festgehalten würden, gab sich Wörner aber keineswegs zufrieden, sondern forderte, die Listen müßten durchnumeriert werden, damit keine verschwinden könne. Solche Verdächtigungen verbat sich der Bürgermeister, nun auch er erregt, aufs entschiedenste. Schließlich stünde er ja unter Eid und werde seine Sache schon richtig machen. Daraufhin verließ der Pfarrer das Bürgermeisteramt, aber nicht für lange. Denn jetzt wurde ihm gemeldet, die SA stünde zu seiner Verhaftung schon bereit. »Sofort ging ich wieder zum Bürgermeister, d.h. in das erste Zimmer, das mit Leuten dicht vollstand und sagte: ›Ihr Leute, ich höre auf Umwegen, daß ich heute Abend noch verhaftet werden soll, die SA soll schon bereit stehen.‹ Dann ging ich heim auf mein Zimmer, betete mein Brevier, machte mich zur Verhaftung bereit.«

Der den ganzen Tag über betriebsame, ja hektische Pfarrer wurde nun ruhig, so als ob er die Verhaftung, die ja nun nicht mehr lange auf sich warten lassen konnte, herbeisehnte. Das ganze Dorf wußte, daß er sich für ein Martyrium bereithielt, hatte er doch dem Bürgermeister geschrieben, er ahne schon seit langem, daß er einmal den Glaubenskämpfen zum Opfer fallen und nicht eines natürlichen Todes sterben würde, und hatte er doch von der Kanzel herab gesagt, sein Testament sei gemacht, und sollte es jemals nach seiner Verhaftung heißen, er hätte Selbstmord verübt, oder er sei auf der Flucht erschossen worden, so solle seine Gemeinde dies nur ja nicht glauben, er, ihr Pfarrer, fliehe nicht. Solche Reden, solche Haltung war er später gezwungen, in seinem Prozeß zu erklären. Hier ein kurzer Ausschnitt dieser autobiographischen Erläuterung:

»In meiner Jugendzeit las ich viel aus den Heiligenlegenden. Der Mut der Heiligen vor ihren Richtern, die Bereitschaft der Heiligen zum Martyrium für Christus begeisterte mich. Mein Berufsziel von Jugend auf war: Einmal Priester werden. Doch tat ich mir [sic!] schwer im Studium. Dazu litt ich während des Studiums – vielleicht infolge angestrengten Studiums um mitzukommen – sehr an nervösen Sprachfehlern, die mir viel Sorge machten, weil sie eventuell den Priesterberuf gefährdeten.« Wörner schilderte nun, wie er nach bestandenem Abitur 1914 in ein Priesterseminar eintrat und wie der Krieg die Hoffnungen seiner Mitstudenten, einmal den Priesterberuf ausüben zu können, zerstörte. Er faßte zusammen: »Von diesen 11 damaligen Alumnen, die seinerzeit gleichzeitig ins Feld ausrückten, bin ich der einzige, der Priester wurde. Diese Tatsache hatte mich damals nach dem Kriege viel beschäftigt und konnte ich nicht begreifen, daß Gott ausgerechnet mich, den so wenig Begabten, aus so vielen Gefahren und Nöten gerettet hat und Priester werden ließ, während die gefallenen Alumnen so edle, begabte und so fromme Menschen ihr Leben im Felde lassen mußten! Ich konnte Gott dafür nur danken, wenn ichs auch nicht begreifen konnte. Bei solchen Erwägungen kam mir öfter auch in den Sinn, ob Gott vielleicht mich, den Streiter für das Vaterland, für eine andere Aufgabe aufbewahrt hat: Einmal Streiter für die Sache Christi zu werden mit dem Einsatz des eigenen Lebens. Der Tod im Kampfe für Christi Sache schien mir viel höher als der Tod fürs Vaterland! Das war nun keine Vision, sondern ganz nüchterne Erwägung. So habe ich das ›Martyrium‹ für Christi Sache nicht ersehnt, sondern ich war im Notfall dafür bereit!«

Nach 19 Uhr beendete der Bürgermeister die Unterschriftenaktion, an der sich über 400 Personen beteiligt hatten. Inzwischen waren von ihm aber auch Vorkehrungen zum Gegenschlag getroffen worden. Van Treeck war, wie wir noch hören werden, von den Ereignissen nicht unvorbereitet überrascht worden. Er hatte sich schon vorher der Hilfe auswärtiger SA vergewissert und war mit dem SA-Obersturmführer Karl Ebert aus Alzenau zusammengetroffen. Dieser begriff schnell, daß der von Pfarrer Wörner in Mömbris verursachten »kolossalen Erregung« Einhalt geboten werden mußte. Später erklärte er: »Ich sah sofort ein, daß, wenn wir hier nachgeben, unser ganzer, jahrelang geführter Kampf in dieser stockschwarzen Gegend umsonst war.« Van Treeck und Ebert waren der Meinung, es sei am besten, einen Gegenangriff zu starten, und verfielen auf die Idee, einen neuen, noch größeren Stürmerkasten aufzuhängen, zumal van Treeck berichten konnte, daß ein ganz neuer Kasten bereits fertiggestellt sei. Daraufhin alarmierte der SA-Obersturmführer seine Truppführer und befahl ihnen, um 18 Uhr auf dem Appellplatz zur »Einweihung« des neuen Stürmerkastens anzutreten. Ferner verständigte er noch einige Kameraden, auf die er sich verlassen konnte, vor allem den Kreisschulungsleiter, Lehrer Franz Barthelmes, der die »Einweihungsrede« halten sollte.

Gegen 18 Uhr traf der SA-Obersturmführer aus Alzenau in Mömbris ein und ging, da die SA-Männer noch nicht alle angetreten waren, zum Bürgermeister, wo er die letzte Phase der Unterschriftenaktion in dem von erregten Leuten gefüllten Zimmer noch selbst miterlebte. Als ihm der Bürgermeister erläuterte, die Leute seien vom Pfarrer geschickt worden, um die Entfernung des Stürmerkastens zu erwirken, sagte der SA-Obersturmführer laut und vernehmlich, daß das keinesfalls in Frage komme, im Gegenteil, noch heute abend würde ein neuer Kasten aufgehängt. Einige der im Vorraum stehenden Leute riefen laut: »Das wollen wir sehen, wer hier einen Stürmerkasten aufhängt!« Die Stimmung gegen SA und Partei war so schlecht, daß sich selbst die Parteiwirtin durch Ebert nicht von der Unterzeichnung abhalten ließ. Dieser machte den Bürgermeister darauf aufmerksam, daß er als Ortsgruppenleiter bei der Einweihung des Stürmerkastens dabei sein müsse, und ging dann zur Gastwirtschaft Herbert, wo er seinen Sturm antreten ließ. Währenddessen, etwas nach 19 Uhr, beendete der Bürgermeister die Unterschriftenaktion.

Die späteren Berichte der Nazis und der Kirchentreuen über die nun folgenden Ereignisse weichen in einigen wesentlichen Punkten stark voneinander ab. Der SA-Obersturmführer berichtete: »... wir entzündeten die Fackeln und marschierten durch Mömbris, singend an den Platz des neuen Stürmerkastens an der Schreinerei Adam Lang. In Form einer kurzen Ansprache erwähnte ich in meiner Eigenschaft als zuständiger SA-Führer, daß der alte Kasten zu klein geworden sei und daß die Beschaffung eines neuen Kastens zum Zwecke der Aufklärung der Bevölkerung über den jüdischen Bolschewismus notwendig geworden sei. Ich übergab Pg. Barthelmes das Wort. Nach einer kurzen Ansprache übergab er den Kasten der SA zu treuen Händen. Wir sangen noch einige Lieder, während aus der Bevölkerung die Stellungnahme gegen uns durch Toben und Drohrufe immer klarer wurde. Zum Abschluß brachte ich auf den Führer und Reichskanzler ein dreifaches »Sieg Heil« aus, worauf aus der Masse »Pfui-Rufe« erschollen. Obwohl ich selbst über diese Unverschämtheit sehr ungehalten war, forderte ich meine Männer zu eiserner Disziplin auf und begab mich selbst in die Menge, um evtl. einen oder mehrere Pfui-Rufer festzustellen. Nur durch die Anständigkeit und Disziplin der SA-Männer war es möglich, die Kundgebung ohne ernstere Folgen abzuschließen.«

Aus anderen Berichten geht hervor, daß die etwa 40 SA-Männer keineswegs, wie hier dargestellt, solche Unschuldslämmer waren. Schon die Ansprachen enthielten mancherlei Provokation. Einer der Redner hatte z. B. geäußert: »Wenn unser Führer befiehlt, wir sollen einen Juden in Watte wickeln, dann wird dies getan und wenn er befiehlt, wir sollen ihn verbrennen, wird er verbrannt.« Aber gegen solche antisemitischen Ausfälle richtete sich die Empörung der Bevölkerung nicht, sondern dagegen, daß ihre Pfarrer im *Stürmer* mit den Juden auf eine Stufe gestellt wurden. Anton Feind, der Sohn des Besitzers der Scheune, an welcher der neue Stürmerkasten angebracht werden sollte, erhob Einspruch gegen das Vorhaben. Auch als SA-Führer Ebert den Landwirtssohn daran erinnerte, daß er doch Parteimitglied sei, hielt dieser an seiner Weigerung fest. Folglich konnte der neue Stürmerkasten nicht angebracht werden. Statt dessen begann die SA, durch den Vorfall noch mehr gereizt, antiklerikale Lieder anzustimmen. Die inzwischen auf einige hundert Personen angewachsene Menschenmenge, die um die SA herumstand, verhielt sich noch ruhig. Die Explosion brach erst los, als die SA-Männer zu singen anfingen.

>Der Papst, der sitzt auf goldnem Thron
und ringsherum die schwarzen Pfaffen,
was hat ein deutscher Muttersohn
mit dem Papst und den Pfaffen zu schaffen!«

Schon bei den ersten Worten setzte Tumult ein. Die Leute hoben drohend die Fäuste, schrien »Lumpen« und »Pharisäer«, »Schämt Euch! Fort mit Euch!«. Frauen, die Verwandte unter den SA-Angehörigen entdeckten, machten diesen heftige Vorwürfe wegen ihrer Teilnahme an dem Aufmarsch. Mutter Schmitt lief ihrem Sohn, dem SA-Sturmbannführer, noch ins Sturmlokal Herbert nach und fragte ihn, was er denn hier mache, »er sei doch von ihrem Fleisch und Blut«. Der Gendarmeriekommissär berichtete anschließend, aus dem Gejohle und Geschrei der Männer und Frauen seien Stimmen herauszuhören gewesen, die erklärt hatten: »Was hier vor sich geht, kann unmöglich der Wille des Führers sein, wir wollen nichts von dem Kampf gegen die Religion wissen. Unsere Geistlichen sind uns lieb und wert.« Am meisten kränkte die Nazis – und sie schlachteten es politisch auch am stärksten aus –, daß sie von Pfui-Rufen überschüttet wurden, selbst dann noch, als das dreifache »Sieg Heil« auf den Führer ausgebracht wurde.

Das Pfarrhaus lag nur etwa 70 Meter südöstlich vom Adolf-Hitler-Platz entfernt, auf dem die Demonstration stattfand, und so zog die SA mehrmals zum Pfarrhaus und sang auch vor der Wohnung des Pfarrers die zitierte Strophe ab. Mit Recht fühlte sich Wörner dadurch persönlich angegriffen und kam zu der Feststellung, »daß sie (die Strophe) mir galt, einem Priester, den die Pfarrkinder als ihren geistlichen Vater betrachteten, ihn ehrten und achteten als ihren Hirten und Gottes Stellvertreter!«. Während die SA anschließend in Richtung Sturmlokal Herbert abmarschierte, versuchte van Treeck zusammen mit seinem Bürgermeister-Kollegen aus dem benachbarten Mensengesäß, begleitet von den Parteigenossen Nikolaus Heininger (Mömbris) und Oskar Bathon (Mensengesäß), von allen Seiten mit stürmischen Pfui-Rufen der Bevölkerung eingedeckt, auf schnellstem Wege in die Bürgermeister-Wohnung zu gelangen.

Einige der männlichen Einwohner von Mömbris gingen in die Wirtschaft, um Karten zu spielen; so auch Mehler, der von dem Nazi-Bürgermeister als Rädelsführer der Demonstration angesehen wurde. In der Wirtschaft diskutierte man heftig die vorangegangenen Ereignisse. Von diesen Gesprächen wußte der vorsichtige Mehler, als er später von der Gestapo befragt wurde und sich geschickt zu verteidigen verstand, nur noch, daß am Nebentisch in der sonst ruhigen Wirtschaft jemand geäußert habe, wenn es wieder Krieg gäbe, hätten sie Respekt vor den heutigen führenden Persönlichkeiten von Mömbris, vorausgesetzt diese würden sich an die Front melden. Dem habe er, Mehler, zugestimmt, ja, wenn van Treeck und Heininger an der Front so tüchtig wären wie in ihrem jetzigen Amt, dann hätte auch er Respekt vor ihnen.

Der größte Teil der Menge zog nach der Kundgebung zu dem nahegelegenen Pfarrhaus. Darüber berichtete Wörner:

»Ich ging sofort um zu zeigen, daß ich mich nicht fürchte hinab auf die Straße zu meinen Pfarrkindern, lobte sie für ihre Treue zu mir. Da strömten plötzlich die Massen zu mir her, umringten mich, weinten und beteuerten, daß sie mich nicht verhaften lassen, sie würden mich verteidigen. Ich mahnte sie zur Ruhe, sie möchten ja keine gesetzwidrigen Handlungen tun, damit wir nicht ins Unrecht kämen. Was geschehen wäre, wenn ich sie nicht immer wieder zur Gesetzmäßigkeit ermahnt hätte, ist kaum auszudenken. Unblutig wäre die Sache wohl nicht abgegangen und der alte Stürmerkasten wäre wohl auch nicht mehr stehen geblieben. So empört waren meine Pfarrkinder über die Gemeinheit des Liedes, das doch mir, ihrem geliebten Pfarrer galt. Selbst Schulkinder, die doch von jeher für die SA begeistert waren, erfaßte Ekel gegenüber solchen Verhalten und riefen ihr Pfui, Pfui zu. Ein Zeichen, wie entsetzt alle waren über solche Flegeleien! Ich wollte mich wieder ins Pfarrhaus zurückziehen, da aber drängten meine Pfarrkinder nach, wollten bei mir bleiben. So hielt ich nun von der Pfarrtreppe aus nochmals eine kurze Ansprache, erklärte, daß ich bereit sei, mich verhaften zu lassen, warnte wieder vor gesetzwidrigen Handlungen, erklärte, daß ich den Führer ehre und achte, wozu ich durch das 4. Gebot verpflichtet sei, befahl ihnen als Seelsorger dasselbe zu tun, verabschiedete mich mit dem Gruß: Es lebe Christus, der König. Doch weinend drängten sie nach bis ins Pfarrhaus, ich konnte die Türe einfach nicht schließen. Sie erklärten, daß sie die ganze Nacht hierbleiben und Wache halten wollten trotz weiterer Mahnung meinerseits, doch jetzt in Ruhe nach Hause zu gehen, sie würden ja krank, sie taten es nicht. Schließlich machte ich den Vorschlag, damit sie beruhigt sein könnten, könnten meinetwegen einige Männer in meinem Hause wachen. Alsbald kamen auch 10 Männer, welche die ganze Nacht bei mir im Hause blieben. Die Leute gingen aber noch nicht heim, sondern eilten in die Kirche und beteten für die Rettung ihres geliebten Seelenhirten.

Diese goldene Treue hat mich tief gerührt und getröstet gegenüber den Kränkungen von seiten der SA.«

Zahlreiche Männer und Frauen liefen in die Kirche, um dort für ihren Pfarrer zu beten, während die hauptsächlich aus Nachbarorten stammenden SA-Männer in der Wirtschaft saßen und dort weiter sangen: »SA-Kameraden, hängt die Pfaffen, stellt die Lumpen an die Wand!« Ein Teil der Einwohner von Mömbris, der schon vor der Kundgebung in der Wirtschaft Kempf gesessen hatte, fand sich nachher wieder dort ein. Die Männer hatten vor 19 Uhr die Karten hingeworfen, als sie gehört hatten, ihr Pfarrer solle verhaftet werden. Unter den etwa 15 Personen, die aus diesem Grunde zum Adolf-Hitler-Platz eilten, befand sich auch Rudolf Grünewald, der Bruder des Parteiwirts. Er war wie die anderen wütend über die Art und Weise, wie man mit dem Pfarrer umsprang. Wie groß Wut und Empörung und die daraus abgeleitete Einsatzbereitschaft für den Pfarrer gewesen sein müssen, kann man gut am Verhalten Rudolf Grünewalds ablesen. Der Landwirt war fest entschlossen, die Verhaftung des Pfarrers unter Einsatz seines Lebens zu verhindern, weil er die Gewißheit besaß, daß der Pfarrer nichts Unrechtes getan hatte. Ihn hatte bei dem Absingen der antikatholischen

Lieder schon das Wort »Pfaffen« bis aufs äußerste empört, und selbstverständlich hatte auch er »Pfui« geschrien. Nach der Kundgebung ging auch er wieder in die Wirtschaft Kempf, wo über die Vorkommnisse gesprochen wurde. Selbst in diesem Stammlokal der NSDAP hielt man die Aushängung der Bilder im Stürmerkasten sowie das Verhalten der SA für unerhört. Die Leute in dieser Wirtschaft wurden ständig mit Nachrichten über das, was draußen vorging, versorgt. So wußten die anwesenden Gäste, daß zum Schutze des Pfarrers einige Leute Wache bezogen hatten. Als Grünewald um Mitternacht die Wirtschaft mit dem Arbeiter Georg Brückner verließ, traf er Anton Feind und den Arbeiter Anton Grünewald vor dem Pfarrhaus an, wo die beiden Wache hielten. Drei Mädchen, die in der Nähe des Pfarrhauses ebenfalls Wachposten bezogen hatten, riefen ihnen zu, daß sich im nahegelegenen Zwinger ein Spion befände. Grünewald versuchte sogleich die Mannsperson aus dem Zwinger zu ziehen, wobei er sich Kinnhaken und Kratzwunden einhandelte. Im Lichte seiner Taschenlampe konnte er feststellen, daß die Mannsperson der Händler Josef Bayer war. Grünewald beschimpfte ihn, »er solle sich schämen, daß er dem Bürgermeister Spiondienste leiste«, und nannte bei dieser Gelegenheit den Bürgermeister einen Schuft, der die Gemeinde tyrannisiere.

So etwa verlief, den verschiedenen Zeugnissen zufolge, der Sonntag vor Weihnachten 1936 in Mömbris. Natürlich platzten diese Ereignisse nicht aus heiterem Himmel über Mömbris herein, sondern hatten ihre Vorgeschichte. Der Auseinandersetzung des Pfarrers mit dem NS-Bürgermeister um den beherrschenden Einfluß in der Gemeinde waren eine Reihe von Konflikten vorangegangen und schon vorher hatte es sich gezeigt, daß auf seiten des Pfarrers eine Reihe von Meinungsführern des Dorfes standen, die selbst dem Nationalsozialismus gegenüber mehr oder weniger kritisch eingestellt oder so sehr kirchengläubig waren, daß sich der Pfarrer auf sie bedingungslos verlassen konnte.

Eine besonders wichtige Rolle spielte dabei der Gendarmeriekommissär Walter. Dem katholischen Milieu seiner unterfränkischen Heimat ganz und gar verhaftet, war Walter der Partei schon lange ein Dorn im Auge. Die SD-Außenstelle Aschaffenburg trug über ihn eine Menge an Unrühmlichem – im nationalsozialistischen Sinne – zusammen: Er habe sich »bereits« im Jahre 1925 an einer Rom-Pilgerfahrt beteiligt, der »schwarze Bruder« sei damals Mitglied des ›katholischen Männerapostolats‹ gewesen und habe in seinem damaligen Dienstort im unterfränkischen Laufach als eifriger BVP-Anhänger und Gegner der nationalsozialistischen Bewegung gegolten. Als Walter im Jahre 1933 höchstpersönlich antisemitische Transparente, die die NSDAP-Ortsgruppe in Laufach angebracht hatte, abriß, wurde er deswegen im *Stürmer* öffentlich angeprangert. Seine kurz darauf erfolgte Strafversetzung nach Mömbris lag offenbar darin begründet. In Mömbris unterhielt Walter überaus gute Beziehungen schon zu Wörners Amtsvorgänger und Dekan Weigand, der von den Nazis als ein in der ganzen Untermaingegend bekannter »Hetzer« eingestuft wurde. Dann knüpfte er auch ein enges persönliches Verhältnis zu Pfarrer Wörner an, das im Laufe der Zeit so weit ging, daß Walter seine Bienenstöcke im Pfarrhof aufstellte, worüber sich die Nazis im Ort nicht genug empören konnten. Besonders suspekt war Walter den Nazis wegen seiner Verwandtschaft mit einem hochgestellten Kleriker. Man munkelte im Dorf, Walter sei der Schwager von Dr. Kaiser, einem im bischöflichen Ordinariat in Würzburg tätigen Geistlichen. Man warf ihm auch vor, daß er Leute wegen Ruhestörung während des sonntäglichen Hauptgottesdienstes angezeigt, hingegen bei den »hetzerischen Reden« des Pfarrers Wörner weggehört und nie Anzeige erstattet, sondern im Gegenteil dem Pfarrer die gegen ihn gerichteten Anzeigen vorgelegt habe, um die Denunzianten bloßzustellen. Darüber hinaus beschuldigte man den Gendarmeriekommissär auch, anderen sogenannten »Staatsfeinden« mitgeteilt zu haben, wer sie angezeigt hatte. Das wußten SD und NSDAP-Ortsgruppenleitung aber alles nur vom Hörensagen ohne taugliche Beweismittel. Was aber offen zutage trat, war die völlige Passivität Walters während der gegen die SA gerichteten Demonstration in Mömbris am 20. Dezember 1936. Er griff in keiner Weise ein und fragte gespielt naiv den Nazi-Lehrer Barthelmes, was er denn in Gottes Namen tun solle. Sein Verhalten wurde ihm später als Begünstigung des Aufruhrs ausgelegt und brachte ihm erneut eine Strafversetzung ein. Der dienstliche Bericht, den Walter über die Ereignisse des 20. Dezember noch am selben Tag erstattete, ist in mancherlei Hinsicht aufschlußreich: Offensichtlich war Walter über die Absicht des Pfarrers gut informiert, sonst hätte er über die Vorfälle während des Hauptgottesdienstes, an dem keiner der Polizeibeamten der Gendarmeriestation Mömbris teilnahm, kaum so genau referieren können. In dem Bericht hierüber schimmert trotz des sachlich-knappen Amtsstils Verständnis für das Vorgehen Wörners durch jeden zweiten Satz. Was der Gendarmeriekommissär hingegen vom Bürgermeister und Ortsgruppenleiter hielt, machte er mit einem Namensspiel so riskant deutlich, daß es für jedes Kind zu durchschauen war. Bei den ersten beiden Nennungen des Namens van Treeck vertauschte er das »T« mit einem »D«. Das konnte allenfalls noch als Tippfehler ausgelegt werden. Bei den weiteren Erwähnungen schrieb Walter aber nur noch »Bürgermeister van Dreck«. Vermutlich rechnete der Gendarmeriekommissär damit, daß dieses Wortspiel auch im Bezirksamt Alzenau Schmunzeln hervorrufen würde. Besonders in seiner Berichterstattung über die Reaktionen der katholischen Bevölkerung auf das provozierende antiklerikale SA-Lied klang die Sympathie mit den Empörten unverhohlen durch. Er schloß den Bericht hierüber mit der Bemerkung: »Die Situation war so peinlich, wie sie nicht hätte peinlicher sein können« – peinlich für die Nazis meinte er natürlich. Um das Maß der Ironie vollzumachen, führte Walter sein eigenes Nicht-Eingreifen auf ein Gespräch mit dem SA-Sturmbannführer Schmitt z.b.V. zurück, mit dem er über eventuell zu treffende Maßnahmen gesprochen und dabei von Schmitt die Antwort bekommen habe, »es sei am besten, man lasse das Volk gewähren«.

Ein anderer wichtiger Vertrauensmann Wörners in Mömbris war der schon erwähnte 50jährige Landwirt Rudolf Grünewald. In bescheidenen, fast ärmlich zu nennenden Verhältnissen lebend – sein kleines landwirtschaftliches Anwesen umfaßte nur 12 Tagwerk Grund und mußte 10 Personen ernähren –, war Grünewald seit Ende der 20er Jahre durchaus nicht ohne Sympathien für den Nationalsozialismus gewesen. Er erklärte später selbst, er habe sich seit 1929 aktiv für die NSDAP eingesetzt und auch stets diese Partei gewählt. Auf Hitler, für den er schwärmte, hatte er sogar ein bekanntes Lied umgedichtet: »Heil Dir im Siegerkranz, Retter des Vaterlands, Heil Hitler Dir, Du kommst zur rechten Zeit, Dich bitten alle Leut, rette mit starker Hand, das Vaterland.« Rudolf Grünewald gehörte der NS-Bauernschaft seit ihrer Gründung an und war auch Mitglied der NSV. Einer seiner Söhne war Jungbauernführer, und ein anderer gehörte dem Jungvolk an. Aber er war zugleich streng katholisch und kirchlich eingestellt. Das hinderte ihn auch, so weit zu gehen wie sein Bruder Alfred, der sein

Lokal der Partei zur Verfügung stellte. Rudolf Grünewald trat der NSDAP nie bei. Seine Sympathie für den Nationalsozialismus endete, wo die Belange der Kirche bzw. ihrer Vertreter berührt wurden. So war er auch fest davon überzeugt, daß Pfarrer Wörner den rechten Weg ging, und war bereit, wie er noch bei seiner Vernehmung durch die Gestapo betonte, für seinen Glauben und für seinen Pfarrer in den Tod zu gehen.

Neben Grünewald bezeichnete der Ortsgruppenleiter vor allem den verwitweten Schneidermeister Karl Mehler als Rädelsführer, den er als besonders gehässigen Gegner aus den Kampfjahren hinstellte. Mehler sympathisierte vor 1933 tatsächlich mit der BVP, betätigte sich aber nie politisch. Dem Bürgermeister war er allerdings schon lang ein Dorn im Auge, weil er nicht im Kolonialwarenladen seiner Frau einkaufte. Und umgekehrt war der Schneidermeister ebenfalls aus wirtschaftlichen Gründen auf den Bürgermeister nicht gut zu sprechen, weil der nichts bei ihm schneidern ließ. Wie in anderen Dörfern spielten solche wirtschaftlich-sozialen Animositäten auch hier in das Politisch-Weltanschauliche hinein, bildeten aber sicher nicht den ausschlaggebenden Grund, weshalb Mehler als Sprecher der Abordnung auftrat, die die Entfernung der Stürmerbilder forderte. Wie so viele andere katholische Ortseinwohner nahm er ehrlichen Anstoß an den die Geistlichkeit beleidigenden Karikaturen. Inwieweit er überhaupt die Rolle eines Anführers spielte, ist schwer zu beurteilen, weil er bei dem Verhör durch die Gestapo bestrebt war, jeden Verdacht in dieser Richtung zu zerstreuen, und andere Zeugen ihn nicht belasteten. Mehler wie Grünewald wurden während der Vernehmungen hartnäckig nach dem Verhalten des Vorsitzenden des Kriegervereins befragt. Beide sagten aus, ihn überhaupt nicht gesehen zu haben. Entweder traf das wirklich zu, oder sie wollten Vogt, der vom Bürgermeister ebenfalls als Haupträdelsführer angezeigt worden war, nicht belasten. Das entsprach wahrscheinlich nicht den Tatsachen und kann vielmehr als weiteres Indiz der Solidarität gewertet werden, die die Hauptbeteiligten selbst bei der Gestapo wahrten. Auch die ledige Zigarrenarbeiterin Therese Hammer, die als besonders fromm galt, wurde zu den »Aufrührern« gezählt. Diese vier wurden am 21.12., einen Tag nach der Demonstration, verhaftet und in das Landgerichtsgefängnis Aschaffenburg verbracht. Damit waren – bis auf Walter – alle diejenigen, die der Bürgermeister als stärkste Stützen des Pfarrers einschätzte, nur wenige Stunden nach der Demonstration hinter Schloß und Riegel gesetzt.

Die Kette der Ereignisse, die schließlich zu der von Pfarrer Wörner veranlaßten offenen antinationalsozialistischen Demonstration des Kirchenvolkes von Mömbris führte, hatte schon lange zuvor begonnen sich aufzureihen. Verschiedene andere Anlässe in den Jahren vorher verursachten den energischen Protest Wörners gegen Beschimpfungen der Religion, der Kirche und ihrer Würdenträger. Ein typisches Beispiel dafür waren die Auseinandersetzungen mit dem Nazi-Lehrer *Naß* im benachbarten Niedersteinbach, einer Kirchenfiliale von Mömbris, für die Wörners Kaplan zuständig war. Der Lehrer, zugleich Zellenleiter der NSDAP, gerierte sich dort als Vorreiter der antikirchlichen Propaganda. Auf ihn vor allem ging es zurück, daß in dem NSDAP-Schaukasten des Ortes immer wieder Bilder und Artikel ausgehängt wurden, die den Papst, die Kirche oder die Klöster verhöhnten, lange ehe es wegen ähnlicher Dinge in Mömbris zum Eklat kam. Im Jahre 1934 hatte Lehrer *Naß* im Nachbardorf Dörnsteinbach eine NSDAP-Veranstaltung organisiert, zu der auch viele Schüler und Erwachsene aus Niedersteinbach erschienen. Der geladene Redner sprach zum Thema

»Meckerer und Miesmacher«, geißelte aber vor allem die Kirche und die Geistlichen und verspottete die kirchenfrommen Katholiken und ihre Ergebenheit gegenüber den Ortspfarrern. »Wenn Ihr nicht tut, was die wollen«, so der Redner, »dann ist es eine Todsünde, kommt Ihr in die Hölle. Wenn Ihr Eure Kohlpflänzchen nachgießt, ohne den Geistlichen zu fragen, ist es auch eine Todsünde.« Aber es kam noch gröber: Der Redner bezichtigte die Geistlichen der Förderung schmieriger Pornographie: »Als Hitler an die Macht kam, da nahmen wir Nationalsozialisten den Kampf auf gegen Schund- und Schmutzschriften, die von den Judenschweinen verkauft wurden. Und diese Herren (Geistlichen), die hatten die Nacktbilder und brauchten sie in den Jugendvereinen. Und in der Großstadt, wo sie sich nicht gekannt fühlten, da saßen sie im Theater und im Varieté am teuersten Platz vorn und hatten scharfe Ferngläser, um ja alles, wenn ein halbnacktes Judenschwein auf der Bühne tanzte, genau von unten zu sehen.«

Lehrer *Naß*, der den Redner geladen hatte, distanzierte sich nur schwach von solchen massiven Verunglimpfungen, die er als »derb, aber wahr« bezeichnete. Die Versammelten wagten keinen Widerspruch, weil sie »den Terror der Braunhemden fürchteten«, doch sie hinterbrachten die Angriffe Pfarrer Wörner.

Dieser nahm ein paar Wochen später in einer Predigt öffentlich Stellung zu der Hetzrede und brandmarkte sie als üble Verleumdung. Als dann in den Herbstferien desselben Jahres auch Lehrer *Naß* selbst sich in einer ähnlichen Versammlung in Niedersteinbach in kirchenfeindlichen Reden erging und im Beisein der versammelten Schuljugend u. a. über die Päpstin Johanna herzog, übernahm Pfarrer Wörner am folgenden Wendelinustag in Niedersteinbach selbst die Predigt. Nach Abschluß des Gottesdienstes bat er die erwachsenen Kirchenbesucher noch dazubleiben. Als die Schuljugend draußen war, begab er sich in schwarzem Talar auf die Kanzel und protestierte vor den Eltern ganz energisch gegen die propagandistische Verseuchung der Jugend durch Lehrer *Naß*. Die Sache hatte ein längeres Nachspiel. *Naß* schickte Wörner wegen der »Hetze in der Kirche Niedersteinbach« eine Vorladung in das Gemeindezimmer »zur Bereinigung der Angelegenheit«. Der Pfarrer lehnte es ab, der Ladung zu folgen, erklärte sich aber bereit, den Zellenleiter bei sich zu einer Aussprache zu empfangen. Dies lehnte wiederum *Naß* ab. Gleichzeitig führte das bischöfliche Ordinariat Würzburg, das von Wörner unterrichtet worden war, bei der Regierung von Unterfranken und bei der Gauleitung Beschwerde über den Lehrer *Naß*. Inzwischen hatte Wörner zum zweitenmal, jetzt vom Bürgermeister von Niedersteinbach, eine Ladung erhalten. Daraufhin kam es zu einer Aussprache zwischen Pfarrer Wörner mit seinem Kaplan einerseits und dem Bürgermeister mit Zellenleiter *Naß* andererseits. Über ihren Verlauf berichtete Wörner folgendermaßen:

»Wir begrüßten uns gegenseitig durch Händedruck, dabei sagte ich zu Herrn *Naß*: ›Sie vertreten wohl das Führerprinzip, ich auch. Als Pfarrer von Mömbris bin ich Ihr geistlicher Führer, ... möchte Ihnen sagen, daß Sie Ihren Osterbeichtzettel noch nicht abgeliefert haben!‹ *Naß*: ›Ja, die Eier.‹ Wörner: ›Auf Ihre Eier verzichte ich. Wenn Sie aber behaupten wollten, Sie hätten Ihre Osterpflicht erfüllt, würde ganz Niedersteinbach lachen.‹ Dann begann die Aussprache. Doch jeder beharrte auf seinem Stand. Als Herr *Naß* wiederum verlangte, daß ich 20 RM Sühnegeld in die NSV-Kasse zahlen müsse, erklärte ich: ›Herr Bürgermeister, schließen Sie die Sitzung, da alle Unterredung umsonst ist.‹«

Das bischöfliche Ordinariat bestätigte Wörner schriftlich, er sei völlig im Recht gewesen und habe infolgedessen die Zumutung, sich schuldig zu bekennen, weit von sich weisen müssen. Von der Regierung erhielt das bischöfliche Ordinariat aber keinerlei Unterstützung. Sie ließ formalistisch wissen: Die Art der Versammlungsleitung durch Zellenleiter *Naß* sei einzig und allein Aufgabe der übergeordneten Kreis- bzw. Gauleitung der NSDAP und was *Naß* in seiner Eigenschaft als Lehrer angehe, so sei er stets gut beurteilt worden.

Die Auseinandersetzungen zwischen Wörner und *Naß* hielten in der Folgezeit an. Beide beschuldigten sich weiterhin gegenseitig der Hetze und Verleumdung. Im Juli 1935 wiederholte *Naß* in ultimativer Form seine Forderung, Wörner möge seine Verleumdungen zurücknehmen und 20 RM Sühnegeld zahlen, indem er drohte, er werde sonst sein neugeborenes Kind der deutschen Glaubensbewegung zuführen. In einer langen Erwiderung nahm Wörner daraufhin sein Pfarrkind ins seelsorgerische Gebet mit dem Ergebnis, daß *Naß* sein Kind schließlich doch taufen ließ, aber in einem benachbarten Pfarramt.

Die Streitbarkeit Wörners war aber auch sonst verschiedentlich hervorgetreten. Da er zugleich Präses des katholischen Arbeitervereins von Mömbris und den benachbarten Orten war, setzte er sich u. a. energisch für die im Konkordat verbürgten Rechte dieses Vereins ein. Zwei Vorfälle mögen das verdeutlichen.

Eines Tages, zur Pfingstzeit 1935, kam ein Arbeiter zu ihm und erklärte seinen Austritt aus dem katholischen Arbeiterverein mit der Begründung, er verliere sonst seine Stellung bei der Kahltalbahn. Pfarrer Wörner erklärte kurzerhand, daß er diese Austrittserklärung nicht annehme und sich statt dessen mit der Direktion der Kahltalbahn in Verbindung setzen werde. Dieser schrieb er eindringlich, welchen Schaden sie davontrüge, wenn sie ihrem Mitarbeiter aus solchen Gründen kündigen würde. Er erreichte, daß der Arbeiter in seiner Stellung blieb und ihm auch keine weiteren Schwierigkeiten gemacht wurden.

Der andere Fall trug sich im Frühjahr 1936 zu. Wörner war in Würzburg zu Ohren gekommen, daß in Kahlgrund »zu den bevorstehenden Vertrauensratswahlen in den Zigarrenfabriken streng vertraulich die Parole ausgegeben worden sei, daß Mitglieder der konfessionellen Verbände nicht auf die Vorschlagsliste gesetzt werden sollten«. Daraufhin nahm er beim nächsten Gottesdienst am Sonntag, dem 1. März 1936, zu diesem Thema Stellung und bat seine Pfarrkinder von der Kanzel herab, in ihren Fabriken ein Auge darauf zu haben, ob diese Parole wirklich befolgt werde. Sollte das der Fall sein, so drohte er, würde er nach vollzogener Wahl höheren Orts darüber berichten. Es gehe nicht an, daß die Mitglieder seines Arbeitervereins oder des Marienvereins ungeachtet der Bestimmungen des Reichskonkordats als »Bürger und Arbeiter zweiter Klasse« angesehen würden. Als der Kreiswalter der DAF, der von der Predigt erfuhr, von Wörner den genauen Text erbat, schrieb ihm dieser: »Mich als Pfarrer geht es an sich nichts an, wer in den Fabriken zu Vertrauensräten gewählt wird. Wenn aber meine Pfarrkinder als unzuverlässig verdächtigt werden, weil sie sich rechtmäßig katholisch betätigen, dann habe ich die Pflicht, ihre Ehre zu verteidigen. Als Höchstes steht im deutschen Reich die Ehre, darum hat vor allen Dingen das Dritte Reich gekämpft dem Ausland gegenüber. Das gleiche Recht haben aber auch meine Pfarrkinder, die auf Grund des Konkordates rechtmäßig einem konfessionellen Verein angehören. Ich wäre ein Feigling, wollte ich nicht für ihre Ehre eintreten.«

Der Vorgang beschäftigte auch die Polizeidirektion Würzburg, die der Zentrale der Bayerischen Politischen Polizei in München davon Meldung machte, in der Erwartung, daß gegen Wörner vorgegangen werden könne, aber der Politische Polizeikommandeur der Länder gab Anweisung, daß im Fall Wörner nicht eingeschritten werden solle.

Im übrigen war Pfarrer Wörner, auch nach Meinung des Ortsgruppenleiters von Mömbris, anfangs durchaus um ein gutes Auskommen mit den Nationalsozialisten bemüht gewesen. Er war NSV-Mitglied geworden und hatte im Jahre 1935, am Tag der nationalen Solidarität, öffentlich für die NSV gesammelt. Erst im Jahre 1936 trat er aus und begründete das schriftlich mit der wachsenden Kirchenfeindlichkeit der NS-Organisationen.

Inzwischen hatten sich auch in Mömbris die Konflikte mit den Vertretern der Partei verschärft. Im August 1935 fand Pfarrer Wörner im Aushängekasten der SA einen Anschlag über »Priester und Pfaffen« mit folgenden Ausführungen: »Pfaffen sind Menschen, die besser scheinen wollen, als sie in Wirklichkeit sind. Pfaffen sind Scheinheilige. Pfaffen sind Pharisäer. Pfaffen sind Menschen, die das Gute zu teuflischen Zwecken mißbrauchen. Pfaffen sind Menschen, denen das geweihte Priesterkleid nur dazu dient, Eigensucht zu befriedigen. Pfaffen sind Menschen, deren Reich die irdische Welt ist, und die das Wort Gott im Mund führen, damit man den Teufel in ihnen nicht erkennt. Pfaffen sind Menschen, die sich kein Gewissen daraus machen, das jüdische Volk zum Volk Gottes zu erheben. Pfaffen sind die Fahnenträger Satans.«

Wörner photographierte diesen Anschlag und wurde deswegen vom Ortsgruppenleiter und Bürgermeister van Treeck schriftlich zur Rede gestellt. Der Pfarrer antwortete ihm unter dem 5.8.1935 in einer Form, die schon die künftige Auseinandersetzung vorzeichnete:

»Die Pfarrkinder sind empört über diesen Aushang, sind aber so disziplinvoll, daß sie nicht für den Pfarrer demonstrieren, sondern ebenfalls alles in christlicher Geduld hinnehmen. Vergessen werden sie es allerdings nicht. Daß die SA sich dadurch einen schlechten Dienst erweist, ihr Ansehen nicht fördert, dürfte ihr klar sein. Ich habe den Kasten photographiert um den Tatbestand festzuhalten. Werden weiterhin solche Dinge ausgehängt, werde ich wahrheitsgemäß an meine Behörde berichten. Es ist ein Unterschied, ob solche Dinge im *Stürmer* stehen oder ob sie von der SA-Vorstandschaft Mömbris ausgehängt werden! Zum Frieden und zur Volksgemeinschaft tragen solche Dinge gewiß nicht bei!«

Mit Bürgermeister und Ortsgruppenleiter van Treeck war es 1935/36 auch aus anderen Gründen zu einem Konflikt gekommen. Der Pfarrer warf dem Bürgermeister vor, daß er als einziger zum Kirchenerweiterungsbau bisher noch kein Holz geliefert habe. Van Treeck aber hatte die Bedingung gestellt, daß er nur dann Holz liefere, wenn er vom Pfarrgut »direkt am Dorf« im Austausch gegen Gemeindegut einen Sportplatz für die Hitlerjugend bekäme. Wörner erklärte sich bereit, den Vorschlag dem Bischof zu unterbreiten. Der Bürgermeister antwortete gereizt, daß er an die Echtheit der Worte des Pfarrers nicht glaube, deshalb halte er vorsorglich auch mit der Holzabgabe zurück; Wörner solle wissen, daß er ihn (van Treeck) »nicht auf den Leim führen« könne. »Schreiben Sie ihrem Bischof, wenn er nicht einsieht, warum ich einen Sportplatz brauche, daß ich nicht einsehe, warum er Holz braucht.« Die Bissigkeit dieses Schreibens zeigt, wie gespannt das Verhältnis schon vor dem Dezember 1936 war.

Was Wörner betraf, so bestärkten ihn vor allem die sich häufenden Verunglimpfungen der Geistlichen in dem Vorsatz, dem nicht tatenlos weiter zuzusehen. Über längere Zeit hinweg hatte er Zeitungsausschnitte mit Angriffen auf die Geistlichkeit gesammelt in der Absicht, diese einmal auszustellen. In seiner späteren Rechtfertigungsschrift begründete er, weshalb er sich in zunehmendem Maße gedrängt fühlte, etwas Energisches zu unternehmen: »Dies machte mir große Sorgen, da ich als Pfarrer von Mömbris einmal über mehr als 3000 Seelen vor meinem ewigen Richter Rechenschaft ablegen muß. Ich kann daher kein schlafender Hirte sein, darf auch kein Mietling sein, sondern muß bereit sein, für meine Herde mein Leben hinzugeben; so verlangt es mein Meister Jesus Christus!« Das eigentlich auslösende Moment war der Hirtenbrief der bayerischen Bischöfe, der am Sonntag, dem 13. Dezember 1936, von allen Kanzeln verlesen wurde. In ihm drückten die Bischöfe ihre Sorge über die zunehmende öffentliche Verspottung der Priester aus. Kurz entschlossen hängte Wörner an diesem Sonntag zwischen Empore und Kanzel seine gesammelten Zeitungsblätter aus, um nach der Verlesung des Hirtenbriefes mit Hilfe dieser Blätter zu beweisen, daß die Bischöfe nicht übertrieben hätten. Nach der Verlesung erklärte der Pfarrer die einzelnen Blätter, unter denen sich auch einige Nummern des *Stürmer* »mit ganz gemeinen Spottbildern« befanden, und machte dabei die Bemerkung, er wundere sich, daß solche Blätter in der rein katholischen Pfarrgemeinde veröffentlicht würden. Zwar habe man wohl aus Scham die schlimmsten Spottbilder über die Geistlichkeit nicht ausgehängt. Es sei jedoch besser, man tue es, weil dann alle Leute sehen und merken könnten, was tatsächlich vorgehe. Die Bilder seien ja doch vorhanden, würden im stillen unter den jungen Leuten herumgereicht, was schlimmer sei als ein offener Aushang.

Die örtlichen Parteifunktionäre veranlaßten daraufhin, daß die besonders schmählichen Spottbilder tatsächlich ausgehängt wurden. Dies machte nach Ansicht des Pfarrers das Maß voll. Er stellte dem Ortsgruppenleiter ein Ultimatum: Wenn nicht bis Samstag mittag der *Stürmer* aus dem Kasten entfernt sei, würde er die Leute darüber abstimmen lassen, ob sie das weiterhin dulden wollten. Der sechsseitige, engbeschriebene Brief, eine ausgewogene psychologische Mischung von Werbung und Drohung, gipfelte darin, daß der Ortspfarrer dem Ortsgruppenleiter als praktizierendem Katholiken und ehemaligem katholischen Ordensmann ins Gewissen redete und ihn fragte, ob er es einmal vor dem Herrgott verantworten könne, daß er in diesem schweren Kampf um den Glauben auf der falschen Seite gestanden habe.

Tags darauf schrieb Wörner dem Bürgermeister noch einmal, jetzt offensichtlich desillusioniert, weil er von diesem nicht die erhoffte Antwort erhalten hatte, nur in knapper Form und ohne jeglichen persönlichen Ton ankündigend, was er zu tun gedenke:

»Solange der *Stürmer* noch in beiden Gemeinden Mömbris und Mensengesäß öffentlich ausgehängt wird, werde ich an den Weihnachtstagen und weiteren Sonntagen kein Amt mehr singen, es wird keine Orgel mehr gespielt werden aus Trauer über die Verhohnung der Geistlichen in der Presse. Erreiche ich mein Ziel nicht, ... werde ich 1937 die Pfarrei verlassen. Denn eine Pfarrgemeinde, die nicht für die Ehre ihrer Geistlichkeit sich einsetzt, hat einen Pfarrer nicht verdient! Dies werde ich am Sonntag verkünden, wenn ich noch in Freiheit bin. Weiterhin wird angekündigt, daß, solange ich als Pfarrer von Mömbris von der Pfarrei entfernt bin, angeordnet wird, daß jedes Glockengeläute und Gottesdienst unterbleibt. Nach dem kirchlichen Gesetzbuch hat der Pfarrer das Recht Anordnungen zu treffen. Haussuchung kann gehalten werden. Mein Testament ist gemacht, ich bin zu allem bereit, werde jedoch nur gesetzlich arbeiten und auch die Leute dazu ermahnen.«

Wörner hatte auch den Bürgermeister von Mensengesäß am Freitag vormittag (18. Dezember) über sein Ultimatum ins Bild gesetzt und zu diesem Zweck den Bürgermeister sogar in seiner Wohnung aufgesucht. Dieser ließ sich allerdings auf keine Diskussion ein und meldete noch gleichen Tags den Vorfall der Ortsgruppenleitung Mömbris. Durch all dies vorgewarnt, blieb Bürgermeister van Treeck, wie eingangs schon erwähnt, der Messe am kommenden Sonntag vorsorglich fern.

Die Ereignisse, die sich an diesem Sonntag in Mömbris bis in die späten Abendstunden hinein abspielten, haben wir erzählt. Aber die Sache hatte natürlich auch ihr Nachspiel. Unerwarteterweise befand sich Pfarrer Wörner am Montag, dem 21. Dezember 1936, noch immer in Freiheit. Er hielt aber auf seinem eingeschlagenen Weg nicht inne, sondern ging ihn unbeirrbar weiter, was die Gestapo ihm besonders übel vermerkte. Die Kirche war zum Morgengottesdienst dicht gefüllt. Wörner bestieg nach der Messe die Kanzel in schwarzer Kleidung ohne Chorrock, ohne Stola. Er wollte dadurch zu verstehen geben, daß er nicht als Priester, sondern als Sittenrichter der vorangegangenen Ereignisse auftrat. Er lobte die »goldene Treue« seiner Mitstreiter, gelobte ihnen seinerseits Treue und geißelte das Verhalten derjenigen, die am Vortage gegen ihn demonstriert hatten. Dabei nannte er auch einzelne Namen und prangerte z. B. die Undankbarkeit des HJ-Führers Leonhard D. an, dessen Familie noch vor kurzem Kirchenbrot gegessen habe (der Vater von D. hatte sein Geld als Maurer beim Kirchenbau verdient). Unter Anspielung auf den Beruf der Mutter, die als Hebamme tätig war, erklärte er, diese »verhelfe den Kindern zum Leben und der Sohn den Priestern zum Tod«. Auch der Steinmetz Nikolaus Heininger kam ähnlich schlecht weg: Er solle nur zusehen, so wetterte Wörner, wohin er künftig seine Grabsteine verkaufen könne. Vor allem gegen den Bürgermeister rief er unverhohlen zum wirtschaftlichen Boykott auf: Wer dessen Kolonialwarenladen noch einmal betrete, sei ein Feigling. Wörner rechtfertigte diese gewiß drastischen Namensnennungen und Anprangerungen damit, daß sie ja allesamt eine große Pfarrfamilie seien, in einer Familie müsse man über solche Sachen reden, und sicher würden doch alle Leute wissen wollen, wer da gegen den Pfarrer sei.

Der Aufruf zum wirtschaftlichen Boykott mußte besonders die Frau des Bürgermeisters treffen – sie betrieb den Lebensmittelladen und hatte schon in der Kampfzeit der NSDAP unter dem Boykott der ihrem Mann feindlichen katholischen Kreise zu leiden gehabt und ihn aus diesen Gründen beinahe verlassen. So ist es gewiß verständlich, daß dieser Aufruf den Bürgermeister in seiner harten, unversöhnlichen Haltung dem Pfarrer gegenüber bestärkte. Für van Treeck stand nun fest, daß dieser Pfarrer und der Gendarmeriekommissär Walter aus Mömbris entfernt werden müßten, damit wieder Ruhe und Ordnung in die Gemeinde einziehen könnten.

Etwa zur Zeit des Morgengottesdienstes, um 9.15 Uhr, teilte die Außenstelle der Politischen Polizei in Würzburg der Zentrale der BPP in München die Vorfälle in Mömbris telegraphisch mit und ließ dabei auch wissen, daß sie zwei Beamte nach Mömbris beordert habe, die dort im Benehmen mit dem Bezirksamt Alzenau die Vorgänge aufklären sollten. Obwohl die Stapostelle Würzburg eigentlich nur für den Stadtbezirk Würzburg zuständig war, erklärte sich die vorgesetzte Stelle in München in diesem Falle mit dem Vorgehen der Würzburger Außenstelle einverstanden.

Um das Maß voll zu machen, hatte Pfarrer Wörner morgens in der Kirche auch noch erklärt, nachdem am Vortage die Protestunterschriften gegen den Stürmerkasten in Gang gekommen seien, es solle doch jeder, der seine Unterschrift noch nicht geleistet habe, dies nachholen. Das galt auch für die benachbarte kirchliche Filialgemeinde in Mensengesäß. Da der dortige Bürgermeister nicht anwesend war, forderte Wörner die Einwohner dieses Ortes auf, am Nachmittag ins Pfarrhaus nach Mömbris zu kommen und dort ihre Unterschrift zu leisten. Der Bürgermeister von Mömbris beobachtete kurz nach Mittag, daß aus diesem Grunde scharenweise Leute aus den Zigarrenfabriken und auch sonstige Einwohner von Mensengesäß zum Pfarrhaus strömten. Der Bürgermeister registrierte mit wachsender Wut, daß die Leute, die ihm sonst stets den Hitlergruß entboten, jetzt überhaupt nicht grüßten. In seinem späteren Rechtfertigungsschreiben ließ Wörner durchblicken, was ihn zu dem Aufruf veranlaßt hatte: »Drüben in Herberts Wirtschaft sei Hochbetrieb« gewesen, »die Schreibmaschinen klapperten wie Maschinengewehre. Ich mußte daher annehmen, es werden nun Berichte auf Berichte gegen mich gemacht, die Abstimmung soll dagegen verhindert werden, damit ich keine Trümpfe hätte. Nun fühlte ich mich in gerechter Notwehr, legte Listen auf zur Einzeichnung, hatte auch innerhalb 2 Stunden ca. 300 Unterschriften.«

Am Abend desselben Tages fanden sich viele Leute im Pfarrhaus ein. Man ging gemeinsam zur Kirche hinüber und betete den Kreuzweg. Anschließend wurde gemeinsam die Familie Grünewald besucht, deren Ernährer schon im Gefängnis saß, und zu ihrem Trost der Schmerzhafte Rosenkranz gebetet. In der Nacht vom 21. zum 22. Dezember schließlich wurde in Mensengesäß der Stürmerkasten entfernt, ohne daß ein Täter ermittelt werden konnte.

Erstaunlicherweise blieb Wörner auch in den folgenden sechs Tagen noch auf freiem Fuß. Er tat aber alles, um den Konflikt weiterzutreiben, er hatte sich zum Märtyrertum entschlossen. Wahrscheinlich war es auch auf seine Einwirkung zurückzuführen, daß am folgenden Dienstag, dem 22. Dezember, etwa 25 Jugendliche, die bei der Zigarrenfabrik Fronhofen arbeiteten, den Bürgermeister von Mömbris zu sprechen wünschten. Die Anführerin der Gruppe, Greta Grünewald aus Mömbris, brachte ihr Anliegen vor. Die Jungarbeiterinnen behaupteten, sie wollten »dem Führer zuliebe« am Berufswettkampf teilnehmen, aber nur unter der Voraussetzung, daß der Stürmerkasten entfernt werden würde. Der Bürgermeister notierte sich die Namen sämtlicher Anwesenden zwecks Weiterleitung an die Gestapo und verlangte von dieser, die Hintermänner dieser Aktion ausfindig zu machen.

Die Vorfälle in Mömbris hatten sich inzwischen in der weiteren Umgebung herumgesprochen. Die Kirche von Mömbris wurde zu einer Art Wallfahrtsort. Das zeigte sich am Abend desselben Tages, als Pfarrer Wörner eine zweistündige Gebetsstunde über die Anliegen der Pfarrei abhielt. Sowohl der Bürgermeister wie der Gendarmeriehauptwachtmeister Reinfelder bemerkten, daß viele Leute von auswärts anwesend waren, z. B. der Kuratus von Gunzenbach mit einigen Leuten, eine ganze Busladung aus der Ortschaft Brücken, die kirchlich zu Mömbris gehörte, und eine große Anzahl aus der Nachbargemeinde Schimborn. Es mußte also, so schloß der Bürgermeister logisch, für die Betstunde Reklame gemacht worden sein. Als einen der Werber entdeckte Hauptwachtmeister Reinfelder, dessen politische Gesinnung sich von der seines Kollegen Walter offenbar unterschied, den aus Schimborn stammenden *Hubert H.* Dieser, ein ehemaliger Fremdenlegionär, war laut Reinfelder »eine höchst zweifelhafte Persönlichkeit«. Tatsächlich scheint bei *H.,* der vor 1933 Sozialdemokrat gewesen war und deshalb von Juni bis Dezember 1933 im Konzentrationslager Dachau eingesessen hatte, trotz seiner anschließenden äußerlichen »Bekehrung« zum Nationalsozialismus (er wurde förderndes Mitglied der SS, machte sich bei den Veranstaltungen der NSDAP aktiv bemerkbar und pflegte die Beziehungen zum Ortgruppenleiter von Schimborn, Thomas Debes) der innere Widerstand gegen den Nationalsozialismus anläßlich der Vorfälle in Mömbris wieder aufgebrochen zu sein. Jedenfalls konnte er nicht leugnen, einer ganzen Reihe von Leuten aus Schimborn zum Besuch der Betstunde in Mömbris am Abend des 22. Dezember geraten zu haben. Vergeblich suchte er sich anschließend bei der Gestapo herauszureden, er habe mit dem Ortsgruppenleiter Debes in Mömbris nur Karten spielen und dies dadurch tarnen wollen, daß man dort erst einmal in die Kirche ging. Der ehemalige Sozialdemokrat wurde wegen Aufwiegelung der Bevölkerung in Haft genommen.

Um Klarheit über die zu immer größerer Besorgnis Anlaß gebenden Predigten des Pfarrers von Mömbris zu gewinnen, wurde dessen Gottesdienst am nächsten Abend, dem 23. Dezember, durch Gestapobeamte überwacht. Einer der beiden Beamten berichtete darüber: »Man fühlte sich in ein Versammlungslokal versetzt, in dem ein Redner über politische Angelegenheiten spricht. Es muß Pfarrer Wörner unbedingt der Vorwurf gemacht werden, daß er die geweihte Stätte zur Ausschlachtung von Angelegenheiten benützte, die mit Religion absolut nichts zu tun haben.« Wörner wußte während seiner Predigt an diesem Abend, daß zwei Geheimpolizisten in der Kirche saßen. Das scheint ihn aber nur dazu bewogen zu haben, seine Meinung in aller Deutlichkeit zu wiederholen. Gleichzeitig gab er sich alle Mühe, an gemeinsame patriotische Gefühle anzuknüpfen, sprach die Gestapobeamten in der Kirche direkt an als seine »Kameraden« und begann zur rechten »Einstimmung« mit seinen Kriegserlebnissen.

»Ich war vor Verdun gestanden und kurze Zeit in Ruhe gelegen. Eines Abends hielt ich mich vor einer Baracke auf und hörte einem Streit zu, der zwischen einem Wachtmeister und einem Unteroffizier entstanden war. Der Unteroffizier weigerte sich, die Verpflegung für das Bataillon in Stellung zu bringen, nachdem er ja nicht wußte, wo das Bataillon lag und die Zugangswege zur Front unter größtem Feuer standen.
Ich, Euer Pfarrer von Mömbris, habe mich seinerzeit freiwillig gemeldet, bin in die Baracke und habe dem Wachtmeister gesagt, ich habe gehört, was hier los ist, ich bringe die Verpflegung vor. Der Wachtmeister und der Unteroffizier waren über meine freiwillige Meldung ganz bestürzt, ich habe mir aber gesagt, Du mußt Deinen Kameraden vorne an der Front helfen. Um diesen Entschluß zu fassen, habe ich seelisch schwer gerungen, sind doch seinerzeit noch 5 Brüder von mir im Felde gestanden und war ich damals auch schon ein berufener Priester. Ich wußte, was ich mit meiner freiwilligen Meldung tat. Ich wußte auch, daß ich unter Umständen fallen könnte und was dieser Verlust für unsere Familie bedeutet hätte. Sagte mir doch seinerzeit meine Mutter, sie sterbe gerne, wenn sie es noch erlebe, daß ich als Diener Gottes vor dem Altare stehe. Mit diesen Geschehnissen will ich nur beweisen, daß der Pfarrer von Mömbris für die Volksgemeinschaft eingetreten ist, was er auch nach dem nationalen Umsturz getan hat. Man kann mir deshalb nicht zum Vorwurf machen, ich stelle mich abseits und wolle den Bestrebungen des Staates Hemmungen entgegensetzen. Ich kämpfe nur für mein Recht und so wie ich damals meine Person für das Volksganze eingesetzt habe, so setze ich auch jetzt meine Person voll und ganz ein, um zu meinem Recht zu kommen. Ich lasse mich durch nichts einschüchtern. Was in Mömbris vorgegangen ist, ist nicht recht und ist eine Beschimpfung der Geistlichkeit. Gegen die Verhöhnung der Geistlichkeit im *Stürmer* nehme ich entschieden Stellung. Es steht unter meiner Ehre, ohne weiteres hinzunehmen, daß das Bild eines Geistlichen neben den Bildern von Verbrechern und Juden erscheint.«

Dem Bericht des Gestapobeamten zufolge, dem auch der vorstehende Abschnitt entstammt, ging Wörner anschließend zu Ermahnungen und Weisungen an die

Adresse der Gemeinde über, die von der Gestapo nur als neue Provokationen empfunden werden konnten. Er empfahl den Gemeindemitgliedern, die sich bei der Demonstration für ihn und die Kirche eingesetzt hatten, Verhaltensmaßregeln für den Fall, daß sie als Zeugen in einem Prozeß gegen ihn vorgeladen würden. Er unterstellte dabei, unter Berufung auf seine Erfahrung als Gefängnisgeistlicher, daß die Untersuchungsrichter zu üblen Tricks fähig seien. Davon solle die Gemeinde sich aber nicht irremachen lassen. Keiner solle etwas zugeben, was er nicht wirklich gemacht habe. Am besten sei es, wenn sie zu Hause gleich alles, was sie wüßten, aufschrieben. Die Schuld an der Demonstration wies er einzig und allein der SA zu und äußerte in dem Zusammenhang: »Sie hat ihren Schafspelz abgestreift und den Wolf gezeigt. ... Die SA ist die Truppe unseres Führers und wenn sie sich so verhält wie in Mömbris, dann sabotiert sie das Werk des Führers. Ich bin aber froh, daß die SA gekommen ist, denn nun haben sie ihr wahres Gesicht gezeigt. ... Sonderbarerweise sind nur meine Leute eingesperrt worden, ich habe nicht gehört, daß auch SA-Leute festgenommen worden sind. Die SA muß verhaftet werden und wenn nur meine Leute verurteilt werden, so protestiere ich in aller Öffentlichkeit. Ich kann nicht zulassen, daß man unsere Leute einsperrt, während die SA unbestraft davonkommt.« Abschließend appellierte Wörner an die Solidarität der Pfarrkinder und führte das Beispiel des erfolgreichen Protestes der Katholiken in Oldenburg an: Als dort die Kruzifixe aus den Schulklassen entfernt werden sollten, hielten die Oldenburger zusammen, protestierten öffentlich mit 7000 Unterschriften und setzten dadurch die Zurücknahme der Anordnung durch. In diesem Sinne sollten nun auch die Einwohner von Mömbris kämpfen. Dann kam der Geistliche noch auf die bevorstehenden Weihnachtsfeiertage zu sprechen. Da die Ereignisse keine Fröhlichkeit zuließen, sollten die Tage in Trauer verbracht werden. Auch habe er gehört, daß diejenigen, die sich in die Unterschriftenliste eingetragen hatten, nicht vom Winterhilfswerk unterstützt werden sollten. Die Gemeinde werde beweisen, daß sie zusammenhalte und den unterstützungsbedürftigen Familien, besonders denen, deren Ernährer verhaftet worden seien, ein gnadenreiches Weihnachten bescheren könne. Und dann gab er den Pfarrkindern noch dies mit auf den Weg: »Wenn jetzt Wohlfahrtssammlungen sind, so sagt Ihr, Ihr gebt erst dann etwas, wenn der Stürmerkasten wegkommt. Ihr sagt den Sammlern, ja, ich gebe wieder, aber nur dann, wenn der Stürmerkasten verschwindet. Die Spenden, die Ihr dem WHW gegeben hättet, die bringt Ihr morgen früh mir. Es kann Wurst oder Fleisch, Butter oder sonst etwas sein, was Ihr eben bringen wollt. ... Unsere Spenden schmücken wir und überreichen sie den bedrängten Familien. Wenn noch etwas übrig bleibt, so bekommen es diejenigen, die noch eingesperrt werden. Auf diese Weise erleben wir eine wirklich gnadenreiche Weihnacht, die uns enger als bisher zusammenschließt und die auch ein Fest der wahren Volksgemeinschaft ist.« Die Betstunde schloß der Pfarrer mit einer Abstimmung über folgende Erklärung:

»Wir hier Versammelten sind mit den hochwürdigsten Bischöfen, die wir nach unserem Glauben als die von Gott gesetzte Autorität betrachten, in allergrößter Sorge wegen des Aushangs des *Stürmers,* der nachweislich in Wort und Bild die Ehrfurcht vor unserem geliebten Oberhaupte der katholischen Kirche, dem Heiligen Vater in Rom, unseren Bischöfen und Priestern, die wir achten und ehren, verletzt, weil er weiterhin durch Untergrabung der kirchlichen Autorität in der Jugend verheerend wirkt. Wir bitten deshalb, bei den behördlichen Stellen nachdrücklichst daraufhin zu wirken, daß in Zukunft der öffentliche Aushang des *Stürmers* unterbleibt.«

Die etwa 900 Kirchenbesucher stimmten ohne Ausnahme durch Handaufheben für die Erklärung; für den Pfarrer ein 100prozentiger Erfolg.

Nach dieser »Betstunde« erschien am folgenden Tag, am 24. Dezember, auf Anweisung der Gestapo München, Staatsanwalt Dr. Knapp in Begleitung zweier Gestapobeamter in Wörners Pfarrwohnung, um ihn zu verwarnen. Die Beamten legten ihm dringend nahe, nicht mehr so scharf zu predigen, vor allem nicht gegen die SA, was Wörner für die Feiertage auch versprach. Aber im gleichen Atemzuge betonte er, daß er weiterkämpfen werde, man müsse fanatisch kämpfen, wenn man etwas erreichen wolle. Aus diesem Grund bat er die anwesenden Herren auch, ihm eine persönliche Aussprache mit dem Führer zu ermöglichen. Seine Einschätzung der möglichen weiteren Entwicklung faßte Wörner in folgenden Worten zusammen: »Sie können mich einsperren, ich bin bereit. Wenn ich in Freiheit bleibe, werde ich siegen, werde ich festgenommen, dann siege ich noch schneller, sterbe ich, dann habe ich gesiegt.« Offensichtlich waren es diese Worte, die einige Nazis dazu inspirierten, noch an diesem Weihnachtsabend vor der Türe des Pfarrhauses ein Plakat anzubringen mit der Aufschrift: »Wir siegen doch.« Gefragt, warum er denn sein Anliegen nicht den zuständigen Aufsichtsbehörden vorgetragen habe, sagte Wörner, er zweifele an deren Objektivität. Auf entsprechende Anfrage erklärte er, der Bischof von Würzburg sei über die Vorkommnisse in Mömbris informiert. Als die Beamten nachfragten, ob dieser sein Verhalten billige, antwortete Wörner aber wohlweislich nicht. Die Gestapo leitete daraus den Verdacht ab, daß der Bischof womöglich gar Anweisung zu solch demonstrativem Verhalten gegeben habe. In diesem Punkte irrte die Gestapo.

Am ersten Weihnachtsfeiertag hielt Pfarrer Wörner tatsächlich Ruhe und beschränkte sich im Gottesdienst auf eine rein religiöse Predigt über die Geburt Christi. Die Predigt am zweiten Weihnachtsfeiertag fiel aber weniger harmlos aus. Gleich eingangs bat Wörner alle diejenigen, die an dem bewußten Sonntag (20.12.1936) dabei gewesen waren, ihre Beobachtungen aufzuschreiben, er habe seine Gründe dafür. Er berichtete auch von dem Besuch des Staatsanwalts und seinem Wunsche, den Führer zu sprechen. Er wolle dem Führer gern zwei Fragen stellen. Er möchte wissen, ob der Führer es gutheiße, daß Priester von einer öffentlich ausgehängten Zeitung mit Juden und Staatsverbrechern auf eine Stufe gestellt würden, und ferner möchte er fragen, wie der Führer in diesem Zusammenhang das Verhalten der von ihm geschaffenen Organisation (– er sprach das Wort SA nicht aus –) beurteile. Dabei betonte er, daß er nichts gegen den *Stürmer* an sich einzuwenden habe, er kämpfe nur gegen die Zeitung, solange sie solche Spottbilder über die Priester bringe.

Die anschließende Predigt galt der Epistel »Stephanus vor Gericht«, die manche Gelegenheit bot, auf die Priestersituation in Mömbris anzuspielen. Stephanus trat für die Belange der Kirche, für Wahrheit und Recht ein, doch die Leute wollten nicht auf ihn hören. Er wurde gesteinigt wie ein Schwerverbrecher. Dafür lebe er als Heiliger bis auf den heutigen Tag fort, sagte Wörner, und in der Geschichte seien Menschen schon des öfteren als Staatsverbrecher gebrandmarkt und hingerichtet worden, die in Wahrheit Helden waren. Ohne Bescheidenheit wandte Wörner diese Parallele auf seine eigene Situation an. Auch er trete für Wahrheit und Recht ein, und wenn man behaupte, sein Kampf sei aussichtslos, weil er allein ja doch nichts gegen den Aushang des *Stürmers* ausrichten könne, so führe er nur das Beispiel des Führers an, der, als er seinen Kampf begann, auch einer völlig andersdenkenden Welt gegenüberstand. Aber er sei mutig für seine Überzeugung eingetreten und »habe ihr durch seine ungeheure Willensenergie zum Sieg verholfen«. Und genau das wolle auch er, Pfarrer Wörner, tun.

Mit dieser Predigt war Wörners Verhaftung besiegelt. Für den Fall, daß Wörner nochmals von der Kanzel herunter gegen die SA predigen sollte, hatte sich die Gestapo vorsorglich auch die Zustimmung des Reichskirchenministers zur Inschutzhaftnahme des Pfarrers besorgt. Daß die Verhaftung erst am übernächsten Tag, dem 28. Dezember, erfolgte, lag wohl nur daran, daß die Gestapo am Sonntag (27. 12.) nicht tätig werden wollte. Am Montag, dem 28. Dezember, nachdem Wörner gerade das bischöfliche Ordinariat in Würzburg besucht hatte, wurde er auf der Straße Schimborn–Mömbris festgenommen. Er trug eine inzwischen von ihm angefertigte und im vorstehenden schon öfters zitierte Rechtfertigungsschrift bei sich, die – wie die Nazis meinten – sein fanatisches, unbelehrbar staatsfeindliches Verhalten ganz deutlich offenbarte und die angeblich Gendarmeriekommissär Walter vorher heimlich vervielfältigt und verteilt haben sollte. Der Pfarrer warnte die beiden Gestapobeamten, die ihn festnahmen, daß in Mömbris, wenn man dort von seiner Verhaftung erfahre, bestimmt größere Unruhen ausbrechen würden. Deshalb lieferte nur einer der Gestapobeamten Wörner in das Landgerichtsgefängnis Aschaffenburg ein, der andere kehrte stehenden Fußes zurück nach Mömbris. Dort angelangt, klärte er van Treeck über die Gefahren der Situation auf. Auf der Stelle wurden Gemeinderat und Kirchenvorstandschaft zusammengerufen, um sie zu informieren und aufzufordern, »beruhigend auf die Einwohnerschaft einzuwirken«. Auch Wörners Kaplan Dümig wurde in diesem Sinne belehrt. Inzwischen beteten die Leute in der Kirche, weil sich Kaplan Dümig verspätete, drei Vaterunser für die der Freiheit Beraubten, ohne zu wissen, daß darunter neuerdings auch ihr Pfarrer war. Dann erst kam Dümig aus der Sakristei heraus, trat direkt an den Hochaltar und gab die Verhaftung Wörners bekannt. Er bat die Leute inständig, sich ruhig zu verhalten und keine gesetzwidrigen Handlungen zu begehen. Viele weinten. Anschließend berichtete die Pfarrköchin dem verhafteten Wörner darüber in einem Brief: »Es blieb kein Auge trocken!«

Der erst am 5. Januar erlassene Schutzhaftbefehl begründete die Festnahme Wörners damit, daß dieser ein fanatischer Gegner der nationalsozialistischen Bewegung sei, dessen »verwerfliche Wühlereien« und »schimpflicher und hetzerischer Kanzelmißbrauch« sich schädigend auf die Bevölkerung ausgewirkt hätten. In einer »wüsten Demonstration« und in seiner »fanatischen Hetze« habe er nicht nur gegen den *Stürmer* protestieren, sondern vielmehr die nationalsozialistische Regierung und Bewegung »diskreditieren, herabwürdigen und verächtlich machen« wollen. Bei der Vernehmung versuchte Wörner, die Anschuldigungen richtigzustellen, natürlich ohne Erfolg.

Noch bevor der Schutzhaftbefehl erlassen wurde, hatte sich das bischöfliche Ordinariat (gez. Miltenberger) in einem scharfen Schreiben an die Regierung von Unterfranken mit einem Antrag auf Freilassung des Pfarrers gewandt. »Er (Wörner) hat die unflätigen Angriffe des *Stürmers* nicht im gleichen Ton erwidert, sondern vornehm und würdig zurückgewiesen. Die Fortdauer der Haft wird dem Ansehen des Dritten Reiches in ganz Franken Eintrag tun, da sie den Anschein erweckt, als nehme der Staat für die Entgleisungen und Verleumdungen des *Stürmers* Partei.« Das Gesuch traf genau den Nerv der Gestapo, die sich über die »Ungehörigkeit und Unverschämtheit« des Ordinariats heftig aufregte, vor allem darüber, daß erneut die SA als der schuldige Teil bezeichnet wurde. Natürlich wurde das Gesuch abgelehnt.

Während im folgenden Januar 1937 Gendarmerie und Gestapo die Lage in Mömbris als durchaus ruhig einschätzten, gewann Bürgermeister und Ortsgruppenleiter van Treeck einen ganz anderen Eindruck, den er unermüdlich den vorgesetzten Dienststellen in immer neuen Berichten mitteilte: Die Verhetzung der Bevölkerung dauere unvermindert an und der Kampf gegen die Nationalsozialisten werde versteckt weitergeführt. Vor allem der wirtschaftliche und auch gesellschaftliche Boykott traf ihn schwer. Einmal wurde ihm ein zwei Pfund schwerer Stein in sein Schlafzimmer geworfen, ein andermal erhielt er eine Postkarte mit dem lapidaren Text: »Ich werde Dich Hetzer noch totschlagen.« Da der Alzenauer Bezirksamtsvorstand Böhm und dessen Amtmann Rupprecht auf die Berichte kaum reagierten, wetterte der Bürgermeister auch gegen dieses Amt: »Wenn einer vom Dorf dorthin kommt, der etwas Belastendes gegen mich hat, so ist er herzlich willkommen. Dabei stürzt sich Böhm oder Rupprecht förmlich auf so etwas, weil sie mich zur Genüge kennen und sich freuen, wenn sie mir eines auswischen können.« Die Mitglieder und Amtsträger der NSDAP würden, so beschwerte sich der Bürgermeister, von den Leuten in Mömbris nicht mehr gegrüßt, ihre Geschäfte boykottiert, und bei den Sammlungen sei ein starkes Nachlassen der Gebefreudigkeit zu bemerken.

Gleichzeitig wußte er zu berichten: »Die Kirche ist immer gefüllt. Auch wurde schon nachts durchgebetet, bis 2 Uhr die Frauen, dann bis zum Morgen die Männer. Die Glocken läuten nicht mehr, die Orgel spielt nicht mehr, am Sonntag stiller Gottesdienst als Protest für die Inhaftierung von Wörner, die Leute sagen selbst, daß sie ihn herausbeten.« Van Treeck wurde nicht müde davor zu warnen, »daß endgültig und für immer die Position der Bewegung und damit des Staates verloren sein wird, wenn jemals wieder der Pfarrer von Mömbris zurückkehren sollte. Es würde dies einen ungeheuren Triumph für die Gegenseite bedeuten, keinem König würde unter solchen Umständen je ein derartiger Empfang bereitet werden als in diesem Fall dem Pfarrer Wörner.«

Im Gegenzug gegen diese Volksstimmung fiel den NS-Funktionären des Ortes nichts anderes ein als der Versuch, den verhafteten Pfarrer auf primitive Weise lächerlich zu machen. Seit Ende Dezember hing in Mömbris ein zweiter, größerer Stürmerkasten. Darin war, aus einer alten Nummer des *Stürmers* stammend, die Karikatur eines katholischen Geistlichen zu sehen, dem von seiner Köchin zum Eintopfsonntag eine Gans mit Knödel aufgetischt wurde, dahinter ein Wandspruch im Zimmer des Geistlichen: »Mein Reich ist nicht von dieser Welt« und darunter als Kommentar der Köchin die Worte: »Na, Hochwürden, es ist halt doch was Schönes, daß ich, der Gansbraten und die rohen Klöß von dieser Welt sind.« Kaplan Dümig und Kuratus Gans attackierten diese erneuten Beleidigungen der Geistlichkeit entsprechend heftig in den Gottesdiensten und brachten der Gemeinde zu Bewußtsein, wie recht Pfarrer Wörner mit seinem Kampf gehabt habe. Gendarmeriekommissär Walter berichtete am 18. Januar (bald danach wurde er strafversetzt), man hätte meinen sollen, daß die zuständigen Parteistellen nach dem Vorgefallenen aus purer Klugheit in Mömbris davon absehen würden, neue, die Geistlichkeit verspottende Bilder auszuhängen. Durch die letzten Ereignisse sei die Bevölkerung in ihrer Einstellung zum Nationalsozialismus auf den Stand von 1932 zurückgeworfen worden.

Wenn Pfarrer Wörner freilich geglaubt haben sollte, über solche längerfristigen Stimmungseinbrüche hinaus ließe sich der aktive demonstrative Kampf in Mömbris fortsetzen, so war das ein Irrtum. Vor allem die kirchliche Obrigkeit, das Würzburger bischöfliche Ordinariat, war nicht gesonnen, dem streitbaren Pfarrer weiter zu folgen. Als dieser am 25. Januar 1937 mit Genehmigung der Politischen Polizei dem Bischof einen kurzen, von der Gestapo überwachten Besuch abstatten durfte, erfuhr Wörner, daß sein Verhalten in der letzten, entscheidenden Phase des lokalen Konflikts von seinen kirchlichen Vorgesetzten keineswegs gebilligt werde und diese es auch als unerwünscht ansehen, daß er nach der Entlassung aus der Haft nach Mömbris zurückkehre.

Wörner fiel es außerordentlich schwer, sich damit abzufinden. Nach knapp vier Wochen, am 19.2.1937, glaubte er, es als eine versöhnliche Konzession hinstellen zu können, wenn er in einem Schreiben erklärte, er sei bereit, auf die bisherige Forderung, daß die SA wegen der Vorfälle in Mömbris zur Rechenschaft gezogen werde, zu verzichten, wenn das Verfahren gegen ihn niedergeschlagen würde. Und bezüglich seiner Pfarrstelle in Mömbris schlug er, entgegen dem Willen des Bischofs, vor, er sei bereit, nach einem vierteljährigen Aufenthalt in Mömbris sich um eine freiwerdende andere Pfarrei zu bewerben. Das einzige wirkliche Zugeständnis machte Wörner dem Bürgermeister, wohl weil ihm selbst Zweifel gekommen waren über die Christlichkeit einiger seiner bisherigen Kampfmethoden: Um zur Befriedung der Verhältnisse in Mömbris beizutragen, wolle er persönlich im Laden des Bürgermeisters einkaufen.

Ab Ende Februar übernahm Rechtsanwalt Justizrat Dr. Warmuth die Vertretung Wörners in dem gegen den Pfarrer anhängig gemachten Verfahren vor dem Sondergericht Bamberg. Dabei fiel Warmuth im Juni auch die Rolle des Vermittlers zwischen dem Ordinariat und seinem Klienten zu. Im Auftrag des bischöflichen Ordinariats suchte er des öfteren das Einverständnis Wörners zur Versetzung in eine andere Pfarrei zu erreichen. Anfänglich hatte Warmuth keinen Erfolg. Noch am 23.6.1937 erklärte Wörner ihm, er fühle sich unschuldig und könne nicht auf die Pfarrei Mömbris verzichten. Er habe seinen Pfarrkindern versprochen, treu zu ihnen zu stehen, auch dann, wenn er das mit seinem Leben bezahlen müsse. Wenn er sich nicht daran halte, sei er charakterlos. Doch Gestapo und bischöfliches Ordinariat zogen in dieser Frage an einem Strang, beide wollten Wörner aus Mömbris weghaben. Es war also nur eine Frage der Zeit. Am 12. Juli konnte Warmuth eine Wende herbeiführen mit dem Argument, als freier Seelsorger könne er besser für die katholische Kirche wirken als in Schutzhaft. Wörner richtete noch am selben Tag ein Gesuch an das bischöfliche Ordinariat mit der Bitte um eine neue Pfarrei. Schließlich mußte er sich auch noch schriftlich verpflichten, niemals wieder, auch nicht besuchsweise, nach Mömbris zu gehen.

Erst dann erhielt er die Pfarrei Hettstadt in der Nähe von Würzburg zugewiesen und wurde am 2. August aus der Schutzhaft entlassen. Er blieb sich selbst treu und in den Augen der Nazis weiterhin ein »Staatsfeind«. Auch in der neuen Pfarrei fiel er mindestens einmal im Jahr »unliebsam« auf, sei es wegen der Abstimmung über die Einführung der Gemeinschaftsschule, erneut wegen eines Stürmerkasten-Aushanges oder, weil er die Mörder von Dollfuß als solche bezeichnete und nicht als Helden usw. Am Ende des Dritten Reiches konnte der streitbare Pfarrer auf eine stattliche Anzahl von Gestapovernehmungen aus immer neuen Anlässen und eine ebenso stattliche Anzahl von Anzeigen und Strafverfahren zurückblicken. Seiner Tapferkeit stellten sie ein eindrucksvolleres Zeugnis aus als das Eiserne Kreuz aus dem Ersten Weltkrieg, auf das er besonders stolz war.

Zum Quellenhintergrund

In den Akten der bayerischen Bezirksämter in allen Staatsarchiven Bayerns und anderen Quellen der NS-Zeit finden sich ziemlich häufig Parallelen des hier geschilderten »Falles Wörner«. In zahlreichen katholischen Dörfern Bayerns wurden, vor allem in den Jahren 1935–1937, die *Stürmer*-Kästen bzw. der *Stürmer* selbst zum Anlaß heftiger Konflikte zwischen geistig-kirchlicher und nationalsozialistischer Orts-Autorität. Als Beispiele seien hier nur genannt die Landratsamtssignaturen: LRA 28 293, 29 655, 76 887 und 99 532, die Kreisleitungssignaturen: NSDAP 443 und 577 (alle Akten im Staatsarchiv München) und die Gestapo-Akten Würzburg: 4078, 12 011 und 15 472. Sehr selten kam es aber zu ähnlichen katholischen Volksprotesten wie in Mömbris. Aus anderen kirchlichen Anlässen (Kruzifix-Aktion, Verhaftung des Pfarrers, Abnahme der Kirchenglocken etc.) war häufiger einmal eine Demonstration zu registrieren. Als Beispiele sollen nur erwähnt werden: Gestapo Würzburg: 4091, 4659, 5560, 7796, 9510, 10 470, 12 774, 13 467, 15 531, 15 534, 16 724, 17 001 und 17 978.

Von der großen Zahl dieser Hinweise unterschied sich unser Fall durch die Vielseitigkeit und Dichte der Überlieferung. Bei der systematischen Durchsicht von ca. 18 000 Personenakten der Gestapo Würzburg (Staatsarchiv Würzburg) nach besonders gut bezeugten Widerstandsaktionen fiel die Akte Wörner (Gestapo Würzburg 466) schon durch ihren Umfang auf. Neben Protokollen der zahlreichen Vernehmungen Wörners und seiner an die Gestapo gerichteten Schreiben enthält sie manche andere von Wörner stammende und von der Gestapo zurückbehaltene, kopierte oder abgeschriebene Korrespondenz, darunter das 10seitige Rechtfertigungsschreiben, das er unmittelbar nach dem 20.12.1936 verfaßte. Ergänzend kamen hinzu: die Würzburger Gestapo-Akte des Wörner-Kontrahenten Gottfried van Treeck (10 062), aufschlußgebend auch über dessen Konflikte mit Gendarmeriekommissär Walter, sowie die Gestapo-Akten einer Reihe anderer Personen, die an der Auseinandersetzung in Mömbris beteiligt waren: Eduard Keller (3440), Therese Hammer (344), Joseph Hartmann (498).

Zufällig fand sich in einem entlegenen Bestand der SD-Außenstelle Aschaffenburg (Staatsarchiv Würzburg, NSDAP IV/13) ein Schreiben des SD, das Auskunft über Walters vergangene antinationalsozialistische Einstellung gibt. Auch die Monatsberichte der Gendarmeriestation Mömbris und des ihr übergeordneten Bezirksamts (Staatsarchiv Würzburg, LRA Alzenau 8) konnten ausgewertet werden.

Die den Fall Wörner betreffenden Strafakten des Sondergerichts Bamberg gingen infolge von Kriegseinwirkungen verloren. Recherchen nach Strafakten in einem weiteren Fall, in dem Wörner im April 1938 wegen sogenannten Kanzelmißbrauchs beim Landgericht Würzburg zur Anzeige gebracht worden war, verliefen ebenfalls ergebnislos; die Akte Wörner im Landesentschädigungsamt München erbrachte wenig Neues. Auffälliger war, daß eine Anfrage beim Bürgermeisteramt in Mömbris nach einschlägigen Materialien in der dortigen Registratur abschlägig beschieden wurde und das katholische Pfarramt Mömbris, dem Wörner, wie aus seiner Korrespondenz zu entnehmen ist, Abschriften von seinen Akten übersandt hatte, auf entsprechende Anfrage keine Antwort erteilte. Auch die beiden Stellen unterbreitete Bitte, noch lebende Augenzeugen der Vorgänge vom 20.12.1936 namhaft zu machen, blieb ohne Erwiderung.

II. Der Pfarrer von Mömbris

Im Laufe eines zufälligen Gesprächs mit dem Faulhaber-Biographen Pater Ludwig Volk stellte sich heraus, daß dieser aus Mömbris stammte und die Ereignisse an dem fraglichen Sonntag im Dezember 1936 noch frisch in Erinnerung hatte. Als ausführlich befragter Augenzeuge lieferte Pater Volk nicht nur wertvolle atmosphärische Details; er überließ der Verfasserin ein einschlägiges Privatschreiben Wörners und den von Wörner entworfenen Abschiedstext, den er nach seinem etwaigen Tode vor seiner ehemaligen Mömbriser Gemeinde verlesen wissen wollte. Pater Volk vermittelte auch die Adresse von Pfarrer Dümig, Wörners ehemaligem Kaplan in Mömbris, der die Kirchenfiliale Niedersteinbach betreute. Dümig konnte ebenfalls als Augenzeuge befragt werden. Vor allem aber wies Pater Volk die Verfasserin auf den Nachlaß Wörner im Diözesanarchiv Würzburg hin, und seiner Unterstützung beim Domkapitular ist es wohl auch zu verdanken, daß die Verfasserin die Ausnahmegenehmigung zur Einsichtnahme in den Nachlaß erhielt.

Dieser Nachlaß Wörner machte die Dokumentenbasis besonders interessant, erst jetzt konnte der Fall gleichgewichtig aus konträrer Perspektive beleuchtet werden: nicht nur aus der Sicht der Verfolgerbehörde, der Gestapo, sondern auch aus der persönlichen Sicht des Betroffenen. Da Wörner nicht nur ein rede-, sondern auch ein schreibfreudiger Pfarrer war, der seine wichtigen, vielfach sehr ausführlichen Briefe – z. B. die Briefe an den Ortsgruppenleiter – in Durchschrift oder Abschrift aufzubewahren pflegte, bildet sein Nachlaß eine wertvolle Fundgrube für die Rekonstruktion des Falles. Die akribische Archivierung seiner Korrespondenz leistete Wörner übrigens auch nach 1945 gute Dienste, als sich viele, auch seine einstigen Gegner, im Laufe ihrer Entnazifizierungsverfahren mit der Bitte um sogenannte »Persilscheine« an ihn wandten. Wörner notierte vieles, selbst die Erklärungen, die er von der Kanzel verlas, hatte er mit Schreibmaschine getippt und aufbewahrt. Seine Korrespondenz, ebenso Aufzeichnungen, die er nach 1945 verfertigte, geben, abgesehen von der Faktenschilderung, reichlich Auskünfte auch über seine Person. Interessant sind weiterhin die im Nachlaß Wörner befindlichen Prozeßakten (Mappe 2), insbesondere diejenigen, die seine Verteidigung betreffen. Diese Unterlagen hatte ihm sein Rechtsanwalt, Justizrat Warmuth (München) angelegt. Soweit es sich dabei um die Protokolle seiner Vernehmungen handelt, sind sie auch in den erwähnten Gestapo-Akten enthalten. Im wesentlichen nur noch eine Bestätigung der schon ermittelten Fakten lieferte eine längere Niederschrift von Hermann Dümig, die sich auch im Diözesanarchiv Würzburg befindet.

Von weit geringerem Wert als die vorgenannten Quellen waren die ebenfalls im Diözesanarchiv liegenden Ergebnisse von zwei Fragebogenaktionen der amerikanischen Militärbehörde, die unter dem Titel »Nationalsozialistische Verfolgung katholischer Geistlicher« und »Kirchenverfolgung durch den Nationalsozialismus« durchgeführt wurden. Zum Hintergrundwissen über die religiöse und soziale Lage in Mömbris trugen die ebenfalls im Würzburger Diözesanarchiv verwahrten oberhirtlichen Visitationsberichte bei.

III. Ein »Volksschädling«

Vielen jüdischen Verfolgten des Dritten Reiches ist nachgesagt worden, daß sie sich mit erstaunlicher Fatalität in ihr Schicksal ergaben und nicht einmal den Versuch gemacht hätten, sich auf kluge, aussichtsreiche Weise zu wehren. Der Fall Obermayer, über den wir im Folgenden berichten wollen, ist ein extremes Gegenbeispiel. Hier kämpft ein mit wütendem Haß verfolgter, Jahre hindurch geschundener und gequälter Mann buchstäblich bis zum Umfallen. Auch in der schlimmsten Situation ist er zu keinem pragmatischen Kompromiß, zu keiner Anpassung bereit, verlangt er beharrlich für sich und andere das gesetzlich garantierte Recht. Der gnadenlos gemarterte »Volksschädling«, ein homosexuell veranlagter jüdischer Akademiker mit scharfsinnigem juristischen Verstand, bleibt innerlich völlig unbetroffen von den geifernden Schmähungen der Nazi-Rotte. Er nützt jede Atempause der Verfolgung aus, den Spieß umzukehren und den Gestapobeamten, Staatsanwälten und Richtern, die Hatz auf ihn machen, den Spiegel ihrer schmählichen Rechtsbrüche herausfordernd vorzuhalten. Ein Michael Kohlhaas in die Situation der Nazizeit versetzt: Die Möglichkeit, aufrührerische Gewalt gegen die rechtlose Obrigkeit zu setzen, ist ganz und gar verschlossen. Hier steht nur noch der blanke Rechtstitel eines isolierten Einzelnen gegen die verbrecherisch gewordene Staatsmacht.

Am unbeugsamen Widerstandswillen dieses einen Verfolgten entblößt sich der fanatische Haß seiner Peiniger immer mehr. Der »freche« Selbstbehauptungswille eines Diskriminierten, der die Vokabel »unterwürfig« nicht gelernt hat, reizt die Verfolger zum Äußersten, treibt sie zu einer Offenheit schriftlich festgehaltenen Vernichtungswillens, die selbst unter den Dokumenten des Dritten Reiches ihresgleichen sucht.

Das schauerliche Paradigma einer Aggressivität und Verfolgungsmechanik, die immer entschlossener wird, weil der Gejagte den Widerstand nicht aufgibt und mit seiner peinlichen Dokumentation über die erlittenen Gewalttätigkeiten und Rechtsbeugungen den mühsamen Kompromiß zwischen Ordnungskräften und Nazi-Ideologen in den ersten Jahren des Dritten Reiches zu sprengen droht, ist in seltener Ausführlichkeit und Dichte aufbewahrt in einem umfangreichen Aktenordner der Würzburger Gestapo. Die Geschichte, die sich hier findet, könnte durch Nacherzählung nur abgeschwächt werden oder in den Verdacht der Übertreibung geraten. Deshalb folgen wir weitgehend diesen authentischen Zeugnissen und lassen sie für sich selbst sprechen.

Dr. Leopold Obermayer war unter den Juden Würzburgs und den jüdischen Weinhändlern der Stadt in vieler Hinsicht eine Ausnahmeerscheinung. Der (1933) 41jährige Mann bestach nicht nur durch seine elegante Erscheinung – groß, schlank, dunkelblondes Haar –, seine weltmännischen Umgangsformen und seine charmante, gewinnende Art. Als Inhaber einer ererbten Weingroßhandlung, die ein gutes Vermögen abwarf, unterschied er sich von seinen Standesgenossen vor allem durch den akademischen Horizont. Obermayer besaß eine gründliche fachliche Ausbildung in Jurisprudenz und Staatswissenschaft und hatte noch vor Ende des Weltkrieges 1918 an der Universität mit Auszeichnung promoviert. Das Recht, das er u.a. zum Studium ge-

III. Ein »Volksschädling«

wählt hatte und das ihm zum Schicksal werden sollte, bedeutete für ihn die heile, kulturelle Welt schlechthin. Hier kannte er sich aus, und er liebte es, mit seinem beweglichen, präzisen Verstand leidenschaftlich rational zu argumentieren. Zugleich Schweizer und deutscher Staatsbürger, war er in der Welt viel herumgekommen, besaß viele ihm wohlgesonnene Freunde und Bekannte und dazu einen exzellenten Weinkeller. Dies alles hätte ihm in der NS-Zeit vielleicht wenig geschadet. Obermayer war aber zugleich gläubiger Jude und homosexuell veranlagt. Diese seiner Meinung nach vererbte Anlage hatte er in seinen Jünglings- und frühen Männerjahren zunächst zu bekämpfen und auch ärztlich zu kurieren versucht und unter ihr zeitweilig sehr gelitten. Erst als sie sich als nicht veränderbar erwies, hatte er sich durchgerungen, auf kultivierte Art frei mit ihr zu leben und sich dazu zu bekennen. Die Jünglings- und Männerfreundschaften, die er pflegte und die von seinen Nazi-Verfolgern später in den Dreck gezogen werden sollten, sind in den überlieferten Papieren dokumentiert und offenbaren die herzlich emotionale Qualität dieser Beziehungen. Auch die von ihm aufbewahrten Bilder nackter Männer, die er liebte, bezeugen einen eher romantisch-sentimentalen Schönheitskult und sind frei von aller Pornographie.

Das doppelte Signum ›jüdisch‹ und ›homosexuell‹ machte Obermayer zu einem ›idealen‹ Haß-Objekt jener Kategorie primitiver, von fanatischen Vorurteilen erfüllter Nazis, die 1933 auch in Würzburg nach oben geschwemmt wurden und z. T. in mächtige Stellungen gelangten. Aus solchem ›Genre‹ erwuchs dem jüdischen Großbürger und Akademiker Obermayer auch sein bitterster Feind: der im April 1934 zur Würzburger Dienststelle der Bayerischen Polizei versetzte »alte Kämpfer« Josef Gerum. Da die Verfolgung Obermayers durch Gerum sehr schnell die Form einer persönlichen Bekämpfung annahm, müssen wir diesen Gestapo-Mann ebenfalls vorstellen:

Gerum, ein gelernter Metzger, stammte aus München, war 1917 Kriminalpolizeianwärter und einer der ersten Mitarbeiter Dr. Fricks, des späteren nationalsozialistischen Reichsinnenministers, als dieser in Bayern in den frühen 20er Jahren für die Polizeiabteilung des Bayerischen Innenministeriums zuständig wurde. Schon am 1.1. 1920 in die NSDAP eingetreten, kam der draufgängerische Kriminalpolizist zum »Stoßtrupp Hitler«, nahm 1923 aktiv am Hitler-Putsch teil, wurde deshalb aus dem Staatsdienst entlassen und wegen Hochverrats zu 15 Monaten Festungshaft verurteilt, von denen er vier Monate zusammen mit Hitler in Landsberg abzusitzen hatte. Auf diese in der Frühgeschichte der NS-Zeit begründete Nähe zum »Führer« ging es wohl vor allem zurück, daß Gerum, der auch innerhalb der NS-Bewegung wegen seiner Eigenwilligkeit und seiner Eigenmächtigkeiten immer wieder Anstoß erregte, sich mancherlei leisten konnte. Nach wechselnden Funktionen in der Partei – zeitweilig als Angestellter bei Bormanns »Hilfskasse« und in der Propagandaabteilung der NSDAP unter Gregor Straßer und Goebbels – wurde Gerum nach der Machtübernahme als Kriminalbeamter bei der Bayerischen Polizei in München eingestellt. Bei verschiedenen Transaktionen im Zusammenhang mit dem Machtwechsel machten sich rasch seine Eigenmächtigkeiten bemerkbar. Gerum war zwar, wie wir noch sehen werden, ein eingefleischter, ja rabiater Nationalsozialist, aber er hatte auch enge Beziehung zu katholischen Zirkeln und scheint in dieser Beziehung, gegen den von Himmler und Heydrich eingeschlagenen Kurs, auf beiden Seiten Wasser getragen und sich schließlich auch auf ein Intrigenspiel gegen Heydrich eingelassen zu haben. Das waren offenbar Hintergründe dafür, daß Gerum im April 1934 zum Leiter der Außenstelle der BPP nach Würzburg wegversetzt wurde. Der »üble Geruch«, der ihm von München her anhaftete, so urteilte später die Spruchkammer, war wohl ein Grund mehr dafür, daß Gerum in Würzburg um so eifriger versuchte, durch »energisches Handeln« im Sinne der SS Gefallen bei seinen Vorgesetzten zu finden. In seinem neuen Wirkungskreis sollte er als »Henker von Würzburg« zu trauriger Berühmtheit gelangen. »Gerum«, so schrieb nach 1945 die neue Führung der Polizeidirektion Würzburg, »war einer der gefürchtetsten, gewalttätigsten und rücksichtslosesten Gestapo-Chefs in Würzburg. Er war in der ganzen Stadt gefürchtet und gehaßt, auch von Parteigenossen.« An diesen Mann geriet Obermayer im Herbst 1934.

Durch die Machtübernahme der Nationalsozialisten scheint Obermayer, trotz seiner offenkundigen Angriffsflächen, wenig beeindruckt worden zu sein. Er verbrachte zwar, um bei Haussuchungen nicht in das Messer der Polizei zu laufen, seine homoerotische Bildersammlung in den Safe seiner Bank, glaubte im übrigen aber an die Unverbrüchlichkeit rechtlicher Ordnung und vertraute sicher auch auf seine eigene selbstbewußte Gewandtheit im Umgang mit den neuen Machthabern. Auf solche Fehleinschätzung, die für ihn charakteristisch war und blieb, und das ebenso charakteristische streitbare Beharren auf Rechtsgrundsätzen war es zurückzuführen, daß Obermayer, nachdem er festgestellt hatte, daß seine Post überwacht und verschiedentlich auch geöffnet worden war, sich beschwerdeführend an die Polizei wandte. Nach Rücksprache mit seinem Anwalt, Justizrat Dr. Rosenthal, begab sich der gefährdete Mann am 29. Oktober 1934 zur Würzburger Polizeidirektion, deren Chef, Regierungsrat Dr. Monglowsky, ein ehemaliger Studienkollege von ihm war. Monglowsky, der infolge der institutionellen Sonderstellung der Politischen Polizei selbst in der Sache nichts tun konnte, verwies den Petenten an den neuen Mann der Würzburger Gestapo, SS-Untersturmführer Gerum, der Obermayer aufgrund dessen für den 31. Oktober vormittags 9 Uhr zu sich bestellte. Mit diesem Termin nahm das Verhängnis seinen Lauf, die Gestapo ließ den Juden nicht mehr aus ihren Fängen.

Gerum, der sich während des ersten Halbjahrs seiner Würzburger Tätigkeit über die potentiellen Gegner des Nationalsozialismus in dieser Stadt schon auf seine Weise ein Bild gemacht hatte, war, wie er später meldete, »längst aufgefallen«, daß der Mann, der sich da erkühnte, ihm eine Beschwerde vorzutragen, »immer sehr große Taschen mitnahm«, als Weinhändler und Schweizer Staatsbürger viel auf Reisen ging und obendrein Jude war. Diese »Verdachtsmomente« genügten dem Altparteigenossen und Blutordensträger für seinen Entschluß, den Mann, der da aufmuckte, zunächst einmal hinter Schloß und Riegel zu bringen.

Als Obermayer am 31. Oktober 1934 in das Amtszimmer Gerums kam, nahm dieser die Beschwerde über die Postkontrolle gar nicht erst zur Kenntnis, sondern beschuldigte Obermayer der Spionage sowie der Verbreitung von Greuelnachrichten und ließ ihn kurzerhand verhaften. Der nachträglich ausgefertigte Schutzhaftbefehl, der die Unsicherheit einer Begründbarkeit der Verhaftung durchaus erkennen läßt, suchte die Willkürmaßnahme durch die flotte Behauptung zu kaschieren, es könne als erwiesen angesehen werden, daß Obermayer mit illegalen KPD-Kreisen in Verbindung gestanden habe. Dies wurde dem Verhafteten, weil es eine offenkundige Erfindung war, später bei den Verhören niemals ernsthaft vorgehalten, aber eignete sich besonders gut als Begründung, um den ersten Schlag zu führen. In den nächsten Tagen waren einige Beamte der Polizeidirektionen Würzburg und München damit beschäftigt, einen Grund für die Verhaftung zu finden. Haussuchungen sowohl in der Wohnung wie in den Geschäftsräumen Obermayers brachten außer jüdischer und Emigranten-Literatur nichts Verdächtiges zutage. Und auch die täglichen Verhöre, zu denen Obermayer anschließend nach München in das Wittelsbacher Palais überführt worden war, wobei er des Hoch- und Landesverrats, der Verbreitung von Greuelnachrichten, der Spionage, der Fluchthilfe u. a. m. bezichtigt wurde, zeitigten nicht den gewünschten Erfolg. Doch dann, bei der Öffnung von Obermayers Banktresor, wurde die Politische Polizei fündig. Sie entdeckte die Aktfotos von jungen Männern. Jetzt endlich hatte Gerum einen Grund gefunden, mit dem sich alles machen ließ: Der Jude war homosexuell, ein »Volksschädling«. Doch ganz freien Lauf konnten die Verfolger ihren Haß-Gefühlen nicht geben, denn Obermayer besaß die schweizerische Staatsangehörigkeit, und das Schweizer Konsulat verlangte schon bald Auskunft über die Gründe, die zu der Verhaftung des Weinhändlers geführt hätten. Gerum entschloß sich infolgedessen, erst einmal Stimmung gegen den homosexuellen Juden zu machen, und ließ entsprechende Informationen an die Presse heraus. Die *Mainfränkische Zeitung* lieferte auch prompt am 7.11.1934 einen willfährigen zweispaltigen Artikel. Wir zitieren aus ihm einige Passagen, um den Ton der Diffamierung zu kennzeichnen, die von nun an gegen Obermayer in Gang gesetzt wurde.

Unter der Überschrift »Eine Judengeschichte aus der Wolframstraße« schrieb das Blatt:

»Es ekelt uns schon an – und wenn es nicht unsere Pflicht wäre zu reden, wir würden in tiefstem Erschaudern schweigen – von jener Gesellschaft zu sprechen und zu schreiben, die man ganz allgemein Juden nennt. Eigentlich liegt für uns in jenem Wort schon alle Gemeinheit und alles moralisch Minderwertige beschlossen. Wir bräuchten also kein Wort mehr zu verlieren, wenn wir von einem Menschen sagen, daß er ein Jude ist. Das sagt eben alles. ... Anscheinend haben wir in der Person des Dr. Obermayer, Weinhändler, Würzburg, Wolframstraße 1, einen Vertreter jener Rasse erwischt, den man ohne Rücksicht auf seine Zugehörigkeit zum Stamm Manasse ruhig als einen der gemeinsten und moralisch minderwertigsten Menschen bezeichnen kann, die unter der Sonne wandeln. ... Also Dr. Obermayer – er hat übrigens seinen Doktortitel »israeliti causa« von der Frankfurter Universität in der jüdischen Hochkonjunkturzeit erhalten – ist auch heute noch ein Kommunist reinsten Wassers, er hat sich die Schweizer Staatsangehörigkeit zugelegt und ist – Jude. Er ist von jener gemeinen Veranlagung, die Mediziner Päderastie nennen und die der Volksmund mit anormal oder – nachsichtiger ausgedrückt – mit unglücklicher Veranlagung bezeichnet. ... Nun sind wir ihm auf der Spur. Wir wissen, daß wir in diesem Juden ein gemeingefährliches Individuum aufgespürt haben, das verdient hätte, auf eine andere Art und Weise gestraft zu werden, als durch eine humane Inschutzhaftnahme. Wir verbitten uns ganz energisch – und wir sprechen damit für das deutsche Volk –, daß Juden mit ausländischer Staatsangehörigkeit sich hier in Deutschland breit machen und nicht nur in politischer Beziehung hetzen und wühlen, sondern auch noch in gemeinster Art sich an unsere Jugend heranmachen.«

Nach dem vorläufigen Abschluß der für die BPP erfolglosen Verhöre wurde Obermayer am 12. Januar 1935 nachmittags von Gerum persönlich mit dem Wagen nach Dachau gefahren und dort um 18³⁰ Uhr, wie die Polizeiakte akribisch vermerkt, in das Konzentrationslager eingeliefert. Nachdem sich die Lagertore hinter ihm geschlossen hatten, drang von ihm neun volle Monate lang, bis auf eine Ausnahme, kein Laut mehr in die Außenwelt.

Gerums Verfolgungswut war in dieser Zeit, während Obermayer, wie wir noch ausführlich hören werden, in Dachau Schlimmes erlebte, aber keineswegs schon zufriedengestellt. Nachdem er dafür gesorgt hatte, daß ein Verfahren wegen Landesverrats eingeleitet wurde, stand für Gerum die Todesstrafe beinahe schon fest, und er sorgte sich um eine rechtzeitige Vermögensbeschlagnahme. Aus diesem Anlaß sandte er am

28.6.1935 folgendes Fernschreiben an die Bayerische Politische Polizei München:

»Dr. Obermayer versucht auf alle mögliche Art seinen Geschäftsbetrieb in Würzburg durch jüdische Mittelsmänner weiterzuführen. Sein Rechtsanwalt, Dr. Rosenthal, kündigt nun den arischen Angestellten, dafür werden Juden eingestellt und erhalten Prokura. Bei Verbrechen des Landesverrats ist doch die Vermögensbeschlagnahme begründet und bitte ich die Frage zu prüfen, ob nicht das gesamte hier noch vorhandene Vermögen des Obermayer, bestehend aus einem umfangreichen Weinlager, das, wie hier vertraulich bekannt wurde, zum Teil verschleudert, zum Teil in andere jüdische Hände übergehen soll, sofort zu beschlagnahmen ist und für die hohen Kosten des Prozesses zur Verfügung gehalten wird. Obermayer hat mit großer Wahrscheinlichkeit die Todesstrafe zu erwarten, weshalb die Maßnahme der Vermögensbeschlagnahme sehr am Platze wäre.«

Die Antwort aus München, vom 1.7.1935, machte den Beschlagnahmeplänen Gerums fürs erste ein Ende, da sich in der Landesverratssache gegen Obermayer nichts Belastendes herausgestellt hatte und somit eine Beschlagnahme unter Berufung auf dieses Verfahren unmöglich geworden war.

In dieser Phase mußte Gerum ein weiteres Mal erleben, daß sein Verfolgungswahn nicht allseits Zustimmung erfuhr. Er hatte in der Zwischenzeit auch gegen einen Freund Obermayers aus Jena ermittelt, ihn schlimmster Orgien bezichtigt und sein Material dem Oberstaatsanwalt beim Landgericht Weimar, Zweigstelle Jena, zur Verfügung gestellt. Dieses Gericht aber stellte mit Beschluß vom 3.6.1935 das Verfahren gegen den Verdächtigten ein, weil es keine strafbaren Handlungen erkennen konnte. Gerum wütete: »Eine derartige Sachbehandlung, wie sie die Thüringische Landespolizei und die Staatsanwaltschaft dortselbst an den Tag legen, konnte noch in der Systemzeit angehen, aber heute im Dritten Reich stellt diese eine Ungeheuerlichkeit sondersgleichen dar.« In demselben Bericht an die Münchener Zentrale der BPP schwor Gerum, er werde sich diesen Freund Obermayers schon noch holen und in Würzburg selbst vor Gericht bringen. Tatsächlich gelang es dem Würzburger Gestapochef, den ehemaligen Freund Obermayers, der sich zeitweilig aus begründeter Furcht nach Budapest abgesetzt hatte, aufzuspüren und eine Bestrafung (21 Monate Gefängnis) durch ein anderes Gericht zu veranlassen. Der Vorgang zeigte, wie harmlos auch der Fall Obermayer in anderen Ländern hätte verlaufen können.

Die größte Niederlage für Gerum bedeutete es aber, daß die Zentrale der Politischen Polizei am 11.9.1935 anordnete, gegen den Schweizer Staatsangehörigen Obermayer sei alsbald richterlicher Haftbefehl zu erwirken; andernfalls müsse er sofort in Ausweisungshaft überführt werden, aber auf keinen Fall dürfe er im KZ Dachau verbleiben. Gerum mußte sich nun selbst an den Würzburger Staatsanwalt wenden und bei ihm einen Haftbefehl erwirken. Aufgrund dessen wurde Obermayer, nach 9monatigem Aufenthalt in Dachau, mit dem nächsten Sammeltransport am 23.9.1935 in das Untersuchungsgefängnis beim Landgericht Würzburg transportiert. Der Gefangene hatte endlich den Status erlangt, der ihm nach geltendem Recht zustand und um den er in Dachau verbittert gekämpft hatte: er war Untersuchungshäftling und fiel in den Zuständigkeitsbereich der Justiz.

Nun erst bekam Obermayer die Erlaubnis, seinen Anwalt, Dr. Rosenthal, wieder zu sprechen. Und bei dieser Gelegenheit gelang es ihm, Rosenthal eine 16seitige minutiöse Aufzeichnung über die vorangegangenen Erlebnisse wenigstens inhaltlich vorzutragen. Das damals »brandheiße« Schriftstück gelangte später in Gerums »Akte Ober-

III. Ein »Volksschädling«

mayer« und hat sich in dem Restbestand der Gestapoakten Würzburg bis heute erhalten. Unter den wenigen zeitgenössischen Zeugnissen, die Dachauer Häftlinge unmittelbar unter dem Eindruck ihrer Erlebnisse damals zu Papier bringen konnten, stellt das Dokument ein Stück von besonderem Quellenwert dar. Auch aus diesem Grund, vor allem aber, weil die Marter der neun Monate, über die Obermayer hier akribisch Buch führte, ohne die Ausführlichkeit der Berichterstattung ihren authentischen Charakter verlieren würde, zitieren wir wenigstens die wichtigsten Abschnitte des Schriftstücks, das Obermayer nach seiner Überführung in die Ochsenfurter Nebenstelle des Würzburger Untersuchungsgefängnisses dort Anfang Oktober 1935 niedergeschrieben hatte, in seiner ganzen Länge. Das an Rosenthal adressierte, mit dem 2.10.1935 datierte, handschriftliche Schreiben begann mit der Erzählung jener Ereignisse, die vor Jahresfrist mit dem Termin bei Gerum zu der dann folgenden Festnahme geführt hatten:

»Unter nichtigen Vorwänden politischer Art – siehe meinen Schutzhaftbefehl – wurde ich in Haft genommen und eine Haussuchung in meiner Wohnung und meinen Geschäftsräumen vorgenommen. Hierbei wurden aus meiner, mehrere Tausend Bände umfassenden Bibliothek zahlreiche Werke, speziell von jüdischen und Emigrantenschriftstellern beschlagnahmt. Ich verblieb in dem wanzenstrotzenden Polizeiarrest, bis ich am zweiten November [1934] in dem Auto des Inspektors und Leiters des Würzburger Politischen Polizei Gerum, durch die Beamten Gerum, Schmitt und einen 3. Begleiter (gelegentlich polizeibeschäftigt, Beruf Student) nach München in das Polizeigefängnis überführt wurde. Von hier aus wurde ich täglich der Politischen Polizei im Wittelsbacher Palais zu Verhören vorgeführt und zwar verschiedenen Abteilungen. Ich sollte Landes- und Hochverrat begangen, Spionage ausgeübt, Greuelnachrichten verbreitet, einem österreichischen christlich-sozialen Abgeordneten zur Flucht verholfen haben, etc., etc., alles Dinge, die nur in der Phantasie der Verhörenden bestanden ....«

[Auf der Rückfahrt nach Würzburg am 10. November] »war Gerum mir gegenüber von einer antisemitischen Gehässigkeit sondergleichen. U. a. sagte er mir: ›Wenn Sie deutscher Staatsangehöriger wären, würde ich mich freuen, Sie selbst niederzuschießen‹. Ich forderte Gerum auf, mich unverzüglich dem Gericht zu überstellen, soferne er mich strafbarer Handlungen beschuldige. Vom 10.–16. November war ich wieder in dem verwanzten Würzburger Polizeiarrest, wo man mich sechs Tage lang zu Geständnissen veranlassen wollte; von Dingen, die rein aus der Luft gegriffen waren. Verhörbeamte: Gerum, Völkel, Schmidt.

Am 16. November endlich kam ich in das Würzburger Landgerichtsgefängnis für einige Tage in Einzelhaft, ab 20.11. in Gemeinschaftszelle bis 8. Dezember. In der ersten Dezemberwoche hatte man, um mich gesprächig zu machen, Friedrich Heilmann, mit dem ich lange Jahre befreundet war, und von dem ich nicht wußte, daß er in den Diensten der politischen Polizei stand, als Pseudogefangenen – er sagte, er sei auf der Flucht nach Hamburg verhaftet worden – auf 1½ Tage in die Gemeinschaftszelle gelegt. ... Am 10. Dezember 13½ Uhr wurde ich in die Würzburger Polizeidirektion geführt zwecks Verhör durch Völkel und Schmidt. Man ließ mich bis 17 Uhr warten, ich sollte mich dann über meine Beziehungen zu Infanterie-Hauptmann Felix Wein und Reichswehrangehörigen Anton Willburger äußern, was ich mit der Begründung verweigerte, daß für mich ausschließlich die Justiz zuständig sei und ich unverzüglich dem Richter vorgeführt zu werden wünschte, was man ablehnte. Völkel wurde ausfällig und beleidigend, so sagte er wiederholt: ›Hängen Sie sich doch auf!‹ Man sperrte mich bis 21. Dezember ohne irgendwelche Toilettengegenstände in den frisch vergasten Polizeiarrest, der noch derart stark nach Desinfektionsmittel stank, daß ich andauernd heftige Kopfschmerzen hatte. Ich sollte absolut zu Geständnissen gezwungen werden. Am 19. Dezember verlangte ich vom Arrestantenwärter Eckert Schreibpapier, das mir nebst Bleistift dann früh von dem Polizeiphotographen Memmel gegeben wurde, um, wie er mir sagte, ein Geständnis zu schreiben. Nachmittags verlangte ich Völkel. Als er gegen 18 Uhr kam, übergab ich ihm ein Schreiben folgenden Inhalts und beauftragte ihn mit der Weiterleitung an die Staatsanwaltschaft. ›Würzburg, 19. Dezember 1934. An die Staatsanwaltschaft Würzburg. Ich erstatte hiermit Strafanzeige gegen mich. Nach den Ermittlungen der Bayerischen Politischen Polizei Würzburg soll ich mich gegen § 175 Strafgesetz vergangen haben. Ich ersuche um Einleitung des Untersuchungsverfahrens, gerichtliche Sicherstellung sämtlicher bei mir polizeilich beschlagnahmter Gegenstände, wie Bücher, Bilder, Photos, Filme, Platten, Schriftstücke, Privat- und Geschäftskorrespondenzen- und Bücher, etc., etc., ferner um Postsperre und sofortige Verhängung der Untersuchungshaft. Dr. Leopold Obermayer, Wolframstraße 1, z. Zt. in Schutzhaft.‹

Völkel zerriß wütend mein Schreiben und warf mir die Fetzen vor die Füße. Als ich ihn fragte: ›Warum dies? Ich will nur mein Recht haben‹, erwiderte er: ›Sie werden doch nie zu Ihrem Recht kommen.‹ – Ich bitte um Nachprüfung, ob das Verhalten des Völkel, eine Strafanzeige an die Staatsanwaltschaft zu vernichten, *rechtlich* zulässig ist. Später erschien Gerum, fing wieder mit seiner Spionageidee an und wollte mich zu Geständnissen pressen, wobei ich ihn wiederholt aufforderte, mich dem Richter zu überstellen. Er sagte u. a.: ›Was, Gericht? Einem jüdischen Anwalt Geld zu verdienen geben.‹ Auch hierbei erging er sich in ungehörigen Redensarten, die mich beleidigen mußten. Noch zwei Tage bearbeitete man mich und ließ mich in dem gaserfüllten, Kopfschmerzen erregenden Raum, bis man mich Freitag mittag, den 21. Dezember, auf Gerums und Völkels spezielle Anweisung, wie mir der Wachtmeister sagte, mit Handschellen in Achterform durch die Stadt nach dem Gerichtsgefängnis Ottostraße zurückführte. – Trotz meinen wiederholten Gesuchen hatte ich in 73 Tagen, vom 31. Oktober bis 12. Januar nur zweimal Sprecherlaubnis meiner Angestellten März, viermal für meinen Anwalt; für meine Angehörigen und Geistlichen überhaupt nicht. Am 12. Januar 1935 kam mein Anwalt, Justizrat Dr. Karl Rosenthal zu mir, um Steuerfragen zwecks Auskunft an das Finanzamt zu besprechen. Ich legte ihm – die Unterredung wurde von Schmitt, später auch noch von Gerum überwacht – einen Brief an die Bayerische Staatsbank Würzburg vor, des Inhalts, die für mich bestimmte Post an Justizrat Dr. Rosenthal zu senden, ferner einen Brief, den ich Ende Dezember 1934 an die Staatsanwaltschaft Würzburg geschrieben hatte. ... Das Schreiben an die Staatsanwaltschaft lautete ungefähr wie meine [vorangegangene] ... Selbstanzeige, ich hatte jedoch, wie oben geschildert, den Vorfall Völkel beigefügt, daß er nämlich meine Selbstanzeige zerrissen und mir gesagt [habe], daß ich doch nie zu meinem Rechte kommen würde. – Kaum hatten Schmidt und Gerum meine Selbstanzeige an die Staatsanwaltschaft gelesen, als Gerum sofort meine Unterredung mit Justizrat Dr. Rosenthal unterbrach: »Kein Wort mehr. Sofort nach Dachau.« – Vor Weggang vom Landgerichtsgefängnis, Ottostraße (anwesend: Oberverwalter, Hauptwachtmeister Bux, Wachtmeister Mennig, Verwalter Fendler, ferner Gerum und Schmidt), verlangte ich vom Oberverwalter einen Herren der Staatsanwaltschaft zwecks Selbstanzeige. Er kam zurück, er hätte telefonischen Bescheid, es sei niemand da. (Ich bitte um Nachprüfung durch Rückfrage bei der Staatsanwaltschaft. Es war Samstag 12. 1. 1935 früh gegen 10 Uhr.) Schmidt riß mich mit Faustschlägen vom Eingang zum Oberverwalterzimmer weg. Als ich mich am Fenstergriff anhielt, dabei Fensterrahmen beschädigt. Schmidt verletzte mich durch absichtlich zu heftiges Überstreifen einer Handschelle auf dem rechten Handgelenksrücken, wodurch starke Wunden entstanden, die da Haut in Fetzen ging. In Gerums Auto zur Polizei gebracht. Hier bis 13 Uhr im Polizeiarrest, ständig von einem Polizisten bewacht. (Der erste mit rötlichem Haar, der zweite namens Pfister aus der Mainau.) Hier nahm Gerum meine Uhr und Kette an sich, ferner ließ er aus dem Auto im Polizeihof meinen braunen Koffer, gefüllt mit frischer Wäsche, wegnehmen.

Abfahrt gegen 13 Uhr mit Gerum, dessen Tochter, Schmidt, nach Konzentrationslager Dachau. Hier vom Oberführer Daibel [hier fälschlich Daibel, im folgenden korrigiert in Deubel] in Empfang genommen, dem Lagerkommandanten. Deubel sagte: Jeder Widerstand wird mit der Waffe gebrochen. In dessen Gegenwart in Sträflingskleidung umgekleidet und in den sogenannten Kommandanturarrest, den Kerker des Konzentrationslagers Dachau, geführt. Deubel verweigert mir die Fühlungnahme mit meinen schweizerischen Behörden, ebenso die Mitnahme meines Gebetbuches in die Zelle. Zelle 6: ca. 5 m hoch, Fenster ca. 40 × 70 cm in 4 Meter Höhe, dadurch Eindruck eines Kellerraumes. Auf ebener Erde, Steinboden, dabei Heizkörper nur, soweit ich mich erinnere, 5 Rippen. Im Kerker Holzpritsche mit Strohsack und 2 Decken, Holzschemel, Wasserkanne, Schüssel, Seife, Handtuch. Kein Spiegel, keine Zahnbürste, kein Kamm, keine Bürste, kein Tisch, kein Buch vom 12. Januar bis zu meinem Weggang am 18. September; keine Zeitung vom 12. Januar bis 17. August; kein Bad und keine Brause vom 12. Januar bis 10. August; kein Verlassen der Zelle, abgesehen von Verhören, vom 12. Januar bis 1. Juli. Arrest in dunkler Zelle vom 16. April bis 1. Mai, dann vom 15. Mai bis 27. August, also 119 Tage. Hartes Lager auf dem blanken Holz der Pritsche vom 16. April bis 1. Mai, dann 15. Mai bis 15. Juni, dann vom 21. Juli bis 8. August, also 64 Tage; [schlechte Ernährung, begrenzt auf] Wasser und Brot, [nur] jeden 4. Tag [warmes] Essen, vom 16. April bis 1. Mai, dann 15. Mai bis 2. Juni, dann 21. Juli bis 8. August, ferner drei Tage im März, also insgesamt 54 Tage; an Händen und Füßen gefesselt 15. Mai bis 2. Juni, dann 21. Juli bis 8. August, – (dabei Hände aufs schmerzhafteste auf den Rücken gefesselt, wodurch Schlaf unmöglich, 15. bis 16. Mai, 23. bis 27. Mai, 21. Juli bis 8. August – jeweils durch absichtlich zu eng angezogene Handfesseln alles verschwollen. Bitte, nicht so stramm zu fesseln, ergibt das Gegenteil. Durch die Ketten Wunden auf Handrücken, Handrücken und Daumen wochenlang ohne Gefühl, wie abgestorben); vom 21. Juli bis 31. Juli [also insgesamt 36 Tage], Fußschellen und Kette, z.T. an nackten Füßen, (trotz Steinfußboden [bekam ich] 10 Tage keine Strümpfe und Schuhe). – Wärter im Kerker waren: I SS-Truppführer Hans Kannschuster [hier fälschlich Kannschuster, im folgenden korrigiert in Kantschuster] als Verwalter, II SS-Truppführer Unterhuber als Stellvertreter, III SS-Oberscharführer Lang, der, wie er sagte, aus Tirol stammt, IV als Aushilfe Scharführer Dessloch, soviel ich weiß, trägt er diesen Namen und stammt aus Würzburg, V Aushilfe, trug Brille, nur Ende Januar und Anfang Februar.

Mitte Januar verlangte ich täglich früh (die Zelle wurde nur einmal täglich aufgemacht, nur einmal Wasser) wegen sehr schmerzhaften Zahngeschwürs den Gang zum Zahnarzt. Nicht erhalten! Dadurch einen Zahn, Mitte Unterkiefer, verloren. In dieser Zeit anwesend als Wärter: Unterhuber, Dessloch (I und II waren in Urlaub). Ich mußte bis 17. Juli um den Zahnarzt bitten, trotzdem sich im Lager ein eigenes Laboratorium mit Zahnarzt befindet. ... Die Vollständigkeit meiner Zähne war am 12. Januar in Würzburg durch Polizeiphotograph Memmel schriftlich festgestellt und aufgezeichnet. – Um den Arzt bat ich wegen starker Herzbeschwerden täglich ab 14. Januar. Er kommt am 4. Februar – es war der Chefarzt – untersucht mich aber trotz meiner wiederholten Bitte nicht. Als ich ihm sagte, daß blähende Krautgemüse mir Beschwerde machten und ich die Portion deshalb mit Zwischenpause von 2 Stunden äße, setzte er mich auf halbe Portion, damit ich nicht in Versuchung käme, zuviel auf einmal zu essen! Diese Anordnung befolgte Dessloch ganz genau und ließ mich hungern. – Am 16. Januar kam ich zum Kriegsgerichtsrat Schneider (oder Schreiber) zum Verhör in Sachen gegen Gustav Pfändner. Schneider war sehr korrekt und sachlich. Ihm fielen sofort die Wunden auf, die mir Schmidt am 12.I. am rechten Handrücken verursacht hatte und er fragte mich danach. – In Sachen Pfändner verweigerte ich jede Aussage als Zeuge. Am 7. Februar erschien Gerum mit Völkel zur Vernehmung. Im Zimmer des Kommandanten, der verreist, liest Völkel in Gegenwart von ca. 6 SS-Leuten Aussagen Otto Pfändner und Rudolf Amann vor und zeigt Aktbilder. Ich verweigere jede Aussage und verlange, dem Richter überstellt zu werden. Gerum: ›Was, Gericht? Wir sind selbst Richter. Das fehlt noch, einem jüdischen Anwalt Geld zu verdienen geben! Wie ich sehe, geht es Ihnen hier noch zu gut. Lebend kommen Sie aus Dachau doch nicht mehr heraus, Sie bleiben hier in Sicherungsverwahrung. Machen Sie es doch wie der Lammerer, der hat sich auch totgeschossen. Ich gebe Ihnen einen Revolver und eine halbe Stunde Zeit!‹ Ich lehnte diese für einen Polizeibeamten immerhin eigenartige Zumutung ab. – Nach Weggang des Gerum begann mein Martyrium in verstärktem Maße. Unmittelbar nachher kam Dessloch mit einem der Teilnehmer des Verhörs in die Zelle. Die beiden stellten die Dampfheizung ab. Dabei Winterkälte, Zelle zu ebener Erde, Steinboden! Einige Tage nachher gelang es mir, mit Hilfe des Lochs im Schaufelstiel die Heizung wieder aufzumachen. – Im März soll ich angeblich den Deckel vom Spion an der Tür bewegt haben, dafür 3 Tage Wasser und Brot durch Kantschuster! ...

Vom 16. April bis 24. Juni durfte ich nicht schreiben, ferner nicht vom 29. Juni bis zu meinem Fortgang am 18. September. Trotz Tod von Mutter am 14. September!

Das Kettengeräusch, das täglich aus Zelle 5 drang, war verstummt. Da wurde ich plötzlich am Donnerstag 4. April auf 1 Tag nach Zelle 3 verlegt, Freitag 5. April wieder zurück nach Zelle 6. Vor der Zelle 3 liegende, als mir gehörig erkannte Decke, wollte ich nach Zelle 6 mitnehmen, durfte jedoch nicht, sie gehöre mir nicht. In Zelle 6 stellte ich fest, daß dies wirklich meine Decke war. Klopfte daraufhin und bat Lang um die Decke. Daraufhin kam Lang in die Zelle, schlug mir ins Gesicht. Hebräer, Saujud, Saubär etc. wurde ich tituliert. – Ende März hatte mir Lang im Verein mit Kantschuster meine 5 Liter Wasserkanne weggenommen, dafür bekam ich eine kleine von ca. 2 Liter! Nur einmal, früh, bekam ich Wasser. Mit diesen 2 Liter mußte ich auskommen für Waschen, Trinkwasser, Geschirrspülen und für den Abortkübel! Da das Fenster bloß ca. 3 cm weit aufzumachen war, wurde mir oft von dem Geruch übel. – Von Anfang Februar bis 5. April gab mir Lang nur ½ Portion Essen, Kaffee und Tee. Beschwerden beim Verwalter

Kantschuster blieben erfolglos. – Ich muß einschalten, daß am Samstag 2. März gegen ½11 Uhr, Lauberger, Beamter der Politischen Polizei (München) mit Friedrich Heilmann zwecks Verhör erschien. In Dachau ließ Heilmann seine Maske fallen: ›Ich habe 8 Jahre Komödie gespielt.‹ ›Wir werden Dich noch zum Reden bringen‹ etc., etc. Auf dem Akt stand: ›Vom Oberreichsanwalt gegen Dr. Obermayer wegen Landesverrat.‹ Hier machte ich Aussagen, habe jedoch seit nunmehr 7 Monaten nichts mehr davon gehört. – Am 16. April erhielt ich durch Kantschuster einen Brief von Justizrat Dr. Rosenthal vom 12. April nebst Briefpapier, 1 Bogen, 1 Kuvert zum Schreiben. Da ich dieses Kuvert zur Adressierung eines Briefes an das Schweizerische Generalkonsulat, München, und ein unbeschriebenes Firmenkuvert Justizrat Dr. Rosenthals für einen Brief an den Justizrat verwandte, wurde erstens mein Brief ans Konsulat zerrissen, zweitens bekam ich 14 Tage, vom 16.4.–1.5., strengen Arrest, nämlich Dunkelarrest, hartes Lager auf Holzpritsche ohne Strohsack, Wasser und Brot, nur jeden 4. Tag Essen; zuerst Zelle 31, dann Zelle 11. – Beschimpfung am 17. April durch Unterhuber: ›Saujud, Dreckjud, Stinkjud, Saupack, Dreckpack, Stinkpack etc., etc. Ihr gehört alle an die Wand gestellt und erschossen‹ etc., etc. – Durch das Hungern wurde ich natürlich sehr geschwächt, so auch durch das harte Lager; meine ständigen Herzbeschwerden verstärkten sich.

Ab 1. Mai bis 15. Mai in Zelle 1. Ganz klein, neben der Pritsche ½ m Platz zum Stehen, vor der Pritsche kaum 1 m, Zellenfläche wohl 3 × 1,5 m. Fenster nur 2–3 cm zu öffnen! Und dazu seit 12. Januar ohne Bewegung außerhalb der Zelle oder im Freien! Keine Sonne, ich friere, da den ganzen Winter über nur Drillichhose. Immer Hunger! Immer Herzbeschwerden und Schlaflosigkeit! Tag für Tag, Woche für Woche, Monat um Monat verrinnt! Ich bitte immer und immer wieder um Lektüre. Genauso, als ob ich Tauben etwas sagte. Ich flehe um mehr Essen, käufliche Zukost oder Brot! Umsonst. Auch Unterhuber gibt mir zu dieser Zeit nur halbe Portionen. Am 4. Mai früh soff Unterhubers Hund, ein Dobermann, aus meiner Wasserkanne, die vor der Zelle zum Füllen stand. Reklamation nutzlos, mußte noch später aus Ekel wiederholt erbrechen. ...

Am 6. Mai Vernehmung in der Kommandantur: Zimmer parterre rechts, ganz hinten, 3 Personen. Links Geldverwalter, Mitte vernehmender Beamter, rechts Postzensor. In Sachen Herbert Krimmel Aussage selbstverständlich verweigert. Am 15. Mai wieder zum Verhör gerufen. Vor und bei dem Hinüberfahren in die Kommandantur zwei kräftige Ohrfeigen und Faustschlag ins Gesicht, daß mir der Kopf brummt, durch Lang. Grund: ich hatte mich nicht genau senkrecht gegenüber der Tür zum Wärterzimmer aufgestellt, ferner glaubte Lang bei mir einen noch nicht abgegebenen Bleistift gesehen zu haben. Verhör: Beim Hinsetzen sagte ich, daß ich der Polizei jede Aussage verweigere. Darauf sagte der verhörende Beamte: ›Warum sehen Sie mich so zynisch an?‹ Bums, schlug er mir ins Gesicht. Ich fuhr natürlich vom Stuhl auf. Dann fiel er nebst Lang über mich her und sie verprügelten mich, wobei Lang noch seinen Revolver zog und auf mich anlegte. Ich sauste zur Türe und wurde dann abgeführt. – ½ Stunde später wurde ich zum Oberführer gerufen, zu dem mich Lang brachte. Unterwegs fragte ich Lang, ob er denn gar kein Gefühl hätte: ›Nein, für Juden hätte er keines.‹ – In seinem Zimmer saß Deubel, der Kommandant und Oberführer, am Fenster ein SS-Truppführer (fraglicher politischer Polizeibeamter, der mich mißhandelt hatte) und noch ein anderer, beide rechts auf dem Sofa. Ich beschwere mich bei Deubel über die unmenschliche Behandlung, kein Arzt, kein Zahnarzt – ich hatte dauernd Schmerzen und Herzbeschwerden – keine Post, keine Lektüre, keine Bewegung außerhalb der Zelle, absichtlich zu kleine Portionen, kein Bad seit 12.I., etc., etc. Da sagte der SS-Truppführer, der am Fenster stand: ›Sie sind ja auch kein Mensch, sondern ein Tier!‹ Ich sagte resp. begann den Satz: ›Auch Friedrich der Große ...‹ Bevor ich noch weitersprechen konnte, bekam ich von diesem Truppführer einen Faustschlag ins Gesicht, daß mein mittlerer Zahn im Oberkiefer sich lockerte und mir aus Mund und Nase zu bluten anfing. Auch Lang schlug wieder auf mich ein. Der Truppführer: ›Sie Judenschwein wollen sich mit Friedrich dem Großen vergleichen!‹ Bevor ich noch weiter ein Wort reden konnte, befahl der Oberführer: ›Abführen, fesseln!‹ Als ich unterwegs das Blut von Nase und Mund wischte, drohte mir Lang weitere Schläge an, wenn ich das Tuch nicht wegstecken würde.

Ich bekam Dunkelzelle 22, hartes Lager auf Holz, Wasser und Brot, Fußschellen an Eisenkette, ca. 1,5 m Schrittlänge, Hände von Lang absichtlich besonders eng aufs schmerzlichste auf den Rücken gefesselt. Schlafen unmöglich, am nächsten [Tag] früh Arme dick aufgetrieben, Ketten im Fleisch. Am 20. Mai kam älterer SS-Führer, Abzeichen Eichenlaub. Ich sagte ihm, daß ich am 15. Mai in Gegenwart des Lagerkommandanten blutig geschlagen worden sei. Er meinte: ›Ja, man geht eben jetzt wegen § 175 in Deutschland streng vor.‹ Am 18. Mai war mir mitgeteilt worden, daß ich den strengen Arrest ›Wegen Beleidigung des ganzen deutschen Volkes und wegen ungezogenen Benehmens gegenüber den vernehmenden Beamten‹ bekommen hätte. Am 23. Mai sagte ich das gleiche bezüglich erlittener Mißhandlung dem Friseur, der mir die Haare schnitt (SS-Mann aus Bayreuth, Mittelschule besucht, Vater Handelsvertreter). Deshalb, ›wegen Verbreitung von Greuelnachrichten‹, drohten mir Kantschuster und Unterhuber weitere 4 Wochen strengen Arrest an, sie haben es aber dann doch unterlassen, da ich nur die Wahrheit gesagt hatte. Zur Strafe wurden mir vom 23.–27. Mai die Hände und Arme besonders eng auf den Rücken gefesselt. Haut entzündet sich, springt auf, Wunden, Fessel oft 12–36 Stunden nicht geöffnet, so daß ich Bedürfnis in Hose verrichten mußte. Schlaf unmöglich, Arme und Beine immer stark angeschwollen. Herz verschlechtert. Hunger und Durst. Kantschuster sagte mir, daß er der Todfeind der Juden sei. Lang meinte, sie könnten mit mir machen, was sie wollten, da ich ja doch nicht mehr lebend aus dem Konzentrationslager Dachau herauskäme! Am 31. Mai früh bekam ich von Unterhuber grundlos eine Ohrfeige. Unterhuber zog Handketten stets besonders stramm an. Nach der Entfesselung Daumen und Handrücken wochenlang ohne Gefühl. Von Lang halbe Portionen (auch wenn ich bei Wasser und Brot nur jeweils am 4. Tag [warme] Kost bekam).

Der strenge Arrest mit Fesselung, Dunkelarrest, Lager auf Holzpritsche ohne Strohsack, Wasser und Brot, dauerte bis 1. Juni, doch blieb ich auch nachher noch in Dunkelzelle 22, Strohsack bekam ich erst am 15. Juni. Die Zelle durfte ich zum erstenmal – abgesehen vom Verhör – am 1. Juli verlassen. Erster Hofgang! – Keine Post! Darf auch nicht schreiben! – Am 17. Juli durch Unterhuber zum 1. Mal zum Zahnarzt geführt, der mich nach der Behandlung für 31. Juli wieder bestellt. Komme dabei zum 1. Mal ins Lager, sehe Grün und Bäume, einen Bach, der rauscht. In der Nacht vom 18. auf 19. Juli erscheint Oberführer, läßt Hälfte der Zellen räumen, Insassen kommen ins Lager. Ich ahne, daß Kontrolle kommt. Am 19. Juli werde ich in den Büchern ausgetragen, komme per Auto nach München ins neue Gefängnis im Wittelsbacher Palais der Politischen Polizei. Außer mir noch Heinz Heimann-Trosin (Zelle 8) und Hans Landwirt aus Altkirch (Kreis Legau). Hofmann, Schlosser aus Remscheid, Zelle 21. Beide seit Juni 1935 in Dachau. Bei Kleiderherausgabe Kleiderverwalter SS-Obertruppführer Dambach, Dekorationsmaler aus Hasslach/Pf., der erste Mann, der mich in Dachau korrekt und anständig behandelt. In Zelle 23 war zu dieser Zeit Adolf Lemke aus Hamburg.

Im Gefängnis in München verlange ich vom Verwalter (Kriminaloberkommissar Frank) denjenigen Herrn, der meinen Akt bearbeitet, ersuche ferner, einen Herrn des Schweizerischen Generalkonsulats sprechen zu können. Beides verweigert. Am 20. Juli kommen wir wieder zurück nach Dachau. Fahren in Gesellschaftsauto mit Schießklub der Politischen Polizei München. Dadurch erste Unterhaltung seit vielen Monaten! Ich werde mit neuer Nummer eingetragen (vorher 2210, jetzt 7675)! Als Neuzugang! Da Schuhe nicht passen, bekomme ich weder Schuhe noch Strümpfe! Am Sonntag 21. Juli nach dem Mittagessen in die letzte Zelle Nr. 39 gelegt, wo Strohsäcke aufgestapelt waren. Zellen 29–38 waren geräumt. (Bei meiner Rückkehr von München hatte ich gehört, daß Kommission noch nicht dagewesen.) Am Abend, gegen 18 Uhr, ertönen Stimmen von vielen Personen, darunter auch die Deubels. Ich suchte mich durch starkes Pochen an der Zellentür dem Oberführer Deubel bemerkbar zu machen. (Vom 12. Januar bis zu diesem Tag im Juli war er nur einmal, am 24. März, bei mir im Kerker gewesen. Niemals Kontrolle, keine Gelegenheit, sich zu beschweren!) Nutzlos! Nur Lang kam wütend und kündigte mir Hiebe an. – Wie ich später hörte, war es eine ausländische Kontrollkommission; mit dem einen Herrn – es waren sechs – sprach Lemke, Zelle 23, englisch. Ihnen sagte man, es hätte am Hoftor geklopft!! – Nachdem Kommission weg war, wurde ich in Zelle 22 zurückgeführt. Hier wurde ich von Lang und Dessloch, der seit Mitte Juni Dienst machte, in Gegenwart vom Verwalter Kantschuster aufs gemeinste mit Fäusten verprügelt, so daß ich in den nächsten Tagen am Oberkörper grüne und gelbe Flecken, Stechen auf der Lunge, Rippenschmerzen bekam und mir jede Bewegung weh tat. Lang drosselte mich am Hals, Dessloch zog dabei den Revolver um mich niederzuschießen, wenn ich die geringste Miene gemacht hätte, Widerstand zu leisten. ›Du Hund, Du mußt verrecken, Du darfst nicht mehr lebend hier herauskommen‹ schrie Dessloch immer wieder! – Ich bekam wieder strengen Arrest, vom 21. Juli bis 8. August. Wasser und Brot; Hände aufs grausamste auf den Rücken gefesselt; Fußschellen und Kette am nackten Fuß, da ohne Strümpfe und Schuhe trotz Steinfußboden; hartes Lager auf Holzpritsche, kein Hofgang. Lang und Dessloch schreien wiederholt, ich müsse verrecken, damit ich nicht lebend herauskäme. Ich kam nach Zelle 17. (In Zelle 20 war damals Dr. Fröhlich aus Hamburg, Zelle 21 Hans Hofmann aus Remscheid, Zelle 23 Adolf Lemke, Hamburg.)

Am 24. Juli kam Oberführer Deubel, der mir nach Ende des strengen Arrests Bücher, Zeitungen, Schreiben erlaubte, ferner den Arzt senden wollte. Die Wärter kehrten sich nicht an den Oberführer. Solange ich in Dachau war, bekam ich kein Buch aus der großen Lagerbücherei. Die erste Zeitung am 17. August; Schreibmaterialien bekam ich trotz täglicher Meldung auch nicht mehr bis zum Ende, das letzte Mal hatte ich am 29. Juni geschrieben. Die Erlaubnis des Oberführers half nichts! Die Wärter absolute Herrscher ohne jede Kontrolle. Wütende Antisemiten, die sich ihres Judenhasses rühmten. Erbarmungslose Sadisten. Der Verwalter Kantschuster von Beruf Erdarbeiter. ›Alter Kämpfer‹. Ich hörte oft, wie andere Gefangene brutal mißhandelt wurden. – Am 26. Juli kommt junger Assistenzarzt, untersucht mich höchst oberflächlich: ›Gesund.‹ Trotz meiner starken Herzbeschwerden! Am 31. Juli zum Zahnarzt bestellt gewesen, aber nicht hingeführt. Erst wieder am 28. August, dadurch Zahn, der behandelt wurde, von selbst geborsten und abgebrochen. Am 7. September wird mir Zahngeschwür aufgeschnitten. Am 3. August werde ich von Dessloch durch Faustschläge und Ohrfeigen mißhandelt, weil mir Lang früh aus Versehen – er glaubte, es sei Kosttag – Kaffee gegeben. Ich hätte das melden sollen. Am 5. August wurde ich vom Verwalter Kantschuster geschlagen, weil ich nicht sofort von der Pritsche aufsprang, als er aber das Licht einschaltete und durchs Guckloch hereinsah. Von Dessloch bekam ich stets nur halbe Portionen! 8. August strenger Arrest zu Ende. Dabei Handfesseln oft 1–2 Tage nicht gelöst, Bedürfnis öfters gezwungenermaßen in die Hose verrichtet. Hungern und dursten.

Am 10. August erstes Bad seit 7 Monaten, kalte Brause, wirkte auf Herz wie Peitschenschlag. Vom 10.–13. August wieder nach München in das Gefängnis der Politischen Polizei wegen Tüncherarbeiten im Kerker. Dort Gemeinschaftszelle mit Franz Bauer aus Nürnberg. In München wieder Verbindung mit meinem Schweizer Konsulat verweigert. 13. August zurück, in Dunkelzelle 38. Neben mir auf 39 Hans Hofmann aus Remscheid, auf 37 Franz Bauer. – Ende August fing Lang an, uns beim Spaziergang im Hof raschen Lauf machen zu lassen. Werde trotz Bitten nicht dispensiert. Dadurch Herzbeschwerden verschlechtert. – Am 29.8. machte Dessloch Dienst, da Kantschuster verbundene Hand. Auch Lang und Kantschuster dabei. Durch Dessloch grausamste Mißhandlung und Körperverletzung. Weil ich angeblich nicht rasch genug lief – wurden Gefangene kommandiert – zuerst Bauer – neben mir zu laufen und mir zum Ansporn in die Weichen, Kniekehlen, Fersen, zu treten. Da sie dies schonend machten, lief Dessloch nun selbst neben mir und trat mich aufs heftigste mit seinen Reitstiefeln und stieß mich weiter, bis ich im Kies niedergestreckt war, wundenbedeckt. Hätte ich mich nicht mit letzter Kraft aufgerafft, hätte er mich wegen Gehorsamsverweigerung niedergeschossen. – Am Abend dieses Tages kam zufällig der Oberführer. Ich meldete ihm die Mißhandlungen und Verletzungen und zeigte ihm die Wunden. Die Wärter wollten es so darstellen, als ob ich von selbst aus Erschöpfung zusammengebrochen und mich dabei verletzt hätte. (Ausgerechnet Wunden an den Fersen!) Dessloch sagte mir später: ›Sie haben mich beim Oberführer verkauft, das werde ich Ihnen noch eintränken!‹ Aus Wut gaben mir Dessloch und Lang 2 Tage kein Essen. – Als Unterhuber am nächsten Tag meine Wunden an den Händen und Vorderarmen sah, fragte er mich, ob ich Ausschlag hätte.

Am 30. August gegen 11 Uhr kommt Gerum aus Würzburg mit einem Würzburger SS-Mann vor die Zelle. Er fragte mich: ›Na, wissen Sie immer noch nichts?‹ Ich verneinte das. ›Im Frühjahr 1936 komme ich wieder.‹ Ich verlangte, dem Gericht überstellt zu werden. – Am 10. September durch Lang im Hof, Faustschläge auf die Brust: ›Sie laufen nicht rasch genug.‹ Sonntag 15. September Brausebad durch Lang. Er sah die durch Dessloch verursachten Wunden, meinte, so grob hätte er mich doch noch nicht behandelt und empfahl mir Schmierseife gegen die Eiterung meiner Wunden. Am 27. August war ich, nach vier Monaten Dunkelzelle, wieder nach Zelle 6 gekommen. ... Am 16. September früh nach dem Rasieren, durch Lang im Hof aufs grausamste mißhandelt. Anwesend noch Verwalter Kantschuster. Andere ohne weiteres vom Laufen dispensiert, meine diesbezügliche Bitte wegen Herzbeschwerden durch Lang und Kantschuster abgeschlagen. Lang befahl ›Zelle 10‹, seinem besonderen ›Spezi‹, neben mir zu laufen, mich vorwärts zu stoßen und zu treten, was ›10‹ nach Kräften tat, er boxte auch in die Nieren, bis er mich niedergetreten hatte. Dann mußte ich zu Lang in sein Zimmer, er nahm einen Stock aus dem Schrank und drohte mir fürs nächste Mal 25 Hiebe an. Dann mußte ich erhitzt, mit jagendem Puls, angezogen unter die eiskalte Dusche, bis ich vom Rock bis zu den Schuhen tropfnaß war.

III. Ein »Volksschädling«

Dann naß in den Hof zurück – es war recht kühl – und weiter marschiert. Hierauf wurde ich von Lang in Gegenwart von Kantschuster, naß in tropfnassen Kleidern, mit den Händen, Kopf nach unten, in Zelle 10 an den Bodenring angekettet. Hinsetzen mit Drohungen verboten. Mein Körper bildete dabei einen Halbkreis! Ich fror jämmerlich, durch die Mißhandlung war ich aufs äußerste resp. total erschöpft. Um 11 Uhr kamen Kantschuster und Lang, schwenkten eine Depesche, Lang rief: ›Wieder ein Jud' weniger, Ihre Mutter ist tot.‹ – Erst auf wiederholtes Bitten wurde ich losgekettet, trockene Sachen bekam ich nicht, mußte mich nackt in die Decke hüllen. – So bekam ich vielleicht durch meine Mutter das Leben gerettet, ich sollte über Nacht so [angekettet bleiben]. Schreibsachen trotz Todesfall verweigert. ...
Am 26. September zu meinem Erstaunen nach Ochsenfurt ins Amtsgerichtsgefängnis. – Am 27. September abends gegen 18 Uhr sagt mir die Tochter des Verwalters: ›Ziehen Sie sich noch nicht aus, der Untersuchungsrichter kommt bis 7 Uhr!‹ Ich warte im dunkeln, ungeheizten Zimmer bis 20 Uhr, es kommt niemand. Lege mich dann wieder zu Bett. Um 21½ werde ich aus dem ersten Schlaf aufgeschreckt. Gerum, der Verwalter vor der Tür! Ich sagte, daß ich heute Abend nicht mehr verhandlungsfähig sei. Gerum erwiderte: ›Ziehen Sie sich um und sagen Sie das unten!‹ Ich ging hinunter in den 1. Stock. In der Küche saßen resp. standen 5 Personen, ich wußte nicht, wen ich vor mir hatte, ob das der Würzburger oder Ochsenfurter Richter sei, der mir da ein Aktenstück vorlas, von dem nur Bruchstücke an mich Schlaftrunkenen drangen. Ich protestierte vergeblich gegen diese für mich ganz eigenartige Amtshandlung, da ich durch meinen geschwächten und kranken Körper nicht mehr aufnahmefähig war. Durch einen Beamten der Politischen Polizei wurde ich dann gefesselt. Ich erklärte, daß ich oben in der Zelle Gerum und dem Verwalter des Gefängnisses meine Unfähigkeit, an einer Verhandlung in so später Stunde noch teilzunehmen, mitgeteilt hätte. Gerum sagte darauf: ›Mit einem Juden rede ich nicht.‹ Ich bat dann den Richter, mich gegen diesen Anwurf des Gerum in Schutz zu nehmen, was dieser ablehnte. Die Diensthandlung beendet, ... vom 1. Stock in meine Zelle in 2. Stock geführt. Oben im Korridor drang Gerum mit Faustschlägen auf mich ein. Ich eilte in meine Zelle, versuchte die Türe von innen zuzuhalten. Gerum und der Verwalter drückten beide nach, drängten beide mich ins Zimmer, warfen mich beide aufs Bett, bearbeiteten mich beide mit Fäusten, Mittelzahn dadurch weiter gelockert. Blaue Flecken am linken Oberarm. (Am nächsten Tag blaue Flecke auf linkem Oberarm festgestellt!) Letzterer Vorfall am Sonntag 29. September dem Oberamtsrichter Jung [mitgeteilt]. Er verwies mich an Untersuchungsrichter ›B.‹, Würzburg.

Dr. L. Obermayer«

Als Ergänzung vermerkte Obermayer am Schluß dieses Schriftstückes:

»Am 1. Oktober wird mir nach über 11 Monaten Haft, davon über 9 Monate im Dachauer Kerker des Konzentrationslagers, vom Untersuchungsrichter ›B‹ eröffnet, daß Haftbefehl wegen Vergehen gegen § 175 gegen mich erlassen sei. Dazu mußte ich also fast 11 Monate in der Schutzhaft der Politischen Polizei sein, bis man die Untersuchung gegen mich begann!«

Obermayers Widersacher Gerum erfuhr binnen kurzem davon, daß der in Ochsenfurt einsitzende Gefangene seinem Anwalt den Inhalt der vorstehenden Denkschrift mitgeteilt und – freilich vergeblich – versucht hatte, diese ihm zu übergeben. Wutentbrannt wandte er sich daraufhin am 9.10.1935 mit folgendem Fernschreiben an die Münchener Zentrale der Bayerischen Politischen Polizei:

»Obermayer wurde bekanntlich aus dem Lager Dachau entlassen und dem Untersuchungsrichter in Würzburg überstellt. Der Untersuchungsrichter, der sich mit mir in Verbindung setzte, hat Obermayer im Amtsgerichtsgefängnis in Ochsenfurt untergebracht, da vorauszusehen war, daß Obermayer in strengster Abgeschiedenheit gehalten werden muß, um Greuelpropaganda zu verhindern. Obermayer führt sich derart maßlos frech und gemein auf, so daß sich der Untersuchungsrichter entschließen mußte, bei der ersten Vernehmung den Mann zu fesseln. Leider bekam sein Rechtsanwalt, der Hochgradfreimaurer und Jude Rosenthal, vom Untersuchungsrichter eine Sprecherlaubnis und in dessen Gegenwart hat Obermayer Greuelnachrichten schlimmster Sorte mitgeteilt. Heute erfahre ich, daß Obermayer vom Bezirksarzt in Ochsenfurt untersucht wurde und daß er auch dort Greuelnachrichten über Dachau, über Fesselungen und alles mögliche erzählte. Der Untersuchungsrichter teilt mir soeben mit, daß Obermayer einen großen

Schriftsatz über Folterungen in Dachau an seinen Justizrat Rosenthal absenden wollte, zur Weitergabe an die Schweizer Behörden. Ich ersuche dringendst im Interesse Deutschlands, daß ich diesen Burschen sofort nach Dachau verbringen darf und daß dafür gesorgt wird, daß dieser Bursche bei einem Widerstand erledigt wird. Er ist derart gefährlich, daß eine Freilassung bezw. ein weiteres Verbleiben hier zu den bedenklichsten Folgen führt. Den Juden Rosenthal werde ich, wenn die Bayerische Politische Polizei, München, ihre Zustimmung gibt, sofort in Schutzhaft nehmen. Denn Rosenthal hat Verbindungen über seinen Sohn in der Schweiz, war ›Meister vom Stuhl‹ von der Frankenloge, Zugehörigkeit zum Bne-Brith, war der Gründer der ›Feldloge‹, die 1915 bereits gegen Deutschland im Felde hetzte – Protokolle befinden sich im SS-Hauptamt in Berlin in der Ausstellung ›Freimaurer‹ –, ist im ›Reichsbanner‹ tätig gewesen und vertritt heute die gesamte Judenschaft in Mainfranken. Er ist ein äußerst schmieriger Mensch und hinterhältiger Jude, der alles versucht, seinen Rassegenossen Obermayer aus der Haft zu bringen. Ich bitte noch heute um Bescheid und werde bis zum Eintreffen der Nachricht dem Obermayer jeden weiteren Verkehr, sowie den Empfang von Lebensmitteln und Schriften verbieten lassen.

Polizeidirektion Würzburg, Politische Abteilung. Gez. Gerum.«

Gleichzeitig sandte Gerum ein Fernschreiben in derselben Sache an SS-Standartenführer Dr. Walter Stepp, ehemals Erster Staatsanwalt und Verbindungsmann des Bayerischen Justizministeriums beim Reichsführer SS, seit Januar 1935 Leiter der gesamten BPP. Darin teilte er über den Verbleib der gefährlichen Denkschrift noch weiteres mit: Der Strafvollzugsbeamte im Ochsenfurter Untersuchungsgefängnis »verhinderte leider nicht, daß Obermayer die 16 Seiten seinem Anwalt vorlas«, so daß »der dringende Verdacht« bestehe, daß Rosenthal die »Greuelnachrichten« in die Schweiz übermittle. Der Beamte habe lediglich die Übergabe des Schriftstücks verhindert und dieses an sich genommen. Gerum erhielt die erbetene Ermächtigung zur Festnahme von Obermayers Anwalt aufgrund der beiden Fernschreiben unverzüglich. Schon am folgenden Tage (10. 10. 1935) ließ er Rosenthal festnehmen, und unmittelbar danach teilte er dem Dachauer Lagerkommandanten Deubel frohlockend mit: ich »hoffe, Ihnen bald auch diesen Bruder vorstellen zu können«. Am 11. 11. 1935 sandte er ein von falschen Behauptungen strotzendes Fernschreiben zur Begründung der Festnahme nach München. Wörtlich hieß es darin: Der von Rosenthal zur Kenntnis genommene »Schriftsatz [Obermayers] ist eine einzige Anklage gegen den nationalsozialistischen Staat und enthält grauenvolle Berichte über die Behandlung der Gefangenen in Dachau«.

Doch mit Rosenthal hatte Gerum es schwerer. Wie schon die Vernehmungen an den beiden folgenden Tagen zeigten, boten seine Biographie und vergangene Tätigkeit wenig Angriffsfläche. Den Vorwurf, mit der Gründung einer Freimaurer-Feldloge während des Weltkrieges sei Rosenthal der deutschen Nation in den Rücken gefallen, konnte der Festgenommene leicht entkräften, indem er darauf hinwies, daß er wegen seiner Tapferkeit im Kriege hohe Auszeichnungen (EK I und II, Bayerischer Militärverdienstorden mit Schwertern, Preußisches Verdienstkreuz) erhalten habe.

In der »Sache Obermayer«, dem Hauptvorwurf, konnte Rosenthal überzeugend darlegen, daß er herzlich wenig getan habe, was im Grunde auch den Tatsachen entsprach. Klagte doch auch Obermayer wiederholt in den Briefen an seine Schwester, daß Rosenthal ihn im Stiche lasse. Rosenthal verteidigte sich: er habe im Herbst 1934 lediglich das Schweizerische Generalkonsulat auftragsgemäß von Obermayers Verhaftung verständigt. Anschließend habe er mit seinem Klienten in Anwesenheit der Polizisten im Würzburger Gefängnis über die Sache selbst nicht gesprochen, »weil es völ-

III. Ein »Volksschädling« 89

lig zwecklos war, über ein in Gang befindliches Ermittlungsverfahren, in diesem ersten Stadium, zu reden«. Im Januar 1935 sei Obermayer dann nach Dachau gekommen und ihm, Rosenthal, seien dessen Briefe aus dem Lager mit einer Ausnahme wegen ihres Inhalts nicht mehr ausgehändigt worden. Erst als im September 1935 der Untersuchungsrichter am Landgericht Würzburg für Obermayer zuständig geworden sei, habe er zweimal aufgrund der gewährten Sprecherlaubnis unter Aufsicht mit Obermayer sprechen können. Daß sein Klient bei dem zweiten Gespräch am 9.10.1935 die Gelegenheit gehabt habe, ihm das Schriftstück zu verlesen, sei nicht seine Schuld. Eine Unterbrechung bzw. ein Verbot sei Angelegenheit der Aufsichtsperson, des Herrn Söldner, gewesen:

>»Mir war die zeitraubende Verlesung durchaus unerwünscht; denn ich hatte Geschäftsbücher von Obermayer nach Ochsenfurt mitgenommen, um mit ihm seine Jahresbilanz 1934 zu besprechen. Dazu kam ich nicht. An der Kenntnisnahme des Inhaltes des Schriftstückes hatte ich nicht das geringste Interesse und sah selbstverständlich die Mitteilungen als vom Berufsgeheimnis umfaßt an, wie jede Unterhaltung zwischen Anwalt und seinem Klienten. Mit welcher Vorsicht ich gerade im vorliegenden Fall gehandelt habe, ergibt sich aus meinem weiteren Verhalten: Schon auf der Rückfahrt von Ochsenfurt nach Würzburg bat ich Herrn Söldner, er möge das Schriftstück unter Briefumschlag in den Akt legen, damit es nicht gelesen werde. Ich erkundigte mich auch, ob der Untersuchungsrichter am anderen Morgen zu sprechen sei und sprach aus freien Stücken, unaufgefordert am anderen Morgen bei ihm vor. Nachdem Herr LGR Stelzner die Frage, ob er das Schriftstück gelesen habe, bejahte, schlug ich ihm vor, es mir auszuhändigen, da es an mich adressiert sei, ich sei dann bereit, es sofort in seiner Gegenwart zu vernichten. Als Herr LRG Stelzner hiewegen Bedenken äußerte, regte ich an, es Obermayer unter der Bedingung der sofortigen Vernichtung zurückzugeben. Ich betonte auch bei dieser Unterredung, daß ich selbstverständlich die Mitteilung an mich als unter mein Berufsgeheimnis fallend ansehe und mit niemandem über den Inhalt gesprochen habe oder sprechen werde. Auf mein Verlangen wurde hierüber ein Protokoll beim Herrn Untersuchungsrichter aufgenommen.«

Diese Aussage macht deutlich, daß Rosenthal sehr gut erkannt hatte, wie gefährlich das bewußte Schriftstück Obermayers auch ihm werden könnte. Sein deshalb so umsichtiges und vorsichtiges Verhalten zahlte sich aus. Rosenthal blieb »nur« bis zum 6. Januar 1936 in Schutzhaft, und das gegen ihn angestrengte Verfahren wegen Heimtückevergehens wurde (am 14.12.1936) eingestellt mit der Begründung, daß in der bloßen Kenntnisnahme des Schriftstücks kein strafbarer Tatbestand erblickt werden könne. (Trotz seines geschickten Lavierens blieben ihm weiterhin Schicksalsschläge durch den Nationalsozialismus nicht erspart. Seine drei Kinder brachte er zwar rechtzeitig ins Ausland, doch seine Frau, die bei ihm geblieben war, konnte seine abermalige Inhaftierung anläßlich der sogenannten Reichskristallnacht nicht ertragen und verübte Selbstmord. Rosenthal selbst glückte noch kurz vor Ausbruch des Krieges, Juli 1939, die Auswanderung.)

Nach dem Vorfall im Ochsenfurter Gefängnis am 9.9.1935, der ihn so sehr alarmiert hatte, gelang es Gerum offenbar in den folgenden Tagen, selbst an die Denkschrift Obermayers heranzukommen. Unter dem Eindruck ihres Inhalts wurde der mächtige Würzburger Gestapomann sichtlich nervös. Das Paradox trat ein, daß der geschundene Gefangene, der unter den Folgen der grausamen Behandlung, des Frierens, Hungers, der Dunkel- und Einzelhaft schwere gesundheitliche Schäden erlitten hatte, dessen Zähne ausfielen und dessen Augen und Herztätigkeit gelitten hatten, seinem Hauptpeiniger Furcht einjagte. Wenn der Inhalt der Aufzeichnung weiteren Kreisen bekannt würde, das konnte sich Gerum ausrechnen, dann hatte auch er unangenehme Folgen zu gewärtigen. Solange Obermayer sich in dem der Justiz unterstehenden Untersuchungsgefängnis befand, konnte Gerum vor solchen Folgen nicht sicher sein. Um so größer waren seine Wut und die Entschlossenheit, den Mann erneut nach Dachau zu bringen. Deshalb wandte er sich am 12. Oktober 1935 mit einem erneuten dringenden Fernschreiben an SS-Standartenführer Dr. Stepp nach München:

»Obermayer führt sich im Gefängnis derart maßlos frech auf, daß ich für sein Leben keine Garantie mehr übernehmen kann. Es ist unmöglich, mit dem Mann auch nur zu verhandeln. Die Sicherheit im Gefängnis ist so gering, daß eventuell auch mit einer Flucht zu rechnen ist. Die Mauer ist nur mannshoch und Obermayer ist täglich im Hof. Trotz strengster Maßnahmen gelingt es ihm immer wieder, Verbindungen mit anderen Gefangenen aufzunehmen und besteht höchste Gefahr, daß er seine alles übersteigenden Greuelmeldungen hinausbringt. Ich habe den Eindruck, als ob sowohl der Gefängnisvorstand als auch der Gefängnisarzt sich von Obermayer einschüchtern lassen und seinen Meldungen Glauben schenken und ihm sympathisch gegenüberstehen. Der Untersuchungsrichter selbst wird nervös, stützt sich auf seine Strafprozeßordnung und ist auf keinen Fall dem Obermayer gewachsen. Obermayer fürchtet allein mich und meine Maßnahmen. Ich bitte nochmals beim Reichsführer anzufragen, ob es nicht doch möglich wäre, den Obermayer nach Dachau einzuliefern. Den Mann nochmals in Freiheit zu lassen oder auch eine Gerichtsverhandlung mit ihm abzuwarten, wäre verfehlt. Die Gefahr der ungehemmten Aussprache bei Gericht in Sachen Dachau ist zu groß. Merkwürdig ist, daß der Mann über jeden Vorfall in Dachau genaue Notizen geführt hat und sich selbst auf Tage und Stunden erinnern [kann] und diese Erinnerungen restlos schriftlich niedergelegt hat. Ich bitte also dringendst um Ihren Beistand in dieser Sache, um Schlimmeres zu verhüten.«

An demselben Tag (12.10.1935) berichtete Gerum dem Dachauer Kommandanten Deubel: wegen der erneuten Überführung Obermayers nach Dachau habe er »mit dem Gericht noch einige Schwierigkeiten, ... weil Obermayer Untersuchungsgefangener« sei. Aber wenige Stunden später erhielt er von der Münchener Zentrale der Bayerischen Politischen Polizei grünes Licht.

Obermayer wurde wieder nach Dachau eingeliefert. In einer späteren Dienstaufsichtsbeschwerde (vom 29.10.1936) an Reichsjustizminister Gürtner schrieb er dazu: »... In amtsverbrecherischer Weise hatte sich die Staatsanwaltschaft Würzburg in Gemeinschaft mit dem Untersuchungsrichter Stelzner dem durch die Gestapo geschaffenen Fait accompli gebeugt und die Untersuchungshaft am 15. Oktober 1935 aufgehoben, eine Tat, die zum Himmel schreit!«

Nachdem die Untersuchungshaft aufgehoben worden war, erließ die Polizeidirektion Würzburg nach einiger Verzögerung am 29.10.1935 – Obermayer befand sich schon seit 17 Tagen wieder im Konzentrationslager Dachau – einen windigen Schutzhaftbefehl, der zur Begründung u.a. anführte, »daß es sich bei ihm um einen gefährlichen fremdländischen Staatsgegner handelt ..., der noch vom Gefängnis aus den Versuch unternahm, durch seinen Rechtsbeistand Greuelnachrichten verbreiten und in das Ausland gelangen zu lassen«.

Es scheint, als habe Obermayer die neuerliche Einlieferung in das KL Dachau besser überstanden als die erste. Im Gegensatz zu der zitierten Aufzeichnung über die schwere Haftzeit zeigen seine Briefe aus der zweiten Dachauer Haftzeit sehr viel Optimismus. Sie scheinen anzuzeigen, daß Obermayer sein altes Selbstbewußtsein wieder zurückerlangt hatte. Als Beispiel zitieren wir aus seinem Brief vom 31. Oktober 1935 an seine Schwester: »Ich bitte Dich dringendst, Dich in keiner Weise aufzuregen. Ich habe glücklicherweise ein sehr gutes Gewissen und kann daher allen Dingen mit größter Ruhe entgegensehen ... Also, liebes Kind, Kopf hoch! Mein unerschütterliches

Gottvertrauen hat mich niemals verlassen. Besuche bitte regelmäßig die Gottesdienste und schließe mich in Dein Gebet ein.«

Von ungebrochenem Selbstbewußtsein zeugt auch eine Beschwerde vom 31.10.1935 gegen die Aufhebung des richterlichen Haftbefehls und die Ablehnung des Würzburger Untersuchungsrichters Stelzner wegen Befangenheit. Juristisch versiert, von der Berechtigung seiner Forderungen völlig überzeugt, schrieb Obermayer dem Landgericht Würzburg bei dieser Gelegenheit Dinge ins Stammbuch, die unter normalen Umständen die zuständigen Juristen wohl zum Nachdenken und Handeln hätten bringen müssen. Was man als den Grundirrtum Obermayers bezeichnen könnte, sein Wegsehen von den Zeichen der Zeit, der unbeirrbare Glaube an den Rechtsstaat, war zugleich der Grund seiner unbekümmerten Stärke im Widerstand gegen die erlittenen Rechtsbeugungen. Seine Beschwerde erreichte natürlich nicht die Strafkammer beim Landgericht Würzburg, sondern wurde wie so viele andere vom Zensor im KL Dachau abgefangen. Wir geben eine längere Passage aus diesem Schreiben wieder:

» ... Ich erhebe hiermit Beschwerde und Widerspruch gegen die Aufhebung des richterlichen Haftbefehls. Gründe: Nach der Strafprozeßordnung, auf die allein sich ein richterlicher Beschluß gründen kann, kommt eine Aufhebung der Untersuchungshaft zu Gunsten polizeilicher Verwahrungshaft nicht in Frage. Die Polizei sei wohl ein Hilfsorgan der Justiz, aber nicht umgekehrt. Es ist deshalb der Beschluß des Untersuchungsrichters ›B‹ vom 15. Oktober [1935] unverzüglich wieder aufzuheben und ich wieder in Untersuchungshaft nach Würzburg zu überstellen, was ich hiermit beantrage. – Wohl steht in Rußland, deutschen Pressestimmen zufolge, die Justiz unter der Vormundschaft der G.P.U., der russischen politischen Polizei, und soll in deren Hand ein zu allem willfähriges Instrument sein. Aber wir sind ja in Deutschland das, wie ich deutschen Zeitungen entnehme, ein Rechtsstaat sein soll, und ich verlange demgemäß als Schweizer und Ausländer die mir gebührende gesetzmäßige Behandlung. –

Weiterhin lehne ich hierdurch den Untersuchungsrichter ›B‹, Landgerichtsrat Stelzner, als befangen ab. Gründe: Nach geltender Rechtsanschauung – ich verweise auf das Blatt der Reichsregierung, den *Völkischen Beobachter* vom 27. August 1935, Beilage ›Der Beamte im Reich‹ – kann ein Mitglied der NSDAP einen jüdischen Richter ohne weiteres als befangen ablehnen. Analog lehne ich als Jude und Schweizer, der ich als Schweizer Staatsbürger selbstverständlich auf dem Boden der demokratischen, republikanischen Schweizer Staatsverfassung stehe, den Untersuchungsrichter ›B‹, Stelzner, als Richter ab, der Mitglied der NSDAP ist, und durch sein Verhalten mir gegenüber hinlänglich bewiesen hat, daß er befangen ist und daß er gemäß der Parteidoktrin der NSDAP auf dem Boden des Rassenhasses und der Voreingenommenheit gegenüber dem Judentum steht.«

Dies schrieb Obermayer zu einer Zeit, als die Juden in Deutschland neuer schwerer gesetzlicher Diskriminierung ausgesetzt wurden: die Nürnberger Rassegesetze waren kaum einen Monat alt. In dem Beschwerdeschreiben führte Obermayer noch andere Beweise für die Befangenheit des Untersuchungsrichters an, z.B. zitierte er, dieser habe ihm gesagt: »Nun können Sie warten, bis ich Sie wieder dran nehme, und übrigens die Untersuchungshaft wird Ihnen nicht angerechnet.« Auch warf er dem Untersuchungsrichter Bruch des Amtsgeheimnisses vor, weil er seine Denkschrift und die darin enthaltenen Beschwerden der Gestapo weitergegeben habe.

In einem weiteren Beschwerdeschreiben an den Würzburger Polizeidirektor Dr. Monglowsky vom 12.11.1935 protestierte Obermayer ebenfalls gegen die rechtswidrige Aufhebung seiner Untersuchungshaft und die Verschleppung nach Dachau. Ferner wandte er sich am 7.12.1935 an den Reichsstatthalter von Bayern mit der Bitte um recht- und gesetzesmäßige Behandlung seines Falles. Nachdem er diesen ausführlich und zum Teil auch ironisch geschildert hatte, appellierte er an Epp:

»Ich verlange von Ihnen, Excellenz, Rechtsschutz: Schutz gegen die Übergriffe der Gerum und Konsorten, Schutz gegen die widerrechtliche Amtsführung des Richters Stelzner, Wiederaufhebung der ungesetzlichen Schutzhaft unter Wiederherstellung der Untersuchungshaft, das mir durch deutsch-schweizerische Verträge zustehende Recht der Verbindung mit meinen schweizerischen Behörden, ferner die mir nach der Strafprozeßordnung zustehende ungehinderte Verbindung mit Angehörigen, Anwalt, Geschäft, Gericht etc. Das kann ich Ihnen sagen: Eine derartige Gefangenenbehandlung wäre in meiner Schweizer Heimat unmöglich. Welches Geschrei würde sich in Ihrer Presse erheben, wenn einem Deutschen dies in Rußland passierte! Glauben Sie, daß solche Dinge bei den großen Kulturnationen Frankreich, England, Italien möglich wären?«

Auch die vorgenannten Beschwerde-Briefe wurden von der Dachauer Postzensur zurückgehalten, und die in ihnen enthaltenen Bemerkungen über die in der NS-Zeit geschändete deutsche »Kultur« wurde dem Verfasser ebenso heimgezahlt wie die in einem gleichzeitigen Brief an seine Schwester vom 12. 11. 1935 geführte Klage, daß es ihm in Dachau an anspruchsvoller Lektüre in den »Kultursprachen« Französisch, Englisch und Italienisch mangele. 21 Tage strenger Arrest waren die Folge. Auch diese nahm Obermayer, wie sich in Anbetracht seines Charakters denken läßt, nicht widerspruchslos hin. In einem am 19. 12. 1935 an den neuen Dachauer Lagerkommandanten SS-Gruppenführer Eicke gerichteten Schreiben protestierte er schärfstens gegen die böswillige Auslegung seines Briefes, und in einer an Heinrich Himmler selbst gerichteten Beschwerdeschrift vom 28. 12. 1935 wiederholte er diesen Protest in provozierender Offenheit:

»Glauben Sie, einem wehrlosen Gefangenen, der Ausländer von Geburt und Schweizer ist, den Begriff des deutschen Kultur- und Rechtsstaates durch 21 Tage strengen Arrest näher zu bringen, ohne ihn vor der Bestrafung gehört zu haben? ... Eine Welt trennt unsere Anschauungen. Wir Schweizer Eidgenossen haben schon 1307 mit den österreichischen Fronvögten abgerechnet und Wilhelm Tell hat Gessler und Gesslerhut beseitigt. Seit dieser Zeit sind wir freie Bürger, keine deutschen Untertanen, und wissen, daß letzten Endes Recht immer wieder über Gewalt siegen wird. An einer Stelle aber müßten wir uns treffen: Bei der Anschauung darüber, was recht und billig ist. Von einem Staat, der Anspruch macht, zu den Kulturstaaten gerechnet zu werden, verlange ich als Jurist Schweizer und westeuropäischer Prägung die unverrückbare Geltung von Recht und Gesetz. Wie vereinbart sich damit der Ausspruch des Herrn Gruppenführers Eicke vom 23. Oktober: ›Wie Sie sehen, ist im Reiche Adolf Hitlers alles möglich!‹ Wie vereinbart sich damit, daß ich am 12. Oktober aus der bestehenden Untersuchungshaft durch die Politische Polizei aus dem Hilfsgefängnis Ochsenfurt des Landgerichts Würzburg unter schwersten Mißhandlungen und Körperverletzungen widerrechtlich weggeschleppt wurde? Sind Ihnen die Rechtswidrigkeiten seitens der Politischen Polizei, Würzburg, bekannt, deren Objekt ich seit vierzehn Monaten, seit dem 31. Oktober 1934 bin? Seit dieser Zeit bin ich im Kerker, ohne vom Richter vernommen zu werden, in Einzelhaft und widerrechtlich in Schutzhaft. Sperrt eine Kulturnation Polizeigefangene 4 (vier) Monate in eine Dunkelzelle? Verweigert man in einem Kulturstaat einem Gefangenen über 7 (sieben) Monate jede Lektüre und die Möglichkeit wissenschaftlicher Fortbildung? Verweigert ein Kulturstaat einem Untersuchungsgefangenen die Möglichkeit der Verbesserung der Ernährung auf eigene Kosten? Hält ein Kulturstaat vom 12. Januar 1935 bis Ende September 1935 und vom 12. Oktober 1935 bis jetzt jegliche Briefe eines Gefangenen zurück, an Familie, Anwalt, Gerichte, Geschäftsbetrieb, Schweizer Behörde etc.? Ruiniert ein Kulturstaat die wirtschaftliche Existenz eines Gefangenen dadurch, daß er ihm jegliche Verbindung mit seinem Wirtschaftsbetrieb abschneidet? Macht ein Kulturstaat die Bestellung eines neuen Anwalts und die Verbindung mit seinen Konsularbehörden unmöglich, die Fühlung mit Familie und sterbender Mutter? Darf in einem Kulturstaat ein Polizeibeamter ungestraft Akten vernichten und ein Richter ungestraft Recht brechen? Macht ein Kulturstaat die Verbindung eines Gefangenen mit den Gerichten unmöglich? Alle diese Fragen richte ich an Sie, Herr Himmler, den verantwortlichen Leiter der deutschen Polizei! ... Schaffen Sie Abhilfe, sorgen Sie für eine Gefangenenbehandlung nach unseren westeuropäischen Begriffen von Recht, Billigkeit, Menschlichkeit...«

III. Ein »Volksschädling«

Mochte auch das meiste von den kühnen Beschwerden, die der Dachauer Gefangene Obermayer an höchste Stellen des Regimes richtete, ins Leere gehen, weil seine Briefe aufgehalten wurden, so blieb das nicht nachlassende Pochen auf rechtsstaatliche Grundsätze doch nicht gänzlich ohne Erfolg.

Der Fall Obermayer, vor allem das ungesetzliche Vorgehen der Politischen Polizei Würzburg bzw. dessen Leiters Gerum, war inzwischen dem Reichsjustizministerium bekanntgeworden, und dieses entschloß sich, der Sache nachzugehen. In dem Ministerium des ehemaligen Deutschnationalen Dr. Gürtner befürchtete man vor allem diplomatische Schwierigkeiten mit dem Schweizer Konsulat. Am 27. November 1935 setzte sich das Reichsjustizministerium mit dem Berliner Geheimen Staatspolizeiamt (Gestapa) in Verbindung, wo Gestapochef Müller sich wiederum an die Zentrale der Bayerischen Politischen Polizei nach München wandte. Daraus ergab sich am 14. Dezember 1935 das folgende, in vollem Wortlaut festgehaltene Tele-Gespräch zwischen den Duz-Freunden Kriminalinspektor Weiß (Bayerische Politische Polizei München) und Kriminalinspektor Gerum (Bayerische Politische Polizei Würzburg), das wir ungekürzt zitieren, auch weil es noch weitere ergänzende Informationen zu der Vorgeschichte liefert:

»Hier München. Bitte Inspektor Gerum für Inspektor Weiß an Apparat.«

»Moment, werde ihn sofort holen.«

»Hier Gerum, Heil Hitler.«

»Hier Weiß, Heil Hitler. SS-Hauptsturmführer Müller [Gestapa] teilte von Berlin soeben folgendes mit:

›In der Angelegenheit Dr. Obermayer teilte der Reichsjustizminister am 27.11.1935 an den Politischen Polizei-Kommissar folgendes mit: Durch das Schreiben vom 15. Oktober 1935 der Polizeidirektion Würzburg wurde dem Untersuchungsrichter in Würzburg bekannt, daß Obermayer am 12. Dezember 1935 im Einverständnis mit der Bayerischen Politischen Polizei aus dem Gerichtsgefängnis Ochsenfurt zum Konzentrationslager Dachau gebracht und dort in Verwahrhaft genommen worden sei. Der Untersuchungsrichter in Würzburg hat daraufhin am 15. Oktober 1935 den Haftbefehl gegen Obermayer mit Zustimmung der Staatsanwaltschaft Würzburg aufgehoben. Die Herausgabe des Obermayer aus der Untersuchungshaft ist vor Aufhebung des Haftbefehls und ohne vorherige ausdrückliche bzw. schriftliche Einholung des Einverständnisses des Untersuchungsrichters und der Staatsanwaltschaft erfolgt. Ein derartiges Verfahren gibt mir zu schweren Bedenken Anlaß. Der in dem Schreiben der Polizeidirektion Würzburg vom 15. Oktober 1935 angegebene Zweck der Verlegung des Obermayer hätte sich durch eine Überführung des Beschuldigten in das Untersuchungsgefängnis München erreichen lassen. Es steht im übrigen zu befürchten, daß sich aus dem Verfahren, weil es unkorrekt ist, diplomatische Verwicklungen ergeben. Die Schweizerische Gesandtschaft ist bereits mit der Angelegenheit befaßt.

Es ist vom Gestapa Berlin beabsichtigt, an das Reichsjustizministerium dem Sinne nach zu berichten, daß gemäß ausdrücklicher Weisung des Stellvertretenden Chefs der Gestapa Berlin die Zurückführung des Dr. Obermayer nach Dachau nur im Benehmen und mit der Zustimmung des Untersuchungsrichters hätte erfolgen dürfen, daß aber durch ein Mißverständnis diese Zustimmung erst nachträglich erwirkt worden ist. Ich bitte um Stellungnahmen und zugleich um Mitteilung des genauen Datums der Überführung des Dr. Obermayer nach Dachau‹.

Wenn ich mich erinnere, ist vor der Überführung des Dr. Obermayer von dort aus mit dem Untersuchungsrichter gesprochen worden, der mit einer Überführung nach Dachau einverstanden war. Wie war diese ganze Sache?????.«

[Gerum:] »Ich habe am 9. Oktober 1935 mit Fernschreiben Nr. 2157 Stabsführer Dr. Stepp davon verständigt, daß der Untersuchungsrichter den Obermayer nach Ochsenfurt überführen ließ, um zu verhindern, daß Obermayer in Würzburg im Untersuchungsgefängnis Greuelpropaganda betreibt. Dem Obermayer gelang es in Ochsenfurt, umfangreichen Greuelbericht zu erstellen und dem Hochgrad-Freimaurerjuden Rosenthal, seinem Rechtsvertreter, diese Greuelschrift bekanntzugeben. Der Untersuchungsrichter selbst war es, der mich bat, ihn bei den Vernehmungen zu begleiten, da er allein mit Obermayer nicht fertig wird. Er selbst machte den Vorschlag, den Obermayer wieder in Schutzhaft zu nehmen. In einem weiteren Fernschreiben vom 12. Oktober 1935, Nr. 2189, an Staf. Dr. Stepp ersuchte ich neuerdings, den Obermayer in Schutzhaft zu nehmen, da keine Gewähr für die Verhinderung von Greuelpropaganda in Ochsenfurt gegeben war. Ich hatte eine eingehende Aussprache am 11. Oktober 1935 mit Staatsanwalt Maginot, Staatsanwalt Dr. Linz und dem Untersuchungsrichter Dr. Stelzner. Alle drei waren sich darüber einig, daß Obermayer möglichst rasch abzuurteilen sei. Es wurde davon gesprochen, daß man mit dem Vorsitzenden des Gerichts bereits Fühlung genommen habe, damit Obermayer die Höchststrafe von 15 Jahren Zuchthaus und Sicherungsverwahrung auf Lebenszeit erhält und daß es unbedingt notwendig sei, den Obermayer der Politischen Polizei wieder zu übergeben, da Obermayer als Jurist die Strafprozeßordnung in einem Maße für sich in Anspruch nimmt, die für das Gericht untragbar ist und keine Gewähr dafür geboten ist, daß Obermayer nicht weiter Greuelpropaganda treibt. Untersuchungsrichter Stelzner betonte in meiner Gegenwart, daß er *sofort* seinem Sekretär Söldner, der bei dem Gespräch anwesend war, den Auftrag gebe, die Aufhebung des Haftbefehls sofort vorzubereiten und daß man selbstverständlich einverstanden damit sei, daß Obermayer nach Dachau komme. Ich habe demzufolge am nächsten Tage in München angerufen, mitgeteilt, daß der Untersuchungsrichter den Haftbefehl aufhebe und damit einverstanden sei, daß Obermayer überführt werde. Daraufhin habe ich von München das Einverständnis zur Überführung erhalten. Ich habe daraufhin den Vorstand des Amtsgerichtsgefängnisses in Ochsenfurt telefonisch verständigen wollen, daß Obermayer nach Dachau überführt wird. Ich konnte aber den Vorstand nicht erreichen, weshalb ich der Gendarmerie den Auftrag erteilte, sowohl den Verwalter des Gefängnisses wie auch den Gefängnisvorstand entsprechend zu verständigen. Den Untersuchungsrichter konnte ich an diesem Tage nicht verständigen, da sich dieser auf einer auswärtigen Dienstreise befand. Ich habe Obermayer nach Dachau überstellt. Nach meiner Rückkunft und nachdem ich dem Untersuchungsrichter mitgeteilt hatte, daß sich Obermayer in Dachau befindet, war dieser zwar damit einverstanden, da er ja zu seinem Wort stehen mußte, meinte aber, er hätte über die Sache geschlafen und er fürchte, daß das Reichsjustizministerium evtl. Bedenken äußern könne. Diese Bedenken sind geäußert worden, nachdem Stelzner nach Berlin reiste und sich scheinbar dort unmöglich benahm. Er selbst sagte mir erst vor einigen Tagen, daß er in allen Stücken im Reichsjustizministerium recht bekommen hätte und daß die Leute überhaupt nicht wissen, wer Obermayer ist. Es ist dort nicht bekannt, daß der Mann hunderte von jungen Leuten systematisch verführte, ein Verbrecher schlimmster Sorte ist und wie eine Bestie vernichtet gehört. Es erscheint sonderbar, daß die Schweizerische Gesandtschaft, nachdem sie in Würzburg hörte, daß Obermayer ein Schweinehund ist, nunmehr in Berlin vom Justizministerium eine gegenteilige Meinung äußern soll. Wie mir Stelzner mitteilte, soll ein Beamter Ebert oder so ähnlich, im Vorzimmer des Freisler nicht gerade sehr gut auf das Gestapa zu sprechen sein. Dieser Beamte scheint zu beabsichtigen, wegen des Schweinehundes Obermayer dem Gestapa eins auszuwischen. Ich bitte, dem Gruppenführer noch mitzuteilen, daß Obermayer selbst im Konzentrationslager Greuelberichte verfaßt, die mir vom Lagerkommandanten zugeschickt werden und sich hier bei mir im Akt befinden und worin Obermayer Deutschland in unerhörtester Weise beleidigt und beschmutzt. Obwohl der Vorsitzende des Gerichts hier und die Staatsanwaltschaft schon mit allen Mitteln darauf drängen, daß Obermayer möglichst innerhalb [von] vier Wochen verurteilt wird, macht Stelzner in dieser Beziehung nicht mehr mit, will einen Monsterprozeß konstruieren, hat bereits 68 Leute angeklagt und reist in Deutschland umher, um weitere hunderte von Leuten in die Affaire mit hineinzuziehen. Dies hat alles keinen Zweck, Obermayer muß allein vor Gericht verurteilt werden unter vollstem Ausschluß der Öffentlichkeit, denn von seiner Gefährlichkeit haben nur die eine Ahnung, die den Fall bearbeiten. Ich hoffe, daß ich Dir ausführlich genug den Fall schilderte. Ich glaube ja, Du hast ja auch die Akten in München bei Hand, so daß Du einen entsprechenden Bericht verfassen kannst.«

[Weiß:] »Gut, vielen Dank, Heil Hitler.«

[Gerum:] »Heil Hitler.«

III. Ein »Volksschädling« 95

Die gewundenen Erklärungen, die Gerum seinem Münchener Gestapo-Kollegen über die Umstände der Aufhebung der Untersuchungshaft Obermayers und dessen Überstellung nach Dachau in diesem Gespräch abgab, zeigen mit eindringlicher Deutlichkeit, wie sehr sich in diesem Fall der Gestapo-Mann zum Herr der Szene gemacht und die Justiz an die Wand gedrückt hatte. Das Gespräch dokumentiert aber auch die erbärmliche Schwäche und Nachgiebigkeit der mit dem Fall befaßten Würzburger Justizbehörden. Vor allem aber wird wiederum deutlich, wie sehr der Würzburger Gestapo-Chef das Licht der Öffentlichkeit bei seinem Vorgehen scheute. Schon die Idee eines vor Gericht gegen Obermayer wegen dessen angeblicher Straffälligkeit nach § 175 geführten Prozesses, um den sich der Würzburger Untersuchungsrichter bemühte, brachte den Gestapochef zur Verzweiflung. Die Anfrage des Reichsjustizministeriums hatte tatsächlich dazu geführt, daß Gerum es mit der Angst zu tun bekam, Angst vor einem jüdischen Häftling.

In der Tat entstanden Gerum »Schwierigkeiten« – wie er das nannte. So ließ ihn der Staatsanwalt kommen und verlangte die Herausgabe des Obermayer-Berichts. Gerum behauptete lügnerisch, dieses Schriftstück vernichtet zu haben. Daß Gerum lieber das Amtsvergehen der Aktenvernichtung auf sich nahm als das Risiko, den Bericht aus der Hand zu geben, daran kann abgelesen werden, für wie gefährlich der Gestapochef diesen Bericht Obermayers noch immer hielt.

Auch in der Münchener Zentrale der Bayerischen Politischen Polizei schien man sich von Gerum zu distanzieren. Jedenfalls blieben dessen Bitten, die Sache in München persönlich zu erklären dürfen, zunächst ungehört.

Hingegen konnte der neue Anwalt Obermayers, Dr. Ufer, Vertrauensanwalt des Schweizerischen Konsulats in München, durchaus gewisse Erfolge für seinen Klienten verbuchen. Am 4. Februar 1936 schrieb er – überoptimistisch – an die Schwester Obermayers:

»Er sieht nicht gerade gut aus und wenn er mir sagt, er habe 40 Pfund abgenommen, so muß ich das wohl ohne weiteres glauben, wenn ich ihn bloß mit seinen früheren Fotografien vergleiche. Immerhin aber ist er gesund und in guter geistiger und seelischer Verfassung, so daß er die verhältnismäßig kurze Zeit, die voraussichtlich noch bis zur endgültigen Erledigung der Angelegenheit vergehen wird, wohl hoffentlich ohne Dauerschaden übersteht. Nach dieser Richtung hoffe ich aufgrund der Schritte, die ich eingeleitet habe, daß das gerichtliche Verfahren nunmehr beschleunigt durchgeführt und dann Ihr Bruder in einigen Monaten frei und aus Deutschland ausgewiesen wird. Allerdings müßte Ihr Bruder seine Verteidigungsweise grundsätzlich ändern und meinen Ratschlägen in allen Punkten folgen. Er meint durch fortwährende Beschwerden und kleinliche Klagen über Gericht und Polizei sein Los bessern zu können. Das ist aussichtslos. Er muß sich in die Verhältnisse schicken, wird aber in diesem Fall, nötigenfalls mit Hilfe des Konsulats, durch meine Hilfe verhältnismäßig sehr bald seine Freiheit wiedererhalten.«

Wie wenig Obermayers Selbstbewußtsein durch die lange Haftzeit Schaden genommen hatte, zeigte sich, als die Universität Frankfurt ihm Anfang Februar 1936 die Doktorwürde aberkannt hatte. Obermayer schrieb daraufhin am 12. Februar 1936 an den »Rat der Universität Frankfurt/Main«:

»Es ist in Rechtsstaaten nicht üblich, jemandem die Ehre abzusprechen oder ihm unwürdiges Verhalten vorzuwerfen, bevor er rechtskräftig verurteilt ist. Ich bin bis jetzt weder Angeklagter noch rechtskräftig verurteilt. Vorwürfe nach § 176 Str.G.B. werden gegen mich nicht mehr erhoben.
Es dürfte auch Ihnen bekannt sein, daß eine Promotion keine Titelverleihung darstellt, also keine einseitige Willenserklärung ist, die der Titelverleiher jederzeit widerrufen kann. Ich habe

im Februar 1918, als die Universität Frankfurt/M. noch königlicher Aufsicht unterstand, aufgrund einer freien wissenschaftlichen Arbeit und einer wissenschaftlichen Prüfung mit großer Auszeichnung zum Doktor der Staatswissenschaften promoviert und zwar unter Zugrundelegung der damaligen Promotions- und Prüfungsordnung, die für mich ausschließlich verbindlich ist. In der mir ausgehändigten Prüfungsordnung, die allein für mich maßgebend ist, ist der von Ihnen zitierte § 10a der Promotionsordnung nicht enthalten, eine evtl. Entziehung der Doktorwürde würde ich als für mich nicht verbindlich auch nicht anerkennen. Was Sie mit Ihren deutschen Untertanen machen ist Ihre Sache. Ich verlange als Schweizer Staatsbürger was rechtens ist.«

Am Schluß des Schreibens nannte Obermayer ihm bekannte Namen von Rektoren und Professoren deutscher Universitäten, die wegen Vergehen gegen die Paragraphen 174/175 »rechtskräftig verurteilt« wurden, und stellte die rhetorische Frage: Hat man diesen Gelehrten deswegen »ihre akademischen Grade und Würden abgesprochen«?

Obermayers Reaktion auf die Mitteilung der Frankfurter Universität war auch deswegen so erbittert, weil er nach wie vor davon ausging, daß die Art seiner homoerotischen Beziehungen ihn nicht straffällig gemacht habe und er ihre offene, wahrheitsgemäße Darlegung auch vor Gericht nicht zu scheuen brauche.

Die in Wirklichkeit sehr bescheidenen Erfolge, die Obermayers Anwalt Dr. Ufer für seinen Klienten hatte erreichen können, lösten sofort neue wütende Reaktionen des Würzburger Gestapochefs Gerum aus. Sie zeigen, wie sehr Gerum den Fall zu seiner persönlichen Sache gemacht hatte. Am 18.3.1936 adressierte er ein neues Fernschreiben an seinen Freund Weiß in München:

»Vertraulich kann ich Dir mitteilen, daß Rechtsanwalt Dr. Ufer scheinbar ein großes Schwein ist. Ich habe hier verschiedene Schriftstücke, die er an die Schwester des Obermayer richtete, vertraulich erhalten und festgestellt, daß er den Verwandten des Obermayer mitteilt, daß dieser in einigen Monaten durch seine Tätigkeit frei sein wird. Er (Ufer) habe diesbezüglich mit Standartenführer Dr. Stepp verhandelt. Demzufolge geht hier in Würzburg unter der Judenschaft das Gerücht herum, daß Obermayer schon in den nächsten Tagen frei sein wird, da sich der Vorstand der Bayerischen Politischen Polizei von der Unschuld des Obermayer durch den Rechtsanwalt habe überzeugen lassen. Dr. Ufer hat weiterhin versucht, die gesamten Vermögensstücke des Obermayer durch dessen Verwandtschaft sichern zu lassen. Ich habe deshalb die gesamten Weinlager des Obermayer beschlagnahmt und vorläufig sichergestellt. Der stellvertretende Untersuchungsrichter bei dem Landgerichte Würzburg, Landgerichtsrat Stelzner, hat keine Möglichkeit mit einer Sicherstellung des Vermögens vorzugehen. Gesetzlich kann er diese Sache nicht begründen. Er ist aber auch der Meinung, daß es sehr wünschenswert wäre, wenn die hohen Gerichtskosten gesichert würden. Dies habe ich heute getan und zwar mit folgender Begründung:

Die Verwandten des Obermayer versuchen das Vermögen des Obermayer verschwinden zu lassen. Das Personal des Obermayer ist mit der Liquidation des Geschäftes beauftragt und bietet nicht die Gewähr dafür, daß das Vermögen ordnungsgemäß verwaltet wird. Aus diesen Gründen war es notwendig, für Obermayer das Vermögen sicherzustellen, da er sonst ganz bestimmt bei seiner Einstellung den deutschen Staat für die Verschleuderung seines Vermögens verantwortlich macht. Dem habe ich vorgebeugt. Ob sich rechtlich die Beschlagnahme aufrechterhalten läßt, weiß ich nicht. Ich bitte Dich, mit Standartenführer Dr. Stepp oder Flesch darüber zu verhandeln. Auf keinen Fall darf zugelassen werden, daß die hohen Gerichtskosten, es dürften ca. 20000 RM anfallen, wegen der schließlichen Zahlungsunfähigkeit des Obermayer dem Staat zur Last gehen. Das Weinlager dürfte heute noch diesen ungefähren Wert besitzen. Ich kam heute gerade noch recht, wie eine große Anzahl Kisten Wein zu Schleuderpreisen weggebracht werden sollten. Die Gelder, die bisher für den verkauften Wein eingenommen wurden, sind restlos verbraucht und nicht mehr vorhanden. Ich bitte um Äußerung.«

Weiß suchte Gerum in seinem Antwortfernschreiben vom 18.3.1936 zu beruhigen. Er berichtete, daß er bei der Besprechung des Dr. Ufer mit Standartenführer Dr. Stepp selbst anwesend gewesen sei und deshalb wisse, daß Ufer zwar den Vorschlag gemacht habe, die Angelegenheit Obermayer als erledigt zu betrachten und ihn aus dem Reichsgebiet auszuweisen, eine Zusage habe er aber nicht erhalten. Auch habe die Münchener BPP, als sie aufgrund einer Note des Schweizerischen Generalkonsulats in München an das Auswärtige Amt gezwungen war, gegenüber der Bayerischen Staatskanzlei Stellung zu beziehen, sich gegen eine Aufhebung der Schutzhaft ausgesprochen. Was aber Gerum mit gutem Grund am meisten fürchte, daß Obermayer seine Beschwerde über das Lager Dachau vorbringe, das suche Dr. Ufer selbst zu verhindern, weil er die Ansicht hege, daß dies der Sache Obermayers nicht dienlich sei.

Diese Mitteilung beruhigte Gerum aber keineswegs. Nur eine Stunde später sandte er folgendes Panik-Telegramm an Weiß:

»Soeben erfahre ich durch den stellvertretenden Untersuchungsrichter bei dem Landgerichte Würzburg, Landgerichtsrat Stelzner, daß Rechtsanwalt Dr. Ufer zur Schweizerischen Gesandtschaft nach Berlin fährt und auch dort beim Gestapa entweder beim Reichsführer SS Himmler oder bei Gruppenführer Heydrich vorsprechen will, um die Freilassung des Obermayer zu bewerkstelligen. Ich kann Dir mitteilen, daß dem Ufer scheinbar jeder Geldbetrag versprochen wurde, wenn er Obermayer freikommt und Ufer in seiner Geldgier alles tut, um zu diesem Ziele zu gelangen. Dies diene Dir zur Kenntnis.«

In eine mißliche Lage kam Gerum auch, weil er ohne zureichenden Rechtsspruch das der Schwester Obermayers übertragene Weinlager und die ihr ebenfalls übertragene Bibliothek des Bruders hatte beschlagnahmen lassen. Weiß, der sich nach diesem Sachverhalt und auch nach dem Verbleib der Denkschrift Obermayers am 2. 4. 1936 beunruhigt erkundigte, erhielt eine gewundene Antwort, teilweise verlogen und gespickt mit wütenden Ausfällen Gerums:

»Ich muß doch wieder einmal nach München und diesen Kerl in eigene Behandlung nehmen, um ihm seine Frechheit auszutreiben. Die Denkschrift ist selbstverständlich beseitigt. Die Generalstaatsanwaltschaft wollte sie von mir, der Oberstaatsanwalt in Würzburg und der Untersuchungsrichter. Keiner wird sie bekommen.«

Als Rechtsanwalt Dr. Ufer einen Vertrag vorlegen konnte, aus dem hervorging, daß das gesamte Vermögen der Firma Obermayer schon 1927 der Schwester des Häftlings übereignet worden war, drängte Weiß seinen Würzburger Kollegen zum Nachgeben und zu schleuniger Aufhebung der Beschlagnahme, »damit nicht beim Schweizer Konsulat der Eindruck erweckt wird, daß in dieser Sache rein willkürlich gehandelt wird« (Fernschreiben vom 21. 4. 1936). Einen Tag später verlangte er, noch kategorischer, von Gerum »dringend eine Aufstellung über die beschlagnahmten Bücher sowie einen Beschlagnahmebeschluß unter Anführung der gesetzlichen Bestimmungen, aufgrund deren die Beschlagnahme erfolgt ist«.

Gerum sah sich jetzt gezwungen, in dieser Frage nachzugeben. Er versprach das Verlangte, auch die Aufhebung der Beschlagnahme, und wütete gleichzeitig in seinem Antwort-Fernschreiben gegen Obermayers Anwalt:

»Dr. Ufer ist also doch ein Schwein ... Hoffentlich können wir ihm in der Zukunft seine Anteilnahme an dem Juden entsprechend ankreiden« (Fernschreiben vom 22. 4. 1936).

Diese Rückzüge der Gestapo bedeuteten für Obermayer und seine Schwester aber nur geringe Erfolge auf Nebenschauplätzen. In der Hauptsache kam der Dachauer Häftling nicht weiter. Als er z. B. 1936 in einem anderen Verfahren als Zeuge vernommen wurde und bei dieser Gelegenheit auf seine Lage aufmerksam machte und den

Generalstaatsanwalt bat, darauf hinzuwirken, daß er in Untersuchungshaft überführt werde, weil er im KL Dachau körperlich mißhandelt werde, wovon sich der Generalstaatsanwalt Dr. Schneider selbst überzeugen konnte, da die Wunden an Obermayers Händen immer noch recht gut zu sehen waren, verlief diese Petition dennoch im Sande, weil Dr. Schneider sie auf dem Behördenweg an den Würzburger Landgerichtsrat Stelzner weiterleitete, der sich mit Gerum und dieser wiederum mit Weiß besprach. Damit hatte die Sache ein Ende.

Inzwischen hatte Obermayer auch beantragt, den Schweizer Konsul sprechen zu dürfen und sich Schweizer Rechtsanwälte bedienen zu dürfen.

In diesem Zusammenhang kam es tatsächlich zu einer Besprechung zwischen dem Schweizer Konsul und Obermayer. Dabei zeigte sich freilich – zum Entsetzen Obermayers –, daß die schweizerische Vertretung wie sein Anwalt Dr. Ufer für den »homosexuellen Juden« sich nur begrenzt einzusetzen bereit waren. Dem Konsul wie Obermayers Verteidiger lag offensichtlich viel daran, daß Obermayer seine Absicht, sich über die Zustände in dem KL Dachau zu beschweren, fallenließ. Beide waren anscheinend der Meinung, daß das anhängige Verfahren wegen § 175 für Obermayer glimpflicher ausgehen würde, wenn Obermayer sein auf das Recht pochende Verhalten aufgeben und statt dessen durch entsprechende Zurückhaltung auf Gnade bauen würde. So sah es auch der Vorsitzende des Würzburger Gerichts, der ankündigte, daß »19 Jahre und Sicherheitsverwahrung herauskommen und er in aller Schärfe durchgreifen wird, wenn Obermayer sich in sein Schicksal nicht fügen will« (Fernschreiben vom 29.6.1935).

Diese schockierende Äußerung eines Richters macht deutlich, daß letzten Endes auch die Justiz gewillt war, Obermayer drastisch zu bestrafen, wenn er nicht bereit sei, die ihm als Jude und Homosexuellem auferlegten Diskriminierungen hinzunehmen, gleichgültig wie es mit der rechtlichen Beweisführung bestellt war.

Daß Obermayers Gegenspieler gerade aber damit ihre Schwierigkeiten hatten, zeigt u.a. die Tatsache, daß der Reichsanwalt beim Volksgerichtshof das gegen Obermayer wegen Landesverrats anhängig gemachte Ermittlungsverfahren Anfang Juni 1936 einstellen mußte.

Eine gravierende Lageverschlechterung für Obermayer ergab sich aber wenig später, Anfang Juli 1936, als Untersuchungsrichter Stelzner angeblich »einwandfrei« feststellte, daß Obermayer außer der schweizerischen auch die deutsche Staatsangehörigkeit besitze. Gerum beeilte sich, das frohlockend der Bayerischen Politischen Polizei München mitzuteilen (8.7.1936), überzeugt davon, daß dieses neue Moment gegen Obermayer glänzend verwertet werden könne. Gerums Duz-Freund Weiß, inzwischen allerhand gewohnt von seinem Würzburger Kollegen, blieb mißtrauisch und fragte zurück, worauf sich diese Mitteilung stütze. Er bekam anscheinend keine Antwort. In der Tat handelte es sich nur um eine Behauptung, recht oberflächlich gestützt auf eine Auskunft des Würzburger Bürgermeisters. Sie erhielt dennoch in dem Prozeß gegen Obermayer stärkste Bedeutung.

Doch vorher schien es ein letztes Mal so, als könne sich das Blatt für Obermayer doch noch zum Besseren wenden. Staatssekretär Joel vom Reichsjustizministerium hatte den Würzburger Oberstaatsanwalt Dr. Schröder angerufen und angeordnet, Obermayer sofort in Untersuchungshaft zu nehmen und von München nach Würzburg zu überführen; beschleunigte Erledigung sei dringlichst empfohlen, da sich di-

III. Ein »Volksschädling« 99

plomatische Schwierigkeiten ergeben hätten. Ängstlich fragte Gerum bei Weiß an, was die Zentrale der BPP zu tun gedenke, und erhielt die kühle Antwort, wenn eine Weisung vom Justizministerium vorliege, werde sich eine Überführung des Obermayer wohl nicht mehr umgehen lassen (Fernschreiben vom 22.9.1936).

Tatsächlich wurde Obermayer am 24.9.1936 von Dachau in das Landgerichtsgefängnis in Würzburg überführt, nachdem der Schutzhaftbefehl aufgehoben worden war. Kriminalinspektor Weiß brachte ihn persönlich im Kraftwagen nach Würzburg. Bei dieser Gelegenheit erfuhr Obermayer wohl auch, wie seine und seines Verteidigers Anfang September vorangegangenen Anträge auf Überführung in Untersuchungshaft vom Vorsitzenden der Kammer behandelt worden waren. In seiner im Würzburger Untersuchungsgefängnis verfaßten Beschwerde an Reichsjustizminister Gürtner vom 29.10.1936 hieß es dazu:

»Ca. 14 Tage später eröffnete mir der Leiter der Dienststelle II zur besonderen Verwendung der Gestapo München, Herr Inspektor Weiß schmunzelnd – ich versage es mir, weiteres dem Ansehen der Justiz Abträgliches zu berichten, – der Vorsitzende [der Kammer] Dr. Förtsch hätte bei ihm um Erlaubnis nachgefragt, ob die Gestapo damit einverstanden sei, wenn er, der Richter, meinem und Dr. Ufers Antrag wegen § 299 ST.P.O. stattgebe oder ob die Gestapo Bedenken dagegen hätte!! Kommentar erlasse ich mir. – Auf Monitum von Dr. Ufer – seit dem Antrag waren annähernd 3 Wochen verstrichen – rescribierte der Richter Dr. Förtsch endlich sein Einverständnis. Er habe angenommen, ich hätte mit Dr. Ufers und meinem Antrag »nur schikanieren« wollen! ... Ist der Vorsitzende unabhängiger Richter oder ist er Untergebener der Gestapo und hat deren Weisungen zu gehorchen ... Ist die Justiz noch Herr in ihrem Haus oder ist sie ein willenloses Instrument der Gestapo?«

Das Wunder war also geschehen. Obermayer hatte es ein zweitesmal geschafft, sich den Fängen der Gestapo zu entziehen und als Untersuchungshäftling dem Gericht unterstellt zu werden. Er machte aber bald einschlägige Erfahrungen, wie wenig sich sein Rechtsschutz dadurch verbessert hatte. Als er bald nach seiner Einlieferung als Untersuchungsgefangener in Würzburg nach einem Geistlichen verlangte, wurde er durch Oberstaatsanwalt Schröder einem »hochnotpeinlichen« Verhör unterzogen. Der Vorfall veranlaßte Obermayer, sich schriftlich gegen die dabei geschehene Diffamierung als Jude zu verwahren und dem Oberstaatsanwalt vorzuhalten, wie die Justiz ihn behandelt habe. Wir bringen auch dieses aufschlußreiche Schreiben vom 17.10.1936 in voller Länge:

»Herr Oberstaatsanwalt! Aus unserer Unterredung von heute Vormittag, Seelsorge betreffend, mußte ich ersehen, daß ich nach wie vor leider, veranlaßt durch ein nicht berechtigtes Mißtrauen mehr oder weniger nicht als Justiz- sondern als politischer Staatsgefangener betrachtet und behandelt werde.

Jedem Gefangenen einer anderen Konfession steht ohne hochnotpeinliches, religiöses Inquisitorium der Zuspruch des Geistlichen seiner Konfession zur Verfügung. Mir legen Sie, Herr Oberstaatsanwalt, die Gretchenfrage vor: ›Nun sag, wie hast Du's mit der Religion?‹ Ich bedauere, auch hierin eine Diffamierung meines Glaubens sehen zu müssen. Glücklicherweise konnte ich Ihnen in dieser Beziehung beruhigende Erklärungen abgeben, sonst müßte ich vielleicht gar noch das Schicksal der Renate Singerin von Würzburg-Oberzell besorgen. Würzburg hat ja den ›Ruhm‹, 1743 die letzte ›Hexe‹ in Deutschland lebendig verbrannt zu haben.

Ich hoffe, Herr Oberstaatsanwalt, daß Sie aus unseren bisherigen Besprechungen den Eindruck gewonnen haben, daß Sie keinen größeren Mißgriff machen können, als wenn Sie mich mit Mißtrauen und zweifachem Maße behandeln. Bedenken Sie: Ich als Schweizer deutscher Muttersprache gehöre ebenso wie Sie dem deutschen Kulturgebiet und Kulturkreis an. Je anständiger und gerechter ich behandelt werde, desto weniger habe ich Veranlassung, Haßgefühle, die mir die Politische Polizei andichtet, gegen Deutschland überhaupt nur in Betracht zu ziehen. Daß es bei der Politischen Polizei, Richtern, Staatsanwälten, Justizbeamten etc. Amtsverbrecher gibt, das hatte ich am eigenen Leibe Gelegenheit festzustellen. Daß sich unter meinen Glaubensgenossen und Landsleuten ebenso wie unter den Ihren Verbrecher jeder Art befinden, werden Sie ebensowenig wie ich leugnen. Aber es müßte eines gebildeten Menschen unwürdig sein, es der Allgemeinheit anzukreiden, was der Einzelne verbrochen hat.

In der Wahrung meiner Rechte und in der Ablehnung jeder Diffamierung als Jude bin ich unnachgiebig, auch auf die Gefahr hin, mir dadurch in der Jetztzeit zu schaden. In puncto Recht und Gleichheit vor dem Gesetz lehne ich jetzt und künftig jeden Kompromiß ab. Ich weise auch die Unterstellung, daß ich irgendwie ein Rechtsgut verletzt hätte, zurück. Ich hoffe, daß auch für Ihr Land Deutschland der Tag kommen wird, wo man die Bestrafung der Homosexualität auf die gleiche Stufe wie die letzte Hexenverbrennung in Oberzell stellen wird. Vielleicht ist Ihnen bekannt, daß bis ca. 1862 in Bayern jede homosexuelle Betätigung straffrei war.

Ich bedauere, daß Herr Staatsanwalt Steeger mir mit großer Befangenheit gegenübertritt. Ich würde im Interesse der sachlichen Verhandlungsführung es begrüßen, wenn ein anderer Referent die Anklage vertreten würde, da Herr Staatsanwalt Steeger zum Personenkreis der unseligen zwei letzten Jahre gehört. Ich bitte deshalb einen anderen Referenten, sofern dies möglich ist einen homonovus – mit dieser Aufgabe zu betrauen, wobei ich Sie nochmals auf die Ihnen gezeigte Anklageschrift verweise.

Daß die Justiz mich bisher als Juden diffamierte und mit zweifachem Maße behandelte, werde ich Ihnen demnächst belegen und unterbreiten.«

Das Verfahren gegen Obermayer wegen angeblich strafwürdiger homosexueller Beziehungen vor dem Landgericht Würzburg begann nun im Herbst 1936 seine Schatten vorauszuwerfen. Oberstaatsanwalt Schröder, ein in der Wolle gefärbter Nationalsozialist, hatte, wie wir schon gehört haben, durch systematische Vernehmungen Dutzender ehemaliger Freunde Obermayers alles darauf angelegt, einen großen Schauprozeß gegen den Juden zu führen. Die angeblichen Vergehen Obermayers lagen lange zurück, und es ist sehr fraglich, ob sie unter normalen Rechts- und Justizbedingungen, und ohne die erst nach 1934 vorgenommene strafrechtliche Erweiterung des Begriffs homosexueller Beziehung mit Minderjährigen als Anklagepunkte gegen Obermayer überhaupt hätten ins Feld geführt werden können. Obermayer selbst beharrte stets darauf, daß die zärtlichen Beziehungen, die er vor seiner Verhaftung im Jahre 1934 mit jugendlichen Freunden gehabt hatte, nie die vom Strafgesetz gezogenen Grenzen überschritten hätten.

Es war aber evident, daß es in diesem Fall, ein Jahr nach den Nürnberger Gesetzen und angesichts der Dauerpropaganda, die der *Stürmer* und andere NS-Hetzblätter mit pornographischer Wollust immer wieder gerade dem Thema der jüdischen Sexualität widmeten, längst nicht mehr um eine wahrheitsgemäße Aufklärung dieser homoerotischen Beziehungen Obermayers ging, sondern darum, diesem Juden den Prozeß zu machen, um für die nationalsozialistische Haß-Karikatur vom schmierigen, ekelhaften jüdischen Sexualverführer ein ›Beweisstück‹ vorführen zu können. Das jedenfalls scheint den nationalsozialistischen Würzburger Ankläger, Oberstaatsanwalt Schröder, vor allem vorgeschwebt zu haben. Dabei plagte ihn, und noch mehr den Würzburger Gestapochef Gerum, aber zunehmend die Sorge, Obermayer und seinem Anwalt Dr. Ufer könne es gelingen, durch Enthüllungen von Rechtsbeugungen, die der Beschuldigte erlitten hatte, den Prozeß gegen seine Verfolger und Ankläger zu wenden. Vor allem auch die – wegen der Schweizer Staatsangehörigkeit Obermayers und der folglich zu befürchtenden Intervention Schweizer Rechtskonsulenten und Behörden – auf den Fall gelenkte besorgte Aufmerksamkeit des Reichsjustizministeriums schien dem

Würzburger »Gespann« Gerum-Schröder außerordentlich hinderlich.

Am 31.10.1936 ließ Gerum deswegen ein erneutes Fernschreiben an seinen Kollegen, den inzwischen zum Oberinspektor beförderten Münchener BPP-Beamten Weiß, herausgehen:

»Streng vertraulich teile ich mit, daß mir Oberstaatsanwalt Schröder Beschwerden des Rechtsanwalts Dr. Ufer (München) an das Reichsjustizministerium vorlegte, aus denen hervorgeht, daß Dr. Ufer die Interessen des Obermayer in einer Weise wahrnimmt, die weit über das Maß dessen hinausgeht, was einem Rechtsanwalt zusteht. Es besteht der dringendste Verdacht, daß Dr. Ufer mit dem neuernannten Vormund des Dr. Obermayer, dem Schweizer Notar Rippmann, in brieflicher Verbindung steht und diesen über den Verlauf des Prozesses und insbesondere über die dem Dr. Ufer von Obermayer mitgeteilten Greuelnachrichten Mitteilung macht. Der Oberstaatsanwalt würde es sehr begrüßen, wenn in innigster Zusammenarbeit mit ihm sofort Postüberwachung über Dr. Ufer verhängt werden könnte. Ich bitte deshalb, von dort aus die Postüberwachung zu veranlassen. Ich habe inzwischen auch über Obermayer hier Postüberwachung verhängt. Auf keinen Fall darf aber die Justizbehörde genannt werden. Zur weiteren Information teile ich mit, daß Dr. Ufer in einem Schriftsatz an das Reichsjustizministerium mitteilt, daß Kriminalinspektor Weiß gesagt habe, das Verfahren des Obermayer sei eine Groteske und habe sich über die Justizbehörden lächerlich gemacht. Das Reichsjustizministerium hat diese Äußerung des Rechtsanwalts Dr. Ufer dem Oberstaatsanwalt in Würzburg zugeleitet und der Oberstaatsanwalt hat mich diesen Brief des Rechtsanwalts Dr. Ufer lesen lassen. Ich habe den Oberstaatsanwalt veranlaßt, ganz energisch eine solche Verleumdung eines Beamten der Geheimen Staatspolizei zurückzuweisen und habe erklärt, daß Kriminalinspektor Weiß gar keine Veranlassung hätte, einen solchen Vorwurf zu erheben und daß es sich hier lediglich um Äußerungen des Rechtsanwalts Dr. Ufer drehe, die dieser von sich aus gemacht habe und die eine Unverschämtheit sondersgleichen darstellten. Ich komme am Dienstag nach München und werde mit Inspektor Weiß alles nähere persönlich besprechen.«

Inzwischen war die Verhandlung gegen Obermayer auf den 9. Dezember 1936 angesetzt worden. Der nunmehr feststehende Termin veranlaßte Gerum, die mit dem Fall befaßten Würzburger Justizbeamten aufzusuchen und mit ihnen vorab festzulegen, mit welchen Mitteln man möglichen peinlichen Eventualitäten des Prozesses begegnen könne. Der Fernschreibbericht, den Gerum hierüber am 4. November 1936 seinem Freund Weiß in der Staatspolizeistelle München erstattete, gibt seltenen Einblick in die Interna solcher Vorabsprachen zwischen Gestapo und Justiz im Dritten Reich:

»In Sachen Dr. Obermayer habe ich sowohl mit dem Oberstaatsanwalt, wie mit dem Landgerichtsdirektor Förtsch gesprochen. Beide lehnen den schweizerischen Vormund des Obermayer ab, sind aber der Ansicht, daß derselbe, wenn er nicht Jude ist, als Zuhörer zuzulassen sei, damit nicht der Anschein erweckt würde, als ob hier etwas zu verbergen sei. Dem Obermayer wird schon vor Beginn der Verhandlung erklärt, daß er sich nur auf die Strafsache selbst zu konzentrieren hat, daß jede andere Aussprache abgelehnt wird und ihm sofort das Wort zu entziehen sei, falls er irgendwie auf Dachau oder sonstige Vorkommnisse zu sprechen käme. Der Oberstaatsanwalt vermutet, daß Obermayer in seine Verteidigung die Person des Führers hineinziehen will, vielleicht erkläre, daß der Führer bis 30. Juni 1934 nicht gegen die Homosexuellen war und von allen Taten des Heine und Röhm Kenntnis gehabt hätte. Der Oberstaatsanwalt, der neben dem Staatsanwalt die Anklage mitvertritt, machte mir den Vorschlag, er würde dem Dr. Ufer als Verteidiger des Obermayer die Frage stellen, ob er sich diesem Antrage des Obermayer anschließe. Falls dies geschähe, würde er die Unterbrechung der Verhandlung beantragen. Der Vorsitzende würde diesem Antrage stattgeben und meine Aufgabe wäre es dann, den Dr. Ufer sofort in Haft zu nehmen. Ich hatte gegen dieses Vorgehen Bedenken, da damit nichts gewonnen sei, denn Obermayer müsse einen Anwalt haben. Die Verhandlung würde vertagt und es würde Monate dauern, bis ein neuer Anwalt sich eingearbeitet hätte und Obermayer würde sofort damit operieren, daß ihm seine Anwälte verhaftet würden. Ich machte dagegen den Vorschlag, den Rechtsanwalt Dr. Ufer möglichst herauszufordern, den Antrag des Obermayer auf Verlesung der Röhmbriefe und auf Eintreten in eine Debatte über die Person des Führers absolut abzulehnen und erst nach Schluß der Verhandlung evtl. gegen Dr. Ufer vorzugehen, falls dieser wirklich so unvorsichtig ist, und irgendwie den Staat und dessen Führer angreift. Ich konnte den Oberstaatsanwalt von meiner Ansicht nicht ganz überzeugen, weshalb ich Dich bitte, mit Standartenführer Dr. Stepp zu sprechen und dessen Ansicht einzuholen, die für mich dann die maßgebende ist. Ich glaube ganz bestimmt, daß auch er meiner Ansicht beipflichtet und in der Verhandlung alles zu unterbleiben hat, was evtl. Revisionsgrund und Grund zu neuen Klagen des Obermayer gibt. Obermayer will die Richter ablehnen, hier ist schon vorgesorgt. Ein Beamter wird sofort mit den Akten nach München fahren, damit evtl. die Verhandlung nur auf einen Tag vertagt werden braucht. Der Ablehnung wird nicht stattgegeben. Um Deine baldgefällige Rückäußerung darf ich bitten. Heil Hitler, Gerum.«

Daß Gerum sowohl der Gestapo München wie der Gestapa-Zentrale in Berlin gegenüber das Gespenst an die Wand malte, Obermayer und sein Anwalt, Dr. Ufer, würden in das Verfahren die langjährige Duldung homosexueller Gewohnheiten in der obersten SA-Führung durch Hitler in den Prozeß einführen, war äußerst geschickt. Hier war ein sozusagen staatspolitischer Empfindlichkeitspunkt angesprochen, dem sich selbst das Reichsjustizministerium schwerlich entziehen konnte. Wohl vor allem deshalb erhielt Gerum auf sein zitiertes Fernschreiben binnen einer Stunde aus München die Nachricht, daß der Leiter der Bayerischen Politischen Polizei (bzw. der Gestapo München) und Standartenführer Dr. Stepp mit Gerums Vorschlag einer eventuellen Festnahme Dr. Ufers während der Prozeßpause einverstanden sei. Dabei hatte Stepp, vielleicht auch weil er Gerum nicht allein handeln lassen wollte, zugleich angeordnet, daß auch der Münchener Sachbearbeiter, Kriminalinspektor Weiß, nach Würzburg fahren und an dem Prozeß teilnehmen solle. Diese Vorsichtsmaßnahmen der Gestapa waren aber weit übertrieben, vor allem was die Person Dr. Ufers betraf. Dieser, ein durchaus vorsichtiges Mitglied des nationalsozialistischen Rechtswahrerbundes, hatte, schon ehe er die Verteidigung Obermayers übernahm, sich sowohl beim Gauführer der bayerischen Rechtsanwälte wie bei Dr. Stepp vorsorglich vergewissert, daß die Übernahme dieses Mandats ihm keinen Schaden zufüge – und er ließ es vor allem auch in der Ausübung seines Mandats keineswegs an der im Dritten Reich gebotenen Vorsicht fehlen. Vor allem drängte er Obermayer immer wieder, von dem Vorhaben, seine Beschwerden über Dachau in dem Prozeß vorzubringen, abzulassen. Leichtfertigerweise ließ er ihm am 27. Oktober 1936 sagen, er solle die – zweifellos schwerwiegende – Frage, ob Obermayer zugleich die deutsche Staatsangehörigkeit besitze, wie das Gerum aufgrund von Informationen des Würzburger Oberbürgermeisters festgestellt haben wollte, auf sich beruhen lassen.

Ebenso störte ihn das Verhalten Obermayers, in der eigentlichen Sache der Anklage wegen strafwürdiger homosexueller Beziehungen die ehemaligen Männerfreunde als Entlastungszeugen selbst aufzubieten und diese Beziehungen, wie Obermayer es rechtschaffen wollte, von der Verteidigung und/oder dem Angeklagten selbst zum Zwecke einer Vorwärts-Verteidigung in allen Einzelheiten darzustellen. Nach der Meinung Ufers hatte Obermayer nur dann eine Chance, wenn er als inkriminierter Jude nicht weiter aufreizend auf sein Recht poche, sondern sich so verhalte, daß er mit einiger Milde rechnen könne.

Am 12. November 1936 sah sich Dr. Ufer veranlaßt, seinem Mandanten erneut in einem achtseitigen Schreiben ins Gewissen zu reden. Dabei führte er, nun selbst schon ziemlich fertig, aus, für wie »ungeheuer dumm« er es halte, wenn Obermayer weiter gegen alle möglichen Amtspersonen der Gestapa und Justiz Beschwerdeschriften vom Stapel lasse. Er erreiche damit nur, daß ein zunehmender Kreis von Beamten der Staatsanwaltschaft und Jurisprudenz sich von Obermayer eingespannt fühle und darüber »begreiflicher- und berechtigterweise« verärgert sei, was sich für ihn – Obermayer – sicher nicht positiv auswirken könne. Noch wichtiger aber erschien dem Anwalt, bei der Gestapa und dem Gericht die Befürchtungen abzubauen, Obermayer beabsichtige, seine Erfahrungen und Beschwerden ins schweizerische Ausland zu lancieren. »Sie können«, so schrieb Ufer, »an der Verwertung dererlei Nachrichten weder ›im Ausland‹, noch ›im Inland‹ irgendein Interesse haben, und deshalb meine ich, es ist viel gescheiter, auf diesen Punkt nicht mehr weiter zurückzukommen.« Darüber hinaus empfahl Ufer dringend, in der Sache der homosexuellen Beziehungen auf alle Zeugen und Sachverständige zu verzichten, in der wohl nicht unrichtigen Annahme, daß es der Staatsanwaltschaft oder der Polizei, wie das der Fall gezeigt hatte, allemal gelingen würde, genügend belastende Aussagen gegen Obermayer herzubringen. Insgesamt liefen diese anwaltschaftlichen Empfehlungen darauf hinaus, alles das zu vermeiden, was Obermayer bisher nicht ohne Erfolg mit so großer Unerschrockenheit und Unbeugsamkeit zu seiner Verteidigung, ja mehr noch zur Aufrechterhaltung seiner ungebrochenen Selbstachtung getan und zu tun für nötig gehalten hatte. Deshalb mußte Obermayer dieses Schreiben seines Anwalts bitter enttäuschen. Er antwortete ihm entsprechend am 14. November 1936:

»Ich bin gegen Sie wieder mal aufs äußerste aufgebracht. Warum verfügen Sie – als mein Beistand – über meinen Kopf hinweg in Sachen Verfahren? Es ist doch das Natürlichste der Welt, daß der Angeklagte handelt. Mea res agitur! Nachdem Sie mich und meinen Starrsinn – und Kopf kennen, ist es von Ihnen sehr ungeschickt, mich nun auch gegen Sie zu verbittern, ich fühle mich in einem Zustand, von aller Welt verfolgt zu werden. ...

Der Oberstaatsanwalt sagte mir sinngemäß, das Gericht wüßte überhaupt nicht, was los sei, der Verteidiger verzichtet auf Sachverständige und Zeugen, der Angeklagte will sie haben, der Arzt verzichtet auf Untersuchung, der Angeklagte will sie durch Beschwerde haben.

Von Ihnen lasse ich mich nicht zum Narren stempeln, der nicht weiß, was er will. Wenn Sie gegenteiliger Meinung sind wie ich, dann müssen wir eben beide die Konsequenzen ziehen, da ich nicht nachzugeben gewillt bin. Auch wenn es mein Schaden sein sollte. ... Lieber ohne jeden Verteidiger, als wenn keine Harmonie herrscht. Warum behandeln auch Sie mich so feindselig? Was steckt da wieder dahinter?«

An diesem Briefwechsel zeigte sich schon, wie schwach es mit den Möglichkeiten des Angeklagten doch letzten Endes bestellt war. Obermayer versuchte gleichzeitig mit einem ihm bekannten Berliner Anwalt, Dr. Krause, Fühlung aufzunehmen und erwog offenbar noch kurz vor dem Prozeß, Ufer das Mandat zu entziehen. Es sollte aber schließlich viel schlimmer kommen: Die Anwälte ließen ihn im Stich, nicht umgekehrt, und auch die Schweizer Konsulleute waren, nachdem sie von der zugleich bestehenden deutschen Staatsangehörigkeit Obermayers gehört hatten, im Begriffe, ihre ohnehin bisher schwachen Interventionen einzustellen. Dazu trug sicher auch bei, daß der Fall eines »homosexuellen Juden« ihnen nicht gerade als ein genügend wichtiger Anlaß erschien, um die Beziehungen zu den deutschen Behörden zu komplizieren. Ehe dies alles noch vor dem Prozeß herauskam und Obermayers Position empfindlich schwächte, glaubte die Gegenseite, vor allem Obermayers Intimfeind Gerum, jedoch neuen Anlaß für große Besorgnisse und den Einsatz entsprechend massiver prophylaktischer Gegenmittel zu haben.

Wir geben die Zeugnisse hierüber im Folgenden vor allem deshalb ausführlich wieder, weil sie erneut zeigen, wie irritierbar und nervös – hinter der Fassade vorwurfsvoll-aggressiver Gehässigkeit – ein Verfolgungsfanatiker wie Gerum war, wenn er es mit einem Mann zu tun bekam, der sich unverschämterweise von den ihm zugedachten Erniedrigungen nicht kleinkriegen ließ.

Am 18. November 1936 hatte Gerum dem Chef der Münchener Gestapo, SS-Standartenführer Dr. Stepp, folgende aufregenden Neuigkeiten zu berichten:

»Ich habe heute einen Brief des Rechtsanwalts Dr. Rippmann (Schaffhausen) an Obermayer (Würzburg) abgefangen. Aus diesem Brief geht hervor, daß Obermayer dem Rippmann Verschiedenes mitteilte, daß Rippmann mit den verschiedenen Vertretern des Obermayer unterhandelt und Bericht an das Eidgenössische Politische Departement und auch an die Schweizerische Gesandtschaft in Berlin macht. Die Sache Obermayer wächst sich nun langsam zum Skandal aus. Obermayer spuckt im Gefängnis solche Töne, daß sich die Justiz allen seinen Anordnungen beugt. Obermayer empfängt Besuche, erklärt ganz offen, seine Duzfreunde in der Justiz, Oberlandesgerichtspräsidenten und höchste Stellen stünden hinter ihm und er werde der Justiz und der Gestapo ihre Verbrechen entsprechend ankreiden. Ich weiß, daß Obermayer neue Greuelschriften in seiner Zelle verfertigt und bestrebt ist, durch seine gefügigen Anwälte und durch die Judenbesuche, die er empfängt, diese Schriften hinaus zu bringen. Der Oberstaatsanwalt und der Gerichtsvorsitzende, die beide vollkommen mit mir einig gehen, wagen nicht gegen Obermayer vorzugehen, da sie sich sofort in Berlin gegenüber Joel zu verantworten haben. Ich bitte, diese Angelegenheit doch beim Chef der Deutschen Polizei vorzubringen, damit dem Joel das Handwerk wegen seiner Judenunterstützung gelegt werden kann. Ich habe nunmehr ständig einen Beamten in der Umgebung des Gefängnisses um zu beobachten, denn der Oberstaatsanwalt teilte mir gestern streng vertraulich mit, daß ein Justizobersekretär, der mit Obermayer dienstlich zu tun hat, vermutlich dem Obermayer Informationen gab und ihm in jeder Weise behilflich ist. Diesem Obersekretär wurde nunmehr der Verkehr mit Obermayer verboten. Die Verhandlung soll am 9. Dezember 1936 steigen.

Ich wollte eine Durchsuchung der Zelle des Obermayer vornehmen und die Schriftstücke, die staatsgefährlichen Inhalts sind, wegnehmen, kann aber ohne Genehmigung der höchsten Justizbehörde dies nicht machen, da der Vorsitzende des Gerichts von sich aus die Verantwortung nicht übernehmen will. Ich bitte um Weisung, wie ich mich in diesem Fall weiter zu verhalten habe.«

Mit dem Ersuchen, gestützt auf diese weit übertriebene Meldung, das Geheime Staatspolizeiamt in Berlin zu benachrichtigen, hatte Gerum wiederum – wie wir sehen werden – instinktiv das Richtige getan. Tatsächlich setzte sich das Gestapa sofort mit dem Reichsjustizministerium in Verbindung. Unterdessen schob Gerum Tage später, am 20. November 1936, noch eine weitere Alarmmeldung über das feige Versagen der Justiz an die Adresse von Dr. Stepp nach:

»Es ist einfach nicht mehr tragbar, daß dieser Jude nur noch einen Tag in Würzburg sitzt und ich bitte dringendst zu veranlassen, daß er auf schnellstem Weg wieder nach Dachau bis zur Hauptverhandlung transportiert wird. Ich habe heute über den Oberstaatsanwalt den Landesgerichtspräsidenten (goldenes Parteimitglied) gebeten, es mir zu ermöglichen, eine Unterredung des Obermayer mit Obersekretär Reichold mit Abhörapparat abzuhören. Dieses goldene Parteimitglied wurde vor Schrecken blaß und konnte die Verantwortung für eine solche unerhörte Tat nicht übernehmen, weshalb die Abhörung unterbleiben mußte. Ich würde mich gar nicht wundern, wenn eines Morgens die Meldung käme, daß Dr. Obermayer nach der schönen Schweiz abreiste, ohne von diesem feigen Beamtenpack gehindert zu werden. Heil Hitler. Gez. Gerum.«

Doch nicht genug damit. Am selben Tag (20. November 1936) wußte der Gestapochef von Würzburg in einem weiteren Fernschreiben nach München, um die Gestapozentrale gehörig zu erschrecken, noch mit weit schlimmeren Verdächtigungen und Befürchtungen aufzuwarten:

»Obermayer schreibt ständig Briefe an den ihm befreundeten Rechtsanwalt C.W. Krause, Berlin, Nollendorfplatz 3, und bestimmt diesen, daß er mit seinem Vormund Dr. Rippmann, Rechtsanwalt in Schaffhausen, sofort in Verbindung trete und daß unter allen Umständen Dr. Rippmann ständig auf dem laufenden zu halten ist. Daß insbesondere die an die Rechtsanwälte gesandten Schreiben des Obermayer bezüglich seiner Behandlung in Dachau unverzüglich an Dr. Rippmann evtl. sogar telephonisch zu übermitteln seien. Dr. Rippmann teilt nun am 16.11.1936 mit Brief an Dr. Obermayer mit, daß er das Ergebnis der mit Dr. Obermayer und den verschiedenen Vertretern gehabten Unterredungen an die zuständigen Stellen zur Kenntnis gegeben habe und einen Bericht an das eidgenössische Politische Departement und auch an die Schweizerische Gesandtschaft in Berlin geleitet habe, damit diese Behörden über die Sache auf dem Laufenden blieben. Aus den Briefen des Dr. Obermayer und zwar nur aus denen, die es mir gelungen ist abzufangen, geht eindeutig hervor, daß Obermayer in der skandalösesten Art und Weise über Deutschland, über die Richter und die Gestapo urteilt, alles, was deutsch ist, in den Dreck zieht und in der unerhörtesten Art und Weise Deutschland immer wieder beschimpft. Er selbst behauptet frei und offen, daß er bereits eine neue Greuelschrift, die die erste weit übertreffe, gefertigt und bei Gelegenheit der Öffentlichkeit übergeben werde. Es besteht der dringende Verdacht, daß Obermayer unter den Justizbeamten Helfershelfer besitzt, insbesondere in der Person des Justizobersekretärs Hans Reichold, geb. 16.12.82 zu Würzburg, ein strenger Katholik mit echt jüdischem Aussehen, der Urkundsbeamter des Landgerichts Würzburg ist und der immer wieder versucht, mit Dr. Obermayer in irgendwelche Verbindungen zu kommen. Dieser Beamte hat von Obermayer, wie Obermayer selbst in einem Schreiben zugibt, einen Hetzaufsatz, ›Königliche Richter‹, erhalten und weitergegeben, der Schmähungen gegen die Deutschen Richter enthielt. Dieser Beamte nimmt von Obermayer Anklagen gegen die Gestapo und Beschwerden jeder Art in Empfang und wie wiederum festgestellt ist, wurden diese Beschwerden, ohne die Postüberwachung zu durchgehen, insbesondere an den Oberstaatsanwalt Joel in Berlin weitergegeben, der in jedem Fall sofort auf die Beschwerde des Obermayer reagiert und Verfahren sowohl gegen die Beamten der Gestapo, wie gegen die Richter und Staatsanwälte einleitet. So mußte sich, wie ich streng vertraulich berichte, der Oberstaatsanwalt Schröder, ein durchaus auf unserer Seite stehender Mann, schon viermal wegen des Juden Obermayer verantworten und neuerdings hat Joel eine vom Oberstaatsanwalt in durchaus sachlicher Form erledigte Beschwerde des Obermayer über seine angeblichen Verletzungen, die er in Dachau und in Ochsenfurt erlitten haben soll, neuerdings aufgegriffen und dem Oberstaatsanwalt den Auftrag gegeben, nunmehr Obermayer persönlich einzuvernehmen. Dem Oberstaatsanwalt Joel ist es nicht darum zu tun, den Juden Obermayer wegen seiner Schmähschriften und seines untragbaren Verhaltens entsprechend zu bestrafen, Joel will nur Material gegen die Gestapo und über das Lager Dachau, wozu ihm gerade der Jude Obermayer recht ist. Leider habe ich von sehr vielen Schriftstücken, die zwischen Berlin und dem Oberstaatsanwalt in Würzburg in der Sache Obermayer gewechselt wurden, nur streng vertraulich vom Oberstaatsanwalt Kenntnis erhalten, so daß ich nicht über den Inhalt der Beschwerden des Juden Obermayer an Joel offen sprechen kann. Mit dem Oberstaatsanwalt Schröder habe ich gestern noch verhandelt und hat dieser sofort ein Besuchsverbot für Obermayer erlassen, von dem nur die beiden Rechtsanwälte ausgenommen sind. Die Postüberwachungen sind bereits verhängt. Zum Schluß berichte ich noch, daß mir Oberstaatsanwalt Schröder gestern mitteilte, daß Dr. Obermayer ihm vor einigen Tagen sagte, Rechtsanwalt Ufer sei in Berlin bei Joel gewesen und habe dem Joel die Klagen des Obermayer über Dachau und über seine Behandlung bei der Gestapo mitgeteilt, worauf Joel erklärt habe, das sei ja unerhört; er würde der Sache sofort nachgehen und Berichte einfordern. Dr. Obermayer erklärte dem Oberstaatsanwalt am 18.ds.Mts., daß er unter den Oberpräsidenten der Justiz Duzfreunde besäße, daß er mit Joel befreundet sei, daß er aber die Namen dieser Oberpräsidenten nicht nenne, damit die Gestapo nicht hinter diesen Leuten her sein könne. Obermayer droht immer wieder, er werde die Person des Führers und die Persönlichkeiten, die am 30.6.1934 erschossen wurden, in die Debatte werfen und alles bloßstellen. Der Oberstaatsanwalt selbst erklärte mir, daß es Obermayer tatsächlich schon so weit gebracht habe, daß die Richter vor ihm bange würden und er Schwierigkeiten in der Hauptverhandlung erwarte, weshalb er mich dringend bat, persönlich anwesend zu sein, damit den Richtern durch die Anwesenheit der Vertreter der Gestapo der Rücken gesteift werde. Es ist also unglaublich, was sich dieser Jude erlaubt und wie die Justiz auf diese gemeinen Anwürfe des Juden reagiert.«

Schmählichere Zeugnisse über die Erbötigkeit der Justiz gegenüber der Gestapo lassen sich kaum denken. Die Gefahren, die Gerum mit kolossaler Übertreibung an die Wand malte, um nicht zuletzt – über das Gestapa – auch das Reichsjustizministerium und den ihm zugeordneten Leiter der zentralen Staatsanwaltschaft Dr. Joel aus dem Verfahren gegen Obermayer herauszuhalten, hatten ihre Wirkung inzwischen aber schon getan. Am 20./21. November 1936 erfuhr Gerum, daß das Gestapa das Reichsjustizministerium offensichtlich unter Druck gesetzt und erreicht hatte, daß man sich dort entschlossen hatte, Obermayer keinerlei Rückhalt mehr zu gewähren. Wörtlich schrieb Kriminalrat Meisinger vom Berliner Geheimen Staatspolizeiamt (20.11.1936):

»Ich habe den Eindruck, daß das Justizministerium auf Grund des hiesigen Vorstoßes gewillt ist, die Sache Obermayer nicht zu einem Skandal werden zu lassen. Wie ich eben erfahre, wird Oberstaatsanwalt Joel selbst an der Verhandlung teilnehmen, um dafür zu sorgen, daß unzulässige bzw. nicht zur Sache gehörige Erklärungen des Obermayer von vorneherein unterbunden werden. Ich werde im übrigen an der Verhandlung ebenfalls teilnehmen.«

Des weiteren teilte Meisinger mit, daß Oberstaatsanwalt Joel Obermayer überhaupt nicht persönlich kenne, und erläuterte in bezug auf das Vorangegangene: Joel habe, da an das Reichsjustizministerium in dieser Sache verschiedene Beschwerden gelangt seien, im Auftrage seiner Vorgesetzten Berichte einfordern müssen, zumal sich auch das Schweizer Konsulat mit einigen Noten an das Reichsjustizministerium gewandt habe. Dies aber gehöre, so konnte Kriminalrat Meisinger mitteilen, der Vergangenheit an; denn nun habe die Schweizer Gesandtschaft den Obermayer fallengelassen, nachdem feststehe, daß Obermayer auch die deutsche Staatsangehörigkeit besitze. Aufgrund dessen habe nunmehr das Justizministerium den Oberstaatsanwalt in Würzburg selbst angewiesen, die von dem Gestapa beantragte Durchsuchung der Zelle Obermayers zu genehmigen und Obermayer aus »dringendem Staatsinteresse« in strengste Einzelhaft zu nehmen, da nach den strafprozessualen Bestimmungen eine Überführung des Obermayer nach Dachau zur Zeit nicht möglich sei. Ferner habe das Reichsjustizministerium zugesagt, daß der Schweizer Rechtsanwalt Dr. Rippmann »auf alle Fälle, auch als Zuhörer, von der Verhandlung ausgeschlossen wird«. Auch habe das Reichsjustizministerium keine Einwände, daß gegen den Justizobersekretär Reichold vorgegangen werde. Demzufolge telegraphierte Meisinger:

»Ich ersuche, bei dem Landgerichtspräsidenten im Auftrag des Chefs der Sicherheitspolizei vorstellig zu werden und ihn offiziell davon in Kenntnis zu setzen, daß gegen den Obersekretär R. ein Verfahren eingeleitet wird, nachdem er dringend verdächtig ist, Beihilfe zur Greuelpropaganda zu leisten. Der Vorsitzende ist ausdrücklich darauf hinzuweisen, daß er dafür die Verantwortung trägt, wenn weiterhin Nachrichten von Obermayer ins Ausland gelangen, die dem Ansehen des Deutschen Reiches und seiner Behörden nicht nur abträglich sind, sondern auch eine Gefahr für den Staat bedeuten.«

Nach der schwerwiegenden Intervention der Gestapo Berlin beim Reichsjustizministerium für Gerum und gegen Obermayer suchte sich auch Rechtsanwalt Dr. Ufer von seinem Mandanten abzusetzen. Mit Schreiben vom 23.11.1936 teilte jener diesem mit, daß er sich durch ihn beleidigt fühle, und forderte ihn auf, sich binnen einer Wo-

III. Ein ›Volksschädling‹

che bei ihm zu entschuldigen. Da Obermayer sich weigerte, dies zu tun, legte Ufer am 7.12., zwei Tage vor Prozeßbeginn, die Verteidigung Obermayers nieder. Mit fadenscheinigen Gründen hatte schon vorher auch Rechtsanwalt Krause Obermayer wissen lassen, daß er die Verteidigung des Angeklagten nicht übernehmen könne. Die Münchener Gestapoleitstelle, die möglicherweise schon vorher von Ufers beabsichtigter Mandatsniederlegung erfahren hatte, fragte daraufhin am 7.12.1936 besorgt in Würzburg an, ob denn dann die für den 9. Dezember angesetzte Verhandlung überhaupt stattfinden dürfe. Doch Oberstaatsanwalt Dr. Schröder konnte die Gestapo beruhigen (FS v. 8.12.1936): die Verhandlung werde auf alle Fälle stattfinden, es sei ein Referendar als Pflichtverteidiger aufgestellt worden. Und auch wenn Obermayer seine Absicht wahrmachen sollte, das Gericht abzulehnen, sei Vorsorge getroffen und die Verhandlung könne trotzdem beginnen.

Einen Tag vor der Verhandlung kabelte Gerum noch schnell seinem Freund und Kollegen Kriminalinspektor Weiß durch, daß sich zahlreiche ausländische Korrespondenten angemeldet hätten, und auch Obermayers Vormund, der Schweizer Rechtsanwalt Rippmann, kommen wolle; doch ihnen allen, versicherte er sich und seinem Freund, werde der Zutritt von Gerichtsseite verwehrt werden.

So war Obermayer im Grunde schon vor Prozeßbeginn mattgesetzt. Er hatte getan, was er tun konnte, stand am Ende aber allein da. Einen offenen Prozeß, einen Schauprozeß, den der Würzburger Staatsanwalt Schröder sich ursprünglich vorgestellt hatte, wagte man aber selbst gegenüber dem auf hoffnungslos verlorenem Posten stehenden, isolierten Juden noch immer nicht durchzuführen. Angeblich wegen einer zu befürchtenden Gefährdung der Sittlichkeit wurde die Öffentlichkeit von dem Prozeß ausgeschlossen. Nur ausgewählte Vertreter nationalsozialistischer Zeitungen wurden zugelassen. Die bisher so reichhaltige Quellenüberlieferung aus Gerums Gestapo- »Akte Obermayer« reißt nunmehr ab. Was sich während des Prozesses zutrug, können wir aus den infamen Entstellungen der Nazipresse und einigen späteren Indizien nur noch mühsam erschließen. Der diffamierende Zeitungsbericht des nationalsozialistischen *Fränkischen Volksblatts* vom 10.12.1936 läßt, wider Willen, durchblicken, wie mutig sich Obermayer trotz seiner hoffnungslosen Lage offenbar verteidigte. Hier einige Auszüge:

» ... Obermayer verteidigt sich überaus gewandt und mit einer gewissen Selbstherrlichkeit. Gleich zu Anfang der Verhandlung wandte er sich gegen seinen ihm angeblich irrtümlich angehängten Namen ›Isaak‹, der ihm jedoch von Geburt an zusteht. Neben dem Ausschluß einer Reihe von Personen von der Verhandlung verlangte er auch einen amtlichen Bericht der Justiz-Pressestelle an die Zeitungen, da er befürchtete, die anwesenden Berichterstatter würden tendenziös berichten. Er verlangte in dieser Hinsicht Schutz von dem Vorsitzenden, damit seine innersten Erlebnisse nicht in der Öffentlichkeit ›profaniert‹ würden. Seine beiden Anträge wurden abgelehnt.

... Im übrigen habe er nie geleugnet, daß er Jude sei und er freue sich auch darüber. Er habe immer im Sinne ›Nathan des Weisen‹ tolerant gelebt und dem Freisinn gehuldigt. Daß er von Jugend auf homosexuell sei, gab der Angeklagte zu, es habe ihm dies schwer zu schaffen gemacht und er habe ob seines Gemütszustandes auch seinen Arzt gefragt, der ihm geraten habe, seiner Natur nach zu leben. Eingehend schilderte Obermayer dann seine angebliche erbliche Belastung, die hauptsächlich von der Seite seiner Mutter herrührt. Diese war geisteskrank, ebenso sind es seine beiden Schwestern. Der Großvater endete durch Freitod, ebenso ein Bruder des Vaters. Auch die homosexuelle Veranlagung zeigt sich an einer Reihe von Mitgliedern der Verwandtschaft. Obermayer, der in einer gewissen Überheblichkeit spricht, muß sich von dem Vorsitzenden und vom Staatsanwalt ob seiner Ausfälle manche Zurechtweisung gefallen lassen.«

Peinlich war es auch, daß der Zeitungsberichterstatter Obermayer, den jüdischen Volksschädling, als einen großen schlanken Mann mit graumeliertem Haar charakterisierte, seine liebenswürdige Freundlichkeit, das gewandte Auftreten und seine unerschütterliche Ruhe während des Prozesses erwähnt hatte.

Was Obermayer sich ursprünglich von dem Prozeß versprochen hatte, war freilich, vor allem wegen des Ausschlusses der Öffentlichkeit, sinnlos geworden. Das galt besonders von dem Plan, Anklage gegen die Justiz und die Gestapo zu erheben. Abgesehen davon, daß seine Verteidigung in unzulässiger Weise beschränkt worden war, tat man auch sonst alles, um ihn davon abzuhalten, außer bei der Beantwortung der gestellten Fragen das Wort zu nehmen. Keine seiner Beschwerden fand Beachtung, keinen seiner Anträge brachte er durch. Die von der Gestapo und Gericht so gefürchteten ›Zwischenfälle‹ fanden nicht statt. Vor allem gelang es Obermayer, der zeit seines Lebens als Schweizer gelebt hatte und als solcher behandelt worden war, der im Schweizer Heer seinen Dienst abgeleistet hatte, nicht zu verhindern, daß er juristisch als deutscher Staatsbürger behandelt wurde. Ihm wollte es nicht in den Kopf, daß man ihn plötzlich als Bürger des Deutschen Reiches beanspruchte, obwohl er doch in mehrfacher Hinsicht unerwünscht war, als Jude, als Sproß einer erbkranken Familie, als Homosexueller. Doch er kannte natürlich die triftigen Gründe seiner Widersacher. Gegenüber einem deutschen Staatsbürger stellte sich die Frage der Ausweisung nicht, und nur gegen einen deutschen Staatsangehörigen konnte Sicherungsverwahrung verhängt werden.

In der eigentlichen Sache, der Anklage wegen verbotener homosexueller Beziehungen, legte der Staatsanwalt es aber ganz und gar darauf an, den Juden in den Mittelpunkt zu ziehen und aus ihm das Ekel eines rasseschänderischen Volksschädlings zu machen, der für immer aus der deutschen Gesellschaft ausgeschieden werden müsse. Am 3. Verhandlungstag plädierte Oberstaatsanwalt Schröder für 11 Jahre Zuchthaus und anschließende Sicherungsverwahrung. Der *Würzburger Generalanzeiger* berichtete am 12.12.1936 über die Ausführungen des Staatsanwalts:

»Wesentlicher als die Beantwortung der Schuldfrage sei die Forderung einer gerechten Strafe. ... Dieser Fall sei eine nicht zu überbietende Schweinerei. Mit teuflischer Hemmungs- und Skrupellosigkeit sei der Angeklagte zu Werk gegangen. Weit mehr als die Geschlechtsgier müsse ihn dabei getrieben haben das Gesetz seiner Rasse. Eine erschöpfende Würdigung sei nur unter diesem Gesichtspunkt möglich. Das deutsche Volk – das betonte der Staatsanwalt mit besonderem Nachdruck – steht fassungslos vor soviel Gemeinheit und Niedertracht. ... Die Erklärung dafür gibt die Rassenfrage. Ein Vertreter der jüdischen Rasse hat sich in unerhörter Weise am deutschen Volk verfehlt. Man muß zu der Überzeugung kommen, daß Obermayer aufgrund seiner jüdischen Rasse dem deutschen Volk Abbruch tun wollte und getan hat, wo immer es nur ging. Wäre das nicht richtig, dann hätte man unter den zahlreichen Opfern Obermayers doch wenigstens einen einzigen Juden entdecken müssen. Es waren aber ausschließlich junge deutsche Menschen im Knabenalter, die Obermayer seinen Zwecken dienstbar gemacht hat.«

Der Pflichtverteidiger, ein junger Referendar, unerfahren und kaum in der Lage oder gar willens, sich in der kurzen Zeit in den voluminösen Fall einzuarbeiten, setzte sich während der Verhandlung oft und oft in Widerspruch zu den Anträgen seines Mandanten, betonte eingangs seiner Rede lang und breit, was er alles unternommen habe, um von dieser außerordentlich unangenehmen Pflichtverteidigung entbunden zu werden. In seinem Plädoyer blieb er hinter den Ausführungen des Oberstaatsanwalts und dessen Strafantrag kaum zurück. Obermayer nahm diese Anträge ohne sichtbare Erschütterung hin.

Am 13. Dezember verkündete der Vorsitzende vor jetzt vollbesetztem Saal das Urteil, das auf 10 Jahre Zuchthaus, 10 Jahre Ehrverlust und anschließende Sicherungsverwahrung lautete. In der Begründung hieß es u.a., es sei erwiesen, daß Obermayer »die deutsche Jugend und damit das deutsche Volk schädigen wollte. Es ist echt jüdische Verdrehungskunst, wenn Obermayer die Sache so hinstellt, als ob er bestraft würde, weil er Jude ist. Es ist umgekehrt, er muß bestraft werden, weil er ein Schädling des deutschen Volkes ist ...« (*Würzburger Generalanzeiger* vom 14.12.1936).

In der Folgezeit gelang es Obermayer erstaunlicherweise trotz der Mobilmachung der NS-Presse gegen ihn, einen aus Sachsen stammenden Anwalt zu gewinnen, der im Sommer 1937 eine Revisionsverhandlung durchzusetzen wußte. Dem Anwalt war es ein leichtes, binnen kurzem zahlreiche Verfahrensfehler der Justiz aufzudecken. Sein ausführlicher Schriftsatz, der der Begründung der Revision diente, ist ein nochmaliges Spiegelbild großer Teile der schlimmen Rechtsbeugungsgeschichte, die wir schon kennengelernt haben. Die Revision änderte aber schließlich nichts an dem Strafmaß. Auch die Richter des Oberlandesgerichts hatten nicht den Mut, einem homosexuellen Juden zu mehr Recht zu verhelfen.

Nachdem Obermayer infolgedessen keine Rechtsmittel mehr besaß und praktisch auf Lebenszeit hinter Gitter verbannt war, konnte der Oberstaatsanwalt beim Bamberger Sondergericht auch das zusätzlich gegen Obermayer wegen Heimtücke eingeleitete Verfahren erleichtert einstellen, zumal eine beweiskräftige Begründung der Anklage erhebliche Schwierigkeiten bereitet hatte.

Auch im Strafvollzug scheint Obermayer eine Zeitlang noch versucht zu haben, mit weiteren Aufzeichnungen über die gegen ihn verübten Rechtsbrüche Aufsehen zu erregen. Noch einmal, am 15. Dezember 1936, hören wir Gerum nach München wütend berichten:

»Dieser Jude, in seiner unglaublichen Frechheit, hat eine neue Greuelschrift mit 28 Seiten fertiggestellt, diese den Urkundsbeamten ausgehändigt und dieser Trottel nahm sie an und verleibte sie den Akten ein. Der Landgerichtsdirektor Dr. Foertsch leitete die Greuelschrift dem Oberstaatsanwalt zur Feststellung und Äußerung zu. Ich kann an die Beschwerde nicht heran und bitte dringendst, sich sofort mit Meisinger in Verbindung zu setzen, damit Joel das Gericht anweist, die Beschwerdeschrift sofort ohne weitere Debatte an uns hinauszugeben. Gerichtet ist die Beschwerdeschrift an das Reichsjustizministerium. Ich würde aber bitten, von einer Übersendung nach dort abzusehen, da der Weg über die vielen Dienststellen allen möglichen Leuten Einsicht in diese Beschwerde, die sich ausschließlich mit den Vorkommnissen in Dachau befaßt, gibt. Weiter bitte ich mit allen Mitteln darnach zu trachten, daß Obermayer nunmehr wieder nach Dachau kommt und dort seine Strafe verbüßt, denn bei seiner Raffiniertheit ist eine Fluchtgefahr sowohl aus dem Gefängnis hier, wie aus einem Zuchthaus ohne weiteres möglich. Daß Obermayer durch die Zuchthaus- und Sicherungsstrafe nicht klein zu kriegen ist, beweist sein unglaubliches Auftreten und seine ständigen Beschwerden. Über Joel müßte doch etwas zu erreichen sein. Nach der persönlichen Rücksprache mit ihm bin ich der festen Überzeugung, daß er alles tut, um diesen Juden unschädlich zu machen. Ich bitte um rascheste Erledigung.«

Entgegen den Wünschen Gerums blieb Obermayer bis 1942 Strafgefangener der Justiz. Die Haftzeiten zuerst im Zuchthaus Amberg, dann im Zuchthaus Waldheim in Sachsen scheint er gut überstanden zu haben. Als im Jahre 1942 der neue Reichsjustizminister Thierak einwilligte, daß zu langjährigen Zuchthausstrafen verurteilte Strafgefangene der Justiz dem Reichsführer SS zur Überstellung in das berüchtigte

Konzentrationslager Mauthausen übergeben werden könnten, wählte die dafür eingesetzte gefürchtete Justiz- und SS-Kommission auch Obermayer aus. Die Beteiligten wußten, was mit der Überstellung beabsichtigt war: »Vernichtung durch Arbeit«. Dafür schienen die Steinbrucharbeiten im Konzentrationslager Mauthausen und die hier zur Beaufsichtigung der übernommenen Strafgefangenen eingesetzten SS-Wächter besonders geeignet. Man kann sich unschwer vorstellen, was ein Häftling mit dem Kainszeichen »homosexueller Jude« hier zu gewärtigen hatte. Am 22.2.1943 fand Obermayer in Mauthausen den Tod, unter welchen Umständen ist unbekannt.

Der Wunsch des SS-Mannes und Gestapobeamten Gerum hatte sich so, wenn auch verspätet, doch noch erfüllt. Es soll zum Schluß nicht verschwiegen werden, wie Gerum, der nach 1945, außer drei Jahren automatischem Arrest im amerikanischen Internierungslager, wegen seiner Tätigkeit als Würzburger Gestapochef von der deutschen Justiz sehr milde mit nur einem Jahr Gefängnis bestraft wurde, reagierte, als der Vorsitzende der Entnazifizierungsspruchkammer am 13.12.1948 die rhetorische Frage stellte, ob es zutreffe, daß er seinerzeit doch sehr hinter dem Juden Obermayer her gewesen sei. Darauf Gerum:

> »Ja, das war ich; es war 1934, da erfolgte seine Verhaftung, sie stand im Zusammenhang mit der homosexuellen Angelegenheit. Die Spionage-Geschichten gingen alle nach Berlin. Wir stellten fest, daß der Mann immer sehr große Taschen mitnahm. Wir fanden Bilder über homosexuellen Verkehr bei ihm, wir fanden aber nicht, was für uns sehr wichtig gewesen wäre.
> Die Akten haben wir bei der Bayerischen Vereinsbank gefunden. Die Bilder zeigten alle die Vorgänge über den homosexuellen Verkehr mit den Jungens. Es kamen in dieser Zeit 620 Selbstmorde vor von Jugendleitern. Die ganze Kompanie mußte aufgelöst werden, es waren lauter Homosexuelle. Das war der Jude Obermayer! Der Untersuchungsrichter mußte ihn bei der Vernehmung fesseln lassen. Rosenthal hat alles für den Mann getan, er mußte dann mir recht geben; er bat ihn, doch ein Geständnis abzulegen. Der Jude hat ihn dann angegriffen und als Anwalt rausgeschmissen. Er kam ins Gestapo-Gefängnis und dann nach Würzburg. Von Würzburg mußte er wieder weg, weil sie ihn nicht behalten konnten. Dann kam er nach Ochsenfurt. Der Untersuchungsrichter ließ mich kommen und sagte, so geht das nicht. Wir brachten Obermayer dann wieder nach Dachau, dort war er ungefähr 4–6 Wochen, dann kam er wieder retour nach Würzburg. In der Verhandlung hat er sich derart aufgeführt, daß sich die Richter entsetzten! Er hatte die schweizerische Staatsangehörigkeit, die hatte er sich gekauft! Er hat dem Richter keine einzige Antwort auf das gegeben, was er gefragt wurde, er hat nur lateinisch gesprochen. Obermayer sagte zu mir: ›Gerum, ich habe einen großen Blödsinn gemacht, was können wir da jetzt machen!‹. Ich sagte ihm, es wäre anders besser gegangen, er hätte vielleicht nur 1 Jahr bekommen. Er bekam dann 8 Jahre Zuchthaus! Er kam nach Ebrach ins Zuchthaus; was weiter mit ihm war, weiß ich nicht!«

Der Vorsitzende der Spruchkammer ließ es bei dieser lügnerischen Darstellung bewenden. Auch nach 1945 bei der nachträglichen Rekonstruktion des Falles hatte der ehemalige Verfolger das letzte Wort.

Anhang: Ein andersgearteter Parallelfall:
Benno Oppenheimer

Am Anfang unserer Darstellung des Falles Obermayer konstatierten wir das Außergewöhnliche, das vor allem darin liegt, daß hier ein jüdischer, wegen seiner Homosexualität zusätzlich diskriminierter Verfolgter, sich bis zum Äußersten wehrte. Niemand kann wohl mit letzter Sicherheit sagen, was das bewirkt, ob es wenigstens zeitweise die Chancen des Verfolgten vergrößert hat. Gleichwohl bleibt der Kontrast zu anderen vergleichbaren Fällen. Um dieses Kontrastes willen greifen wir zum Schluß in aller Kürze ein anderes jüdisches Verfolgungsschicksal aus Bayern heraus, den Fall Benno Oppenheimer.

Benno Oppenheimer, der 26jährige Sohn eines jüdischen Viehhändlers aus Kitzingen in Unterfranken, wurde im Zuge des ersten Schlages gegen die Kommunisten am 10. März 1933 unter fadenscheiniger Begründung in Schutzhaft genommen. Die Inschutzhaftnahme erfolgte auf Veranlassung des 1. Bürgermeisters im Benehmen des Stadtrats. Es war einer der zahlreichen Schutzhaftfälle, die nicht etwa von der Partei oder der Politischen Polizei veranlaßt worden waren, sondern von einem, der zu diesem Zeitpunkt noch nicht einmal in die Partei eingetreten war, aber guten Grund hatte, sich bei den Parteigenossen lieb Kind zu machen. Die Begründung für die Inschutzhaftnahme lautete:

»Oppenheimer hatte sich vor der nationalen Erhebung kommunistisch betätigt. Seine Betätigung in dieser Hinsicht hatte einen ziemlichen Umfang angenommen, denn er ist ständig mit Mitgliedern der KPD verkehrt und hat auch Versammlungen dieser Partei besucht. Auch bestand der Verdacht, daß Oppenheimer die Kitzinger Kommunisten häufig mit Geld unterstützt und sie zu manchen Aktionen angestiftet hat. Daß es ihm sehr darum zu tun war, seine Gesinnungsgenossen von der KPD bzw. deren Tätigkeit zu fördern, ging daraus hervor, daß er für sie eine verbotene Sammeltätigkeit ausgeübt hat.«

Es gehörte schon eine gehörige Portion von Antipathie und Böswilligkeit dazu, diese Schutzhaftbegründung abzugeben. War doch auch dem Bürgermeister bekannt, daß Oppenheimer niemals Mitglied der KPD gewesen war, diese auch nicht mit Geld unterstützt hatte, politische Versammlungen der KPD zwar besucht hatte, aber nicht nur diese, sondern auch die anderer Parteien. Zu den Verdächtigungen des Bürgermeisters zählte auch die Behauptung, Oppenheimer habe für die KP eine verbotene Sammeltätigkeit ausgeübt. Dieser Vorwurf war schon im Jahr 1932 Gegenstand eines Strafverfahrens gegen Oppenheimer gewesen, das mit Freispruch geendet hatte.

Im November 1933 wurde Oppenheimer nach dem KL Dachau gebracht. Zur selben Zeit beantragte sein Rechtsanwalt die Aufhebung der Schutzhaft u.a. mit dem Hinweis, daß seitens des Stadtkommissärs dagegen keine Einwände erhoben würden. Der Antrag wurde aber vom Stadtrat ohne weitere Begründung abgelehnt. November 1934 wiederholte der Anwalt seinen Antrag mit der Bescheinigung des Stadtkommissärs des Bezirksamts Kitzingen, daß er gegen eine Aufhebung der Schutzhaft keine Bedenken hege, unter der Bedingung, daß Oppenheimer sich bis auf weiteres von Kitzingen fernhalte. Die Bedingung zu erfüllen, erklärte sich Oppenheimer schriftlich bereit. Dieser Antrag wurde abgelehnt wie die folgenden von 1935 und 1936. Zwar habe sich der Häftling zufriedenstellend geführt, auch seine Arbeitsleistung sei zufriedenstellend, doch die Entlassung werde aus »grundsätzlichen Erwägungen« abgelehnt, so der Kommandant des Konzentrationslagers Dachau am 20.3.1936.

Inzwischen hatte sich die Familie mit Erfolg um eine Auswanderungsmöglichkeit bemüht. Im Mai 1936 teilte das Britische Generalkonsulat der Bayerischen Staatskanzlei mit, daß es von der britischen Regierung in Palästina ermächtigt worden sei, Benno Oppenheimer ein Einreisevisum zur Einwanderung nach Palästina zu erteilen. Die Visumbeschaffung für Benno Oppenheimer war kein Einzelfall, die Britische Botschaft hatte ähnliche Visa für eine ganze Reihe von Juden erteilt und war dem Reichsführer SS Himmler schon unliebsam aufgefallen. Himmler hielt aus solchem Grunde Hitler einen Vortrag, der bei dieser Gelegenheit die Entlassung der Juden aus dem KZ ganz und gar in Himmlers Ermessen stellte. Der Reichsführer SS gab daraufhin dem Gestapa Berlin die Weisung, die jeweiligen Lagerkommandanten sollten der Britischen Botschaft in höflicher Form mitteilen, daß der jeweilige Herr Sowieso von der Erlaubnis, nach Palästina auswandern zu dürfen, keinen Gebrauch machen könne, da er noch für längere Zeit im KL verbleiben müsse. Diese Weisung rundete Himmler noch mit folgendem Zusatz ab: »Darüber hinaus bestimme ich, daß aufgrund derartiger Ersuchen der Britischen Botschaft und des damit besonders bekundeten Interesses an den Juden die Betreffenden während der nächsten drei Jahre in Schutzhaft zu behalten sind.«

Im Herbst desselben Jahres schlug der Lagerkommandant aufgrund seiner guten Beurteilung des Häftlings Oppenheimer der Bayerischen Politischen Polizei dessen Entlassung vor. Kriminalinspektor Weiß, den wir aus dem Fall Dr. Obermayer schon kennen, war wegen der vorausgegangenen Weisung Himmlers aber sehr verunsichert und fragte beim Geheimen Staatspolizeiamt Berlin an, wie zu entscheiden sei: Einerseits träten Bezirksamt und KZ-Lagerkommandant für die Entlassung Oppenheimers ein, andererseits gehörte Oppenheimer zu jenen Schutzhaftgefangenen, für die das Britische Generalkonsulat München eingetreten sei. Die Antwort lautete, es solle im Sinne des Himmler-Erlasses verfahren werden.

Im Jahre 1937 zeigte sich der Hilfsverein der Juden Deutschlands bereit, für Oppenheimer die überseeische Auswanderung zu besorgen, doch laut Anordnung des Reichsführers SS – er war inzwischen auch zum Chef der Deutschen Polizei avanciert – vom 22.11.1937 war »über alle Juden im KL Dachau wegen Greuelnachrichten bis auf weiteres Entlassungssperre verhängt« worden. Auf diese Anordnung stützten sich die weiteren Ablehnungen der Anträge auf Haftentlassung Oppenheimers.

Im April 1940 stellte die Staatspolizeistelle Würzburg fest, daß für Oppenheimer bisher keine Auswanderungspapiere in Vorlage gebracht worden seien, und da auch sonst kein Grund zu erkennen sei, der seine Entlassung rechtfertige, verlängerte die Stapo Würzburg wieder einmal die Haft. Für Oppenheimer, der über das KL Sachsenhausen inzwischen in das KL Buchenwald gelangt war, gab es auch jetzt noch zwei Möglichkeiten der Auswanderung; das Palästina-Amt Berlin erbot sich im Mai, eine Auswanderung zu organisieren, die Reichsvereinigung der Juden in Deutschland stellte ebenfalls für Mai 1940 eine Auswanderung nach Shanghai in Aussicht. Unter diesen Umständen erhob die Stapo Würzburg keine Bedenken mehr gegen eine Entlassung.

Vom Gestapa Berlin wurde hingegen entschieden: »Eine Entlassung des Juden Oppenheimer – auch zum Zwecke der Auswanderung – kommt zur Kriegszeit nicht in

III. Ein »Volksschädling« 113

Frage, zumal sich Oppenheimer noch im wehrfähigen Alter befindet.« Kurz nachdem Oppenheimer diese erneute Ablehnung bekanntgegeben wurde, erhängte er sich.

Zum Quellenhintergrund

Grundlegend für diesen Beitrag war die Gestapo-Akte Dr. Leopold Obermayer (Staatsarchiv Würzburg, Gestapo Würzburg 8873), neben der Akte des Pfarrers Wörner der zweite bedeutende Fund bei der Durcharbeitung des Gestapo-Bestandes Würzburg. Der Verfasserin war dankenswerterweise erlaubt worden, vor der Inventarisierung dieses Bestandes direkt an den Archivregalen zu arbeiten. Das bedeutete eine große Arbeitserleichterung und lenkte den Blick naturgemäß vor allem auf die schon äußerlich besonders umfangreichen Faszikel unter den vielen Tausenden von Personalakten: Unter dem Buchstaben »O« fiel wegen solchen Umfanges der Fall Obermayer schnell auf. Und das Studium der Akte bestätigte rasch die Vermutung eines besonders interessanten Falles. Sie lieferte – infolge der im vorstehenden beschriebenen besonderen Umstände des Falles – fast alle Elemente seiner Nacherzählung, ohne daß der Akteninhalt dadurch voll ausgeschöpft werden konnte.

Hinzugezogen wurden darüber hinaus vor allem Gestapo-Akten derjenigen Personen, die in Obermayers Verfahren verwickelt waren: Ludwig Richter 10 546, Wilhelm Schoor 13 395, Paul Röser 10 906, Franz Popp 9540, Dr. Werner Heyde 1484, Josef Gebhart 10 100; daneben noch 2512, 2642, 2763, 2933, 3548, 4085, 4187, 4291, 4556, 4639, 5145.

Für die Verfolgerseite, vor allem für deren Hauptexponenten, den Kriminalrat Josef Gerum, waren in erster Linie dessen sehr umfangreiche Spruchkammerakte (Registratur »S« des Amtsgerichts München) und das Strafverfahren gegen ihn vor dem Landgericht Würzburg (Registratur Landgericht Würzburg, Kls 46/50) sehr ergiebig, daneben auch die beiden eingestellten Verfahren vor dem Landgericht München I (Registratur der Staatsanwaltschaft bei dem Landgericht München I, 1 Js 404/52 und 1 Js 1 862/57). Zu den beiden anderen Verfolgern, Hans Kantschuster und Heinrich Deubel, finden sich zahlreiche Vernehmungen in dem 8bändigen Strafverfahren gegen Hans Steinbrenner, das sehr viel Aufschluß gibt über die Methoden der SS-Wachtmannschaften im KL Dachau (Registratur Landgericht München II, Da 12 Js 277/48).

Auch über Obermayers Verteidiger, Dr. Karl Rosenthal, liegt eine Gestapo-Akte vor (Staatsarchiv Würzburg, Gestapo Würzburg 307 [alte Signatur]), die nicht nur Person und Verhalten Obermayers aus der Sicht des Anwalts erhellt, sondern auch Rosenthals eigenes Verfolgungsschicksal und das seiner Frau beleuchtet. Zusätzlich wurden die einschlägigen Akten der Zentralen Wiedergutmachungsbehörde Bayern, Fürth (Rückerstattungsverfahren Dr. Rosenthal ./. Deutsches Reich 1958, IV 30 24 71 – N 51 (1 u. 4), (5) und III N 6994) ausgewertet, desgleichen die Akte im Landesentschädigungsamt München (Entschädigungsverfahren Dr. Rosenthal ./. Freistaat Bayern 1952), obgleich sich darin nur wenige Hinweise auf den Fall Obermayer fanden. Ähnliches gilt von den ebenfalls vorliegenden Wiedergutmachungsakten der Schwester Obermayers, Olga Obermayer (Registratur der Zentralen Wiedergutmachungsbehörde Bayern, Fürth, IVa 3279).

An Zeitungen wurden herangezogen: der *Stürmer,* 1935, 1936 (Archiv des Instituts für Zeitgeschichte, Z 13) und der *Völkische Beobachter,* 1935, 1936 (Archiv des Instituts für Zeitgeschichte, Z 1), die *Mainfränkische Zeitung,* 1934, 1937 (Bayerische Staatsbibliothek, 2 Z $^{38}/_{17}$), das *Fränkische Volksblatt,* 1936 (Bayerische Staatsbibliothek, 2 Eph.pol. 14b) und der *Würzburger General-Anzeiger,* 1936 (Bayerische Staatsbibliothek, 2 Eph.pol. 3hm).

Erwähnung fand der schon damals aufsehenerregende Fall Obermayer in den Lageberichten des Regierungspräsidenten von Unterfranken und Aschaffenburg, 1934 (Bayerisches Hauptstaatsarchiv, MA 103 694) und in den Monatsberichten derselben Behörde, 1935, 1936 (Bayerisches Hauptstaatsarchiv, MA 106 680), im Tagebuch des Reichsjustizministers Gürtner, Eintrag vom 29.10.1935 (Bundesarchiv Koblenz, R 22/1089) und Eintrag vom 11.1.1937 (Bundesarchiv Koblenz, R 22/706), sowie in einem Bericht des Generalstaatsanwalts beim Oberlandesgericht München an den Reichsminister der Justiz vom 30.3.1936 (Archiv des Instituts für Zeitgeschichte, Fa 448).

Die aus Gründen der Kontrastierung angefügte Geschichte des Falles Benno Oppenheimer stützt sich einzig und allein auf dessen Gestapo-Akte (Staatsarchiv Würzburg, Gestapo Würzburg 8958).

IV. Redakteur am Starnberger »Seeboten«

Während der ersten dreieinhalb Jahre nationalsozialistischer Herrschaft, bis zum Sommer 1936, wurde annähernd 200 politischen Emigranten aus Deutschland wegen »staatsfeindlichen Verhaltens« die deutsche Staatsbürgerschaft aberkannt. In dieser anfangs noch nicht sehr langen Liste von Ausgebürgerten stehen illustre Namen, vor allem aus der Prominenz von Wissenschaft und Kunst, darunter auch gebürtige Bayern wie Bertolt Brecht, Erika und Klaus Mann, Johannes R. Becher, Albert Einstein, Lion Feuchtwanger, Oskar Maria Graf. Darunter findet sich aber auch der Name eines ziemlich unbekannten jungen Journalisten: Otto Knab, der bis zu seiner Emigration im Jahre 1934 Schriftleiter eines kleinen, in Starnberg bei München erscheinenden Lokalblattes gewesen war.

Knab wie der aus dem benachbarten Berg am Starnberger See stammende Oskar Maria Graf – dieser verließ München schon am 24. Februar 1933 und ging vorerst nach Wien – gehörten innerhalb dieser kleinen Gruppe der frühzeitig ausgebürgerten Emigranten wiederum zu der Minderheit derjenigen, die ihre Heimat nicht deshalb verließen, weil sie aus rassischen oder politischen Gründen verfolgt wurden, sondern weil sie nicht bereit waren, intellektuelle Kompromisse mit dem Nationalsozialismus zu schließen, Kompromisse, die vielleicht ihre berufliche Existenz gesichert hätten, aber nur um den Preis der Zerstörung ihrer moralischen und intellektuellen Integrität.

Gerade bei solcher Lage, und wenn man nicht schon ein berühmter Schriftsteller war, mit Aussicht auf berufliches Fortkommen auch im Ausland, mußte der Entschluß zur Emigration besonders schwerfallen. Viele, die meisten, entschieden sich in vergleichbarer Situation für das Dableiben, die Anpassung oder – wenn sie es sich materiell erlauben konnten – für das Verstummen und die »innere Emigration«. Auch Otto Knab hatte es zunächst mit der Anpassung versucht. Doch eines Tages stieß er innerlich an die Grenze des »Bis-hierhin-und-nicht-weiter«, brach plötzlich alle Zelte ab und flüchtete in die Schweiz, der einzige uns bekanntgewordene Fall einer durch die Emigration bekundeten klaren Distanzierung aus dem Bereich der bayerischen Lokal- und Provinzpresse.

Die Erzählung dieses Falles führt in ein Milieu, das sich in mancher Hinsicht von dem sonstiger bayerischer Provinzen unterschied. Der *Land- und Seebote,* in dessen Redaktion Otto Knab 1924 als 18jähriger eingetreten war, erschien in Starnberg am Starnberger See, dem Hauptort der als Ausflugsziel so beliebten voralpenländischen Drei-Seen-Region vor den Toren Münchens. Die aufstrebende Kreisstadt mit ihren Kreisbehörden war in mancher Hinsicht gewiß eine typische bayerische Kleinstadt, aber wie kleinere Nachbarorte am Ufer der Seen doch in besonderem Maße Residenz und Zuzugsgebiet prominenter und wohlhabender Leute. Seit der legendenumwobene Ludwig II. am gegenüberliegenden Ufer des Starnberger Sees einen geheimnisvollen Tod gefunden hatte, war auch ein Stück bayerischer Geschichte mit dem Namen des Sees verbunden. Im übrigen waren nicht wenige Leute, die selbst Geschichte gemacht hatten, hier ansässig oder als Gäste heimisch geworden, z. B. Großadmiral von

Tirpitz oder General Erich Ludendorff. Außerdem kam eine ganze Reihe bekannter Künstler und Literaten, Spitzweg, Schwind, Kaulbach, Lenbach, Arnold Zweig und andere gern an den See, entweder um wenigstens ein paar Jahre das schöne Ambiente zu genießen oder um ihren Lebensabend hier zu verbringen. Zur Künstler - und Militärprominenz gesellte sich der Adel, an dessen erster Stelle Kronprinz Rupprecht von Wittelsbach in Leutstetten und Prinz August Wilhelm von Preußen in Starnberg standen; der eine wurde später von den Nazis verfolgt, der andere machte bei ihnen Karriere. Hinzu kam eine große Anzahl von Privatiers, die in Villen oder Landhäusern mit zehn oder mehr Zimmern wohnten, und eine Reihe von Künstlern von zumindest regionaler Bedeutung, z. B. der Komponist Gustav Drechsel, Leopold von Schlözer, bekannt durch seine »Schlözerbriefe«, oder der Hofschauspieler a. D. Otto König, aus dessen Schule Erwin Piscator hervorgegangen ist. Letzterer kam von München nach Starnberg, genauso wie der Geheime Kommerzienrat Hermann Aust, nach damaliger Einschätzung einer der hervorragendsten Wirtschaftsführer Bayerns, Organisator der Kathreiner-Malzkaffee-Fabriken und Gründer des bayerischen Industriellenverbandes. Starnberg wurde deshalb oft nur als Villenvorort von München betrachtet, insbesondere seitdem es von der Landeshauptstadt mit der Eisenbahn in 25 Minuten zu erreichen war.

Dieses großbürgerliche Milieu in der vornehmen Villengegend konnte für die dort frühzeitig Fuß fassende NSDAP kaum ein guter Nährboden sein. Aber außer der Oberschicht von Intellektuellen, Künstlern, Wissenschaftlern und sonstiger Prominenz lebten hier natürlich auch Arbeiter, alteingesessene Bauern, Fischer, Handwerker und kleine Geschäftsleute. Ein Teil davon hatte gerade so sein Auskommen, eine Unterschicht, etwa 400 Personen umfassend, war bettelarm und mußte von der Fürsorge leben. Sie alle mit ihren unterschiedlichen Lebensgewohnheiten und Interessen prägten die kleinstädtische »Gesellschaft« Starnbergs.

Die unterschiedlichen Traditionen und Interessen der Starnberger Einwohner kamen deutlich auch in der Vielzahl und Variationsbreite der lokalen Vereine zum Ausdruck. In der Stadt mit ihren 4800 Einwohnern existierten weit über 100 Vereine, die sich im allgemeinen recht rege betätigten. In der Zeitung las man regelmäßig von Aktivitäten des katholischen Gesellenvereins, des katholischen Frauenbunds, des katholischen Arbeitervereins, des Veteranen- und Kriegervereins, der Liedertafel und des Orchestervereins, des Touristenvereins »Die Naturfreunde«, des Turn- und Sportvereins, der Zimmerstutzen-Schützen-Gesellschaft »Oberlandler«, des Auto- und Motorbootklubs, der Theatergemeinde, des Evangelischen Singkreises, des Bundes christlicher Arbeitsinvaliden, der Freiwilligen Sanitätskolonne, des Trachtenvereins »Edelweiß«, des Gewerkschaftsvereins, der Bayernwacht, der Kavallerievereinigung, des Rad- und Motorfahrvereins »Concordia«, des Sterbekassenvereins, des Schachklubs, des Raucherclubs und letztlich auch des Kaninchenzuchtvereins. Welch wichtigen Anteil das Vereinsleben im Leben der Starnberger einnahm, ist aus der ständigen Rubrik »Vereinskalender«, die der Starnberger *Land- und Seebote* veröffentlichte, ersichtlich. Jeder Verein, jeder Verband, natürlich auch jede Partei konnten in dieser Spalte ihre Veranstaltungen, soweit es sich nicht um politische Versammlungen handelte, kostenlos ankündigen. Auffallend ist daher, daß die NSDAP in diesem Vereinskalender während ihrer gesamten sogenannten Kampfzeit nicht ein einziges Mal erschien. Auch im redaktionellen Teil wurden ihre Versammlungen mit keinem Wort erwähnt. Die einzige Ausnahme bildete der im Jahre 1926 in Starnberg stattfindende, von den völkischen

Verbänden und der NSDAP organisierte »Deutsche Tag«, dem vier bis fünf klägliche Zeilen gewidmet wurden. Von nationalsozialistischer Seite wissen wir jedoch, daß man dort mit allen möglichen Mitteln versucht hatte, in die Spalten der Heimatzeitung zu gelangen. Es war nichts zu machen, die NSDAP wurde stets abgewiesen, und der Haß der NS-Aktivisten auf das »Käseblatt, schwarz wie die Nacht«, wie Franz Buchner, der Gründer der NSDAP-Ortsgruppe in Starnberg, die Zeitung wütend bezeichnete, entwickelte sich zur Dauerfeindschaft.

Anlaß dazu bot bereits die Gründung der NSDAP-Ortsgruppe. Als diese am 9. Mai 1925, bald nach der Wiedergründung der NSDAP in München, errichtet worden war, mühte sich Ortsgruppenleiter Buchner damit ab, einen Bericht hierüber zu verfassen, den er für eine Spitzenleistung hielt, und war um so mehr verärgert, als der *Land- und Seebote* nicht das geringste Interesse an einer Veröffentlichung zeigte, auch dann nicht, als Buchner anbot, den Artikel auf zwei Spalten und schließlich auf eine unbedeutende Notiz zu kürzen. Für diese Entscheidung war Knab zu diesem Zeitpunkt wohl noch nicht verantwortlich, aber die Nationalsozialisten verteilten ihre Wut auf sämtliche Redaktionsmitglieder und schworen, die Zeitung eines Tages zu zwingen, von ihnen Notiz zu nehmen. Das zu erreichen schien damals allerdings noch aussichtslos.

Auch der Vorstand des Bezirksamtes zog sich schon bei der Gründung der Ortsgruppe den Haß der Nazis zu. Sprach er doch im Interesse von Ruhe und Ordnung Bedenken gegen die Gründung dieser Parteiortsgruppe aus und machte ihr entsprechende Auflagen. Buchner nannte den Bezirksamtmann »Paragraphenhengst, Rechtsverdreher und Jurist« und ließ seiner Wut freien Lauf: »Himmelhund, wie ich dich hasse! ... Wir werden dir schon noch zu schaffen machen, Männchen«, drohte er und hielt Wort.

Das Drei-Seen-Land war zwar NS-Traditionsgebiet – zwei von den sechzehn beim Hitler-Putsch an der Feldherrnhalle Umgekommenen stammten aus dem Gebiet, und in Starnberg war einer der ältesten SS-Stürme ins Leben gerufen worden –, aber die Gründungsmitglieder und ihr Programm waren nicht nach dem Geschmack der meisten Starnberger. Unter ihnen befanden sich zwar einige Personen mit geachteten Berufen, z. B. ein Studienrat, ein Rechtsanwalt und gar ein Hochschulprofessor. Aber in Wirklichkeit handelte es sich dabei bis auf wenige Ausnahmen um »verkrachte Existenzen«. Der damalige Ortsgruppen- und spätere Kreisleiter und Reichstagsabgeordnete Franz Buchner schrieb noch Jahre später, als die NSDAP längst an der Macht war, sie hätten damals wie Geächtete in gesellschaftlicher Isolation gelebt.

Auch an Geld fehlte es der Ortsgruppe Starnberg ständig. Der finanzkräftigste unter den 12 Gründungsmitgliedern, ein sogenannter Zigarrengeschäftsinhaber, war nahezu pleite. Der Universitätsprofessor a. D. bezog eine schmale Rente, die zum Leben kaum reichte, vielleicht ein Grund für ihn, sich den sozialen Außenseitern der NSDAP anzuschließen. Er legte auch sonst ein sonderliches Gebaren an den Tag, lauerte z. B. an der Seepromenade, mit Exemplaren des *Völkischen Beobachters* oder des *Stürmers* bewaffnet, den Erholungssuchenden auf, verwickelte sie in Gespräche und versuchte, sie zu seinem nationalsozialistischen Glauben zu bekehren. Ganz anderer Art war der Tapezierer Max Ederer, so recht der Schlägertyp der Kampfzeit, der darauf losprügelte, wann immer sich Gelegenheit dazu bot, oft auch schon dann, wenn ihm im Wirtshaus einer widersprach. Auf dem Tanzboden pflegte er mit einer Stahlrute zu erscheinen und die Leute so lange zu provozieren, bis er das Schlaginstrument gebrauchen konnte. Nach der Machtergreifung pochte er auf entsprechende Belohnung und wurde Gemeindepolizist, was den beißenden Spott aller nichtnationalsozialistischen Starnberger hervorrief. Dabei war Ederer kein Einzelfall. Knab, damals politisch noch nicht sonderlich engagiert, aber als Journalist mit der lokalen Szene doch sehr vertraut, weiß in seinem später verfaßten Büchlein »Kleinstadt unterm Hakenkreuz« noch von weiteren ähnlich peinlichen Nazi-Karrieren in Starnberg zu berichten. Er erzählt z. B. von einem ehemaligen Bankangestellten, der bei der NSDAP Kassenführer wurde, aus der Kasse einiges Geld stahl, dann aus der Partei ausgeschlossen, aber nach der Machtübernahme wieder aufgenommen wurde und es letztlich zum Angestellten bei der Stadt brachte. Ein anderer »alter Kämpfer« der NSDAP, der eine Gefängnisstrafe wegen Verführung Minderjähriger abgesessen hatte, erhielt von den Nazis nach 1933 einen Posten als Leiter eines Kinderheimes, ein weiterer, der wegen Veruntreuungen verurteilt und aus dem Staatsdienst entlassen worden war, bekam den Posten eines Bürgermeisters in einer Nachbargemeinde.

Solche Exponenten der Ortsgruppe trugen in den 20er Jahren maßgeblich dazu bei, daß Knab und die meisten Starnberger Bürger die Nazis als halbe Kriminelle oder Asoziale betrachteten, zumal die Ortsgruppe wenig tat, um diesen Ruf zu korrigieren. Charakteristisch für deren Auftreten war, daß sie bald nach ihrer Gründung jeweils am Samstagnachmittag, wenn die Gäste am See Erholung suchten, »Kesseltreiben« mit Juden veranstalteten. Weder Beleidigungsprozesse, die gegen sie angestrengt und gewonnen wurden, noch die inständigen Vorhaltungen der Frauen von SA- und NSDAP-Mitgliedern, die sich des rüpelhaften antisemitischen Verhaltens ihrer Männer schämten, konnten diese davon abhalten, ihren Ruf als »Nazi-Rowdys ohne Hirn und Verstand« wöchentlich aufs neue zu bestätigen. In Mißkredit bei der Bürgerschaft gerieten sie vor allem auch durch mehr oder weniger regelmäßige Schlägereien mit politisch Andersgesinnten. Die Starnberger, und mit ihnen Otto Knab, mieden diese »Hitlernarren«, ja sie verspotteten sie und nannten sie – da es sich bei den Aktivisten häufig um unreife junge Männer handelte – verächtlich die »Hitlerbuam«. Die Nationalsozialisten quittierten die ihnen entgegengebrachte Verachtung auf ihre Weise. Buchner erklärte, der Starnberger Bürger stinke vor »Feigheit und Faulheit«, er sei »Gelee, Sülze, Marmelade, Brei, weich und schleimig«. Wie in anderen Orten setzte die kleine Gruppe der Nationalsozialisten auf den Erfolg immer neuer Aktionen. Als sie es im August 1926 fertigbrachte, den »Deutschen Tag« in Starnberg stattfinden zu lassen, kam sogar Hitler in die Stadt, seine Wirkung wurde allerdings beträchtlich eingeschränkt durch das über ihn damals noch verhängte Redeverbot. Immerhin konnte der *Land- und Seebote* dieses Mal das Ereignis nicht ganz stillschweigend übergehen. So brachte er einen knochentrockenen kurzen Bericht, der vor allem hervorhob, daß der NSDAP-Zug zum Gedenkgottesdienst in die katholische Kirche marschiert war. Aber Buchner jubelte: »Wir haben sie gezwungen, von unserem Dasein Kenntnis zu nehmen.« Die Nazis glaubten, nun sei ihnen der Durchbruch gelungen und sie könnten den gewonnenen Boden gleich absichern. Sie setzten deshalb sofort einen öffentlichen Sprechabend an, in der Hoffnung, die Starnberger würden ihnen jetzt – nach dem »Deutschen Tag« – ihr Versammlungslokal einrennen. Aber es hatte sich nichts geändert. Zur festgesetzten Stunde gähnte der Saal vor Leere. Die Parteigenossen waren wieder unter sich. Bis 1928 änderte sich daran wenig. Nur ganz selten verirrte sich jemand zur NSDAP. Zu den 12 Gründungsmitgliedern gesellten sich nur sieben weitere Mitglieder, eine schwache Ausbeute der rührigen Aktivität, mit der die NSDAP-

Ortsgruppe Starnberg sich vor den damals nur zwei Dutzend anderen Ortsgruppen im gesamten Gau Oberbayern auszuzeichnen suchte. Erst mit der Übernahme des Gauleiterpostens durch Fritz Reinhardt im Februar 1928, die zur Folge hatte, daß der Landkreis Starnberg (Villa Moos in Herrsching) Sitz der Gauleitung wurde, kam mehr System in die Parteiwerbung hinein. Die straffere Parteiführung und -werbung fiel in die Zeit der zunehmenden Wirtschaftskrise und Notlage der Bevölkerung, die der NSDAP nun auch in Starnberg reichlich Zulauf bescherte. Schon im Jahr 1929 zählte die Ortsgruppe (mit Percha, Oberbrunn, Pöcking, Feldafing und Gauting) fast einhundert Mitglieder. In der Juli-Wahl 1932 überflügelte die NSDAP erstmals die BVP. Jetzt schien es dem bisher eher unpolitischen Knab nötig, mehr zur Verteidigung gegen die Nationalsozialisten zu tun. Er stellte sich der BVP zur Verfügung und gründete mit anderen zusammen in Starnberg eine Abteilung der Bayernwacht.

Nicht nur als Chefredakteur des BVP-nahen Lokalblattes, sondern nun auch als lokaler Führer der Abwehrorganisation der BVP geriet Knab infolgedessen während der entscheidenden Phase des Aufstiegs der NSDAP in eine exponierte Stellung. Der eher einzelgängerische Journalist schien für diese Rolle, seinem ganzen Lebensweg nach, wenig geschaffen.

Otto Knab war unehelicher Herkunft. Seine Mutter entstammte einer gesellschaftlich hochgestellten Familie, die glaubte, sich eine solche Schande nicht leisten zu können. Deshalb waren bei der Geburt des Jungen schon alle Formalitäten für eine Adoption erledigt. Ein kinderloses Ehepar, der Geheime Rechnungsrat und Generalkriegszahlmeister Otto Knab und seine Frau Margarete, hatten sich im hohen Alter bereit erklärt, das Kind sofort nach der Geburt zu adoptieren. Der Adoptivvater, den der kleine Knab sehr liebte, starb, als er erst acht Jahre alt war. Nun ganz und gar der frömmelnden Adoptivmutter ausgeliefert, die in dem unehelichen Kind eine Frucht der Sünde erblickte und ihm echte mütterliche Liebe kaum entgegenzubringen fähig war, erlebte der Junge in der Folgezeit eine eher quälende Erziehung. Er berichtete darüber später: »Über-religiös, war sie offenbar von der Aufgabe überwältigt, diesen ›Sohn der Sünde‹ aufziehen zu müssen. Sie hielt es für ihre religiöse Pflicht, mich dem Teufel zu entreißen, was oft groteske Formen annahm, bis sie schließlich einsah (oder überredet wurde) – ich hatte einen Vormund zu jener Zeit – mich in ein Waisenhaus zu geben.« Der erst Neunjährige wurde im Franziskushaus in Altötting aufgenommen, in dem er von Frühjahr 1914 bis Herbst 1916 lebte. Er sehnte sich mit keiner Faser seines Herzens zurück zu seiner ›Mama‹, an die ihn im Gegensatz zum Waisenhaus keine guten Erinnerungen banden. Doch die ›Mama‹ entschied weiter über sein Schicksal und bestimmte ihn zum Priesterberuf. Aus der Distanz des Alters rekapitulierte Knab diesen Entschluß seiner ›Mama‹ ironisierend: »Die unsichtbaren Mächte, die über mein Schicksal entscheiden konnten, hatten beschlossen, daß dies die beste Lösung für mich (und sie) wäre, wenn ich auf diese Weise aus der ›Welt‹ herausgenommen werden würde.«

Knab trat in das Kapuzinerseminar Burghausen ein. Im Herbst 1917 kam er infolge einer Verlegung eines Teils der Seminaristen nach Augsburg, wo er im ehemaligen Exerzitienhaus untergebracht war. Wenn die Priesterseminaristenzeit für Knab auch nicht lange andauerte, so hatte sie doch prägende Bedeutung. In ihr wurzelte seine lebenslang festgehaltene katholische Weltanschauung, der er eines Tages auch die berufliche Existenz opfern sollte. Über den schnellen Abbruch der Erziehung im Kapuzinerseminar schrieb er später: »Die Revolution von 1918 hatte eine aufrührerische Stimmung auch unter uns Seminaristen geschaffen, und infolge dieser wurde auch ich davon erfaßt. In dieser Periode meiner frühen Pubertät hatte ich Schwierigkeiten mit dem Problem meiner Abstammung. Ich vertraute mich dem Direktor des Seminars an, der dummerweise die Haltung meiner ›Mama‹ übernahm, daß sie meine wirkliche Mutter wäre. Er verständigte jedoch Mama über meine Haltung (im Gegensatz zu seinen Versicherungen mir gegenüber), und in einer sehr emotionalen Konfrontation nannte ich ihn ›coram publico‹ einen Lügner. Sofortige Demission! Das war zuviel für Mama. Es wurde Schluß mit dem Studium gemacht. Man gab mir die Wahl, Schuhmacher, Gärtner oder Buchdrucker zu werden.«

Der Junge wählte die Ausbildung zum Buchdrucker, weil sie am meisten mit dem geschriebenen Wort zu tun hatte. Frühzeitig machte sich bei Otto Knab eine Neigung zur Schriftstellerei bemerkbar. Noch während seiner vierjährigen Lehre in Riedenberg (Oberpfalz) schrieb er einen, wie er später meinte »gottlob vergessenen« Roman und ein Trauerspiel in vier Akten »Zwischen Mai- und Weihenacht«. Dieses Stück des 19jährigen erlebte sogar einige Aufführungen und erschien auch in Buchform. Darin ließ Knab – offensichtlich hatte er das Stück noch unter dem frischen Eindruck des Hitlerputsches geschrieben – einen Mörder mit dem Namen »Nazi« auftreten.

1924 kam Knab als Setzer und Redaktionsassistent zum heute noch existierenden Starnberger *Land- und Seeboten,* einem respektablen Heimatblatt, das 1875 gegründet, seit 1922 auch das amtliche Organ des Amtsbezirks Starnberg bildete. Das Blatt erschien damals noch zweimal wöchentlich, zwei Jahre später dreimal wöchentlich. An dieser Zeitung machte der junge Mann eine beachtliche Karriere: Erst Setzer, dann im Alter von 21 Jahren zum Redakteur befördert, wurde er 1929 im Alter von 24 Jahren verantwortlicher Redakteur des Blattes. In der Folgezeit vermehrte er auch dessen Seitenzahl, führte eine Sonntagsunterhaltungsbeilage ein und machte den *Land- und Seeboten* zur Tageszeitung. Auch eine Zweitausgabe, das *Tutzinger Tagblatt,* wurde dank seiner Initiative gegründet.

Knab ging voll in seinem Beruf auf; deshalb stellte sich auch sein Versuch, nebenbei noch das Abitur nachzuholen, als Illusion heraus. Der Autodidakt, der seinen schriftstellerischen Neigungen auch außerhalb seiner Zeitung nachging, hatte einen unstillbaren Lesehunger. Er ließ sich besonders anregen durch die von Münchener Jesuiten herausgegebene Monatsschrift »Stimmen der Zeit« und die von Fritz Gerlich herausgegebene Zeitschrift »Der gerade Weg«, die er sogar in Schaukästen in Starnberg öffentlich aushängte. Aber es blieb nicht bei dem christlich-katholischen Lesestoff. Seine leibliche Mutter, die er nach langen Erkundigungen endlich ausfindig gemacht hatte, führte ihn in die sozialistische Literatur ein, und er stellte mit Erstaunen fest, daß sich hier manche Bezüge ergaben zu den Sozial-Lehren der katholischen Kirche. Aufgrund dieser Lektüre und wohl auch durch die sich mehrenden Kontakte mit politisch linkseingestellten Personen baute er allmählich seine anfänglichen Vorurteile gegenüber Sozialisten und Kommunisten ab, die ihre Wurzeln in dem gutbürgerlichen Milieu seines Adoptivelternhauses und in der Erziehung im Priesterseminar hatten. Seine instinktive Abneigung gegen die sogenannten besseren Kreise, wohl auch begründet in seinen Kindheitserfahrungen, verstärkte sich dagegen eher.

Sein Hang zum Einzelgängertum war dem ›Waisenkind‹ sozusagen schon in die Wiege gelegt worden. Daran änderte sich auch später wenig.

Im Rahmen seiner strikt festgehaltenen katholischen weltanschaulichen Orientierung war er für vieles offen und interessiert, legte sich aber nicht fest. Trotz seines Individualismus war er durchaus kontaktfreudig, das erzwang schon sein Beruf als Journalist. Er beteiligte sich auch am Vereinsleben, z. B. war er Mitglied des Journalisten- und Schriftsteller-Vereins in München, wo er Hermann Roth und Joseph Magnus Werner kennen- und schätzenlernte. Seit 1922 betätigte er sich aktiv im katholischen Gesellenverein. Nach seiner Eheschließung im Jahre 1929 wurde er mit 24 Jahren Ehrenmitglied des Kolpingvereins und setzte sich besonders für das Fortbildungsprogramm der jungen Mitglieder ein. Trotz dieser Engagements und Kontakte besaß Otto Knab nur wenige wirkliche Freunde. Dazu zählte vor allem seine Mutter, mit der er, nachdem er sie aufgespürt hatte, in harmonischer Gegenseitigkeit Gedanken brieflich auszutauschen pflegte. Die wenigen Freunde in Starnberg wurden fast ausnahmslos bald von den Nazis verfolgt, so der liberal eingestellte jüdische Rechtsanwalt Dr. Robert Held, der als erster in Starnberg in Schutzhaft genommen wurde. Auch nach der Entlassung setzten ihm die Nazis in Starnberg so zu, daß er seine gutgehende Praxis nach München verlegen mußte. Nicht viel anders erging es dem befreundeten Kaplan Bernhard Heinzmann, den die Exponenten der Partei binnen weniger Monate aus Starnberg herausschikanierten. Knab erlebte diese Verfolgung aus nächster Nähe und nahm intensiven Anteil daran. Einzig sein Freund Theodor Geyer, ein Kunstmaler, blieb vorerst von nationalsozialistischer Verfolgung verschont. Als er unter wirkungsvoller Vermittlung Knabs dafür ausersehen wurde, ein Fresko für die neue Pfarrkirche zu malen, wurde aber auch er beim nationalsozialistischen Bürgermeister und den nationalsozialistischen Stadträten zur persona non grata. Erst 1944 hätte es beinahe auch ihn getroffen. Doch der gegen ihn und seine Frau am Oberlandesgericht München geführte Prozeß wegen kritischer Äußerungen über Hitler etc. endete mit Freispruch.

Knabs ursprünglich eher unpolitische Interessen, Literatur, Theater, Jugendarbeit, eigene dichterische und schriftstellerische Arbeit, erfuhren, als mit der zunehmenden wirtschaftlichen Depression der Zulauf zur NS-Bewegung zu einer konkreten Gefahr für Kirche und Katholizismus wurde, eine gewisse Politisierung. Jetzt exponierte sich Knab mehr und mehr, wenn auch, wie er selbst rückblickend erläuterte, eher »im Vereins-Rahmen«, weniger im direkt politischen und parteipolitischen Bereich. Auch diese Grenze überschritt er aber mit seinem Engagement in der Bayernwacht, dem paramilitärischen Saal- und Selbstschutzverband der BVP, der seine Aufgabe vor allem darin sah, dem Terror der Nationalsozialisten auf der Straße und in Versammlungen einen schlagkräftigen Wehrverband entgegenzusetzen und dadurch die militant eingestellten Jugendlichen, die zur NSDAP neigten, für sich zu gewinnen. In Knabs Notizen vom Sommer 1934 findet sich dazu folgender Eintrag:

»Im Sommer 1932 trat ich der Bayernwacht bei.
Der Sieg des Nationalsozialismus erscheint immer näher. Die Lage wird täglich bedrohlicher. Kein innerer Widerstand mehr im Bürgertum, das den Terrordrohungen des NS bereits erliegt. Viele sind dort Mitglieder und gleichzeitig in der Bayerischen Volkspartei. In dieser Zeit scheint sich ein letztes Aufgebot von Widerstand zu sammeln: die Bayernwacht. Von der Oberpfalz kam die Idee. Sie lief schnell durchs Land. Junge Leute der christlichen Weltanschauung sollten als einsatzbereite Truppe der Bayerischen Staatsregierung zur Verfügung sein. Ich hatte mich seit Frühjahr mit Waffenschein und Waffe versehen. Nun trat ich als einer der Ersten in Starnberg der Bayernwacht bei. Es fehlte an Leuten. Wir holten sie zumeist aus den katholischen Vereinen. Ich wurde stellvertretender ›Gauleiter‹ (!). Gauleiter war ein Badenser Fabrikant, der sehr eifrig

war, aber als Nicht-Bayer etwas ungenügend wirkte. Also: Neben meinem Berufsdienst, Theatervereinigung, Gesellenverein, Jugendnotdienst und Familie, war ich willens auch noch diese Zeit zu geben. Ich ging zu den Übungen (einschließlich Schießen), machte Werbereien in der Umgebung mit, sah aber schließlich in einer Landesführertagung im Landtagsgebäude in München die Realität dieser jämmerlichen Geschichte: Befangenheit der Führenden in der Vorstellung großer Mitgliederzahlen, die in Wirklichkeit nie bestanden – Wichtigtuerei, aber kein Bewußtsein vom wirklichen Ernst der Stunde. Aber ich selbst blieb, trotz der Bitten meiner Frau, damit mit mir vielleicht auch andere zu uns kommen und bleiben sollten. Nur als ›Vorbild‹ exponierte ich mich, sprach öffentlich als Bayernwacht-Führer, sogar auf Parteifunktionen der Bayerischen Volkspartei (der ich nicht einmal angehörte).«

Entgegen seiner Selbsteinschätzung als Unpolitischer konnte Knab aufgrund dieses Engagements mit Fug und Recht von den Nazis als »Schwarzer« bezeichnet werden, zumal die Zeitung, bei der er arbeitete, eindeutig ein Sprachrohr des politischen und weltanschaulichen Katholizismus bildete. Aufgrund dessen war der *Land- und Seebote,* wie schon ausgeführt, den Nationalsozialisten in Starnberg und Umgebung seit langem ein Dorn im Auge. Vor allem die Tatsache, daß der *Seebote* die NSDAP in ihrer Anfangszeit mit geringschätziger Nichtbeachtung bedacht hatte, blieb unvergessen. Eine gewisse Rolle spielte dabei auch, daß das örtliche nationalsozialistische Kampfblättchen namens *Tank* dem *Seeboten* bei weitem nicht das Wasser reichen konnte. Hieraus ergab sich in Starnberg eine besondere persönliche Konstellation. Der *Tank* wurde von einem damals noch unbekannten, ehrgeizigen Jüngling namens Helmut Sündermann herausgegeben, den Hitler zehn Jahre später (1942) im Alter von 31 Jahren zum stellvertretenden Pressechef der Reichsregierung ernennen sollte. Schon als die Starnberger NSDAP-Ortsgruppe gegründet wurde, drückte sich das damals gerade 15jährige Großbürgersöhnchen in dem Saal herum. Von diesem Zeitpunkt an war er meist dort zu finden, wo die Nazis eine Versammlung oder ähnliches abhielten. Während des »Deutschen Tages« 1926 suchte er, magnetartig angezogen, die Nähe Hitlers, dem er für immer hörig wurde. Über dieses Auftreten Hitlers in Starnberg, auf Knab hatte es nicht den geringsten Eindruck gemacht, schrieb Sündermann noch im August 1945 emphatisch:

»Unvergeßlich aber ist mir der erste Blick auf den Mann geblieben, der im blauen Anzug schweigend einen Kranz am Starnberger Kriegerdenkmal niederlegte. Ruhig, forschend und fordernd ging sein Blick über die neugierige Menge. Als er dann im Wagen saß, von Männern im Braunhemd umringt, haben Hunderte von Starnbergern wie einem inneren Zwang gehorchend als Zeichen des Grußes den rechten Arm erhoben. Nimmt es Wunder, daß auch der eines Fünfzehnjährigen sich, einem Schwure gleich, emporstreckte?«

Schon damals, noch als Schuljunge, trieb sich Sündermann in jeder schulfreien Stunde in der kleinen Redaktion des *Land- und Seeboten* herum und verfolgte fasziniert die Redakteurs- und Journalistenarbeit.

Der blutjunge Hitleranhänger wurde in der öffentlichen Meinungsbildung Starnbergs dann in der Folgezeit zum Hauptkonkurrenten Otto Knabs. So machten sich 1932 in dem Provinzstädtchen ein 21- und ein 27jähriger das Meinungsmonopol streitig. Sie bekämpften sich nicht nur über ihre Zeitungen, sondern auch als Redner und Werbetrommler für ihre Fraktion. Nach der Machtübernahme mußten Verleger und Redakteur des *Land- und Seeboten* demzufolge mit Racheakten und Pressionen rechnen. Diese trafen auch ein, aber der Druck wurde nicht schlagartig massiv, sondern sukzessive ausgeübt.

Über die Berufung Hitlers zum Reichskanzler konnte der *Land- und Seebote* am 31. Januar 1933 in einem Leitartikel noch sachlich distanziert berichten und gleichzeitig im Abschnitt »Lokales« nicht ohne Süffisance vermelden, daß Gregor Straßer, der in letzter Zeit wegen seines Konflikts mit Hilter Vielgenannte, zur Zeit im Kurhaus in Tutzing zur Erholung weile, so als ob man den Lesern des *Seeboten* sagen wollte, der neue Kanzler werde ja nicht einmal in der eigenen Partei von allen geschätzt und anerkannt. Anfangs stellte sich Knab im übrigen auf den Standpunkt, der neuen Regierung müsse erst einmal Gelegenheit gegeben werden zu zeigen, was sie könne. Es sei beruhigend, so schrieb er am 3. Februar 1933, daß die neue Reichsregierung erklärt habe, sie werde die Verfassung ohne Inanspruchnahme des Staatsnotstandes einhalten. Ganz anders freilich lautete sein Kommentar, als am folgenden Tage bekannt wurde, daß der Reichstag aufgelöst und Neuwahlen für den 5. März beschlossen worden waren. Die scheinbare Ruhe, in der sich der Machtwechsel im Reich vollzogen habe, schrieb Knab, habe getrogen. Die Zeichen stünden wieder auf Kampf und Sturm.

In den folgenden Februar-Wochen konnte das Blatt die groß aufgemachten NS-Veranstaltungen nicht mehr wie bisher völlig übergehen, es sah sich veranlaßt, sie wenigstens in der Vereinsspalte anzukündigen, nahm sich aber immer noch die Freiheit, anschließend kaum etwas darüber zu berichten, was auffallend genug war, da gewöhnlich auch kleinere Vereinsereignisse und Veranstaltungen im *Seeboten* Berücksichtigung fanden.Über den Wahlpropagandamarsch der NSDAP am 19. Februar brachte der *Seebote* nur eine kleine Notiz, verbunden mit dem Hinweis, bei der Rede des Abgeordneten Reinhardt (inzwischen zweiter Bürgermeister im benachbarten Herrsching) seien fast nur Parteigenossen anwesend gewesen. Drei Tage darauf, man befand sich auf dem Höhepunkt des Wahlkampfes, erschien folgende boshafte Notiz: »Außergewöhnliche Sonntagsrückfahrkarten nach München zur Hitlerrede und zum Karnevalsabschluß«. Gleichwohl war die Haltung des Blattes gegenüber der NS-Bewegung, seit diese im Reiche die Regierungsführung übernommen hatte, bis zur Wahl vom 5. März 1933 von einer gewissen Ambivalenz gekennzeichnet. Knab kritisierte die durch die ersten Notverordnungen eingeschränkte Pressefreiheit und gab der Befürchtung Ausdruck, daß sie zur Unterdrückung sachlicher Kritik und freier Meinungsäußerung mißbraucht werden könnte, fügte aber beruhigend hinzu, Hitler habe versichert, daß keineswegs eine allgemeine Knebelung der Presse beabsichtigt sei, sondern nur die staatsgefährdende marxistische Hetze unterbunden werden solle. Auffällig war auch der Mangel an Kritik bezüglich der Verfolgung der Kommunisten, die nach dem Reichstagsbrand einsetzte. Im Vordergrund der politischen Meinungsbildung in diesen Wochen stand aber der Wahlkampf. Hierbei machte der *Land- und Seebote* handfeste Propaganda für die Bayerische Volkspartei, unterstützt durch entsprechende groß aufgemachte Inserate. Die nationalsozialistischen Annoncen nahmen sich dagegen vergleichsweise bescheiden aus, vor allem wohl auch deshalb, weil die NSDAP Kosten sparen wollte und sich bei den BVP-Lesern des *Land- und Seeboten* ohnehin kaum Stimmengewinne ausrechnen konnte.

Tatsächlich fiel die Wahl am 5. März für die BVP in Starnberg im Vergleich zur Novemberwahl 1932 gar nicht so schlecht aus. Sie verlor nur 41 Stimmen (auch die SPD nur 37), aber die NSDAP hatte nicht weniger als 435 Stimmen hinzugewonnen, was bei insgesamt nur 3210 Stimmberechtigten ein großer Erfolg war. Freilich war die Chancengleichheit der Parteien z.T. schon erheblich gestört worden. Mancherorts hatten die Nationalsozialisten manipulierend eingegriffen, um die Wähler zur ›rechten‹ Stimmabgabe zu veranlassen. Otto Knab berichtete, wie es in einem der Wahllokale in Starnberg zuging:

»Beim Eintritt ins Wahllokal wurde man von uniformierten SA-Leuten eingeladen, sich nicht erst in die vorhandenen Wahlzellen zu bemühen, sondern den Wahlzettel gleich hier vor den Augen der höflich lächelnden SA-Leute auszufüllen. Wozu Wahlgeheimnis, wenn doch alle für den Führer sind?! Freilich konnte man seinen Wahlzettel auch in eine der mit Vorhängen verschlossenen Wahlzellen tragen, um ihn dort auszufüllen. Nur war (wenigstens in dem Lokal, wo ich zu wählen hatte) quer vor diesen Wahlzellen ein langes Banner mit großer Aufschrift gebreitet, worauf zu lesen war: ›Für Volksverräter‹. Man war natürlich frei, in diese Zellen hineinzugehen. Aber die meisten Wähler wollten das nicht erst ausprobieren. Auch ich nicht.

Ein höherer Gerichtsbeamter registrierte seinen Protest zur allgemeinen Belustigung der Zuschauenden. ... Auf dem Weg zum Wahllokal war uns übrigens bereits ein armer Kerl begegnet, der mit blutigem Kopf und begleitet von lachenden SA-Leuten ein auf Brust und Rücken befestigtes Plakat durch die Straßen tragen mußte, auf dem zu lesen stand: ›Ich bin ein Volksverräter. Ich habe gegen den Führer gestimmt.‹ ...

In den Dörfern war den verantwortlichen NS-Funktionären offenbar mehr Freiheit gegeben, ihre Erfindungsgabe zu beweisen. Die einfachste und weitest verbreitete Methode war diese: Am Vorabend des Wahltags wurde eine Massenversammlung abgehalten, wozu man einfach kommen mußte, wenn man nicht die nigel-nagel-neu uniformierten SA-Männer herausfordern wollte. Musik, alte patriotische Gesänge, vermischt mit den neueren SA-Gesängen, zündende patriotische Reden – all das erhitzte die Stimmung, so daß man gleich nach Mitternacht mit dem Wählen beginnen konnte. Und unter dem Gejohle der bereits siegreichen SA wurde das hundertprozentige Ja für den Führer bewerkstelligt und verkündet. In einem Ort (ich glaube es war Gilching) entschied man sich, als Treuekundgebung für den Führer die Geheimwahl ›freiwillig‹ aufzugeben.«

Hitler zögerte nicht lange, den Wahlerfolg in die Gleichschaltung der Länder umzusetzen. Daß es schon am 9. März auch in Bayern zur nationalsozialistischen Machtübernahme kam, war besonders für die Anhänger der BVP, der langjährig regierenden »Staatspartei«, eine böse Überraschung. Auch der damals militante Bayernwacht-Mann Otto Knab mußte beschämende Kopflosigkeit und Resignation in der Führung der BVP registrieren:

»Wir waren derart überholt von den Tatsachen der NS-Macht-Übernahme, daß uns von den führenden Köpfen nicht ein einziges Signal erreichte. Herr Pesch, der Führer der Starnberger Einheit, war in den Tagen der NS-Machtübernahme von Starnberg abwesend. Ich habe weder zu jener Zeit noch irgendwann später wieder von ihm gehört – so daß mir später sogar der Gedanke aufkam, ob er überhaupt auf unserer Seite war. Ich selbst war an jenem schicksalsschweren Nachmittag des 9. März 1933 mit den jungen Arbeitslosen zusammen, für die ich einen Kurs in Weltgeschichte (!) gab (im Rahmen eines öffentlichen privaten Projekts, die arbeitslose Jugend von der Straße wegzubringen), als plötzlich jemand in unser Lokal gerannt kam mit der Botschaft, die Nazis hätten die Bayerische Regierung übernommen. Ich wußte, daß Pesch nicht in Starnberg war. So versuchte ich, mich mit der Polizei in Verbindung zu setzen. Keine Telefonverbindung möglich. Ich ging in mein Büro, falls mich jemand telefonisch erreichen wollte (ich hatte keines daheim). Einige unserer Bayernwacht-Mitglieder riefen mich an. Ich konnte ihnen nur sagen, daß ich keinen Befehl erhalten hatte – und ohne Befehl von der Polizei waren wir nicht ermächtigt zu handeln. Inzwischen mehrten sich die Meldungen von München, daß die Regierung in den Händen der Nazis war. Ich wußte: das war das Ende. Was aus uns, der Bayernwacht, werden sollte, war noch mehr erniedrigend als wenn wir ›besiegt‹ worden wären. Wir wurden einfach ignoriert. Wochen später erreichte mich ein Befehl, keinen Widerstand zu leisten und uns als aufgelöst zu betrachten. Recht unheldisch, aber vielleicht sogar großmütig. Ich hörte ein Gerücht, daß irgendwo in Franken (Ober-, Mittel-, Unter- – ich weiß nicht mehr) ein Bayernwacht-Führer sich verpflichtet betrachtete, Widerstand zu leisten, und seine kleine Truppe sei ›aufgerieben‹ worden. Tatsache ist, daß wir etwa 6–8 Wochen nach der NS-Machtübernahme einen offiziellen

Befehl von der Bayernwacht-Leitung erhielten, uns aufzulösen. Ende einer Tragikomödie. Und man mußte der NS-Leitung eigentlich sogar dankbar sein, daß sie sich den Scherz uns niederzumetzeln versagt hat. Die Helden des Tages waren die Braunen, die sich gar nicht um uns kümmerten und dafür ihren Spaß mit einigen unglücklichen Gewerkschaftsführern und kleinen Sozialdemokraten, die als solche bekannt waren, trieben. Ruhmloser Abgang. Er war typisch für die ›Wir-weichen-nur-der-Gewalt‹-Mentalität, die im ganzen Reich herrschte.«

Auch als Redakteur bekam Knab den neuen Wind zu spüren. Kurz nach der Machtübernahme besetzten acht bewaffnete SA-Männer die Ausgänge des Verlagsgebäudes und verlangten – in aller Freundschaft, wie sie betonten – das Blatt zu zensieren. Der Redakteur, allein mit seinem Freund, dem Kunstmaler, verwehrte es ihnen nicht. Dadurch sichtlich etwas aus der Fassung gebracht, verließen die SA-Leute mit dem Korrekturabzug die Redaktion und kamen nach zwanzig Minuten schon wieder zurück. Sie hatten nichts gefunden, was sie hätten beanstanden können. Die Nummer durfte in Druck gehen. Die nächste Pression erfolgte sechs Wochen später und war schon wesentlich gefährlicher.

Obwohl die erste Aktion gegen das Blatt noch relativ harmlos verlaufen war, verfehlte sie doch nicht ihre Wirkung. Am 10. März 1933 konnte Franz Buchner triumphieren: Der *Land- und Seebote* druckte zum ersten Mal einen Artikel von ihm. Wie jetzt nach der nationalsozialistischen Machtübernahme in Bayern überall, in Starnberg sogar auf dem Motorboot »Leoni« der staatlichen Dampfschiffahrt, die Hakenkreuzfahnen wehten – freilich oft neben schwarz-weiß-roten und weiß-blauen Fahnen –, so schien nun auch in dem Starnberger Lokalblatt der Nazieinfluß gesichert. In den nächsten Tagen mußte Knab in seinem Blatt von wichtigen lokalen Veränderungen berichten, vor allem von der Beurlaubung des nazifeindlichen Bezirksamtsvorstands, Oberregierungsrat Weiß. Anschließend wurde, auch darüber hatte das Blatt am 22. März die Öffentlichkeit zu informieren, in den Amtsräumen des Bezirksamts für den Sonderkommissar der SA ein Raum eingerichtet. Knab hatte seine Leser ferner darüber zu unterrichten, daß die von ihm so geschätzte Monatschrift »Der gerade Weg« vom neuen Münchener Polizeipräsidenten Himmler auf vier Wochen verboten und daß sein Freund, Rechtsanwalt Held, in Schutzhaft genommen worden war (14.3.).

Am schwersten wird Knab es aber gefallen sein, über den Kniefall der Bayernwacht vor der neuen Regierung berichten zu müssen. Er hatte eine Erklärung der Landesvorstandschaft der Bayernwacht zu veröffentlichen, in der es hieß, »die Bayernwacht stehe nach wie vor auf dem Standpunkt strengster Legalität. Jeglicher Widerstand gegen den in legaler Form bestellten Reichskommissar sei daher ihren Mitgliedern verboten. Die Bayernwacht sei zur Mitarbeit an dem großen nationalen Aufbauwerk und unter Beachtung der Gleichberechtigung und unter Beachtung des christlichen Sittengesetzes bereit« (13.3.).

Daß der Verband, mit dem er sich politisch identifizierte, die Bereitschaft zur politischen Mitarbeit mit dem neuen Regime, wenn auch gewiß nicht aus freien Stücken, sondern begleitet von gelinden Drohgebärden der Nazis, angeboten hatte, scheint auch bei Knab zeitweilig eine gewisse Änderung seiner Einstellung gegenüber den Nationalsozialisten bewirkt zu haben. Es ist unverkennbar, daß er in diesen Wochen und Monaten den Versuch machte, der neuen Regierung »vorurteilsfrei« entgegenzukommen.

Auf dieser Linie lag es, wenn Knab z.B. anläßlich des großinszenierten »Tages von Potsdam« am 21. März 1933 schrieb, für alle national denkenden Deutschen gebe es keine andere Möglichkeit, als diese Regierung vorbehaltlos zu stützen: »Denn niemand kann aus Parteigesinnung wünschen, die Regierung möge versagen.« Wie so viele andere war auch Knab nicht unbeeindruckt geblieben von der konservativ-christlichen Stilisierung bei der propagandistischen Verbrüderung des »alten« mit dem »neuen Deutschland«. Dazu trug sicher auch die kirchliche Haltung bei. In Starnberg wurde am 21. März ein feierliches Hochamt in der katholischen und ein Gottesdienst in der evangelischen Kirche abgehalten. Am katholischen Umzug beteiligte sich die SS, am evangelischen die SA; die gläubigen Christen marschierten einträchtig mit den NS-Organisationen und sämtlichen bürgerlichen Vereinen zum Kriegerdenkmal der Stadt. Knab kommentierte dazu überschwenglich: »Es ist keine Übertreibung von diesem 21. März an eine völlig neue Epoche deutschen Lebens zu datieren.«

Auch in anderer Hinsicht zeichnete sich eine nazifreundliche Wendung der Zeitung ab: Ab Ende März gab es die Rubrik »Aus der nationalen Bewegung«, später mit dem Titel »Aus der NSDAP«. In dieser Sparte rief der Ortsgruppenleiter am 31. März die Bevölkerung in gemeiner und gehässiger Weise zum Judenboykott auf. Tags darauf wurde im Leitartikel des *Seeboten* auch dieser Judenboykott gutgeheißen. Zwar ist es möglich, daß dem Redakteur des *Seeboten* dieser Artikel aufgezwungen wurde. Aber manches spricht dafür, daß Knab damals tatsächlich entschuldigendes »Verständnis« für diese Aktion hatte. Ein paar Tage später (11.4.) erschien ein Beitrag, eindeutig im Stil des Redakteurs geschrieben, der auf die Stellung des Katholizismus zur Judenfrage einging und unter dieser Perspektive die Boykottaktion vom 1. April rechtfertigte. Knab stellte die zahlenmäßige Reduzierung der Juden in verschiedenen Berufen proportional zu ihrem Anteil in der Bevölkerung als erwünscht hin. Wörtlich schrieb er: »Diese Forderung hat mit einem radikalen Antisemitismus nichts zu tun. Sie ist nicht ungerecht und sie kann von jedem unterstützt werden, der es für notwendig hält, daß einer ohne Zweifel vorhandenen Verjudung gerade unseres geistigen, kulturellen und wissenschaftlichen Lebens in Deutschland Einhalt getan wird. Wenn der jüdische Einfluß schon nicht auszuschalten ist, da man nicht einfach alle Juden aus Deutschland entfernen kann, so muß er doch zurückgedämmt werden. Eine Entjudung gerade in den geistigen Bezirken tut dem deutschen Volke wirklich not.«

Das war wohl nicht nur Anpassung. Hier zeigte sich auch, daß es zwischen dem politischen Katholizismus und dem Nationalsozialismus neben Unvereinbarkeiten auch ideologische Berührungspunkte gab. Aber man kann sich des Eindrucks kaum erwehren, daß Knab in dieser Phase auch bereit war, manche NS-Auswüchse zu tolerieren. Weniger kompromißbereit war er, wenn es um Belange des katholischen Christentums ging. So betonte er z.B. anläßlich des 44. Geburtstages Hitlers am 20. April 1933, der in Starnberg mit Fahnen, Aufmärschen und der Einpflanzung einer Hitler-Eiche gefeiert wurde, daß das neue Deutschland nicht nur auf nationaler, sondern auch auf christlicher Grundlage aufgebaut werden müsse.

Ende April veröffentlichte der *Land- und Seebote* vielfältige Aufrufe, Ankündigungen, Warnungen der NSDAP, so daß man den Eindruck haben konnte, es handele sich um eine parteieigene Zeitung. Tatsächlich war das Lokalblatt jetzt unter massiven Druck geraten. Inzwischen hatten die neuen Herren der NSDAP die Besitzer der Zeitung – die Hauptanteile lagen bei Joseph Jägerhuber senior, dem langjährigen Bürgermeister von Starnberg, und seinem Sohn – wissen lassen, daß sie wünschten, sich in die Zeitung einzukaufen. Die Jägerhubers lehnten das Angebot erst einmal freundlich aber entschieden ab, gleichwohl lasen die Mitarbeiter des *Land- und Seeboten* in einer parteiamtlichen Mitteilung, es sei beschlossene Sache, daß das Blatt eine NSDAP-Zeitung werden würde. Im Falle der Weigerung der Besitzer würde dem Blatt das Recht, amtliche Bekanntmachungen zu veröffentlichen, entzogen werden. Dies konnte für Provinzzeitungen bei entsprechender Konkurrenz den Tod bedeuten und hat in Bayern tatsächlich einige dieser Zeitungen eingehen lassen. Einen neuen von der NSDAP vorgeschlagenen Vertrag, der tatsächlich einem Diktat gleichgekommen wäre, das der Zeitung nur Pflichten aufgebürdet und der Partei fast alle Rechte eingeräumt hätte, lehnten die Verleger abermals ab, erklärten sich aber bereit, über einen veränderten Vertragsentwurf zu verhandeln.

Im Zuge der Verhaftungswelle gegen die BVP-Funktionäre Ende Juni 1933 wurde schließlich auch der fast 70jährige Joseph Jägerhuber, der 23 Jahre lang BVP-Bürgermeister von Starnberg und Mitinhaber der Zeitung war, verhaftet. Der Sohn und eigentliche Verlagsinhaber geriet in eine persönliche Zwangslage; er mußte entweder den Vertrag unterschreiben in der Hoffnung, dadurch den Vater zu befreien, oder, wenn er nicht unterschrieb, damit rechnen, daß der Vater längerfristig in das Konzentrationslager nach Dachau abgeschoben würde. Unter diesen Bedingungen unterschrieb er, und so war eine neue nationalsozialistische Zeitung geboren: 51 Prozent der Geschäftsanteile gingen an die NSDAP, ohne daß diese einen Pfennig zahlte, ein alter Parteigenosse und ein junger SS-Mann mußten neu bei der Zeitung eingestellt werden.

Der bisherige hauptverantwortliche Redakteur Knab bot noch an demselben Tag dem Kreisleiter seinen Rücktritt an. Doch Buchner entgegnete zynisch, das sei es nicht, was sie wollten. Er sei doch intelligent und würde den Führer schon noch verstehen lernen. Sie jedenfalls bräuchten Leute wie ihn. Buchner war mit einem »Schwarzen«, der sich in aller Öffentlichkeit in den Dienst des Nationalsozialismus nehmen ließ, weit mehr gedient. Knab durfte also – wie es hieß – »bis auf weiteres« bleiben. Wie er dies interpretierte, hat er im Sommer 1934 rückblickend selbst erklärt:

»Bis auf weiteres – das bedeutete verpflichtende Bewährungsfrist. Es gab dafür nur zwei Erklärungen: Anständigkeit der Sieger – oder Taktik. Daß es Taktik war, kam dem also Begnadeten erst später zur Besinnung. So nahm er als Anständigkeit, was im Grunde sogar unanständig war. Er glaubte mit gleicher Münze zahlen zu müssen, wo er doch nur als beruhigendes Aushängeschild für die große Herde der immer noch schwarzen Schäflein belassen war, und gab guten Willen für eine böse Absicht hin. Er tat wie viele Menschen dieser Zeit und dieser Gegend, suchte das Gute wie Goldkörner aus dem braunen Erdreich, und wenn er einen großen Haufen Staubes durchsiebt und endlich darunter ein glitzerndes Korn gefunden hatte, hob er es hoch und ließ es funkeln und glaubte an neue Funde. So taten Ungezählte gleich ihm, bis ihnen bewußt wurde, daß sie eine tote Mine nach Gold durchwühlten und daß, was sie fanden, nur von den letzten Herren zurückgelassen war.«

Unter dem Eindruck des Vorangegangenen faßte Knab die ihm gewährte Konzession zunächst als Bewährungsfrist auf. Seine berufliche Existenz leichtfertig aufs Spiel zu setzen, konnte er sich nicht erlauben. Er hatte auf eine kranke Frau und zwei Kinder Rücksicht zu nehmen und befand sich ohnehin in schlechten finanziellen Verhältnissen. Wie so viele andere in vergleichbarer Lage suchte er sich auf die neuen Forderungen umzustellen, in der Hoffnung, dabei nicht zu viele Kollisionen mit dem eigenen Gewissen gewärtigen zu müssen. Es folgte ein Jahr der journalistischen Tätigkeit, die aufgrund seiner Artikel deutlich erkennen läßt, wie sehr sich Knab bemühte, im

Nationalsozialismus das Gute zu finden und die Leser seines Blattes in diesem Sinne zu beeinflussen, ohne seine katholischen Glaubensgrundsätze zu verleugnen. Kritischen und nachdenklichen Lesern mußte es zwar auffallen, daß alle NS-Nachrichten ausschließlich auf einer extra gekennzeichneten Seite erschienen, aber, oberflächlich betrachtet, konnte Knab in jener Zeit als einer der vielen Opportunisten angesehen werden.

Die Umstellung der Zeitung hatte doch auch Wirkungen, die Knab glaubte, gegen den wachsenden Parteieinfluß geltend machen zu können: es regnete Abbestellungen. Knab suchte deswegen Buchner auf und teilte ihm mit kaum verhohlener Schadenfreude die Zahl der Abbestellungen mit. Ginge es so weiter, würde der Verlag, an dessen wirtschaftlichem Erfolg nun auch die NSDAP interessiert war, ernstlich gefährdet sein. Doch der alte Kämpfer Buchner wußte sofort Rat und versprach, eine Werbeaktion für die Zeitung zu organisieren. Knab erinnerte sich daran noch 1979:

»In den nächsten zwei Wochen sandte er seine SA- und SS-Leute, je zwei in voller Uniform in die Dörfer hinaus, und die kamen mit frisch unterschriebenen Bestellzetteln zurück – wer hätte es auch gewagt, solchen eindrucksvollen Werbern zu widerstehen, zumal sie alle mit eindrucksvollen Gummiknütteln bewaffnet waren. Die Werbeaktion also hatte Erfolg. Wir bekamen sogar mehr Abonnenten als wir verloren hatten – nur fielen sie an den nächsten Monatsersten schnell wieder weg. Ein ziemlich klares Abstimmungsergebnis! Aber mir ging es um die Erhaltung der Zeitung, die ich von einem zweimal wöchentlich erscheinenden Blättchen zu einer sechsmal wöchentlich erscheinenden Zeitung umgestaltet hatte. Also mein persönlicher Ehrgeiz, wenn Sie wollen, plus die damals noch bei Vielen gehegte Überzeugung, daß dieses Regime sich nicht lange halten könne. Es galt also auszuhalten bis der ganze Spuk vorüber sein würde.«

Otto Knab konnte eine Reihe guter Gründe für seine Weiterarbeit ins Feld führen: Überzeugung, daß das NS-Regime sich nicht lange halten lassen werde, Unterschätzung der nationalsozialistischen Gefahr, gemischt mit dem Gefühl, von den Nationalsozialisten anständig behandelt worden zu sein, beruflicher Ehrgeiz – ihm lag viel an der Erhaltung des Blattes –, aber allem voran: Existenzsorgen.

Zu dieser Zeit, ab Juli 1933, schien der *Land- und Seebote,* wie gesagt, schon ziemlich nazifiziert zu sein. Er war gespickt voll mit Aufrufen für Sammlungen, Berichten über NS-Veranstaltungen wie das Gauturnfest oder das Gebietstreffen der Hitler-Jugend. NS-Filme, gleich welcher Qualität, fanden wohlwollende Beachtung, der journalistische Konkurrent Helmut Sündermann füllte ganze Spalten mit auffällig plazierten Fortsetzungsgeschichten.

Knab konnte in dieser Phase als gezähmt und angepaßt gelten, wobei außer dem Druck der Situation auch ein guter Schuß freiwillige Anpassung im Spiel war. Abgesehen davon, daß die nationale Seite des Nationalsozialismus dem Chefredakteur eine Brücke bildete, war er vor allem froh, seinen Beruf und damit seine Existenzgrundlage nicht verloren zu haben. Knab hatte Schulden und war auf jeden Pfennig angewiesen, um die hohen Krankenhauskosten für seine Frau aufbringen zu können. Er war dem ehemaligen politischen Widersacher Buchner in gewisser Weise herzlich dankbar, daß er ihm die Chance einer Bewährung gegeben hatte. Das begründete wesentlich die Periode des guten Willens, die bei ihm jetzt anbrach. Er machte sich die »Umstellung« dabei nicht leicht. Vermutlich betrachtete er es als ein Gebot der Ehrlichkeit, seine Leser daran teilnehmen zu lassen und den ehemals politisch Andersdenkenden aus dem Lager vor allem des politischen Katholizismus die Gründe und Argumente dafür auseinanderzusetzen. Wenn er dabei aber auch zugleich für *deren* Einstellungswandel plädierte, verrichtete er nolens volens durchaus gute Dienste für die Nazis. Dies geschah in einer Form von Artikeln, die er neuerdings persönlich (mit o. k.) abzeichnete. Hier ein Beispiel aus einem Artikel aus der Wochenendausgabe vom 4./5. November 1933:

> »Alle, die guten Willens sind,
> wollen wir gewinnen.
> Adolf Hitler

... Heute wollen wir uns einmal bewußt an einen Kreis von Volksgenossen wenden, der nach seiner ganzen politischen Vergangenheit bestimmt nicht staatsfeindlich eingestellt ist, der aber vor der Umwelt und vor seinem eigenen Anstandsgefühl eine Scheu hat vor dem Begriff ›Umstellung‹. Die Umstellung, besser: die Wandlung ist eine innere buchstäbliche Notwendigkeit. Es gilt deutsche Not, die Not unserer außenpolitischen Lage, der Entrechtung, der Nicht-Gleichberechtigung, der Entehrung zu wenden. Es gilt zu wenden, was noch an innerer Not im deutschen Lande herrscht, entfesselt von den Folgen des Schmachvertrages von Versailles. Und was bedeutet gegen diese gewaltigen völkischen Notwendigkeiten die ebenso notwendige Umstellung des Einzelnen von einer politischen Vergangenheit zu einem neuen politischen Willen. Neuer Wille? Ist er denn so neu?

Haben Sie, deutscher Volksgenosse, sich nicht immer nach dieser Befreiung von Versailles gesehnt? Haben Sie nicht die Befreiung von Arbeitslosigkeit von Ihrer politischen Partei, der Sie die Treue hielten, erhofft, erwartet? Haben Sie nicht über den Unsinn der 30 Parteien in Deutschland gewettert? ...

Jetzt ist jedenfalls etwas Neues da: nationalsozialistische Regierung! Die hat in 8 Monaten des Sturmlaufs gegen alle diese Nöte bewiesen, daß sie nicht nur den Willen hat, sondern auch die Macht und auch die nötige Rücksichtslosigkeit, mit der diese Dinge ohne kleinliche Bedenken angepackt werden müssen. Sie sagen, Sie seien ja ohnedies angenehm überrascht. Das sind Millionen in Deutschland. Ziehen Sie die Konsequenz daraus!

Ja aber – und nun kommen die Einwendungen, als ob es eine Schande wäre, aus einer neuen Erkenntnis neue Schlüsse zu ziehen, als ob es überhaupt eine Schande wäre, seine Ansicht einer Wandlung zu unterwerfen. Lassen Sie uns ein offenes Wort dazu sprechen! Das Blatt, das Ihnen diese Zeilen vorsetzt und der Schriftleiter, der sie schreibt – deren politische ›Vergangenheit‹ ist Ihnen bekannt. Es besteht für uns so wenig eine Notwendigkeit diese frühere Einstellung abzuleugnen, umzubiegen oder sie zu entschuldigen, wie für jeden anderen Volksgenossen, der ehrlich nach bestem Wissen und Gewissen da stand, wo seine Erkenntnis und sein Pflichtgefühl ihn hinstellten. Als der Auftrag des greisen Reichspräsidenten von Hindenburg an Adolf Hitler zur Übernahme der Kanzlerschaft erging und als dann der Umbruch der nationalen Revolution anhub, haben wir uns sofort hinter die rechtmäßige Autorität des neuen Führers gestellt. Das war vielleicht nicht mehr als guter Wille. Aber wenn Ihr Blatt Ihnen heute sagt: ›Wandlung ist Notwendigkeit‹, so ist das mehr: es ist die vollzogene Umstellung. Gründe dafür? Das Vaterland verlangt es. Die Arbeit und das darin erkennbare Ziel der Regierung machen diese Umstellung möglich, machen sie zur Pflicht, zur nationalen Pflicht.«

Tags darauf setzte der Journalist diesen Diskurs mit seinen Lesern fort, dieses Mal in der Form eines Gesprächs mit einem ›Miesmacher‹:

»›Aber dazu brauchen sie doch mich nicht‹ meinen Sie. Sie unterschätzen sich, mein Herr! Eine Maßnahme kann auf dem Papier wunderschön sein und vollkommen ins Wasser fallen, wenn die Mitarbeit des Volkes fehlt – und wenn ein ganzes Volk mit seinem heißen Glauben, seinem Willen, seiner Liebe sich nicht dahinter stellt.

›Aber man will mich ja gar nicht. Man schaut immer noch scheel und mißtrauisch auf uns, die wir früher auf anderem politischen Boden standen.‹

Richtig! Aber kommt das nicht vielleicht daher, weil jene, die früher auf anderem politischen Boden standen, immer noch scheel und mißtrauisch auf das Neue in Deutschland schauen? Ich will Ihnen etwas sagen: Es war begreiflich, daß im vergangenen Staat Millionen die NSDAP nicht verstehen konnten, weil sie von ihr sagen mußten: sie verneinen alles, sie sind die grundsätzlichen Verneiner. (Daß das einen wohlberechneten propagandistischen Zweck hatte, beginnen heute viele zu begreifen.) Aber fallen nicht viele derer, die der NSDAP vordem ihr grundsätzliches Verneinen zum Vorwurf gemacht haben, heute in den gleichen Fehler? Gibt es nicht erstaunlich viele, die alles verneinen, weil es von Hitler kommt! Alle die haben höchste Zeit, vor ihrer Tür zu kehren.

›Ja – aber ... es gibt da so viele unangenehme Begleiterscheinungen und Härten ...‹

Jawohl, die gibt es. Es soll aber Revolutionen gegeben haben, liest man in der Geschichte, in denen es nicht nur Härten und unangenehme Begleiterscheinungen gegeben hat, sondern Metzeleien ...

›Ja – aber ...‹

Lieber Herr, Sie können am 12. November nicht ›Ja – aber‹ schreiben. Wenn Sie schon beim Ja sind, lassen Sie ruhig das Aber weg. Vielleicht verliert es sich ganz von selbst.‹

Sosehr sich Knab bemühte, mit Verve und Emotion seine Leser von den positiven Seiten des Nationalsozialismus zu überzeugen, die eigene Unsicherheit kam doch immer wieder zwischen den Zeilen zum Vorschein. Aufschlußreich ist in diesem Zusammenhang die letzte Passage, in der er sich an die Hoffnung klammerte, die »unangenehmen Begleiterscheinungen«, sprich Ausschreitungen und Morde im Zusammenhang der politischen und rassischen Verfolgung, würden vielleicht ganz von alleine verschwinden.

Doch die Phase des guten Willens ließ sich von Knab nicht mehr lange durchhalten. Je länger desto schwerer fiel es ihm, das Bedürfnis zu unterdrücken, sich für die verlangte Unterwerfung zu rächen. Im Verlaufe der zunehmenden Angriffe auf die katholische Religion und die im Konkordat zugestandenen Betätigungsmöglichkeiten katholischer Laienorganisationen wurde vor allem aber auch der anfängliche illusionäre Glaube an die Vereinbarkeit von katholischem Christentum und Nationalsozialismus brüchig. Schon die Ausschreitungen anläßlich des katholischen Gesellentages im Juli 1933 in München hatten dem Vertrauen auf die Beteuerungen, daß man die christliche Religion nicht antasten wolle, einen argen Stoß versetzt. Die Zweifel wuchsen in der Folgezeit. Die Art und Weise, in der Knab ab Herbst 1933 begann, positive Aussagen von führenden Repräsentanten des NS-Regimes über die katholische Religion in seiner Zeitung zu zitieren, hatte schon etwas Gewolltes: So als ob er sie dadurch auf ihr Wort verpflichten könnte. Dazu kam, daß inzwischen seine beiden Freunde, Rechtsanwalt Held und Kaplan Heinzmann, von den neuen Herren aus Starnberg weggeekelt worden waren.

Der Anlaß für die Kampagne gegen den Kaplan ging noch auf die Zeit vor der Machtergreifung zurück. Heinzmann wollte bei einer Auseinandersetzung zwischen Jugendlichen nach einer Gesellenvereinsversammlung, bei der sich ein Junge italienischer Abstammung beleidigt fühlte, weil das Andreas-Hofer-Lied »Zu Mantua in Banden« gesungen worden war, schlichtend eingreifen und wies dabei auf den internationalen Charakter der katholischen Kirche hin. Von den Nationalsozialisten wurde das sofort als Beweis antinationaler Gesinnung aufgegriffen, und bei einer Versammlung, die eigens zur Klärung des Falles einberufen wurde, wäre es beinahe zu Tätlichkeiten gegen den Priester gekommen. Seitdem war der Kaplan von den Nazis gebrandmarkt. Viele rückten von ihm ab, und schließlich glaubten auch seine geistlichen Vorgesetzten, sie könnten die Verhältnisse am besten beruhigen, wenn sie ihn versetzten. Kaplan Heinzmann kam in eine andere Pfarrei, aber die Nazis blieben ihm auf der Spur. Nach mehreren Verwarnungen aus anderen Anlässen wurde er in das KZ Dachau eingeliefert, von dort aus transportierte man ihn im August 1942 mit einem der sogenannten Invalidentransporte in die Euthanasie-Anstalt Hartheim bei Linz, wo er sein Leben lassen mußte.

Auch den Rechtsanwalt Held hatten die Starnberger Nationalsozialisten schon vor der Machtergreifung auf der Abschußliste. Der allseits beliebte Jurist hatte den SS-Sturmführer, Metzgermeister und späteren Stadtrat Xaver Fink für zwei Monate hinter Gitter gebracht. Seitdem spuckten die Nazis, wenn sie ihm auf der Straße begegneten, vor ihm aus. In den ersten Wochen nach der Machtübernahme wurde er häufig so ernsthaft bedroht, daß er fast ein dutzendmal in Schutzhaft genommen werden mußte. Er zog schließlich die Konsequenzen und siedelte nach München um. Als er Anfang 1934 erneut beruflich am Starnberger Amtsgericht zu tun hatte, benachrichtigte ein nationalsozialistischer Beamter den SS-Führer Fink, der nichts Eiligeres zu tun hatte, als einige SS-Kameraden zusammenzutrommeln, die, mit Schlagwerkzeugen bewaffnet, das Amtsgericht belagerten und drohten, den Juden zu erschlagen. Knab berichtete über die darauffolgende Szene: »Fink selbst drang in das Gerichtsgebäude ein und ging mit einem zum Schlage ausgeholten Gerüsthaken auf den Anwalt los. Ein dazwischen springender Amtsgerichtsrat verhinderte einen wohlüberlegten Mord. Und was ist darauf passiert? Der Jude wurde, von Gendarmeriebeamten bewacht, über die Stadtgrenzen hinausgeleitet, damit die Herren Mörder oder vielmehr jene, die es werden wollten, ihm nichts anhaben konnten.« Obwohl sich diese Lebensbedrohung vor den Augen der Justiz ereignet hatte, wurde weder Anzeige erstattet noch Anklage erhoben.

Zum Jahresbeginn 1934 erschien der *Land- und Seebote* mit einer neuen Verzierung. Die Zeitung war gezwungen worden, das Hakenkreuz in ihre Kopfleiste hineinzunehmen. Knab kommentierte diese Tatsache mit der gängigen Unterwerfungsformel: Das Hakenkreuz sei ein Zeichen dafür, daß man dem neuen Staat dienen wolle, aber er vergaß nicht zu erwähnen, daß man ja schließlich Mitteilungsblatt des NSDAP-Kreises Starnberg sei, woraus der Leser den Schluß ziehen konnte, daß die NSDAP den Vorgang oktroyiert habe. Das Hakenkreuz im Kopf der Zeitung bewirkte wiederum zahlreiche Abbestellungen, ein für den Schriftleiter, wie der Redakteur jetzt genannt wurde, sicheres Zeichen dafür, daß sich unter den Lesern des *Land- und Seeboten* weiterhin eine ganze Reihe von Leuten befand, die den Nationalsozialismus ablehnten.

Knab war jetzt 28 Jahre alt, bei aller bisher bewiesenen Vorsicht jung und temperamentvoll genug, um sich, auch auf riskante Weise, für die Sache, um die es ihm ging, einzusetzen. Er entwickelte eine neue Form des Leitartikels mit telegrammstilartig kurzen Sätzen, in denen er – genügend deutlich, aber nicht sofort erkennbar – seine Meinung nicht nur zwischen den Zeilen sagen konnte. Er probierte von Mal zu Mal, wie weit er gehen konnte. In einem sehr viel späteren Briefwechsel (1979) erläuterte er rückblickend: »Ich glaube heute, daß die Psychologie des Missetäters damals bei mir im Spiel war: Wenn man mit etwas Unerlaubtem gut davongekommen ist, ist der Reiz zunehmend größer, es zu wiederholen, immer ein wenig mehr zu wagen: Es war eine Art Katz- und Maus-Spiel, das Wagnis nur gehemmt, oder besser begrenzt, bei meiner Vorsicht, nicht etwas zu tun, was meiner Familie Schwierigkeiten machen konnte. Aber zweifellos war die Versuchung mit dem Feuer zu spielen, mitbestimmend in dem, was ich damals tat.«

Als Hitler in seiner Neujahrsbotschaft für 1934 unter anderem ausgeführt hatte, die

Parteigenossen seien die Garanten der Revolution, sie hätten pflichtgemäß Stoßtrupp und Willensvollzieher der Revolution zu sein, kommentierte Knab, sehr wohl wissend, wie ein großer Teil der Bevölkerung über die vielfach charakterlich minderwertigen Parteimitglieder urteilte, am 5. Januar 1934 im *Land- und Seeboten* mit leicht höhnischem Unterton: »Von dieser Basis ausgehend, wird der Sieg ausstrahlen übers ganze Land. Des Führers Wort an seine Parteigenossen ist hohe Aufgabe, ist große Verpflichtung. Alle Nicht-Parteigenossen schauen auf diesen Stoßtrupp des Führers. Er hat Vorbild zu sein.«

Hinzu kam, als Hauptgrund wachsender Empörung bei Knab, die immer offener zutage tretende antikirchliche und antichristliche Tendenz der Nationalsozialisten. Sie reizte ihn mehr und mehr zum Widerspruch, der ihm schließlich zur moralischen Pflicht wurde. Die Entwicklung zu bewußter Opposition gipfelte in einem vierspaltigen Leitartikel zu Pfingsten (19./20. Mai) 1934. Ein erneutes Bekenntnis Hitlers zum positiven Christentum nahm Knab zum Anlaß und schrieb: »Und nun sind wir froh und voller Zuversicht, da der Führer unseres neuen Reiches den klaren Satz gesprochen hat, daß sein Staat stehe auf dem Boden eines positiven Christentums – das ist ein klarer und kerniger Begriff, der es verträgt, nein, der es verlangt, daß wir ohne Vernebelung und Verniedlichung dieses Christentum und seinen Gehalt beschauen.« Und dann setzte er fort: »Ja – christlicher Geist ist Gewalt, Gewalt, die keinen anderen Geist dulden kann neben sich, die den ganzen Menschen und die ganze Menschheit will, verlangt, fordert mit der Unerbittlichkeit der göttlichen Gebote und des göttlichen Lehrauftrags. Und dieser Geist ist der heilige – denn in ihm und von ihm und aus ihm ist das Heil.«

Waren die schon in den Wochen zuvor sich häufenden religionsbezogenen Artikel Knabs dem Kreisleiter und Bürgermeister Buchner längst ein Stachel im Fleisch, so mußte dieser Artikel, der ganz klar den totalitären Anspruch des Nationalsozialismus nicht nur in Frage stellte, sondern zurückwies, ihm unerträglich erscheinen. Buchner brauchte nicht lange zu warten, bis er eine Gelegenheit zum Eingreifen fand.

Anläßlich der Ermordung eines SA-Mannes in Schlesien durch ein Mitglied einer katholischen Jugendorganisation hatten die Nationalsozialisten die katholischen Jugendverbände in öffentlicher Versammlung allesamt der Mordhetze bezichtigt. Diese Pauschalangriffe empfand Knab, gerade angesichts des nationalsozialistischen Geredes von Volksgemeinschaft, wie eine Ohrfeige. Anderntags schrieb er: »Ersparen wir unserer jungen Volksgemeinschaft solche Dinge, die jedem katholischen Deutschen die Scham- und Zornesröte ins Gesicht treiben müssen!« Die Starnberger NSDAP war entrüstet und entschlossen, diesen blanken Tadel durch eine öffentliche Demütigung Knabs zu rächen. Man verlangte von ihm, den die katholischen Jugendverbände verunglimpfenden Artikel des *Völkischen Beobachters* in vollem Wortlaut im *Land- und Seeboten* abzudrucken. Knab, jetzt unter massivem Druck, suchte einen Ausweg. Er ließ den fraglichen Artikel in stark gekürzter Fassung erscheinen und entschuldigte das mit Platzmangel. Daraufhin wurde er erneut zum Kreisleiter und Ortsgruppenleiter zitiert, die mit KZ drohten und von ihm verlangten, daß er künftig auch die von der Partei ausformulierten Artikel im *Land- und Seeboten* mit seinem Namen zu signieren habe. Sie setzten Knab so zu, daß er schließlich den VB-Artikel nochmals und diesmal in voller Länge brachte. Er sah nun keine Möglichkeit mehr, dem Druck auszuweichen, und entschloß sich in großer Erregung spontan zur Flucht.

Am 15. Juli 1934, um 5 Uhr morgens, verließ er Starnberg und emigrierte in die Schweiz. Er hinterließ mehrere Abschiedsbriefe.

Ein Passus des Abschiedsbriefes an die Gesamtbelegschaft des *Land- und Seeboten*, mit der er zehn Jahre zusammengearbeitet hatte, lautete: »Ich hätte zurücktreten und im Lande bleiben können. Ich tue es nicht, um der Sicherheit meiner Familie willen und weil man in Deutschland ohne NSDAP sich das Brot ja nicht einmal durch Steinklopfen verdienen darf. Man hat geglaubt, sich alle Leute kaufen zu können, und wenn es nur um eine Anstellung ist. Ich kann meine Gesinnung nicht dem Posten opfern, den ich hier hatte. So gehe ich.«

Für seine Zeitung schrieb Knab am 14.7. einen letzten Leitartikel, der nicht mehr gedruckt werden durfte. In diesem Artikel mit dem Titel »In Deutschland sind aufrechte Männer nicht geduldet« gab er ausführlich Auskunft darüber, wie es kam, daß er, der Gutwillige, nun nicht mehr mitlaufen, nicht mehr mitmachen konnte: Der *Land- und Seebote* brachte diesen Artikel über dreißig Jahre später, 1965, in einer Sonderausgabe zu seinem 90jährigen Jubiläum:

»Niemals hätte ich geglaubt, daß ich auf solche Weise Abschied nehmen muß von den Lesern, mit denen ich nun seit zehn Jahren als Schriftleiter des *Land- und Seeboten* mich verbunden fühle. Ich muß es tun, weil ich nicht will, daß die Hetze, die von NS-Seite nun über mich ausgeschüttet werden wird, unwidersprochen sich breit macht, und darum bitte ich alle, die dies Schreiben erhalten, um Weitergabe.

Als der *Land- und Seebote* 1933 unter einem Druck, über dessen Ausmaß heute noch nicht gesprochen werden darf, zum NS-Organ umgestellt wurde, habe ich mich – die mich kennen, werden es wissen – unter schweren Kämpfen entschlossen, als Schriftleiter zu bleiben, wenn man mich beläßt. Nicht um meiner Familie willen, sondern um zu verhindern, daß ein Radikalinski unser Heimatblatt zum Hetzblatt macht, sowie in der Hoffnung, das Gröbste verhindern oder manches verhüten und mildern zu können. Das war der erste Grund.

Im Lauf der Monate, als Adolf Hitlers Regierung Schritt um Schritt wirklich Zeichen der Gesundung auslöste, kam ich mit meinem guten Willen mehr und mehr der neuen politischen Idee nahe, geleitet auch von dem Gefühl verpflichtenden Anstandes deswegen, weil Kreisleiter Buchner mich nicht, wie er es hätte tun können, von meinem Posten entfernt hatte. Und als ich innerlich so nahe war, daß ich es vor mir verantworten konnte, schrieb ich die ersten Artikel für den neuen Staat. Keinen Tag früher!

Es war keine Umstellung von heute auf morgen, keine äußere Gleichschaltung. Und erst als ich im Winter dieses Jahres ein weiteres Stück näher gekommen war, warb ich in rund 70 Artikeln ehrlich um alle, die noch abseits standen, um guten Willen, um Mitarbeit. Immer von dem Motiv geleitet: es geht nicht um das Schicksal der NSDAP, sondern um Deutschland.

Dann setzte im Frühling eindeutig die Bekämpfung des Christentums ein. Nicht offen, nicht vom Führer angeführt, aber von Rosenberg im Auftrag des Führers eröffnet und mit Begeisterung von zahllosen Unterführern aufgenommen. Es begann wieder der Geist zu blühen, der Gauleiter Adolf Wagner den katholischen Gesellentag 1933 in Blut ersticken ließ. Fahren Sie nach Ellwangen in Thüringen, da werden Sie hören, was heuer dort geschah, daß von einer NS-Führer-Schule heuer auf öffentlichem Platz das Kruzifix mit Füßen getreten wurde. Man verbot das Christuszeichen. Aber man kann es damit nicht ausrotten, wie man Christus nicht ausrotten kann.

Genug davon, es ist nicht möglich, hier alles Einzelne aufzuzählen! Nun begann auch in Starnberg der Druck gegen die Zeitung. Ich habe meine katholische Weltanschauung nie geleugnet und in dieser Zeit in Leitartikeln ausdrücklich betont, Artikeln, die nicht konfessionell enge, sondern in ihren Grundsätzen schlechthin christlich waren. Aber das ging den Herrschaften auf die Nerven. Natürlich, wenn der Kreisleiter selbst voriges Jahr vor Ärzten und heuer vor Erziehern zu sagen wagt, das Christentum habe 2000 Jahre bestanden, nun sei es eben vorbei; an die Stelle Christi sei heute Adolf Hitler getreten. Natürlich, wenn derselbe Kreisleiter seiner Tochter ins Tagebuch schreibt: ›Du brauchst Deine Nächsten nicht zu lieben, aber Deine Feinde hassen!‹

und dann dem Volk Gemeinschaft propagiert. – Aber öffentlich bleibt diese Gesinnung des Kreisleiters Buchner getarnt. Darum ließ er mich gewähren, stellte sich in x Gesprächen immer auf meine Seite, bis vor acht Tagen.

Innerhalb zweier Stunden hat der mächtige Herr Kreisleiter Buchner es fertig gebracht, seine mir geäußerten Ansichten und Befehle in das glatte Gegenteil zu verkehren. In einer Besprechung zwischen Buchner, Einhauser und mir in Gegenwart von Kreysern und Vonwerden wurden mir Bedingungen gestellt, die erstens gegen das Gesetz verstoßen, und die zweitens es mir innerlich unmöglich machen, für diesen Staat weiter zu arbeiten. Buchner warf mir heute jene christlichen Artikel vor, über die er vordem scheinbar eins war mit mir. Buchner diktierte mir, daß ich nicht mehr nach eigener Entscheidung, wie es das Schriftleitergesetz vorschreibt, die Zeitung zu führen habe, sondern daß ich unter völliger Einflußlosigkeit lediglich zu bringen habe, was mir die genannten Herren auftischen. Man zwingt mich, wie es der Artikel ›Von den Pflichten einer Zeitung‹ am Donnerstag dieser Woche beweist, Dinge aufzunehmen, die eine Hetze gegen deutsche Volksgenossen darstellen und uns selbst bespucken. Ich soll lediglich der Verantwortliche bleiben und alles mit meinem Namen decken. Mit einer Drohung endete diese ›Besprechung‹.

Ich habe daraus die Schlüsse gezogen: Meine Arbeit hat vor meinem Gewissen jeden vertretbaren Sinn verloren. Ich kann nach Gewissen und Charakter unter dieser Knebelung unmöglich arbeiten. Eine Aussicht auf Recht besteht in unserem neuen ›Rechtsstaat‹ nicht. (Buchner hat auf mein Verlangen, er möge nun ein Pressegerichtsverfahren gegen mich einleiten, geantwortet: ›Das werden wir nicht tun; denn ein solches Verfahren würden Sie bestimmt gewinnen; wir wollen etwas anderes.‹) Ich muß nun wie Tausende und Abertausende im Reich, aus einem ehemals ehrlich Gutwilligen nach meinem Gewissen zu einem Verneiner dieses Systems werden, das in seiner Kulturlosigkeit vom Bolschewismus höchstens gradweise, nicht aber grundsätzlich sich unterscheidet.

Ich kann nicht anders. Mein Gewissen befiehlt das. In Deutschland sind aufrechte Männer nicht geduldet. Sie werden an die Wand gestellt oder in Konzentrationslager gesteckt. Also bleibt mir nur der Weg ins Ausland. Ich nehme eine Handvoll deutscher Heimaterde hinüber und bei ihr schwöre ich: Ich will Arbeiter sein an einem freien Deutschland.

Gern lasse ich für dieses Ziel alles zurück, was ich mir aufgebaut habe. Ich gehe mit einem letzten Dank für alle, mit denen und für die ich arbeiten durfte und grüße alle in der Hoffnung auf ein nahes freies Reich des Rechtes, der Ehre, des christlichen Geistes.

Alles für Deutschland! Deutschland für Christus!

Und nun bespucke man mich! Otto Knab«

Kopien dieses Artikels hatte Knab an verschiedene Bekannte übersandt und auch an öffentlichen Plätzen, z. B. Telefonhäuschen, niedergelegt, was zur Folge hatte, daß man ihn durch einen Spitzel beschatten ließ.

Am schwersten fiel es ihm, die Flucht seinem Verleger zu erklären. Ihm hatte er viel zu verdanken, auch war er ihm und dem Betrieb durch Schulden verpflichtet. Er war besorgt, daß der Verleger ihn vielleicht lange nicht verstehen würde, und versuchte, ihn zu trösten: »Einen Schriftleiter haben Sie auf einen Telefonanruf, so wie er nach dem Herzen derer ist, denen die Zeitung jetzt verschrieben ist. Für die Woche ist das Sonntagsblatt noch hinausgegeben ... Ich ziehe Brotsuppe und Kartoffeln als freier Mensch dem besseren äußeren Leben in dieser Knebelung vor ... Im Kampf haben wir alle zu verzichten, einer auf die Ruhe, einer auf das Leben, ich auf den Besitz ...«

Seinen Vorsatz, in der Emigration für ein freies Deutschland zu arbeiten, hat Knab wahr gemacht, nicht zuletzt durch die Mitherausgabe der ›Deutschen Briefe‹.

Kaum in der Schweiz, rechnete Knab mit dem Nationalsozialismus, wie er sich in Starnberg ausgeprägt hatte, ab. Er schrieb ein Buch mit dem Titel »Kleinstadt unterm Hakenkreuz. Groteske Erinnerungen aus Bayern«, das schon vier Monate nach seiner Flucht in Starnberg kursierte. Darin schilderte er, oft in ironischer Weise, die Machtergreifung in Starnberg, die Herrschaftsallüren der lokalen Nationalsozialisten in all ihrer Banalität und Gefährlichkeit. Obwohl über Knab die Postsperre verhängt und das Buch wegen seiner peinlichen Demaskierungen sofort verboten wurde, fand es in Starnberg unter der Hand Verbreitung. Zwei Schwestern machten sich die Mühe, es mit der Schreibmaschine abzutippen, zu vervielfältigen und herumgehen zu lassen.

Der Aufklärung über den Nationalsozialismus dienten aber vor allem die »Deutschen Briefe«. Kurz nach seiner Ankunft in der Schweiz traf Knab mit Waldemar Gurian zusammen, mit dem er über die Herausgabe einer Emigrantenzeitschrift so schnell einig war, daß die erste Nummer der »Deutschen Briefe« schon im Oktober 1934 erscheinen konnte. Ursprünglich vor allem für die Herstellung zuständig, führte Knab die Zeitschrift nach der Auswanderung Gurians in die USA selbständig weiter. Zwar galt Gurian als der führende Geist der »Deutschen Briefe«, aber anhand der Artikel, die zweifelsfrei von Knab stammen, läßt sich feststellen, daß dieser seinem Mitherausgeber in nichts nachstand. Gemessen an den bescheidenen Herstellungsmitteln fanden die »Deutschen Briefe« eine beachtliche Resonanz, vor allem weil sie von gut zwanzig deutschsprachigen Zeitungen im Ausland zum Nachdruck abonniert wurden. In dieser Zeitschrift setzte Knab eine Darstellungsform fort, die er schon im Januar 1934 im *Land- und Seeboten* begonnen hatte. In der einfachen Form der Fabel legte er dem Leser eine zugleich witzige und enthüllende Aufklärung über die damals für viele schwer zu durchschauenden Wesenszüge des Nationalsozialismus vor. Dem lag der Gedanke zugrunde, daß der Leser kaum Zeit für komplizierte Artikel aufbringt, wohl aber einmal eine kleine Geschichte liest. Besonders die Fuchsenfabeln, die Otto Knab auch in der Literaturgeschichte einen Platz verschaffen sollten, waren bei den Lesern der Emigrantenzeitschriften berühmt; im Nazi-Deutschland wurden sie vielfach abgeschrieben und herumgereicht, wie die Herausgeber der »Deutschen Briefe« bald erfuhren. Eine der Fabeln kann als direkte Fortsetzung eines Artikels im *Land- und Seeboten* vom 5. Januar 1934 über das Winterhilfswerk verstanden werden. Während der Artikel von 1934 mit einem Appell zum Mitmachen schloß, wollte die Fabel vom Juni 1936 zeigen, daß die soziale Fürsorge im Dritten Reich nur Mittel zum Zweck war, um Applaus und Einsatzbereitschaft für nationale Sieg- und Kriegsbereitschaft zu erwirken. Wir geben die kurze Fabel in vollem Wortlaut wieder:

Die Fütterung

»Piep, jammerte der Spatz; er hatte Hunger. Piep, piep ... bettelte es aus allen Käfigen. ›Ihr seid hier nicht im alten Schlendrian‹, belehrte sie der Fuchs, ›hier wird nicht piep gepiepst, sondern Sieg!‹ Sie schwiegen. Nach einer Weile probierte es ein Zeisig: Sieg! Da bekam er eine Krume. Sieg, Sieg ... dankte er; da gabs ein paar Finger voll. Sieg, Sieg, Sieg ... begann es nun von allen Seiten. Da warf der Fuchs ein paar Pfoten voll Hanf hinter die Gitter und trottete lachend davon. Das Spiel gefiel den kleineren Füchsen. Sie stellten sich an die Futterplätze im Lande, wo sie wußten, daß die Hungrigen hin mußten, und ließen niemanden heran, der es nicht laut ertönen ließ: Sieg! Etliche standen verbissen seitab, wurden mager, wurden hohl, wurden blaß. Schließlich, als ihre Jungen wimmerten, stießen sie es heraus: Sieg! Da lachten die Füchse; er ist doch ein gescheiter Kerl, unser Fuchs. So einfach ist also das Herrschen! Und sie ließen und lassen seitdem nicht ab von dem Spiel: Erst: Sieg, dann Brocken! Erst Dank, dann Fraß. Aus den Händen müssen sie fressen lernen ...! ›Sieg! Sieg! Sieg!‹ scholl es im Lande.«

Die Fabel traf auch zu auf die ehemalige Situation Knabs in Starnberg, aber er war fähig gewesen, den Teufelskreis von Abhängigkeiten und Anpassung zu durchbrechen.

In der letzten Nummer der »Deutschen Briefe«, im April 1938, faßte Knab für seine Leser im deutschen Reichsgebiet und im Ausland die Hauptgründe zur Opposition gegenüber dem Nationalsozialismus ein letztes Mal zusammen:

»Der Nationalsozialismus kann seinem Wesen nach einen wahren Frieden mit der Kirche, mit dem Christentum weder wollen noch halten. Er muß als religiöse Bewegung, die er sein will und kraft der Totalität, die er beansprucht, jede andere religiöse Totalität nicht nur ablehnen, sondern bis zur Vernichtung bekämpfen. Und jeder ›Friede‹, den er zu schließen wirklich bereit ist, kann nur ein Mittel seines Vernichtungswillens sein. Nur wer den Widerchrist in ihm erkennt, der allein vermag ihm zu widerstehen.«

Zum Quellenhintergrund

Den Grundstock zu diesem Beitrag bildete ein recht bescheidener Quellenfund in den Starnberger Landratsamtsakten (Staatsarchiv München, LRA 28 293). Er enthält im wesentlichen nur den Bericht des Gendarmerie-Bezirksführers von Starnberg über den »ausgerissenen« Hauptschriftleiter Otto Knab und dessen Abschiedsbriefe. Der beeindruckende Inhalt der Briefe ließ aber weitere Recherchen als lohnend erscheinen. Doch über längere Zeit hinweg verliefen alle Bemühungen, Knabs Aufenthalt zu ermitteln, im Sande, bis sich zufällig herausstellte, daß Kollegen eines anderen Projekts (Biographisches Handbuch der deutschsprachigen Emigration nach 1933) in dieser Richtung schon erfolgreich gewesen waren und herausgefunden hatten, daß Otto Knab im Staate Oregon (USA) lebt. Der sich daran anschließende Briefwechsel mit Otto Knab wurde äußerst ertragreich. Das war u.a. darauf zurückzuführen, daß Knab sich zu dieser Zeit mit dem Gedanken trug, seine Lebenserinnerungen zu schreiben. Insofern hatte er sein Gedächtnis für die weitzurückliegenden Ereignisse schon trainiert und vieles erstaunlich frisch in Erinnerung. Die Verfasserin wurde Nutznießerin solchen »Gedächtnistrainings«. Als Knab durch persönliche Gründe gezwungen war, den Plan, seine Erinnerungen zu schreiben, zumindest vorläufig aufzugeben, schrieb er für die Verfasserin zahlreiche »unpolierte« Berichte – wie er sie nannte – zu bestimmten Aspekten seiner Erlebnisse in Starnberg, in die er auch immer wieder Passagen seiner Aufzeichnungen einfließen ließ, die er unmittelbar nach seiner Flucht im Jahre 1934 niedergeschrieben hatte.

Mit Gewinn wurde auch sein Buch, das er in derselben Zeit geschrieben hatte, um mit den Nationalsozialisten abzurechnen, ausgewertet (Otto Michael Knab: Kleinstadt unterm Hakenkreuz. Groteske Erinnerungen aus Bayern. Luzern [1934]). Auch die Publikation seines Sohnes über die politischen Fabeln des Vaters war eine Bereicherung (Bernhard M. Knab: Otto Michael Knab's Fox-Fables. Washington 1966). Diese Fabeln sind auch in der Publikation von Heinz Hürten enthalten: (Deutsche Briefe 1934–1938, Bd. I und II, bearb. von Heinz Hürten. Mainz 1969).

Von nationalsozialistischer Seite wurden zwei Bände veröffentlicht, die für die Starnberger Situation aufschlußreich waren: das Buch von Knabs damaligem Pressekonkurrenten Sündermann und das des Kreisleiters Buchner (Helmut Sündermann: Hier stehe ich ... Deutsche Erinnerungen 1914/45. Aus dem Nachlaß hrsg. von Gert Sudholt. Leoni 1975, und Franz Buchner: Kamerad! Halt aus! München 1938).

Für die Geschichte Starnbergs ist darüber hinaus das Heimatbuch der Stadt, an dem Knab entscheidend mitgewirkt hat, anzuführen: (Heimatbuch Stadt Starnberg, hrsg.

von der Stadt Starnberg, bearb. von Otto Michael Knab, Hans Zellner und Hans Beigel, Starnberg 1972).

Von grundlegender Wichtigkeit war für diesen Beitrag die Auswertung der Zeitungsbände des *Land- und Seeboten* für die Jahre 1926 bis 1934 und für das Jahr 1965 (Bayerische Staatsbibliothek München, 4 Eph. pol. 30[f]).

Erstaunlich viele ältere Einwohner Starnbergs erinnern sich noch recht genau an Otto Knab, obwohl dessen hier beschriebenes Wirken fast fünf Jahrzehnte zurückliegt. Möglicherweise hängt das auch damit zusammen, daß Otto Knab 1969/70 für ein halbes Jahr nach Starnberg kam, wo er die erwähnte Chronik der Stadt schrieb. Bei dieser Gelegenheit, bei der er übrigens »großartig empfangen« wurde, konnte mancher Starnberger seine Erinnerungen auffrischen.

Am Rande seien noch folgende Materialien angeführt: eine kleine Schrift Otto Knabs, die er auf Veranlassung eines Pfarrers schrieb, um seinem ehemaligen Freund Bernd Heinzmann ein ehrendes Andenken zu setzen (Otto Knab: Der Märtyrer von Böhmenkirch: Pfarrer Bernhard Heinzmann, hrsg. vom Kath. Pfarramt Böhmenkirch 1975 in hektographierter Form); von punktueller Wichtigkeit erwiesen sich die Listen von Personen, denen nach 1933 wegen »staatsfeindlichen Verhaltens« die deutsche Staatsbürgerschaft aberkannt wurde (Staatsarchiv München, LRA 31 945) und schließlich die Akten des Strafverfahrens gegen Knabs Freund Theodor Geyer im Jahre 1944 (Registratur der Staatsanwaltschaft bei dem Oberlandesgericht München, OJs 13/44).

V. Regimekritik in privaten und anonymen Briefen

Trotz der Kontrolle und Überwachung, die in der NS-Zeit in den Intimbereich auch persönlicher Korrespondenz hineinreichte, bilden private Briefe aus den zwölf Jahren des Dritten Reiches sicher eine besonders authentische Quelle, will man erfahren und erforschen, welche Rolle das NS-Regime im Lebensalltag der Menschen in Deutschland spielte, wie stark und unterschiedlich sie betroffen waren und reagierten. Auszunehmen hiervon ist freilich von vornherein der Umkreis der dem Regime mehr oder weniger bekannten politischen Gegner, besonders ehemaliger Kommunisten oder sozialdemokratischer Funktionäre, die mit einiger Wahrscheinlichkeit annehmen konnten, daß ihre Post überwacht wurde, und sich entsprechend vorsichtig verhielten. Dasselbe galt in Bayern z. B. auch für den Vorsitzenden des bayerischen Heimat- und Königbundes, Professor Dr. Johann Müller, oder den ehemaligen Landesleiter des Stahlhelm, Otto Freiherr von Waldenfels, die beide tatsächlich nach 1933 längere Zeit unter Postüberwachung standen.

Die große Mehrheit derjenigen aber, die sich vor 1933 außerhalb der NSDAP kaum politisch betätigt hatten und auch danach mit der NSDAP oder Politischen Polizei in keinerlei nennenswerten Konflikt geraten waren, kam sicher nicht auf den Gedanken einer geheimen Postkontrolle. Die in der Tat weit über den Kreis ortsbekannter politischer Gegner hinaus ausgedehnte Postüberwachung läßt, soweit ihre Spuren in erhalten gebliebenen Gestapoakten oder anderen Quellen sichtbar sind, erkennen, daß ein erheblicher Teil der tatsächlich Überwachten, im Vertrauen auf das Briefgeheimnis, seiner privaten Korrespondenz auch regimekritische Äußerungen arglos anvertraute. Solchen Unterlagen entnehmen wir z. B., daß die in Gräfelfing bei München wohnhafte Fürstin Maria Weikersheim keine Ahnung hatte, daß die Briefe, die sie und ihre Familie empfingen und absandten, nur deshalb vorsorglich überwacht wurden, weil der zuständige Ortsgruppenleiter der NSDAP die gräfliche Familie als politisch unzuverlässig verdächtigt hatte. Noch weniger wird die Witwe Maria Stengler aus Haar, eine Inhaberin des Goldenen Ehrenzeichens, angenommen haben, daß die Politische Polizei ihre Korrespondenz mitlas, nur weil sie u. a. einen regen Briefwechsel mit katholischen Geistlichen im In- und Ausland führte, was der Gestapo offenbar hinterbracht worden war. Wie weit die prophylaktische Schnüffelei gehen konnte, zeigt der Fall von fünf Oberschülern aus Lochham und Gräfelfing im Würmtal bei München, die 1938 bei einem Auftritt des Don-Kosaken-Chors in jugendlicher Begeisterung durch Zurufe den Vortrag des bündischen Liedes »Platoff« verlangt hatten. Für die Gestapo war das Grund genug, die fünf Jugendlichen anschließend unter Postüberwachung zu stellen.

Die wenigsten Deutschen machten sich klar, daß das verfassungsmäßig garantierte Briefgeheimnis wie andere Grundrechte aufgrund der Notverordnung zum Schutz von Volk und Staat vom 28. 2. 1933 mehr als brüchig geworden war. Seitdem konnte jederzeit über bestimmte einzelne Personen Postüberwachung verhängt werden. In der Regel geschah das auf Antrag der Bayerischen Politischen Polizei bzw. Gestapo, die davon reichlich Gebrauch machte. Die Durchführung lag bei den unteren Behörden der inneren Verwaltung, d. h. in Bayern bei den Bezirksämtern, die sich entsprechenden Anträgen der Gestapo meist nicht widersetzten. Da grundsätzlich für jede zu überwachende Person ein Einzelantrag gestellt und ein gesonderter Akt angelegt werden mußten, bedeutete dies für die Bezirksämter eine erhebliche Belastung. Um sie zu verringern, wich man von dem Prinzip des Einzelverfahrens gelegentlich ab und ging, z. B. bei ehemaligen Schutzhäftlingen oder Bibelforschern zu Sammelanträgen und gruppenbezogener Postüberwachung über. Als häufigste Gründe für entsprechende Anträge machte die Politische Polizei geltend: Verdacht staatsfeindlicher Betätigung, insbesondere kommunistischer »Umtriebe«, Verbreitung von Greuelpropaganda, häufig auch Spionageverdacht. Die Gestapo scheute sich aber auch nicht, Gründe anzugeben und mit Erfolg geltend zu machen, die mit Staatssicherheitsgesichtspunkten nichts mehr zu tun hatten. So wurde z. B. die Postüberwachung eines bayerischen höheren Beamten angeordnet, um den Aufenthalt seiner Tochter zu ermitteln, die sich der Sterilisation zu entziehen gesucht hatte, zu der sie aufgrund des Gesetzes zur Verhütung erbkranken Nachwuchses verurteilt worden war. In einem anderen Fall kontrollierte die Gestapo die Post einer verheirateten Frau, um herauszufinden, ob es stimme, daß eines ihrer Kinder von einem katholischen Pfarrer abstamme.

Aus umfangreichen Restakten der Gestapo, z. B. der ehemaligen Gestapostelle Würzburg, lassen sich trotz der vielen individuellen Fälle recht gut die Schwerpunktgruppen der Postüberwachung erkennen: Allen voran standen ehemalige Kommunisten. Hier bezog die Politische Polizei häufig auch die Familienangehörigen in die Postkontrolle ein. So wurde z. B. die Korrespondenz der Frau des flüchtigen ehemaligen kommunistischen Landtagsabgeordneten Fritz Dressel in Feldmoching so lange überwacht, bis dieser gefaßt und im Mai 1933 im KL Dachau zum Selbstmord gezwungen bzw. ermordet wurde. Eine weitere Hauptgruppe der Überwachten bildeten in Bayern die katholischen Geistlichen, einschließlich der Bischöfe, vor allem die Jesuitenpatres, von denen viele in der ersten Reihe kirchlicher Opposition und Resistenz standen; ebenfalls die Wortführer katholischer Laienorganisationen oder katholischer Blätter, wie z. B. der Schriftsteller Friedrich Ritter von Lama, ein ehemaliger Mitarbeiter der 1933 verbotenen, scharf antinazistischen Münchener katholischen Zeitschrift »Der gerade Weg«, der zahlreiche Beziehungen zum Ausland und auch zum Vatikan unterhielt. Sehr intensiv überwacht wurden ferner die Bibelforscher, schon wegen ihrer internationalen Beziehungen, sowie ›natürlich‹ die Juden und besonders die jüdischen Geschäftsleute. Offensichtlich suchte die Gestapo mit der Postkontrolle von Juden nicht zuletzt Fällen von »Rassenschande« oder von Devisenvergehen auf die Spur zu kommen, die man öffentlich anprangern und strafrechtlich verfolgen konnte.

Unabhängig von solchen besonders verdächtigen Gruppen, galten Personen mit Beziehungen zum Ausland, wie z. B. im Falle des ehemaligen Direktors der Münchener Kammerspiele, Dr. Karl Theodor Glock, an sich schon ein Verdachtsgrund und häufig ein Anlaß für Postüberwachung. In zahlreichen Fällen verlief die Briefkontrolle ergebnislos, weil die Betreffenden entweder zu Unrecht verdächtigt worden waren oder sich entsprechend vorsichtig verhielten. Oft hatte die Gestapo aber gerade bei denjenigen Erfolg, die eine Überwachung gar nicht ahnten.

Die briefliche Äußerung oppositioneller, regimekritischer Meinungen konnte, was die Verfasser betrifft, sehr verschiedene Motive und Anlässe haben. Solche Briefe, zumal wenn sie an nächste Familienangehörige gerichtet waren, bildeten oft die Fortsetzung vertraulicher Gespräche über politische und weltanschauliche Fragen. So wandten sich z.B. Väter und Mütter, die in kirchlich-katholischen oder kommunistischen Überzeugungen und Gesinnungen aufgewachsen waren, an ihre Söhne und suchten diese zu beeinflussen. Zwei der Briefwechsel-Beispiele, die wir im Folgenden aus dem Arsenal der Postüberwachung wiedergeben, sind dieser Kategorie zuzuordnen. Andere regimekritische Briefinhalte, die durch die Gestapo-Kontrolle oder -Nachforschung aufgedeckt wurden und peinliche Folgen für die Verfasser hatten, waren, ebenso wie viele von den Sondergerichten verurteilte mündliche Äußerungen ähnlicher Art, weniger begründet in festverwurzelten Gesinnungen als in leidvollen persönlichen, materiellen und sozialen Lebenserfahrungen in der NS-Zeit. Sie bildeten weniger ein bewußt eingesetztes Mittel zur Überzeugung des Briefadressaten als einen ins Politische oder Weltanschauliche umgesetzten Ausdruck beharrlicher Mißstimmung. Die betreffenden Briefschreiber suchten ihren Zorn, ihre Verbitterung abzureagieren. Auch manche anonyme Schreiber, die sich mit Briefen und Pamphleten an Behörden oder Repräsentanten des Staates oder der Partei wandten, gehörten zu dieser Gruppe, aus der im Folgenden ebenfalls zwei Fälle vorgeführt werden.

Alle vier Beispiele können, ihrem Rang nach, nicht entfernt konkurrieren mit den bedeutenden Zeugnissen politischen, moralischen und geistigen Widerstandes, wie sie in den Briefen einer ganzen Reihe von Opfern des 20. Juli so eindrucksvoll vorliegen. Sie sind vielmehr herausgegriffen worden als mentalitäts- und sozialgeschichtliche Durchschnittswerte aus einem breiten Spektrum der Nonkonformität, der oft ganz ›gewöhnlichen‹, ›kleinen‹, gelegentlich auch verbohrten oder querulatorischen Opposition und ihren vielfältig verschachtelten Motiven. Sie sind im übrigen Beispiele auch für die – sehr häufig – überdimensionalen Verfolgungsauswirkungen, die solche Briefäußerungen nach sich ziehen konnten, und für die Beharrlichkeit, mit der die Sicherheitsorgane des Dritten Reiches diese Schnüffelei betrieben.

1.

Ein Beispiel besonders akribischer Briefkontrolle lieferte in den zehn Monaten vom Juni 1936 bis zum März 1937 der SD-Unterabschnitt Bayerische Ostmark. Hier war es nicht die Politische Polizei, sondern das sicherheitspolitische Organ der Partei, das die Überwachung vornahm. Im Rahmen der ausgedehnten Bespitzelung von Parteifunktionären, mit der sich der von Heydrich geleitete SD immer wieder beschäftigte, ging es in dem konkreten Fall offenbar darum, die weltanschauliche Zuverlässigkeit des Kreisleiters Willibald *Rein* in der Bayerischen Ostmark zu überwachen, der aus einer streng katholisch-kirchlich gesinnten Regensburger Familie stammte. Ob auch dessen eigene private Korrespondenz kontrolliert wurde, wissen wir nicht. Wohl aber öffnete der mit der Überwachung beauftragte SD-Angestellte die zahlreichen Briefe, die der junge Kreisleiter von seinem in Regensburg lebenden Vater in regelmäßigen Abständen erhielt.

Der Inhalt dieser Briefe, in denen der um das Seelenheil seines Sohnes besorgte Vater immer wieder die Sprache auf die bedenklichen kirchen- und religionsfeindlichen Tendenzen des Regimes brachte, scheint die Überwachungsstelle des SD so interessiert zu haben, daß sie sich entschloß, die wortreichen und sehr langen Ermahnungen des Vaters vollständig mit Schreibmaschine abzuschreiben, ehe sie die Briefe wieder verschloß und weiterleitete. Daraus entstand in den genannten 10 Monaten ein umfangreiches Konvolut, darunter Einzelabschriften bis zu einer Länge von zwölf Seiten. Einzelne Worte oder Satzteile, die die geheimen Kontrolleure nicht entziffern konnten, fehlen, ebenso besonders lange Briefe. So liegt zum Beispiel ein ausdrücklich erwähntes Schreiben von 47 Seiten nicht in Abschrift vor.

Obwohl aus manchen der Briefinhalte geschlossen werden kann, daß der mit den Praktiken der Politischen Polizei und des SD wohl einigermaßen vertraute Kreisleiter, dem die Zusendungen seines Vaters offensichtlich peinlich waren, diesen auf die Gefährlichkeit solcher Briefe hingewiesen hat, nahm der Vater in dieser Korrespondenz kein Blatt vor den Mund, wenn er sich auch hier und da mit Andeutungen und Hinweisen auf vorangegangene mündliche Unterhaltungen beschränkte und auf konkrete Namensnennungen verzichtete. Obwohl es in diesem Fall offenkundig ist, daß die ganze Folge der langen Briefe auf eine unermüdliche, an den Sohn gerichtete »moralische Predigt« hinauslief, dazu bestimmt, an dessen anerzogene kirchlich-katholische Gesinnung zu appellieren, ging es dem Vater doch wohl auch darum, sich seine eigenen wachsenden Besorgnisse von der Seele zu reden. Als offenbar einfacher, patriotisch gesinnter Mann scheint er dem Nationalsozialismus nicht von vornherein und in jeder Hinsicht gegnerisch gegenübergestanden zu haben. Nur die religiöse und weltanschauliche Einstellung der Partei und ihrer Repräsentanten irritierte ihn zunehmend, und dies um so mehr, als sein ältester Sohn sich offenbar schon früh der Partei zugewandt und es nach 1933 bald zum Kreisleiter gebracht hatte, und auch der Jüngste, noch auf der Schule, mit 18 Jahren bereits zum SA-Scharführer avanciert war. Nazi-Söhne aus gut katholischem Hause – das war der nicht untypische Generations- und Weltanschauungskonflikt, der den Briefen zugrunde lag und ihn motivierte. Das am meisten Eindrucksvolle an diesen Briefen hängt mit dieser Ausgangslage zusammen. Im monologischen Briefgespräch mit seinem Sohn sucht der Vater, keineswegs unbeeindruckt von den nationalen und sonstigen Erfolgen des Regimes, in der ihn zumeist bewegenden Frage Klarheit und ein sicheres Urteil zu gewinnen. Zu der Erkenntnis, daß die neuen Führer ein Unheil sind, ringt er sich mühsam durch, immer wieder rekapitulierend, was in den vergangenen Jahren von ihnen hier und da zu weltanschaulich-kirchlichen Fragen erklärt worden ist, vergleichend und abwägend, Schlüsse ziehend. Er macht sich diese Auseinandersetzung nicht leicht.

Auch das will er den Sohn wissen lassen. Wir zitieren Passagen seines Briefes vom 20. Juli 1935:

»Ich erkenne nicht nur die jetzige Regierung an, trete ein, wenn es sein muß, arbeite in dem Sinne, aber auf dem religiösen Boden habe ich trotz meines gewissenhaft eifrigen Lesens aller Reden meine mich drückenden Bedenken noch gar nicht zerstreuen können ...

Seitdem das Konkordat nicht eingehalten wird, ist mir der Glaube an die Aufrichtigkeit geschwunden. Ich war beim Erscheinen des Konkordats überrascht, freudig, konnte mir damals aber den Umschwung nicht erklären. Doch bald sah ich, daß dies ein Bluff war und schon 1934 war es meine Überzeugung, daß das Konkordat eine vorübergehende Erscheinung ist. ...

Seit Juli 1933 arbeiten Ministerpräsidenten, Reichstatthalter und Gauleiter daran, daß das eben erst vertraglich feierlich verkündete Konkordat ›von der Entwicklung überholt‹ wird!, dies ist der revolutionäre Wille. Ich betone ausdrücklich, daß ich positive Vorgänge, Reden der oben genannten ›Führer‹ im Auge habe. ...

Ich stelle die Juni-Reden aller Führer einschließlich jener von Ley in Hamburg (S. *Frankfurter Zeitung* Nr. 347 v. 10.7.35) mir im Gedächtnis wieder vor: Sie alle sind abgestimmt auf den Ton: ›an Stelle der christlichen Weltanschauung tritt die deutsche‹. ... Die jetzige Krise kann nur aus der inneren Bewährungskraft tiefgläubiger Menschen überwunden werden. Wo die Gegner auftreten, müssen diese den Mut haben und entgegentreten. Das christliche Deutschland wird leben. Aber soll damit das politische Deutschland durch diesen Kampf nicht schaden leiden? Ich fürchte es sehr.

Ich glaube, ich fühle richtig, wenn ich wiederum sage, daß nicht eine neue Religion gestiftet wird, sondern, daß eine revolutionär inszenierte Welle diese als ›Entwicklung‹, also von unten, bringen soll.

Wenn und soferne jemand ein diesbezügliches Gespräch führt, bekenne ich offen meine Ansicht. Und ich fand, daß ich nur in kleineren Dingen abweiche, in der Hauptsache aber alle meiner Ansicht sind, selbst bei eingetragenen Mitgliedern der Partei. ...

Ich glaube, daß Du mich verstehen wirst. Es wäre mir lieb gewesen, wenn Du auf Grund des eingehenden Studiums des *V.B.* derartige Dinge besprochen hättest. Deine Einwände hätte ich zum Teil annehmen zum Teil auch widerlegen können. Ich sehne mich nach derartigen Erörterungen. Nach meinen Erfahrungen sind aber die meisten ›nicht belesen‹ ...

Und wenn tausendmal betont wird, daß man durch Gebet nichts erreicht (fast in jeder Rede), ich werde beten, wie es jetzt vielleicht schon in den katholischen Kirchen in eigenen Andachten geschieht, um Erhaltung des Christentums in Deutschland, um die Vereinigung der christlichen Kirchen, um Erleuchtung des Führers, daß ihm Licht werde in alles hinein, und daß ihm Mitarbeiter [werden], die unter Gott stehen und die Wahrheit vertreten und schützen und reagieren gegen alles Destruktive. In diesem Sinne rufe ich von Herzen zum Schlusse des Briefes ›Heil Hitler‹.«

Als der Vater in der Folgezeit den Eindruck gewann, sein Sohn gehe mit dem Gedanken um, aus der Kirche auszutreten, folgten lange beschwörende Briefe, einer 47 und einer 28 Seiten lang. Immer wieder forderte er von seinem ausweichenden Sohn ein klares Bekenntnis:

»Also bleibst Du römisch-katholischer Christ oder bist oder wirst Du ›gottgläubig‹? Mein Verhalten bestimmt sich für immer, solange ich lebe, nach Deiner Einstellung hierzu.«

Je beschwichtigender die Antworten des Sohnes ausfielen, desto gereizter wurde der Vater, wozu die besonders rabiate Gauleitung in Franken mit Streicher und Holz an der Spitze das ihre beitrug.

Um alle Argumente für die auch in Regensburg selbst unter der gut katholischen Bevölkerung angesichts der zunehmenden Kirchenfeindlichkeit des Regimes geführten erregten Gespräche zur Hand zu haben, besorgte sich *Rein* immer aufs neue die authentischen Texte der Reden von Parteigrößen. Am 25.12.1936 schrieb er fast anklägerisch an den Sohn:

»Nun habe ich heute sämtliche Reden vom stellvertretenden Gauleiter Holz erhalten. Ich kann nur meinen tiefen Abscheu ausdrücken über das niedere Niveau und den Sauherdenton. Da ist es kein Wunder, wenn man uns Deutsche im Ausland so einschätzt. Ich habe nicht nur diese Reden gelesen, sondern auch anderes. ... Ihr zerstört Deutschland, und treibt es in den Bolschewismus mit dieser niederträchtigen Hetze. Das kann lustig werden im neuen Jahr. Ich öffne allen Leuten die Augen, zum großen Teil sind sie schon geöffnet und gleich mir finden sich viele, die kämpfen.«

In weiteren Briefen glossierte *Rein* ironisch die Doppelzüngigkeit von führenden bayerischen Vertretern des Regimes, z.B. des bayerischen Innenministers und Gauleiters, Wagner, der Anfang 1937 wieder einmal öffentlich erklärt hatte, der Führer wolle keinen Kampf gegen die Kirche und der Nationalsozialismus denke nicht daran, den

Menschen ihren christlichen Glauben zu nehmen. Solchen Beteuerungen stellte der Vater dem Sohn eindringlich die Praxis der Partei vor Augen, die landauf, landab den Menschen, und besonders den Beamten, zum Vorwurf mache, daß sie zur Kirche gingen, und sie deswegen unter Druck setze. Er erwähnte besonders die unter schwerem Druck stehenden Gläubigen innerhalb der Nürnberger Lehrerschaft. In einem Brief vom 3. März 1937 lesen wir:

>Ich kenne nun von einem Beamten in Bayreuth, der mich letzte Woche aufsuchte, die dortigen Verhältnisse. Überall dieselbe Angst und Befürchtungen. Es meckern aber dort auch Größen wie Standartenführer usw. Nachdem ich von Zweibrücken, Pirmasens, Aschaffenburg, München u. a. Orten Nachrichten habe und alle dasselbe beleglich bezeichnen, muß es eben doch so sein. Hier wird ja in alten Parteikreisen noch viel mehr geschimpft. Woher kommen Kirchenaustritte z. B. von 142 bei einer Pfarrei, und am gleichen Tage, oder von 60 in Weiden aus einer Pfarrei, von 2700 in Köln – Druck, Angst, Verwirrung auf direkte Anregung. Eine nette Volksgemeinschaft, die unter solchen Verhältnissen lebt!<

Im letzten der erhalten gebliebenen Briefe wandte sich *Rein,* inzwischen schwerkrank, noch einmal in beschwörenden Worten an den Sohn:

>Merke Dir, für Christen gibt es kein positives Christentum ohne Bekenntnis zu Gott dem Erlöser und Richter und ohne Anerkennung und Befolgung der sittlichen Gesetze und Pflichten des christlichen Glaubens (Erbsünde, Schuld, Erlösung, Kreuzestod, Auferstehung, Himmel und Hölle und was sagen Ley, Rosenberg usw.?) Und Du, geschult auf allen möglichen Schulungslagern und Burgen sollst von all dem nichts gehört haben, von dem Lächerlichmachen dieser eben in Klammer gesetzten Begriffe? Ausgeschlossen!!!<

Erstaunlicherweise zog die Überwachungsstelle des SD aus der Fülle all dieser hier nur sehr verkürzt wiedergegebenen Briefäußerungen, die in anderen Fällen ausgereicht hätte für Schutzhaftverhängung oder Anklage wegen Vergehens gegen das Heimtückegesetz, keinerlei Konsequenzen. Man verfolgte den Fall noch bis Ende 1938, wahrscheinlich um genauer herauszufinden, mit wem *Rein* in Kontakt stand und von wem er seine Informationen – z. B. über die Zahl der Kirchenaustritte – erhielt.

Wahrscheinlich mit Rücksicht auf den Kreisleiter-Sohn wurde der Fall aber schließlich abgewiegelt als »starrköpfige Haltung« eines kirchenfrommen Mannes, dem man sonst nichts vorwerfen konnte. Der Schluß liegt nahe, daß die selbst aus dem katholischen Milieu Bayerns stammenden bzw. mit ihm vertrauten Kontrolleure des SD im Innersten berührt waren von diesem Kampf eines Vaters um seinen Sohn.

2.

Einen ganz anderen Verlauf nahm der folgende Fall. Wieder ging es um Briefe, die in großer Sorge an einen Sohn gerichtet wurden, doch die sonstigen Umstände sind nicht vergleichbar. Absender war *Terese Mai,* eine 56jährige verwitwete Arbeiterin aus Nürnberg. Im sozialistischen Arbeitermilieu der Stadt aufgewachsen, war die früh alleinstehende Frau, die zwei Söhne aufzuziehen gehabt hatte, in den 20er Jahren kommunistischen Vereinigungen beigetreten, 1926 dem Proletarischen Freidenkerverband, 1930 der Roten Hilfe, 1931 dem kommunistischen Gesangverein Freundesbund

Frührot. Sie hatte auch dafür gesorgt, daß ihre beiden Söhne Ernst und Otto gute Kommunisten wurden. Ernst, der jüngere, an den sie Jahre später die verhängnisvollen Briefe adressierte, war schon vor 1933 ein führender Aktivist des Nürnberger KJVD gewesen und hatte nach der Machtübernahme der Nationalsozialisten im Frühjahr und Sommer 1933 vom Untergrund her versucht, illegale Zirkel der zerschlagenen kommunistischen Jugendorganisation und Partei aufzubauen. Nach seiner Verhaftung im September 1933 und der anschließenden Verurteilung wegen Vorbereitung zum Hochverrat hatte er fast sechs Jahre im KZ Dachau zugebracht. Erst im April 1939 wurde er entlassen und, als »wehrunwürdig« geltend, zur »Bewährung« von der Wehrmacht eingezogen.

Wie für viele ehemalige Kommunisten innerhalb und außerhalb Deutschlands, verursachte der Beginn des deutschen Rußlandfeldzuges im Sommer 1941, der den Schleier des fatalen Hitler-Stalin-Arrangements brutal zerriß, sicher auch für *Terese Mai* in Nürnberg das Aufkommen neuen, kräftigen Widerstandswillens gegen die braune Herrschaft. Schon angesichts des Verfolgtenschicksals ihrer Söhne und vieler ihrer Nürnberger kommunistischen Gesinnungsgenossen war *Terese Mai* all die Jahre seit 1933 überzeugte Kommunistin geblieben, aber nach der gewaltsamen Auslöschung aller Formen organisierten kommunistischen Zusammenhalts seit 1934/35 zu schweigender, zähneknirschender Zurückhaltung und Vorsicht gezwungen worden.

Das änderte sich im Dezember 1941. Sie erfuhr jetzt, daß ihr Lieblingssohn Ernst, der den Rußlandfeldzug hatte mitmachen müssen – inzwischen zum Gefreiten befördert –, in das Chaos der winterlichen Abwehrschlacht vor Moskau geraten war. In mütterlicher Angst und Wut ließ sie alle gewohnte Vorsicht fallen und forderte ihren Sohn in einem Feldpostbrief mehr oder weniger deutlich zur Desertion auf: Es sei klar, »daß bei dieser Kälte kein deutscher Soldat mehr zurückkomme« und auch er erfrieren werde. Wenn er sein Leben retten und ihr die Angst um ihn nehmen wolle, müsse er irgend etwas unternehmen, um in die Heimat zu kommen. Sei das nicht möglich, solle er sich in russische Gefangenschaft begeben und, »damit er von den Russen nicht erschlagen wird«, ihnen von seiner politischen Vergangenheit erzählen.

In einem weiteren Brief vom 25.1.1942 wiederholte sie ihre Befürchtungen, voll der Andeutungen einer erwarteten Wende auch im Innern Deutschlands:

»Ich habe es immer gesagt. Im Sommer sind wir siegreich, im Winter der Russe. Es wird wohl so kommen, wie ich Dir immer sagte. Ich könnte Dir vieles sagen, was Du nicht weißt. Vielleicht kommst Du doch in Urlaub. Aber Ihr werdet den ganzen Winter kämpfen müssen. Der Russe wird Euch keine Ruhepause lassen. Jetzt erst recht nicht, allen Umständen nach.«

In diesem Brief berichtete sie auch über das Schicksal einiger ehemaliger Kommunisten aus ihrem Bekanntenkreis, die erneut in ein Konzentrationslager eingeliefert worden waren, und faßte verbittert zusammen: »Es ist alles so traurig. Und kein Ende abzusehen, daß das widerliche Pack verschwindet.« Es folgten in kurzem Abstand weitere Briefe. Als *Terese Mai* am 20.2.1942 erneut ihrem Sohn schrieb, scheint sie, bestärkt von einem kommunistischen Gesinnungsfreund in Nürnberg, sich der Hoffnung hingegeben zu haben, sowohl in Deutschland wie unter den Soldaten an der Ostfront könne sich eine Aufruhrbewegung entwickeln. Wir lesen in ihrem Brief:

»Wenn es dann mal brenzlich wird hier, haue ich ab. Denn in den kommenden Monaten, da tut sich was, das ist meine feste Überzeugung. Auch bei Euch an der Front tut sich was. Bin vollständig im Bilde. Nun weiß ich Deine Div. und Regt. Nummer. Sernau sagte sie mir. Daß Ihr dauernd im Kampf seid, weiß ich auch. Daß diese Truppen demoralisiert sind, ist kein Wunder, da Ihr niemals abgelöst werdet und keinen Urlaub bekommt. Nun, diese Handlungsweise wird sich noch auswirken. L[ieber] E[rnst], kann Dir immer nur meinen Rat wiederholen. Es gibt einfach nichts anderes für Dich. Entweder das Eine, oder das Andere. Also los. Ich freue mich schon darauf.«

Sie schloß den Brief mit der unmißverständlichen Aufforderung: »Drauf auf das Pack. Also los, was ich Dir schon sagte.« Eine Woche später vertraute die Mutter ihrem Sohn an:

»Hätte Dir sehr viel zu erzählen. Bin immer im Bilde, kannst mir glauben. Lese ja alles, weißt schon wie, mit Verstand. Dein Kamerad Sernau war wieder einmal da. Ist immer noch in Würzburg. Der versteht es ausgezeichnet, wie man nicht frontreif wird. Alle Anerkennung ... Die Tommy waren auch wieder zu Besuch da am 23.2. nachts. War aber wenig los dieses Mal. Die hinken immer hinten nach. Weiß nicht, was ich da denken soll. Immer nur große Töne spucken, so, wie wenn ich will und kann nicht. Es muß da mal Fetzen geben, erst dann glaub ich die Sache. So lang ich nichts sehe?«

Keiner dieser vier Briefe, aus denen wir zitiert haben, erreichte den Gefreiten Ernst *Mai* an der Ostfront. Die Nürnberger Gestapo hatte die Korrespondenz der ihr sicher nicht unbekannten Kommunistin abgefangen, kopiert und wegen ihres landes- und hochverräterischen Inhalts bald entsprechende Schritte eingeleitet.

Im Mai 1942 wurde *Ernst Mai,* möglicherweise auf Veranlassung der Gestapo, nach Nürnberg auf Urlaub geschickt und bei dieser Gelegenheit zusammen mit seiner Mutter verhaftet.

Bei den anschließenden Vernehmungen konnte dem Sohn, der ja keinen der Briefe erhalten hatte und von ihrem Inhalt bis dahin nichts wußte, kein Vorwurf gemacht werden. Da er der Gestapo außerdem einen guten Eindruck machte, wurde er bald wieder zum Militär entlassen. Die Mutter dagegen hatte einen schweren Stand, zumal sie angesichts der handschriftlichen Evidenz der von der Gestapo beschlagnahmten Briefe nichts ableugnen konnte und ihre in den Briefen zum Ausdruck gebrachte Ablehnung des NS-Regimes auch gar nicht gänzlich zu bestreiten, sondern nur abzuschwächen suchte. So betonte sie, sie habe ihren Sohn nicht zur Fahnenflucht verleiten wollen; vielmehr sei sie es ja gewesen, die ihm, der durch seinen »Hochverrat« wehrunwürdig geworden sei, nach Kriegsausbruch geraten habe, sich beim Militär zu melden, um sich von diesem Makel zu befreien.

Das Sondergericht Nürnberg, bei dem der Fall im Juni 1942 verhandelt wurde, kam – verglichen mit anderen Gerichten, die über ähnliche Fälle von »Zersetzung der Wehrkraft« zu befinden hatten – noch zu einem relativ glimpflichen Urteil. *Terese Mai,* der erschwerend angelastet wurde, daß sie bei ihrer »weit überdurchschnittlichen Intelligenz« eher als andere den Irrtum ihrer Einstellung hätte erkennen müssen, wurde ohne Beistand eines Verteidigers nach einer nur 50 Minuten dauernden Verhandlung am 27.6.1942 zu fünf Jahren Zuchthaus verurteilt. Das Verdammenswerte der Tat, so die Begründung des Gerichts, liege vor allem darin, daß die Täterin »bewußte und haßerfüllte kommunistische Propaganda gegenüber einem Frontsoldaten« begangen habe, und dabei von einer »außerordentlichen Gemeinheit der Gesinnung« geleitet gewesen sei. Andererseits ließ das Gericht einen Umstand voll zugunsten der Angeklagten sprechen: »daß sie als Mutter um das Leben ihres Sohnes bangte«.

Terese Mai kam Anfang Juli 1942 in das Frauenzuchthaus Aichach. Dort wurde ihr nach etwas über einem halben Jahr eröffnet, daß das Urteil des Sondergerichts Nürnberg auf die Nichtigkeitsbeschwerde des Oberreichsanwalts hin vom Reichsgericht aufgehoben und zur neuen Verhandlung an das Sondergericht zurückverwiesen worden sei. Die neue Tendenz zu drakonischer Strafverschärfung bei Wehrkraftzersetzungsfällen, die mit dem neuen Reichsjustizminister Thierack im Sommer 1942 ganz allgemein eingetreten war, schlug in diesem Fall auch auf das Reichsgericht durch. Dieses schloß sich der Meinung des Oberreichsanwalts an, wonach im Fall *Terese Mai* das Bangen der Mutter um das Leben ihres Sohnes nicht das vorrangige oder alleinige Motiv ihres Handelns gewesen sei, sondern daß sie in ihren Briefen ihren im Felde stehenden Sohn »auch im Sinne des Kommunismus beeinflussen wollte«. Das Sondergericht wurde demzufolge angewiesen zu prüfen, ob nicht die Todesstrafe am Platze sei.

In dieser bedrohlichen Lage bat die Angeklagte am 21.2.1943 den Staatsanwalt um einen Pflichtverteidiger mit dem Hinweis, daß sie schon in der ersten Verhandlung keinen Rechtsbeistand gehabt habe und jetzt mit den Nerven völlig fertig sei. Als Pflichtverteidiger wurde Rechtsanwalt Dr. *Ohler* bestellt. Dieser übernahm, wie er dem Gericht schrieb, wegen »ungewöhnlicher beruflicher Inanspruchnahme, insbesondere wegen Steuerberatungen«, die Pflichtverteidigung nur ungern. Und fünf Tage vor der auf den 22. März angesetzten Verhandlung bat er das Sondergericht schriftlich um Enthebung als Pflichtanwalt, offensichtlich, weil ihm diese Steuerberatungen wichtiger waren. Und er fügte seiner Bitte noch den zynischen Satz hinzu: »Mit Rücksicht auf die einfache Sachlage – es handelt sich ausschließlich um die Höhe der Strafzumessung – wird trotz der Kürze der Zeit ein anderer Kollege die Sache übernehmen können.«

Am 22. März wurde *Terese Mai* nach dreistündiger Verhandlung zum Tode verurteilt. Das Sondergericht machte sich beflissen die Meinung des Oberreichsanwalts beim Reichsgericht zu eigen, stellte die Sorge der Mutter um ihren Sohn als Handlungsmotiv vollends in den Hintergrund und behauptete, politische Gehässigkeit sei der wichtigste Beweggrund gewesen:

»Es spricht aus den Briefen weniger die Besorgnis einer Mutter als die Enttäuschung der Kommunistin, die es nicht überwinden kann, daß ihr Sohn für das nationalsozialistische Deutschland kämpft. Hätte ihr Sohn für den Kommunismus sein Leben eingesetzt, so hätte sie fraglos ihn nicht zur Fahnenflucht aufgefordert. Die Redensarten: ›Und kein Ende abzusehen, daß das widerliche Pack verschwindet‹ und ›Drauf auf das Pack!‹ lassen sich nur auf diese Weise erklären. Wie sehr die Angeklagte jede Verbindung mit ihrem eigenen Volk verloren hatte, beweist ihr letzter Brief, indem sie ausdrücklich bedauert, daß die englischen Terrorangriffe aus der Luft noch so wenig wirkungsvoll waren, und indem sie die Hoffnung ausspricht: ›Es muß da mal Fetzen geben.‹ Ihr kam es also als fanatischer, unversöhnlicher Feindin des deutschen Volkes darauf an, den Sohn aus dem Kampf für den Nationalsozialismus herauszubringen.«

Das Urteil gegen *Terese Mai* wurde vollstreckt. Auch damals noch hätte ein guter Rechtsanwalt oder ein gutwilliger Richter ein Todesurteil wohl verhindern können, nicht zuletzt mit dem Hinweis darauf, daß die Mutter für sich in Anspruch nehmen konnte, ihren Sohn gedrängt zu haben, durch seine Meldung beim Militär und entsprechende Bewährung seine Wehrunwürdigkeit zu tilgen. Das war jedenfalls die Meinung von deutschen Juristen im Nürnberger Juristenprozeß, die von amerikanischen Richtern zu diesem Fall befragt wurden.

3.

Regimekritische Äußerungen vieler einfacher Menschen, wir deuteten dies einleitend an, beruhten häufig nicht, wie in den vorstehend geschilderten Fällen, auf festgefügten Anschauungen, die sich die Betreffenden schon lange vor 1933 gebildet hatten. Oft war dabei erst ausschlaggebend, was ein Mann oder eine Frau in der NS-Zeit außerhalb der öffentlichen und politischen Sphäre ganz persönlich erlebt und erlitten hatte. Von einer solchen Frau, *Emilie Beer,* ist im Folgenden zu erzählen.

Emilie Beer war die Tochter eines städtischen Beamten in Würzburg. Als resolutes, hübsches junges Mädchen zog es sie nach Volksschul- und Lyzeumsbesuch schon früh in fremde Städte. Sie ging nach Wien und half drei Jahre lang ihrer Tante im Haushalt, dann zog sie zu einem Onkel nach Leipzig, der dort eine Weingroßhandlung besaß.

Ihr Lebensproblem fing damit an, daß sie dort sehr jung heiratete. Die Ehe ging nach einem Jahr aus Verschulden des Mannes in die Brüche, nachdem das Kind, ein Sohn, geboren war. Sie nahm eine Wohnung in Chemnitz und ließ sich, jung, attraktiv und vertrauensselig, erneut mit einem Mann ein, der sie aber nicht zu heiraten gedachte, und brachte ein Jahr später einen zweiten Sohn unehelich zur Welt. Jetzt standen ihr harte Jahre bevor, die sie gleichwohl tapfer zu meistern suchte.

Vollkommen auf sich gestellt, schaffte sie es jahrelang, berufstätige Ernährerin, Mutter, Hausfrau und Erzieherin zu sein. Durch Tüchtigkeit in ihrem Beruf als Sekretärin und Sachbearbeiterin und ein meist entsagungsvolles Leben erreichte sie es schließlich sogar, daß die Kinder die höhere Schule besuchen konnten.

Einen schlimmen Einbruch aber brachte die Wirtschaftskrise, und dann kam erneut eine unglückliche persönliche Affäre. 1931 wurde *Emilie Beer* arbeitslos und mußte sich und die Kinder schließlich mit einem wöchentlichen Unterstützungssatz von 8.40 Reichsmark durchschlagen. Die noch immer anziehende und zugleich hilfsbedürftige Frau zog die Zudringlichkeit von männlichen Bekanntschaften auf sich. »Was ist eine alleinstehende Frau in solcher Lage«, so schrieb sie später, »anders als ein Garten ohne Zaun.« »Jeder indolente Spießer« glaubte, sie und ihre Kinder bevormunden zu können, während sie gleichzeitig von der denkfaulen »stumpfen Masse« ihrer Umgebung oft Geringschätzung und Verachtung erfuhr. Wohl schon in dieser Zeit der Arbeitslosigkeit, sie war damals gerade 30 Jahre alt geworden, bildeten sich in ihr aufgrund der erlittenen Erfahrungen nach und nach die Züge einer nüchtern-selbstbewußten, allen Schönfärbungen gegenüber äußerst kritischen Frau heraus.

Im Jahre 1933, bald nach der nationalsozialistischen Machtübernahme, lernte sie in Chemnitz den soeben zum Amtsleiter der NSDAP aufgestiegenen *Hermann Rau* kennen und ging mit ihm ein Verhältnis ein. *Rau* war ihr zunächst sehr zugetan, schanzte ihr und ihren Kindern Sonderzuwendungen des nationalsozialistischen Winterhilfswerks zu. Aber die Sache ging nicht lange gut. Ihre beiden Kinderstuben seien, so resümierte sie später, zu verschieden und sie durch viele bittere Erfahrungen wesentlich reifer gewesen als er. Nachdem es ihr im März 1934 gelungen war, eine neue Stelle zu bekommen, löste sie das Verhältnis mit dem Freund und Gönner. Der kleine nationalsozialistische Funktionär war aber nicht gewillt, das hinzunehmen, und suchte sich auf primitive Weise zu rächen: Er verklagte sie auf Räumung der früheren gemeinsamen Wohnung und hetzte ihr wegen angeblicher Vernachlässigung der Kinder das Vormundschaftsgericht auf den Hals. Als der ehemalige Freund damit nicht durchkam, zeigte er sie wegen staatsabträglicher Äußerungen an. Ihr Name wurde damals zum ersten Mal bei der Gestapo bekannt. Aber beim Sondergericht Dresden, das für den Fall zuständig war, hatte man schon gewisse Erfahrungen mit der Vielzahl der damals aus ganz unpolitisch persönlichen Motiven massenhaft eingehender Denunziationen. Das Verfahren wurde eingestellt, nachdem das Gericht sich über die böswilligen persönlichen Motive der Anzeige vergewissert hatte. *Emilie Beer* wußte außerdem zurückzuschießen: Sie wandte sich an den Parteivorgesetzten ihres ehemaligen Freundes, den Ortsgruppenleiter *Peter,* bat diesen um Schutz vor den Angriffen *Raus* und ließ dabei einfließen, was sie so alles von dessen Unterschlagungen und Veruntreuungen beim WHW wußte. Damit stieß sie freilich in ein Wespennest. Wegen ihrer Affären drohte sie ihre Stellung zu verlieren.

Um endlich Schutz und Sicherheit zu erhalten, kam *Emilie Beer* 1935 auf den Gedanken, sich per Annonce einen geeigneten Ehemann zu suchen. Dabei fiel sie jedoch abermals böse herein. Unter den Bewerbern entschied sie sich für den Kreisamtsleiter der NSDAP *Hubert Hinz,* mit dem sie sich 1936 verlobte. Bald stellte sich heraus, daß *Hinz* nur deshalb auf den Gedanken verfallen war, eine alleinstehende Frau mit Kindern auf dem Annoncenweg zu finden, weil er impotent war. Das Verlöbnis wurde für die selbstbewußte *Emilie Beer* bald zur Qual, und der impotente Mann reagierte seine Frustration mehr und mehr mit weiberfeindlichen Aggressionen ab, wobei der Kreisamtsleiter gern Zuflucht nahm zu nationalsozialistischem Gedankengut über die zweitrangige Rolle der Frau. *Emilie Beer* erinnerte sich später noch dieser Reden: »Was seid denn ihr Weiber bei uns im Dritten Reich, ihr seid doch bloß zum Kinderkriegen da. Die deutsche Frau darf ruhig dumm sein, nur 'ne hübsche Larve muß sie haben und ein gebärfreudiges Becken. Dem deutschen Mann gehört nur ihr Gesicht, dem Staat ihr Unterleib.«

Spätestens in dieser Zeit, unter dem Einfluß solcher Reden, zweimal enttäuscht und angegriffen von kleinen Nazifunktionären, entwickelte *Emilie Beer* eine massive Abneigung gegen die offizielle NS-Phraseologie von Ehe, Mutterschaft und Kindersegen. Den bald gehaßten Verlobten wurde sie Ende 1937 los, weil dieser nach Dresden strafversetzt wurde, vor allem wegen seiner Trunksucht.

Sie selbst aber wurde erneut Zielscheibe von bösen Angriffen aus unteren Chemnitzer Parteikreisen. Eine weitere Räumungsklage, weil sie zahlungsunfähig geworden war, hatte Erfolg. Man setzte sie im Winter 1937/38 buchstäblich auf die Straße. Sie war gezwungen, einen ihrer Söhne – obwohl er nicht getauft war – in ein katholisches Internat abzugeben, was ihr ein weiteres Verfahren wegen Mißbrauchs kirchlicher Einrichtungen eintrug. Mit dem anderen Sohn hauste sie, während ihre Möbel auf dem schutzlosen Platz einer Kaserne abgestellt worden waren, wochenlang in einem winzigen Zimmer. Außerdem wurde sie 1938/1939 von Parteiseite zwei weitere Male bei der Gestapo wegen staatsabträglicher Äußerungen angezeigt, u.a. wegen einer abfälligen Äußerung über Mussolini. Beide Male kam sie mit einer staatspolizeilichen Verwarnung davon.

Sie gewann schließlich auch die gerichtliche Auseinandersetzung um ihre Wohnung und konnte die Stellung in ihrer alten Firma wieder antreten. Aber die vielfältigen Anfeindungen, Schikanen, Enttäuschungen und Verletzungen hatten aus *Emilie*

V. Regimekritik in privaten und anonymen Briefen 149

Beer eine verbitterte Frau gemacht. Auch der ältere Sohn begehrte jetzt gegen sie auf und beleidigte sie in rüder Form (»noch 'ne Zelle frei für unsere Alte«).

Um endlich mehr Ruhe und Frieden zu finden, entschloß sich *Emilie Beer* im Jahre 1940, Chemnitz zu verlassen und in ihre bayerische Heimat zurückzukehren. Von hier aus unterhielt sie noch brieflichen Kontakt mit einer ehemaligen Kollegin aus der Chemnitzer Firma.

Dieser schrieb sie im September 1940 einen vier Schreibmaschinenseiten langen, sehr offenen Brief, in dem äußerst kritische Beurteilungen der politischen Lage, nationalsozialistischer Grundsätze und auch traditioneller moralischer Normen mit den bitteren Erfahrungen des eigenen Lebens kunterbunt gemischt waren, ebenso bemerkenswert als Dokument nonkonformer Meinungen wie als psychologisches Zeugnis. Wir geben den Brief im Folgenden nur wenig gekürzt wieder:

»Nun bin ich ja so weit, daß ich weiß, für was ich Kinder geboren. Nun frißt sie der Krieg. Als Kanonenfutter ist ja der illegale Nachwuchs gut genug, die Lochstopfer für den ehelichen Ausfall. O, dieser Rotz um die Backen von wegen Mutterschaft. Es ist überall derselbe Schwindel, in allen Staaten, die Masse vermehrt sich wie das Unkraut, die Folge sind die Kriege, dadurch wieder Verarmung aller Völker. Auf jeden Fall, wenn ich geahnt, was es heißt, in Deutschland illegal Mutter zu sein, ich hätte nie geboren. Es ist weitaus lebenskluger, sich seine Kinder abzutreiben, als ein Leben der Not, der Entbehrung, Opfer, Verzicht auf die Jugend etc., Schmach und Unterdrückung für sich und das Kind auf sich zu nehmen. Die armen Kinder wären besser nicht geboren, überall ein Stein des Anstoßes, obwohl alles was natürlich auch gesund und somit auch anständig ist. Unsere wurmstichige bürgerliche Moral verzeiht einer Frau eher 10 Ehebrüche mit Folgen, wofür der Mann einzustehen hat, als einer Frau ein illegitimes Kind und belegt sie noch mit dem Ausdruck Fräulein Mutter. Schließlich braucht man um Frau zu sein, es bedingt dies ja eine innere Reife und nicht den Jagdschein des Standesamtes, nicht erst einen Trottel Mann. ...

Mir persönlich kann die Ehe nichts mehr sein. Ich bin viel zu individuell eingestellt und betrachte die Ehe als eine staatliche Kuppelei zur Sicherung des Nachwuchses, obwohl der Staat am illegalen Nachwuchs als Lochstopfer genau dasselbe Interesse hat. Und hier unten ist es genau wie oben in Sachsen, man tritt nur so auf Kinder, alles Quantität, wenig Qualität, fast jede Frau ist schwanger. Ich finde es verantwortungslos von dem deutschen Mann, wenn er ins Feld muß, eine Frau so zurückzulassen ohne Gewähr für die Zukunft. Die deutsche Frau ist nun einmal ein Bettobjekt und Arbeitspferd bis sie in die Grube fällt. ...

Wenn nur endlich der Krieg zu Ende wäre. Es ist aller Wunsch und die Stimmung auch in Bayern miserabel. Der größte Wahnsinn war der Einmarsch in Rußland. Einen Arbeiterstaat zu zerschlagen, wo Hitler selbst einmal Prolet war und Frontsoldat, der die Schrecken des Krieges kennt und weiß, daß doch nur die breite Masse die Opfer bringen muß, und vor allem auch die Auswirkung zu tragen hat. Der Plutokrat, von denen wir ebenfalls en masse haben, auch weiße Juden, wird eben sich doch ins Fäustchen lachen; nach England setzen wir nie. Die Paläste der Reichen werden ja nicht vom Bombenhagel getroffen und bis jetzt ist kein Staatsmann dabei ein Opfer geworden. Nur immer das Volk. Der Kampf wird unentschieden sein, da die Gegner gleichwertig sind. Und Sieger ist die Gemeinheit, die Rachsucht und das Geld. Ein typisch kapitalistischer Krieg, Vielkindersystem usw. Ach es ließe sich so viel sagen. Vor dem Kommunismus müssen ja die Großen eine Heidenangst haben, sonst würden sie ihn nicht so bekämpfen. Ich bekämpfe nur das, was ich fürchte. Und sie wissen, daß die breite Masse aller Völker heute so denkt und fühlt, ob Italien, Frankreich, Deutschland, Rußland, Balkan, Spanien usw. Und ich glaube auch, daß diese Idee marschiert über die ganze Erde. Uns kann man ja nichts nehmen. Es geht nur um den Verlust der Macht einer gewissen Schicht. Stalin hat gerüstet, weil er wußte, daß Hitler kommt, trotz Vertrag von 1939 (10 Jahre Nichtangriff). Er wäre nie gekommen mit Waffen, nur ideell. Not und Elend gibt es auch noch bei uns, gehe in den Bayerischen Wald, ins Erzgebirge, Sudetengau, Rhön, Spessart, Sonneberger Gebiet, Oberschlesien usw., man braucht nicht erst nach Rußland. Damit hatte man nicht gerechnet, daß der Russe sich so wehrt. Man glaubte, daß in Rußland eine Gegenrevolution vor sich geht, und da hat sich Adolf geirrt. Ein Rußland von diesem Ausmaß und bei der Kulturstufe von der Vorweltkriegszeit kann man in 25 Jahren

(1 Generation) nicht auf eine Kulturstufe eines Deutschen oder anderen Europäers bringen, die Jahrtausende schon Kulturvölker waren. Trotzdem überall Not, Elend. Aber geleistet ist etwas worden in Rußland in den 25 Jahren, das zeigt der Krieg, die Abwehr. Kein Vergleich mehr mit 1914. Das System scheint doch nicht so blutig, so schlecht, so verkommen zu sein, wie man es immer hinzustellen beliebte und den Völkern im Kommunismus den schwarzen Mann vor Augen stellte. Aber auch in einem weniger zivilisierten Lande kann einmal ein Mann auftauchen, dessen Lehre groß und einmalig ist. ...

Bei uns in Deutschland stärkte man nur die obere Schicht, der Masse gab man nur Almosen und kein Recht. Ergo, die Masse ist also an ihrem Elend selber schuld, vermehrt sich wie das Unkraut ohne Überlegung, setzt in ihr eigenes soziales Elend ihre Kinder, die ein Recht auf menschenwürdiges Wohnen, Erziehung, Kleidung und Nahrung haben. Wann werden die Völker einmal wach?«

Die frühere Arbeitskollegin von *Emilie Beer* ließ diesen Brief, offenbar versehentlich, auf dem Arbeitsplatz in ihrer Firma liegen. Dort fanden und lasen ihn andere Angestellte der Firma. Man benachrichtigte die Chemnitzer Gestapo, die den Brief sofort kopierte und das Original wieder hinlegte, wo es gefunden worden war. Durch eine Haussuchung bei der Kollegin von *Emilie Beer* hoffte sie, noch ähnliche weitere Briefe zu finden. Das blieb zwar ergebnislos, aber der eine Brief genügte der Gestapo, die schnell herausfand, daß gegen *Emilie B.* schon in den Jahren zuvor dreimal wegen regimekritischer Äußerungen Anzeigen eingegangen waren. Die Gestapo war jetzt überzeugt, daß es sich bei der Briefschreiberin um eine »kommunistisch eingestellte Person« handele, die in einer gefährlichen Art versuche, »die gesunde politische Atmosphäre zu vergiften«.

Am 15.10.1941 wurde *Emilie Beer* in München von der Gestapo verhaftet. Sie leugnete nicht, den Brief geschrieben zu haben. Aber sie bestritt energisch, daß die regimekritischen Bemerkungen, die er enthielt, ein Beweis ihrer grundsätzlich gegnerischen Einstellung seien. Um das zu erklären, so ließ sie den vernehmenden Gestapobeamten gleich zu Anfang wissen, müsse sie »weit ausholen«. Daß sie in ihrem »Glauben an Deutschland« schwankend geworden, sich zu Ausführungen wie in dem Brief habe bewegen lassen, sei nicht zuletzt zurückzuführen auf ihre bitteren Lebenserfahrungen, in denen zwei Amtsleiter der NSDAP eine für sie besonders schlimme Rolle gespielt hätten. Dann, und noch ausführlicher vor dem Sondergericht, das ihren Fall verhandelte, erzählte sie jene Stationen ihres Lebens, die wir schon geschildert haben.

Davon waren auch die Richter offenbar beeindruckt. Das Urteil vom 28.8.1942 fiel nach damaligen Maßstäben extrem milde aus. *Emilie Beer* wurde lediglich »grober nationaler Disziplinlosigkeit« für schuldig befunden und erhielt nur drei Monate Gefängnis. In der Urteilsbegründung hieß es:

»Bei der Strafzumessung wurde zugunsten der Angeklagten gewertet, daß sie sich als alleinstehende Frau mit ihren zwei Kindern anständig und ehrlich durchs Leben geschlagen hat. Die Angeklagte kann nach ihrem bisherigen Lebenswandel nicht als Staatsfeindin angesehen werden. Sie ist als Frau in der Hauptsache gefühlsbetont eingestellt, und gibt sich dabei doch den Anschein, als ob sie auch erkenntnismäßig die Probleme richtig erfassen würde. Nach Überzeugung des Gerichts hat die Angeklagte im wesentlichen aus Wichtigtuerei heraus, um ihrer Freundin gegenüber mit ihrer ›Klugheit‹ zu prahlen, die Tat begangen.«

Emilie Beer, seit langem gewohnt zu kämpfen, wehrte sich auch gegen diese milde Verurteilung. In ihren Gesuchen auf Strafaussetzung fand sie zu ihrer kräftig selbstbewußten Sprache zurück und erklärte, es sei »eine Schmach, eine kämpfende Frau und

Mutter durch die Gefängnisse zu schleifen«. Aus den Akten können wir nicht ersehen, ob es ihr gelang, einen Teil der Strafvollstreckung abzuwenden.

4.

Die theoretische Unterscheidung zwischen politischer Gesinnungsopposition und lebensgeschichtlich bedingter Abneigung gegen das NS-Regime läßt sich im konkreten Einzelfall oft nur schwer durchhalten. Beide Motivationen überlappten sich oft. Das gilt mit Sicherheit von dem anonymen Briefschreiber *Franz Wals,* über den wir zum Schluß berichten wollen.

Franz Wals, ein Maler- und Tünchermeister in Würzburg, stand zur Zeit der nationalsozialistischen Machtergreifung im 57. Lebensjahr. Er war als Geselle mit 28 Jahren der Sozialdemokratischen Partei beigetreten, dieser und der Freien Gewerkschaft auch treu geblieben, nachdem er sich zum selbständigen Meister eines gut gehenden Malereigeschäfts mit zeitweilig über einem Dutzend Lehrlingen und Gesellen heraufgearbeitet hatte. Die gewerkschaftliche Pensionskasse, in die er seit Jahren regelmäßig einzahlte, bildete einen wichtigen Hort seiner Alterssicherung. Seit 1919 war er bis zur Auflösung der Gewerkschaften als Gewerkschaftssekretär in Würzburg tätig. Im Jahre 1931 war er in Würzburg auch in den Vorstand der Eisernen Front und des Reichsbanners gewählt, 1932 außerdem zum Vorstand der SPD-Organisation »Sozialer Dienst« bestellt worden.

Dann kam die Nazizeit. Die Zerschlagung der Gewerkschaften beraubte *Franz Wals* seines Postens als Gewerkschaftssekretär und seiner Pensionssicherung. Als aktiver »Sozi« wurde der angesehene Handwerksmeister im Jahre 1933 zweimal zwei Wochen lang in Schutzhaft genommen und mußte nach der Entlassung manche Diffamierungen über sich ergehen lassen. Daß Leute wie er jetzt als »rote Lumpen« tituliert, daß das Reichsbanner als »Reichsjammer« verächtlich gemacht wurde, konnte der biedere Mann nicht verwinden.

Um seine Existenz nicht zu verspielen, sah sich *Franz Wals* gleichwohl zu Konzessionen gezwungen: er trat der Deutschen Arbeitsfront (DAF) und der Nationalsozialistischen Volkswohlfahrt (NSV) bei und galt schließlich (1939) bei der Würzburger Kreisleitung der NSDAP als ein »fleißiger, ruhiger Mann, gegen den in politischer Hinsicht nichts Nachteiliges mehr bekannt geworden ist«.

Tatsächlich hatte *Franz Wals* aber keineswegs seinen Frieden mit dem Dritten Reich gemacht. War es ihm zunächst nach 1933 wieder möglich geworden, sein Geschäft erfolgreich weiterzuführen, so machte sich seit 1936/37, im Zeichen der verstärkten Ankurbelung der Rüstungsindustrie und der starken Beschränkung der privaten Bautätigkeit wie in anderen Bereichen des davon abhängigen Handwerks, auch bei ihm ein starker Rückgang der Geschäftstätigkeit bemerkbar. *Franz Wals* mußte auf seine alten Tage ernstlich um seine Existenz bangen, zumal er – wie gesagt – mit keiner ausreichend gesicherten Altersversorgung mehr rechnen konnte.

Da in der gleichen Zeit andere Betriebe florierten und das NS-Regime sich in dieser Phase seiner inneren und äußeren Stabilisierung nicht genugtun konnte, seine Erfolge zu feiern und sich applaudieren zu lassen, bemächtigten sich des Handwerksmeisters *Franz Wals* um so mehr persönliche Verbitterung und Wut über die Verhältnisse. In dieser Zeit, ab 1937, begann er anonyme Briefe an Parteidienststellen oder Redaktionen der NS-Presse zu senden, um seinem Herzen Luft zu machen. Wie so manche andere anonyme Briefschreiber, tat er das sicher nicht in der Hoffnung, mit seiner Kritik belehren oder überzeugen zu können. Die Versendung anonymer Kritik an Maßnahmen und Zuständen des Regimes war vielmehr ein irrationaler Akt zeitweiliger innerer Befreiung vom Überdruck ohnmächtiger Wut und Verdrossenheit; sicher auch geleitet von geheimer Schadenfreude darüber, daß wichtige Amtspersonen des Regimes sich mit seinen Pamphleten befassen mußten. Solche Beweggründe waren dem Mann jedenfalls wichtiger geworden als die Vorsicht und Zurückhaltung, deren er sich bisher befleißigt hatte.

Gegenstand seiner scharfen Kritik in den ersten anonymen Briefen waren zunächst die hohen Steuern und Abgaben sowie die vielen Partei-Sammlungen, die den kleinen selbständigen Mittelstand ruinierten. Gleichzeitig griff er das Drohnenhafte der Parteibonzen und das Pfründenwesen innerhalb des Regimes an; mit Schärfe geißelte er auch den nationalsozialistischen Terror in den Konzentrationslagern, der nicht geringer sei als in Sowjetrußland und lähmende Angst verbreite, schließlich bezichtigte er Hitler des unstillbaren Blutrausches. Die Volksabstimmungen, mit denen die Nationalsozialisten sich und der Welt die Rückendeckung durch eine große Volksmehrheit vorlügen würden, seien schlimmster Volksbetrug, basierend auf Unfreiheit und zahlreichen Manipulationen. Der scharfe, beißend-höhnische Ton, in dem die anonymen Schreiben gehalten waren, zeigte ebenso wie der Inhalt, wie es um die innere Verfassung des Schreibers bestellt war. Meist bildeten irgendwelche aktuellen Maßnahmen den Anlaß, weshalb er sich an seine Schreibmaschine setzte und wieder ein anonymes Schreiben verfaßte. Ein solcher neuer Anlaß wurden auch die Verwüstungen, die die SA bei der sogenannten Reichskristallnacht in Würzburg in der Nacht vom 9. zum 10. November 1938 angerichtet hatte. Noch am 10.11.1938 verfaßte *Franz Wals* daraufhin ein anonymes Schreiben, das er an den Schriftleiter des *Würzburger General-Anzeigers* übersandte. Darin hieß es:

»Das hätte man doch nicht geglaubt, daß die deutsche Regierung ... gegen eine Minderheit sich nicht anders zu helfen weiß, als zur Nachtzeit wie Diebe in Wohnungen und Läden einzudringen und das Eigentum nicht nur der Juden [sondern] auch der Arier verwüstet ... Nun haben sich die Polizei und die amtlichen Stellen unter die Plünderer und den Pöbel begeben. Was den Tag scheut, ist lichtscheues Gelichter, gleich, was es am Tage für ein Amt bekleidet. Die Regierung hätte, wie sie es fast alle Stunden tut, ein Gesetz machen können: Die Juden hätten alle Geschäfte abzugeben, Einrichtungen und vorhandene Ware fallen dem Winterhilfswerk zu. Das wäre wenigstens ein Schein von Anstand gewesen. Pfui Teufel.«

Um kein Mißverständnis aufkommen zu lassen, bemerkte *Franz Wals,* daß er kein Jude sei. Auf das Thema kam er noch zweieinhalb Jahre später zurück in einem im Juni 1941 verfaßten anonymen Brief an die Gauwaltung der DAF in Würzburg, den er, um die Nazischlagworte an ihre Urheber zurückzugeben, betitelte:

»An die Oberjesuiten, Judenbanden, Oberganoven und Nazibrut.« Als im November 1938, so schrieb er in dem Brief vom 10.11.1938, die »bolschewistische, holzhakkende SA zuschlug«, sei er aus dem Schlaf erwacht und seitdem wach geblieben; nun kenne er die Machthaber. Auch in diesem Brief kam er auf die alten Themen zurück, z.B. die nationalsozialistischen Wahlmanipulationen:

»Es ist nicht wahr, daß der schimpfende Hitler 98 Prozent Stimmen hat. Im höchsten Falle 55 Prozent. Alle anderen Stimmen sind hinzugelogen, bzw. die Nein-Stimmen vom ›Wahlvorsitzenden‹ als Ja-Stimme verlesen und verbrannt. Auf den Ortschaften erklären Dutzende von Leuten, daß sie mit Nein gestimmt haben. Am auffälligsten ist die große Schande in Orten, wo 100 Prozent Ja-Stimmen gezählt sind und viele wissen, daß dies ein Betrug sondergleichen ist. Auf den Rat, sich doch zu beschweren, erhält man die Antwort: ›Ja, wenn ich sagen würde, das Resultat stimmt nicht, wir haben mit Nein gestimmt, würde ich am anderen [Tag] früh um ½5 Uhr geholt und in Schutzhaft gesetzt.‹ Es spricht daher niemand etwas, und wenn sie bei uns 1000 Ja-Stimmen herausbringen und nur 300 Wähler da sind. Laßt doch bei einer Abstimmung einmal den Wahlausschuß vom Januar 1933 tätig sein. Da gibt es dann gleich andere Zahlen.«

Vier Jahre lang blieb *Franz Wals* unentdeckt. Erst ein neuer anonymer Brief vom Jahresende 1941, gerichtet an den nationalsozialistischen Kreishandwerksmeister in Würzburg, wurde ihm zum Verhängnis.

Dieser »Führer« der gleichgeschalteten Würzburger Handwerker-Vereinigung und Gauobmann der DAF hatte, um die Leistungsfähigkeit der im Handwerk Beschäftigten zu heben, eine jener »Aktionen« gestartet, wie sie das immer betriebsame NS-Regime so sehr liebte. Er hatte zu einer »Vitamin-Aktion« aufgerufen: In einem Rundschreiben waren die Inhaber von Handwerksbetrieben aufgefordert worden, jeweils 120 Plätzchen Vitamultin zu bestellen, mit der Nebenbemerkung, daß die Kosten hierfür wohl »die Herren Betriebsführer« übernehmen könnten. *Franz Wals* kochte wieder einmal vor Wut. Kurz nach Weihnachten ging bei dem Urheber der »Vitamin-Aktion« ein anonymes Schreiben mit folgenden Bemerkungen ein:

»Also weil man sieht und es nicht mehr leugnen kann, daß die deutschen Sklaven ausgemergelt und abgearbeitet sind, und daß es ja bestimmt aufs Ende zugeht, veranstaltet man eine Vitamin-Aktion, die nebenbei gesagt, natürlich nicht das Reich, das die armen Viecher ausgebeutet hat für seine Zwecke, bezahlt, sondern wie alles, was die großen Führer ausdenken, die Unternehmer bezahlen sollen. Ja, glaubt man denn, daß die Sklavenbande durch ein paar Tabletten, die durch die Naziherstellerja sowieso nichts in sich haben, Kraft bekommt?«

An anderer Stelle fragte der anonyme Briefschreiber, ob es denn nicht erfolgversprechender sei, wenn man Hitlers genialen Geist, der doch sonst, in der Wissenschaft, im Sport und im Militär, so einmalig Großes hervorzubringen imstande gewesen sei, auch in diesem Falle anstelle der Vitamine bemühen würde. Höhnisch geißelte der Verfasser des weiteren, daß die Nazis sich schon im Mai desselben Jahres nicht entblödet hätten, eine sogenannte Obst-Aktion zu propagieren. Zur Kaschierung der soeben gekürzten Fleischrationen hatten die Zeitungen propagiert, die Leute sollten Obst essen, »derweil«, so kommentierte der Briefschreiber trocken, »hat das Obst gerade das Blühen angefangen. Aber was kümmert so was die Propaganda! Wenn es noch so gaunerhaft dumm ist, sagen darf niemand etwas, sonst kommst ins Zuchthaus oder in Schutzhaft.« Dieser ganze unsinnige Aktionismus, so schrieb er weiter, sei nur begründet in dem Bestreben der »Schreibstubenbonzen«, sich in der Heimat möglichst unabkömmlich zu machen, um zu vertuschen, daß sie sich vor der Front drückten. »In die erbitterten Kämpfe nach Osten gehen die kühnen Nazibonzen aber nicht. Da müssen die Söhne der Sozialdemokraten, der Kommunisten und der schwarzen Betbrüder hin.«

Franz Wals hatte bei diesem neuen, auf seiner Schreibmaschine geschriebenen anonymen Brief eines nicht bedacht: Die Zahl der Handwerksmeister, die das Rundschreiben wegen der Vitamin-Aktion erhalten hatten, war relativ eng begrenzt. Als die

Gestapo Würzburg das anonyme Schreiben zugeleitet bekam, hatte sie deshalb ziemlich leichtes Spiel. Sie stellte bald fest, daß von den Empfängern des Rundschreibens nur 74 eine Schreibmaschine besaßen, und als sie die Personalien dieser 74 Handwerksmeister prüfte, stieß sie bald auf den wegen seiner früheren SPD- und Gewerkschaftstätigkeit bekannten *Franz Wals,* der mithin schnell in den engeren Kreis der Verdächtigen geriet.

Ein Kriminaloberassistent erschien am 13. Januar 1942 bei dem jetzt 66jährigen *Franz Wals* und nahm von dessen Schreibmaschine eine Schriftprobe. Es zeigte sich, daß sie viele der charakteristischen Merkmale enthielt, die der anonyme Brief aufwies. Auch lag in *Wals'* Geschäftsraum jene Sorte von Umschlägen, wie sie für den anonymen Brief verwandt worden war. Obwohl *Wals* sich durch diese staatspolizeilichen Ermittlungen als überführt ansehen mußte, beteuerte er zunächst wortreich seine Unschuld und bestritt energisch, mit dem anonymen Schreiben irgend etwas zu tun zu haben. Er betonte, seine Einstellung zum nationalsozialistischen Staat sei einwandfrei, und wies auf seine Mitgliedschaft bei der DAF und NSV hin. Er sei ein Mann, der vorwärtskommen wolle, also müsse er auch hinter der Regierung stehen und es würde ihm »nie einfallen, einen derartigen Unsinn zu schreiben«. Der vernehmende Gestapobeamte redete ihm, wie er zu Protokoll gab, »gütig« zu, er möge sich angesichts der erdrückenden Beweislage die Sache nochmals überlegen. *Wals* wurde verhaftet und in das Gerichtsgefängnis eingeliefert. Die ganze Nacht über konnte er kein Auge zutun. Am nächsten Morgen verlangte er einen Gestapobeamten, um ein Geständnis abzulegen.

Bei dieser Vernehmung am 23. 1. stellte er dar, daß er über die Vitamin-Aktion, die zu Lasten der Handwerksmeister gehen sollte, in helle Wut geraten sei und er in seiner Wut ganz gedankenlos drauflosgeschrieben habe. Unter bewußter Auslassung seiner politischen Einstellung gab er, um seine Verärgerung zu begründen, an, daß er vor dem Kriege 18 Personen in seinem Betrieb beschäftigt habe, während er heute nur noch einen Gehilfen und einen Lehrling beschäftigen könne. Der Gehilfe sei obendrein schon 57 Jahre alt und krank. Außerdem mache ihm der Materialmangel großes Kopfzerbrechen. *Franz Wals* vermied es dabei, die Zerschlagung der Gewerkschaften, die auch seine gewerkschaftliche Alterssicherung betroffen hatte, zu erwähnen, ließ aber genügend deutlich werden, daß er ohne gesicherte Versorgung in seinem Alter noch gezwungen sei weiterzuarbeiten. Er deutete auch an, daß er sich in schlechtem Gesundheitszustand befände, seit Jahren plage ihn u. a. eine schmerzhafte chronische Kniegelenkentzündung, die sich schubweise verstärke.

Im ganzen verteidigte er sich recht geschickt, legte Einsicht und Reue an den Tag, wenn es ihm dabei sicher auch nicht gelang, die massive Kritik seines Briefes damit voll zu begründen. Zusammenfassend sagte er: »Ich bin geistig voll und ganz auf der Höhe, ich glaube aber, daß ich an diesem Tag, wo ich diesen Schriftsatz gefertigt habe, nicht ganz beisammen gewesen war ...« Darüber hinaus versicherte er hoch und heilig, daß dieser Brief ein Einzelfall gewesen sei, daß er niemals vorher so etwas getan habe und daß er nie in seinem Leben jemals so etwas wieder machen werde.

Durch seine meisterhafte Verstellung war es *Franz Wals* zweifellos gelungen, die Gestapo an der Nase herumzuführen. Wenn sie seinen abschwächenden Erklärungen auch nicht mehr recht Glauben schenken wollte, neigte sie doch dazu, als Motiv für die Tat hauptsächlich seine schlechte wirtschaftliche Lage und daraus folgende Verärgerung anzusehen, nicht seine frühere »marxistische« Einstellung. *Wals* wurde aufgrund dessen vom Sondergericht Bamberg am 28.4.1942 wegen Verstoßes gegen das Heimtückegesetz nur zu einem Jahr und drei Monaten Gefängnis verurteilt. Er verbüßte fast die volle Strafe, man ließ ihn nur einen Monat früher nach Hause.

Inzwischen aber hatte eine Routineüberprüfung der nicht aufgeklärten Fälle früherer anonymer Briefe bei der Gestapo ergeben, daß sich darunter weitere Pamphlete befanden, die mit dem anonymen Brief *Wals'* vom Jahresende 1941 auffallende Ähnlichkeiten hatten. *Wals* befand sich kaum eine Woche auf freiem Fuß, als er schon wieder von der Gestapo vernommen und wegen der anderen Briefe zur Rede gestellt wurde. Infolge der Strafverbüßung arg geschwächt, machte er diesmal nur schwache Abwehrversuche. Er behauptete, er könne sich absolut auf nichts mehr besinnen, selbst wenn man ihm eine Million Mark böte, er könne »nicht einen Satz aus dem anonymen Brief hersagen«, der den Gegenstand seiner Verurteilung gebildet hatte. Als die Gestapo ihm aber einen seiner früheren Briefe zu lesen gab, fiel er sofort um und gestand, im Laufe der Jahre seit 1937 fünf weitere Briefe versandt zu haben.

Am Schluß der Vernehmung bat er »kniefällig«, wegen dieser weiteren anonymen Briefe nicht noch einmal vor Gericht gestellt zu werden. Und er prophezeite: »Sollte ich noch einmal bestraft werden, dann ist für mich das bestimmt mein Lebensende.« Er sollte recht behalten. Die Sache schien zunächst glimpflich abzugehen, weil sich der Schwiegersohn von *Wals,* der bei der Partei gut angeschrieben war, für ihn einsetzte. Dieser versprach dem Dienststellenleiter der Gestapo, SS-Sturmbannführer Heisig, im April 1943, seinen Schwiegervater derart unter Aufsicht nehmen zu wollen, »daß dieser zu ähnlichen Machenschaften keine Gelegenheit mehr habe«. Heisig gab daraufhin Anweisung, daß gegen *Wals* nichts mehr unternommen werden solle. Ein Jahr später aber, als – nach dem 20. Juli 1944 – eine Serie verschärfender sicherheitspolizeilicher Maßnahmen gegen potentielle Gegner des Regimes ergriffen wurden, wirkte diese Protektion nicht mehr. Aufgrund eines Fernschreibens des RSHA vom 17.8.1944 wurde *Franz Wals* erneut in Schutzhaft genommen. Alle seine Bitten, seine Beteuerungen, er sei ein alter, schwerkranker Mann, der sich politisch bestimmt einwandfrei verhalten würde, verfingen nicht. Am 25.8.1944 wurde er in das Konzentrationslager Dachau verbracht. Dort verstarb er am 13.2.1945.

Zum Quellenhintergrund

Die Auswahl der geschilderten vier Fälle von Postüberwachung erfolgte auf dem Hintergrund zahlreicher einschlägiger Akten, vor allem aus den Beständen der verschiedenen Landratsämter und der Gestapo Würzburg, die sich hier unmöglich alle aufführen lassen. Diejenigen Fälle, auf die im einleitenden Teil direkt Bezug genommen wurde, stammen aus Landratsamtsakten des Staatsarchivs München (in der Reihenfolge der Bezugnahme: LRA 58473, 58536, 58540, 58522, 58369, 58530, 58542, 58397, 28350, 58415).

Fall 1 wurde ausschließlich aus den Akten des Sicherheitsdienstes Bayerische Ostmark rekonstruiert (Staatsarchiv Bamberg, M 34 II, Rheinwald).

Fall 2 beruht ausschließlich auf den Unterlagen des Sondergerichts München in dem Heimtückeverfahren gegen *Emilie Beer* (dort ist der richtige Name genannt) (Staatsarchiv München, Stanw. 11 406).

Fall 3 stützt sich im wesentlichen auf das Strafverfahren gegen *Terese Mai* vor dem Sondergericht Nürnberg (Staatsarchiv Nürnberg, Sondergericht Nürnberg, Nr. Sg 266/42; vgl. hierzu die Dokumente des Nürnberger Hauptkriegsverbrecherprozesses: NG 481). In einem der Nachfolgeprozesse, dem Nürnberger Juristenprozeß, spielte der Fall *Terese Mai* eine gewisse Rolle (Juristenprozeß III, Prot. (d) 8.–9.4.47, S. 1778–1780 und 1817f.). Hinzu kam ein weiteres Nürnberger Dokument, die eidesstattliche Erklärung von Dr. Hugo Goeringer (NG – 512), dem Verteidiger der *Terese Mai*. Versuche der Kontaktaufnahme mit den beiden noch lebenden Söhnen der *Mai* blieben erfolglos.

Fall 4 wurde ausschließlich aufgrund eines Würzburger Gestapo-Aktes rekonstruiert (Staatsarchiv Würzburg, Gestapo Würzburg 17 437).

VI. Ein katholischer Polizeiwachtmeister

Wer in den dreißiger Jahren durch das romantische Altmühltal nach Eichstätt wanderte, mußte in dieser knapp 8000 Einwohner zählenden, von bischöflichen Barockbauten, klösterlichen Schulen und katholischen Kollegien-Häusern geprägten Stadt unwillkürlich den Eindruck gewinnen, daß die Zeit hier stehengeblieben sei. Die Industrialisierung des 19. und 20. Jahrhunderts, die Nachbarstädte wie Nürnberg, Augsburg oder Ingolstadt mit voller Dynamik erfaßt, ihr Aussehen und auch die Zusammensetzung der Bevölkerung rasch verändert hatte, war an Eichstätt nahezu spurlos vorübergegangen. In verkehrsungünstiger Lage, ohne modernes prosperierendes industrielles Gewerbe, war die alte Bischofsstadt wirtschaftlich mehr und mehr zurückgefallen. In den zahlreichen kirchlich-katholischen Schulen und Seminaren waren weltliche Bildungseinrichtungen (darunter auch eine Polizeivorschule, Landwirtschaftsschulen u. a.) und infolge der seit der Mitte des 19. Jahrhunderts hier etablierten Kreisgerichts- und Bezirksamtsverwaltung eine Reihe von staatlichen Verwaltungsbehörden ansässig geworden.

Die fast rein katholische Stadt, in der nahezu die Hälfte der Erwerbstätigen als Lehrer, Beamte, Angestellte und Arbeiter im öffentlichen Dienst, in staatlichen und kirchlichen Verwaltungen lebte, war zugleich Prototyp katholischen Milieus in Bayern und Prototyp einer provinziellen Beamtenstadt. Daraus ergab sich auch ein gut Teil der Besonderheiten und Spannungen, die die Lage und Haltung seiner Einwohner in der NS-Zeit bestimmten, wie die als Exempel herausgegriffene Geschichte des katholischen Polizeihauptwachtmeisters Franz Fischer verdeutlichen soll, die wir im Folgenden erzählen wollen.

Das dichte, traditionell katholische Milieu, das die Enklave des ehemaligen fürstbischöflichen Gebietes von Eichstätt und Umgebung charakterisierte und von seiner evangelischen mittelfränkischen Umgebung unterschied, dämmte vor 1933 lange auch den Einbruch des Nationalsozialismus weitgehend ab. Das lag nicht zuletzt an bedeutenden Persönlichkeiten des kirchlichen und politischen Katholizismus, die als Meinungsführer auch den größten Teil des meist gut katholischen Honoratiorentums der Stadt beeinflußten und den Ton angaben. Zu nennen sind dabei vor allem der Eichstätter Bischof Graf Konrad von Preysing und der BVP-Abgeordnete Dompropst Dr. Wohlmuth, der als Vorsitzender der BVP-Fraktion im Bayerischen Landtag vor 1933 wegen seines Einflusses den Ruf eines ungekrönten »Königs von Bayern« erworben hatte. Geführt von solcher katholischen Prominenz, widerstand die Bischofsstadt lange Zeit der hier fast nur aus sozialen Außenseitern und der Unterschichten sich rekrutierenden und deshalb schwachen und wenig ansehnlichen NS-Bewegung. Bis in das Jahr 1932 hinein, als die meisten anderen Klein- und Mittelstädte Mittelfrankens schon zu Hochburgen der NSDAP geworden waren, konnte die Hitler-Partei in Eichstätt kaum Fuß fassen.

Das Juste-milieu der Stadt und Umgebung war katholisch. Wer zu den politisch und gesellschaftlich tonangebenden Kreisen gehörte oder es sich mit ihnen nicht verderben wollte, hielt sich zurück von der lärmenden Hitler-Bewegung, die fast nur bei armen Bauern, Handwerkern und unteren Bediensteten einen Anhang hatte. Noch bei den Wahlen von 1932 blieb die NSDAP in Eichstätt unter der 25-Prozent-Marke. Sie hatte hier sogar einigen Grund für das Gefühl, von der gesellschaftlichen und staatlichen »Obrigkeit« besonders scharf boykottiert und unterdrückt zu werden. Die Schulbehörden relegierten Gymnasiasten, die sich der HJ als Anführer zur Verfügung stellten, die Vorstände der katholischen Vereine verhinderten das Eindringen von Nationalsozialisten in die »gute Gesellschaft«. Das Bezirksamt, der Stadtkommissär und die Polizei wandten die vor 1933 in Bayern bestehenden gesetzlichen Möglichkeiten, mit Versammlungs- und Uniformverboten gegen die Extremparteien von links und rechts einzuschreiten, scharf an, auch gegen die Hitler-Leute.

Daß die NSDAP in Eichstätt mit ihrem Führer, dem Arzt Dr. Walter Krauß, über einen Mann verfügte, der als gut katholischer Akademiker an sich nach Herkommen und Stellung durchaus zum katholischen Honoratiorentum der Stadt paßte, widerspricht dem Gesagten nur scheinbar. Krauß, als Arzt mit ausgeprägter sozialer Gesinnung durchaus nicht ohne Meriten, hatte durch seinen privaten Lebenswandel, den freien Umgang mit dem weiblichen Geschlecht, in der sittenstrengen katholischen Stadt Anstoß erregt und war vor allem deshalb in eine Außenseiterrolle geraten. Die daher rührenden Ressentiments, verbunden mit seiner sozialen Einstellung, waren es offenbar vor allem, die ihn zu einem radikalen nationalsozialistischen Herausforderer des lokalen Establishments werden ließen.

Auf das Gefüge der Beamtenstadt war es andererseits zurückzuführen, daß die Machtergreifung des Nationalsozialismus im Jahre 1933 in Eichstätt trotz der starken katholischen Beharrungskraft so relativ reibungs- und widerstandslos vonstatten ging. Das hatte z. T. auch ideologische Gründe: die Mehrzahl der Beamten war ebenso katholisch wie »vaterländisch« eingestellt. Sie blieb infolgedessen nicht unbeeindruckt, als die nationalsozialistische Machtübernahme im Frühjahr 1933 in der Form und Stilisierung einer »nationalen Erhebung«, als Bündnis der »jungen« nationalsozialistischen Bewegung mit »alten« konservativen vaterländischen Kräften vor sich ging, begleitet auch von wohlwollenden Bischofsworten. Sofern nicht die aus dem katholischen Milieu herrührende kirchlich-religiöse Aversion gegen den NS prägend war, hatte sich schon vor 1933 ein überproportional starker nationalsozialistischer Einfluß in Teilen der Beamtenschaft bemerkbar gemacht, z. B. bei den – mehrheitlich aus anderen Gegenden stammenden – Angehörigen der Eichstätter Polizeivorschule. Vor allem aber löste bei den staatsabhängigen Beamten der Vorgang der Machtergreifung im Jahre 1933 eine starke opportunistische Anpassungswelle aus. Daß die bisher in Eichstätt meist als nicht salonfähig geltenden Nationalsozialisten nun die neue Obrigkeit stellten, verfehlte bei der Mehrzahl auch der katholischen Beamten seinen Eindruck nicht. »Lehrer, Beamte usw.«, so klagte der Eichstätter Führer des katholischen Jungmänner-Vereins im April 1933, »laufen alle zu den Nazis über.« Traditionelle Obrigkeitsgläubigkeit, die nun auch der neuen nationalsozialistischen Regierung im Reich und in Bayern zugute kam, und die Sorge um die materielle und soziale Existenz durchdrangen sich dabei kaum entwirrbar. Auf diesen Stimmungsumschwung vor allem unter den Angehörigen des öffentlichen Dienstes ist es wohl in erster Linie zurückzuführen, daß die NS-Organisationen nun erstmals erheblichen Mitglieder-Zulauf erhielten und die NSDAP in Eichstätt bei den März-Wahlen des Jahres 1933 auf 33 Prozent der

Stimmen ansteigen konnte, während allerdings die BVP mit über 50 Prozent noch immer weit an der Spitze stand und die absolute Mehrheit behielt.

Die fast gänzlich widerstandslose lokale Reaktion auf den Machtwechsel war schließlich auch darin begründet, daß die NS-Bewegung in Eichstätt in den ersten Monaten des Jahres 1933, wie meist auch sonst in Gegenden, wo sie mit starken nichtnationalsozialistischen Kräften zu tun hatte, von der Veränderung der Machtverhältnisse vorerst relativ zurückhaltenden Gebrauch machte. Abgesehen von der Ablösung des bisherigen Vorstandes des Bezirksamtes, gab es in den Ämtern zunächst kaum nennenswerte Personalveränderungen. Infolge der weiterbestehenden BVP-Mehrheit im Stadtrat blieb auch der BVP-Bürgermeister fast anderthalb Jahre weiter in seinem Amt. Erst nach der Ausschaltung der BVP (und der anderen Parteien) im Sommer 1933 wurde seine politische Basis zunehmend schwächer, und Ende Mai 1934 konnte der NS-Kreisleiter Krauß es wagen, den Bürgermeisterposten selbst zu übernehmen und auch innerhalb der Polizei einen besonders mißliebigen katholischen Staatsbeamten mit Gewalt auszuschalten. Damals kam es zur Inschutzhaftnahme des stadtbekannten Eichstätter Polizeihauptwachtmeisters Franz Fischer – der Hauptperson unserer Geschichte –, obwohl dieser, wie wir noch sehen werden, im Konflikt zwischen der gebotenen Anpassung an das neue Regime, der gesetzlich vorgeschriebenen unparteiischen Pflichterfüllung des Polizeibeamten und seiner Verwurzelung im katholischen Milieu der Stadt durchaus keine Widerstands-Heldentaten vollbracht, sondern nur seinen Dienstaufgaben auch gegenüber ordnungswidrigen Ausschreitungen von NS-Seite einigermaßen korrekt zu genügen versucht hatte.

Die Anlässe, die zu seiner Amtsenthebung und Festnahme führten, fielen in das erste Halbjahr 1934, als die NS-Bewegung auch in Eichstätt die anfänglich im Jahre 1933 gegenüber ihren Kontrahenten im ehemaligen Lager des politischen Katholizismus noch geübte Zurückhaltung längst hatte fallenlassen und im Zuge der zunehmenden Konsolidierung ihrer Macht bei der beabsichtigten Ausschaltung katholisch-politischer Einflüsse allenthalben eine schärfere Gangart einzulegen begonnen hatte. Denn im außerstaatlichen Bereich sowohl des kirchlichen Einflusses wie des katholischen Vereinswesens war die Macht des ehemaligen »Gegners« in Eichstätt und seiner ländlich-katholischen Umgebung noch keineswegs gebrochen. Wie Evi Kleinöder in ihrer Studie über die katholischen Jugendverbände in Eichstätt (in Band II dieser Reihe) berichtet hat, waren in den Kreisen der organisierten katholischen Jugend der Stadt die im Frühjahr und Sommer 1933 nicht zuletzt infolge des Konkordats genährten Illusionen über die Toleranz des neuen Regimes bald verflogen und hatten verschiedentlich sogar einem verstärkten trotzigen Selbstbehauptungswillen gegen die »braune Besatzungsmacht« Platz gemacht. Auch die Kirche half dabei mit. Was kirchliche Sanktionsmittel in einer so katholischen Stadt wie Eichstätt noch ausrichten konnten, zeigte sich z.B., als die kirchlichen Behörden Eichstätts im Juni 1933 beschlossen, die HJ von der Teilnahme an der Fronleichnamsprozession auszuschließen, um, wie der neue Bezirksamtsvorsteher nach oben berichtete, dadurch der »breiten Öffentlichkeit« zu zeigen, »daß die nationalsozialistischen Jugendorganisationen nicht hoffähig sind«.

Im Verlaufe des teils mit legalen, teils mit illegalen Machtmitteln gegen ihre katholischen Gegner geführten Kampfes der NSDAP geriet die städtische Polizei in eine besonders schwierige Situation. Einerseits Exekutive der neuen Machthaber, andererseits selbst dem katholischen Milieu der Stadt verhaftet, wurde sie fast zwangsläufig immer wieder in Loyalitätskonflikte verwickelt, mußte gegen anerzogene Grundsätze von Recht und Ordnung handeln oder schwere Risiken in Kauf nehmen. Die lokale Polizei war neben SA-Hilfspolizei mitbeteiligt, als Ende Juni 1933 bei den in ganz Bayern gleichzeitig gegen Mandatsträger der BVP verhängten Schutzhaftmaßnahmen in Eichstätt auch örtliche Wortführer des politischen Katholizismus (Dr. Wohlmuth, Domkaplan Dr. Rindfleisch und Studienprofessor Dr. Gmelch) einige Tage lang festgenommen wurden. Als dann seit dem Sommer 1933 die Bayerische Politische Polizei, vor allem durch einen Erlaß vom 19. September 1933, auch die Betätigung katholischer Vereine und Verbände stark einzuschränken suchte, zeigte es sich in Eichstätt jedoch, daß die lokale Polizei – »unsere liebe Landpolizei«, wie der Präses des Eichstätter katholischen Jungmännervereins sie im Sommer 1933 familiär nannte – den entsprechenden Anordnungen des Bezirksamtes nur lässig nachkam, so daß der Bezirksamtmann sich am 14. Oktober 1933 zu einer ausdrücklichen Ermahnung an die Adresse der »Schutzmannschaft« veranlaßt sah, weil sie »teilweise diesen [katholischen] Verbänden gegenüber gern ein, wenn nicht zwei Augen zudrückt«.

Die Spannung in der Stadt zwischen den Nationalsozialisten und den kirchlich-katholischen Kreisen und Verbänden wurde seit dem Herbst 1933 unter anderem weiter dadurch angeheizt, daß NS-Organisationen, vor allem die HJ, meist verstärkt von Gruppen außerhalb Eichstätts, zu öffentlichen Anprangerungen und Provokationen der »Schwarzen« übergingen, was aus der Sicht der Polizei eine erhebliche Beeinträchtigung des Ortsfriedens darstellte. Als auf Befehl des HJ-Bannführers aus dem benachbarten Gunzenhausen ein HJ-Störtrupp am 29. November 1933 das Heim der katholischen Pfadfinder St. Georg in den Gebäuden des Vinzentiusvereins auf der Willibaldsburg zu stürmen und für die HJ in Besitz zu nehmen suchte, griff die vom Präses des Vereins herbeigeholte Polizei zugunsten der Pfadfinder ein und half damit, den Coup der HJ zu vereiteln. Als diese aber drei Monate später den Plan einer Besetzung des Heims erneut aufgriff, erhielt die Polizei vorher vom SA-Sonderbeauftragten beim Bezirksamt ausdrückliche Weisung, nicht einzuschreiten, so daß sich die Schutzmannschaft gezwungen sah, den Pfadfindern den polizeilichen Schutz zu verweigern, als am 9. Februar 1934 das Heim von der HJ gewaltsam besetzt wurde. Daß auch die vorgesetzte Behörde der Polizei, das Bezirksamt und die Regierung von Mittelfranken, diese erzwungene Verweigerung polizeilichen Schutzes als bedenklichen Rechtsbruch empfand, geht aus den Berichten deutlich hervor. Die staatlichen Behörden waren nicht gesonnen, weitere ähnliche Eingriffe von Parteiseite in die Zuständigkeit der Polizei und eine damit verbundene weitere Herabsetzung ihrer Autorität so ohne weiteres zu dulden. »Recht muß Recht bleiben, erst recht im nationalsozialistischen Staate«, so hatte der Bezirksamtsvorsteher naiv geschrieben. Immerhin: als es im April und Mai 1934 in Eichstätt wiederum zu ruhestörenden und zum Teil gewalttätigen Aktionen der HJ und anderer NS-Organisationen gegen katholische Gruppen kam, war die Polizei zur Stelle, so am Abend des 23. April 1934, als eine von der HJ begonnene Schlägerei mit Angehörigen der katholischen Sturmschar in Eichstätt durch das Eintreffen eines von einem Sturmscharmitglied herbeigerufenen Polizisten beendet werden konnte.

An mindestens zwei dieser Polizeieinsätze, die bei der lokalen Führung der Nationalsozialisten mit wachsendem Zorn registriert wurden, war auch Polizeihauptwachtmeister Fischer beteiligt. Bevor wir auf diese Fälle eingehen, wollen wir Fischer vorstellen.

VI. Ein katholischer Polizeiwachtmeister

Der damals 37jährige Franz Fischer hatte bei der großen Mehrheit der Bevölkerung Eichstätts einen tadellosen Ruf. Er war bekannt als ein ebenso energischer wie pflichtbewußter, ebenso gut katholischer wie national denkender Beamter. Als 17jähriger hatte er sich 1914 freiwillig zum Kriegsdienst gemeldet, war als Unteroffizier bei Verdun 1916 durch Maschinengewehrschüsse an den Beinen schwer verwundet worden, hatte sich nach der Genesung abermals freiwillig zur Front gemeldet, nach erneuter Verwundung ein drittesmal, und war wegen seiner Tapferkeit mit dem Eisernen Kreuz und mit dem Bayerischen Militärverdienstkreuz ausgezeichnet worden.

Nach dem Krieg in den bayerischen Polizeidienst übergetreten, hatte sich Fischer wiederum, als es in Würzburg um die Niederschlagung der Räterepublik ging, um die »vaterländische« Sache verdient gemacht und war deshalb mit einer Dienstauszeichnung geehrt worden. Seit dem 1. März 1920 stand dieser vaterländische katholische Polizei-Vollzugsbeamte im Dienst der Stadt Eichstätt. Verheiratet und Vater von zwei Kindern, gehörte der tüchtige Polizeibeamte, der schon nach zehn Dienstjahren zum Hauptwachtmeister avancierte, zum geachteten Mittelstand der Stadt. Als Beamter sah er zwar davon ab, der in Eichstätt dominierenden Bayerischen Volkspartei beizutreten. Das gesellschaftliche Ansehen, das er suchte und genoß, fand aber Ausdruck in seiner Tätigkeit in verschiedenen Vereinen, vor allem dem Historischen Verein und der lokalen Vereinigung für die Kriegsgräberfürsorge, als deren Schatzmeister er seit 1929 tätig war. Auf seine Veranlassung waren zur Erinnerung an die Eichstätter Gefallenen des Ersten Weltkrieges sogenannte »Heldenbücher« der Stadt zusammengestellt worden. Noch Anfang 1934 hatte die Eichstätter Ortsgruppe des inzwischen gleichgeschalteten »Volksbundes Deutscher Kriegsgräberfürsorge« Fischer zum Ehrenmitglied ernannt.

Das beschämend erzwungene Stillhalten der Eichstätter Polizei anläßlich der Besetzung des katholischen Pfadfinderheimes durch die HJ lag erst dreieinhalb Wochen zurück, als Fischer, dem diese Erfahrung sehr zu denken gegeben hatte, anläßlich einer erneuten antikatholischen Kundgebung lokaler und auswärtiger Nationalsozialisten in Eichstätt sich aus Pflichtbewußtsein zum Eingreifen gezwungen sah.

Der äußere Anlaß sah zunächst recht harmlos aus, aber Fischer hatte, wie er später seinen Kollegen berichtete, das »persönliche Pech«, in einem Fall einschreiten zu müssen, in den nicht nur »dumme Hitlerjungen«, sondern prominente lokale Führer des Nationalsozialismus verwickelt waren. Schauplätze des Geschehens in der Nacht vom 3. zum 4. März 1934 waren die Gastwirtschaft »Schwabenbräu« und das Hotel »Zur Traube«. In jener Nacht hatte man in Eichstätt eine größere Anzahl von Ingolstädter SA-Leuten einquartiert, die andertags feierlich vereidigt werden sollten. Zu diesem Anlaß waren außerdem Offiziere der Wehrmacht und höhere NS-Führer von auswärts gekommen. Wie bei solchen Anlässen üblich, waren für die Nacht Zechereien größeren Ausmaßes zu erwarten. Die wachhabenden Polizeibeamten – in dieser Nacht Fischer und sein Kollege Oberwachtmeister Haindl – hatten sich auf eventuelle Schwierigkeiten eingestellt, weshalb sie auf Wunsch die um 1 Uhr fällige Polizeistunde anstandslos verlängerten. Ihre Großzügigkeit wurde ihnen aber schlecht vergolten.

In den frühen Morgenstunden, etwa um ½3 Uhr, brachten angetrunkene SA-Musiker vor der Gastwirtschaft zum Schwabenbräu grölend und lautstark ein Ständchen dar. Die Polizisten versuchten nicht ernsthaft, dies zu verhindern. Mehrere Bewohner aus benachbarten Häusern, in ihrer Ruhe gestört, sahen verärgert aus den Fenstern heraus (etliche beklagten sich am nächsten Tag wegen dieses »Saustalls« bei der Polizei). Als schließlich ein Zivilist sich in die Runde drängte, die Musiker eine drohende Haltung einnahmen und ein SA-Mann diesem sogar eine schallende Ohrfeige versetzte, sah Fischer den Augenblick zum Eingreifen gekommen. Was weiter geschah, darüber berichtete er seiner vorgesetzten Behörde am 12. März folgendermaßen:

»Ich drängte mich sofort zwischen diesen Zivilisten und den weiteren Angreifer – ob es der ›Zuschläger‹ war, konnte ich nicht feststellen – und sagte zu diesem SA-Mann, er möge doch von diesem Manne ablassen, dieser wolle ihm doch nichts. Sofort fiel nun dieser SA-Mann über mich her, indem er sich verbat, daß ich ihn nochmals anlange; überhaupt gehörten wir sämtlichen Polizisten von Eichstätt abgebaut, da wir ihnen – der SA – 3 Jahre vorher die Hemden ausgezogen hätten. Ein anderer SA-Mann rief: Er kenne den Gendarm noch, der ihm vor 3 Jahren das Hemd ausgezogen habe, er werde sich, wenn er diesen anderntags sehe, an diesem schon noch rächen. Dieser SA-Mann, der gegen mich die besagten Vorwürfe erhob, wurde dabei auch noch gegen ein hiesiges, seit 1920 in der Bewegung stehendes Parteimitglied (auch SA-Mann in Uniform) höchst ausfällig, hieß diesen einen ›Märzling‹ und wurde auch handgreiflich. Einige, mehr nüchterne SA-Männer haben den weniger nüchternen Teil immer wieder ermahnt, doch jetzt ruhig weiter zu gehen, was aber bei diesem anderen Teil keine Wirkung tat. Erst als ich rief, rücksichtslos von meinen polizeilichen Rechten Gebrauch machen zu wollen, wenn nicht sofort die Straße geräumt werde, gingen diese SA-Männer auseinander.

Als diesen rabiatesten SA-Mann habe ich den Truppführer Busch der Standarte 10 Ingolstadt festgestellt, gegen den bei seiner Standarte von seiten des fraglichen hiesigen Parteimitgliedes gesonderter Bericht erstattet wurde.«

Der heiklere Vorfall aber ereignete sich am Hotel »Zur Traube«. Schon vor ihrem Eingreifen vor der Wirtschaft zum Schwabenbräu hatten Fischer und sein Begleiter, etwa eine viertel oder eine halbe Stunde vor 2 Uhr nachts, bei ihrem Patrouillengang gehört, wie in einem Nebenzimmer des Hotels in offenbar ausgelassener Stimmung geschossen wurde. Da die beiden Polizeibeamten wußten, daß höhere NS- und SA-Führer sowie Offiziere der Wehrmacht in dem Hotel feierten, unterließen sie es zunächst, wie es an sich ihre Pflicht gewesen wäre, der Schießerei nachzugehen. Wie sich später herausstellte und auch Fischer am nächsten Tag erfuhr, hatten die angetrunkenen Helden im Nebenzimmer des Hotels an den Wänden Bilder der katholischen Prominenz Eichstätts entdeckt, darunter die des Bischofs von Preysing und seines Vorgängers Leo von Mergel, und sich einen Spaß daraus gemacht, darauf zu schießen. Auch der Eichstätter Kreisleiter Krauß war mit in der Runde. Fischer erklärte später, er habe sich zunächst darauf beschränkt, auf die Polizeistunde aufmerksam zu machen. Kreisleiter Krauß habe dabei um eine einstündige Verlängerung der Polizeistunde gebeten, was die beiden Polizisten auch sofort gewährt hätten. Erst als diese, nach den Vorfällen vor der Wirtschaft zum Schwabenbräu, erneut zu dem Hotel kamen und dort, kurz vor 3 Uhr nachts, noch der gleiche Lärm im Gange war, habe er, Fischer, die Gäste im Hotelrestaurant aufgefordert, nunmehr Schluß zu machen und das Lokal zu verlassen. Einige, darunter auch der Kreisleiter, so berichtete Fischer weiter, seien daraufhin auch gegangen, andere dagegen hätten protestiert und ihm vorgehalten, daß er sich anmaße, SA-Führer aus einem Lokal zu werfen. Sie forderten, man solle die Polizeistunde wie beim Fasching bis 6 Uhr morgens verlängern oder den Bürgermeister anrufen. Während dieser Wortgefechte sei aus dem Nebenzimmer derselbe Ingolstädter SA-Führer Busch, der schon die Auseinandersetzung mit der Polizei vor der Wirtschaft zum Schwabenbräu forciert hatte, herausgekommen und habe angefangen, ihn, Fischer, grob als einen »Schwarzen« zu beschimpfen. Die sich daraufhin zuspitzende Szene schilderte Fischer in seinem nachträglichen amtlichen Bericht:

»Ich habe mir diese Anpöbelung verbeten und diesem erklärt, daß ich zum Polizeistundebieten hier bin, wenn er etwas wolle, möge er in die gegenüberliegende Polizeiwache kommen. Ein anderer SA-Mann, der sich später Rixner nannte und der Spielmannszugführer von Ingolstadt ist, kam auf mich zu, forderte mich ebenfalls auf, sofort zu verschwinden; ich wüßte schon warum, ich hätte ihn 1920 oder 1921 ›geschmiergelt‹ (geschlagen); in Ingolstadt sei auch ein Schutzmann, der zwar heute bei der Partei sei, dem er aber Rache geschworen habe und auch mir sei Rache geschworen. Als ich unwillkürlich in die rechte Hosentasche griff um mein Taschentuch herauszutun, riß mir dieser Rixner die rechte Hand aus der Tasche und sagte, ich bräuchte nicht nach der Pistole greifen. Ich erklärte demselben, daß, wenn er etwas von der Polizei verstände, auch wissen müsse, daß diese ihre Pistole nicht in der Hosentasche, sondern in der Gesäßtasche habe, darauf verbat sich Rixner, ›spöttisch angeredet zu werden‹. Auch Reichswehrunteroffiziere kamen hinzu, wobei einer den hiesigen Bürgermeister als ›Schwarzen‹ und ›Scheinheiligen‹ bezeichnete. Als ich diesem erwiderte, daß er diesen gar nicht kenne, antwortete dieser, daß dieser Bürgermeister heute noch genau so vom Wohlmuth bezahlt werde wie auch ich. Ich verbat mir diese Antwort als ein saudummes Gerede, was aber dadurch übergangen wurde, daß ein Oberfeldwebel der Reichswehr zu einem Oberleutnant (dem kleinsten Offizier, der damals hier war) sagte, ob er – der Oberfeldwebel – den Bischof in der Unterhose hertreiben solle. Darauf antwortete dieser Oberleutnant: Der habe ja doch keine Unterhose; worauf der Oberfeldwebel sagte, dann hol' ich ihn – den Bischof – im Nachthemd. Nun sagte dieser Oberleutnant ›Lassen sie nur‹ .... Inzwischen wurde dieser Rixner wieder höchst ausfällig, indem er sagte ›Das sage ich Ihnen, zuerst fetzt's bei Ihnen, bis ich da lieg‹. Nun trat Lagerleiter Natter des SA-Sportlagers dazwischen und sagte zu mir, ich sollte gehen, die Situation sei zu kritisch, es wäre besser, ich würde mich zur Wache zurückbegeben. Um nun keinen größeren Auftritt vom Zaun zu brechen – denn einen solchen hätte es nach Lage der Sache unweigerlich gegeben mit den vielleicht schrecklichsten Folgen – bin ich zur Polizeiwache zurückgegangen. Bis gegen ½6 Uhr früh haben sich dann die letzten Gäste freiwillig entfernt.«

In seiner dienstlichen Meldung berichtete Fischer schließlich, ohne seine Entrüstung über das Geschehene zu verbergen, daß sich leider nicht einwandfrei ermitteln lassen habe, wer auf die Bilder der von der Mehrzahl der Bevölkerung verehrten Bischöfe geschossen habe, wenn es auch ziemlich sicher sei, daß es sich um einen Angehörigen der SA gehandelt habe. Auch evangelische Kreise sowie Personen, die seit langem der NSDAP nahe ständen, seien über die Vorkommnisse »entsetzt«.

An dieser Stelle muß freilich angemerkt werden, daß Fischer diesen Bericht nicht sofort und auch nicht ganz aus freien Stücken niederschrieb. Die prekäre Zwangslage der Polizei zwischen nationalsozialistischen Herrschaftsansprüchen und dem Gebot von Recht und Ordnung, für die, wie wir sahen, schon die Monate zuvor in Eichstätt manchen Anschauungsunterricht geliefert hatten, veranlaßte den Polizeihauptwachtmeister zunächst, nicht viel Federlesens von der Sache zu machen. Aber die Vorfälle in der »Traube« blieben tagelang Stadtgespräch und riefen schließlich deshalb auch den Oberstaatsanwalt Huber vom Landgericht Eichstätt auf den Plan. Huber erkundigte sich bei dem Eichstätter Polizeioberkommissär Kraus, dem Vorgesetzten Fischers, nach den Vorfällen, worauf Kraus ausweichend antwortete, daß die diensttuenden Polizeibeamten, wenn sie über derartige Fälle, in die die örtliche NS-Prominenz verwickelt sei, Anzeige erstatteten, in eine heikle Lage gerieten. Der Oberstaatsanwalt, der sich des peinlichen Stillhaltens der Polizei bei dem illegalen HJ-Angriff auf das katholische Pfadfinderheim sicher ebenso erinnerte wie der Bezirksamtsvorstand, erklärte daraufhin mit Bestimmtheit, daß sich Polizeihauptwachtmeister Fischer strafbar mache, wenn er aus den von Kraus genannten Gründen eine Anzeigeerstattung unterlasse. Aufgrund dessen suchte Fischer selbst den Oberstaatsanwalt auf, der ihm schließlich dringend riet, wenigstens einen wahrheitsgetreuen Bericht an das Bezirksamt zu erstatten »und es dann eben dieser Stelle zu überlassen, ob sie die Anzeige an die Staatsanwaltschaft weitergeben wolle«. Erst nach diesem »Rat« schrieb Fischer am 12. März, acht Tage nach den Vorfällen, den zitierten Bericht nieder. Um Versäumtes wettzumachen, ließ er nun seiner Entrüstung freien Lauf und führte am Schluß seines Berichtes alle ihm bekannten Namen der NS-Prominenz an, die Zeugen der Schießerei gewesen seien:

»Standartenführer Uhl, Zugführer und Brauereibesitzer Hollweck, beide von Ingolstadt, Kreisleiter Dr. Krauß von hier, Adjutant Hutterstein, Lagerleiter Natter, stellvertretender Lagerleiter Weiß, Oberleutnant Frank (letzterer auch in SA-Uniform), Lagerarzt Dr. Heinrichs, sämtlich vom Sportlager Eichstätt, außerdem war mitanwesend der Sonderbeauftragte Sturmführer Heiß und noch circa 12 bis 15 weitere Personen, darunter zwei Damen.«

Und am Schluß seines Berichts wagte es Fischer nun sogar in aller Deutlichkeit zu sagen, wen er für den Hauptverantwortlichen hielt: Die »Erregung unter den SA-Führern und Reichswehroffizieren«, die in der Schießerei Ausdruck gefunden habe, sei offensichtlich geschürt worden durch den Kreisleiter Dr. Krauß, der vorher bei der Begrüßung der nach Eichstätt gekommenen NS-Prominenz in der für NSDAP-Versammlungen benutzten Turnhalle »immer wieder von den Spießern von Eichstätt« gesprochen habe, die der NSDAP das Leben schwer machten und auch die Schuld daran hätten, »daß die Turnhalle nur halb gefüllt sei«.

Die Ermunterung des Staatsanwalts hatte, so scheint es, bei dem Hauptwachtmeister der Polizei Schleusen der Erregung geöffnet, die er nicht mehr völlig unter Kontrolle halten konnte. Auch das nicht ganz reine Gewissen über die anfängliche ängstliche Unterlassung einer förmlichen dienstlichen Meldung mag bei dem nachträglichen Wahrheitseifer des von Hause aus pflichtbewußten Polizeibeamten mitbestimmend gewesen sein. Die Quittung für diese Offenheit sollte Fischer bald erhalten. Aber ehe es dazu kam, wurde er noch in einen weiteren ähnlichen Fall verwickelt.

Kaum waren in Eichstätt die Wellen der Erregung über das empörende Verhalten der SA-Führer im Hotel »Zur Traube« abgeebbt, als es Ende Mai 1934 zu einer noch drastischeren Beleidigung kirchlich-katholischer Empfindungen kam. Zu dieser Zeit war Kreisleiter Dr. Krauß bereits zum kommissarischen Bürgermeister der Stadt bestellt worden, und seine definitive Einsetzung in das begehrte Amt (am 1. Juni 1934) stand unmittelbar bevor.

Am Samstag, dem 26. Mai dieses Jahres, entrissen der Führer der Eichstätter HJ, der Student Max Stümpfler, und zwei weitere HJ-Angehörige auf der Landstraße von Kipfenberg nach Eichstätt drei Mitgliedern der katholischen Sportvereinigung »Deutsche Jugendkraft« eine Christusfahne, die diese auf dem Fahrrad zur Maifeier nach Eichstätt bringen wollten. Um die Verhöhnung der katholischen Jugend auf die Spitze zu treiben, zerschlitzten die HJ-Führer die Fahne, spießten sie auf eine Mistgabel und brachten sie auf dem Balkon eines Geschäftshauses am Eichstätter Marktplatz zum Gespött und Gaudium der Hitlerjugend an. Auch Kreisleiter Dr. Krauß, so berichtete Fischer anschließend, habe dem Vorfall auf dem Marktplatz, der die Würdenträger der Kirche bis zum Bischof hinauf aufs Äußerste erregte, tatenlos zugesehen. Einem beherzten Protektor der Eichstätter katholischen Jugend, Domkapitular Dr. Rindfleisch, gelang es in der Nacht, die geschundene Fahne in seine Hände zu bringen und verstecken zu lassen, worauf sich am Sonntag, dem 27. Mai, die inzwischen alarmierte HJ drohend vor der Wohnung des Domkapitulars versammelte und ähnliche Demonstra-

VI. Ein katholischer Polizeiwachtmeister

tionen vor den Wohnungen anderer kirchlicher Würdenträger inszenierte. Über die sich daraus entwickelnden Vorfälle berichtete Fischer drei Wochen später, nachdem er selbst festgenommen worden war, ausführlich:

»Am Sonntag, dem 27. Mai 1934 mittags 11.45 Uhr, habe ich meinen Dienst in der Polizei-Wache angetreten. Um 11.50 Uhr – nach 5 Minuten – wurde die Polizei-Wache vom Generalvikar Herrn Prälat Dr. Kiefer telefonisch angerufen und gebeten, es wolle gegen 2 Uhr eine Polizei-Patrouille an dessen Wohnung vorbeigehen, da die Hitlerjugend um die genannte Zeit einen Demonstrationszug an dessen Wohnung beabsichtige. Herr Prälat Dr. Kiefer sagte noch, es sei wegen dieser Fahne. Ich sagte diesen erbetenen Schutz zu, womit dieses Telefongespräch beendet war ...

Kurz vor 12 Uhr wurde die Polizei abermals angerufen und zwar diesmal von Seiten des Herrn Domkapitular und Domstadtpfarrers Lederer mit der Bitte, es wolle die Polizei sofort kommen, Hitlerjungens versuchten in die Domkaplanwohnung einzudringen. Ich sagte kurz diese Hilfe zu und zu meinen beiden Kollegen, sie möchten zur Domkaplanwohnung gehen, man versuche dort einzudringen. Kollege Böhm und Karl entfernten sich auch sofort. Kurze Zeit darauf, es mag vielleicht eine Viertelstunde gedauert haben, hörte ich, der ich mich für kurze Zeit in einen anderen Raum begeben hatte, vom Marktplatz her pfeifen und grölen. Ich lief ins Wachzimmer zurück und sah wie Hauptwachtmeister Böhm und Oberwachtmeister Karl in ihrer Mitte den Unterbannführer Max Stümpfler als Festgenommenen zur Polizeiwache führten. Dabei nahm eine größere Zahl Hitlerjungens eine sehr bedrohliche Haltung gegen die Polizeibeamten ein, indem sie diese dauernd hart umdrängten, anpfiffen und anschrieen. Um zu verhindern, daß diese Jungens – es mögen circa 60–80 gewesen sein – nicht auch noch ins Rathaus eindringen, sprang ich sofort in den Rathausgang zum Rathaustor. Die eine Hälfte des Tores war bereits zu. Ich faßte mit der linken Hand die linke Hälfte des Rathaustores, ließ meine Kollegen Böhm und Karl mit dem festgenommenen Stümpfler eintreten und wies die nachdrängenden Hitlerjungen energisch dadurch zurück, daß ich mit meinen Händen und Armen diese zurückdrängte. Als man aber dennoch nicht zu weichen versuchte, rief ich sehr laut und vernehmlich – trotz eines fürchterlichen Geschreis von Seiten der Hitlerjugend – ›zurück, oder ich mach' von der Waffe Gebrauch‹, wobei ich mit der rechten Hand an die rechte Gesäßseite griff. Durch diese Worte und Geste habe ich dann erreicht, daß diese Demonstranten zurück und teilweise bis über den Fußweg hinunter gingen, worauf mir dann die Möglichkeit gegeben war, das Rathaustor sofort zu schließen.

In der Wache hatte Hauptwachtmeister Böhm inzwischen den Stümpfler einvernommen, während ich sofort den Sonderbeauftragten beim Bezirksamt Eichstätt Herrn Lagerleiter Weiss telefonisch zu erreichen suchte. – Der Vorstand des hiesigen Bezirksamtes und dessen Stellvertreter waren an diesem Tage bei der Beamten-Tagung in Ansbach. – Nach kurzer Zeit ist der stellvertretende Sonderbeauftragte Natter in der Wache erschienen. Bis zu dessen Eintreffen und nachher noch haben die vor dem Rathaus befindlichen Hitlerjungens Sprechchöre gegen die Polizei aufgeführt. Außerdem kletterten die Hitlerjungens von außen auf die Wachfenster, weshalb ich gezwungen war, die Vorhänge im Innern der Wache mehrmals zuzuziehen.

Herr stellvertretender Sonderbeauftragter Natter bestimmte nun, daß Stümpfler wieder freigelassen werde, er habe aber seine Jungens zuvor aufzufordern, daß diese auseinander und ihres Weges weitergingen. Er – Herr Natter – und Hauptwachtmeister Böhm würden sich zu Herrn Kaplan Dr. Rindfleisch begeben, um die Fahne wieder zu holen. Stümpfler hatte dann auch einige Worte an die Hitlerjugend gerichtet, worauf diese dann zum Teil im geschlossenen Zug und singend abgezogen ist. Herr Natter und Hauptwachtmeister Böhm haben sich dann zu Herrn Kaplan Rindfleisch begeben, um die Fahne zu holen. Kollege Böhm kam aber mit der Mitteilung zurück, daß die Fahne von einem Unbekannten bereits vormittags bei dessen Köchin abgeholt sei.

Gegen 1 Uhr mittags erschien Stümpfler mit einem Hitlerjungen und erklärte, daß dieser Junge geschlagen worden sei. Als ich frug, von wem, sagte Stümpfler von mir – dem Unterzeichneten –. Daraufhin sagte ich dem Stümpfler, daß er sich beim Herrn Kreisleiter Dr. Krauß beschweren könne, dieser werde ohnedies mein Vorgesetzter, er möge sich aber jetzt aus der Wache entfernen, ich habe mit dieser Sache jetzt nichts zu tun. Wenn dieser Hitlerjunge damals und auch heute noch behauptet, ich hätte ihm eine Ohrfeige gegeben, so kann es möglich gewesen sein, als ich mit meinen Händen die immer wieder nachdrängenden Demonstranten abgewiesen habe, daß dieser eine bekommen hat. Keinesfalls aber habe ich absichtlich Ohrfeigen ausgeteilt. Durch mein energisches Auftreten aber, und ich mußte so auftreten, da auch viele 18 und 19jährige unter den Demonstranten waren, habe ich erreicht, daß diese ganze Schar nicht auch noch in das Rathaus und damit in das Wachlokal eingedrungen ist.

Nachmittags gegen ½3 Uhr wurde von der gesamten Hitlerjugend und dem Bund Deutscher Mädels ein Demonstrationszug veranstaltet. Dieser Zug ging zunächst an der Wohnung des Herrn Kaplan Rindfleisch und dann am Rathaus vorbei. Dabei wurde im Sprechchor gerufen ›pfui Polizei, nieder Polizei, D.J.K. verkrache, Eichstätt erwache‹. Der Zug hatte sich nach einigen Rundmärschen am Marktplatz wieder entfernt.

Diesen ganzen Vorfall am Marktplatz habe ich Herrn Dr. Krauß, dem jetzigen und damals schon diensttuenden Bürgermeister am Dienstag, dem 29. Mai vormittags 11^{45} Uhr, im Bürgermeisterbüro im Rathaus vorgetragen. Bei dieser Unterredung war mit anwesend Herr Malermeister und Stadtratsmitglied Fritz Grünwedl und Stadtratssekretär Josef Eger, letzterer als Adjutant des Herrn Kreisleiters.

Als ich bei dem Punkt angelangt war, daß sich ein Hitlerjunge dahin beschwert habe, daß ich ihn geschlagen und daß ich diesen mit dessen Beschwerde abgewiesen und zu Herrn Bürgermeister verwiesen hätte, fuhr Herr Dr. Krauß mich an ›was, einen Hitlerjungen haben sie geschlagen, nun ja, ihre Einstellung kenne ich ja, das zeigt der Bericht über die Traube‹. (Gemeint ist die Anzeige vom 12. März 1934.) Eger rief dann dazwischen, der Bericht ›strotze vor Gemeinheit‹, oder, sei ›lauter Gemeinheit‹. Ich sagte, daß ich nur Tatsachen geschrieben habe, worauf Herr Dr. Krauß antwortete ›so, Tatsachen, entweder sind sie ein Rindvieh oder ich weiß nicht was sie sind‹. Ich sagte noch darauf, ›Herr Doktor, ich muß bitten, ich habe auch noch meine Ehre‹ worauf Herr Dr. Krauß erwiderte ›ich will sie nicht mehr sehen, schauen sie, daß sie hinaus kommen‹, worauf ich mich entfernte.«

Einen Tag nach der geschilderten peinlichen Unterredung mit dem NSDAP-Kreisleiter und amtierenden Bürgermeister Dr. Krauß ließ dieser Fischer in Schutzhaft nehmen und in das Untersuchungsgefängnis bringen. Dort gelang es Fischer, den Oberstaatsanwalt Huber zu sprechen. Huber, der sich wohl auch ein wenig mitschuldig fühlte, daß der verdiente Hauptwachtmeister in diese Situation geraten war, nahm sich des Falles mit couragiertem Engagement an. Dazu trug wesentlich auch bei, daß sich kurz danach im Landkreis Eichstätt ein noch weit schwererer Fall nationalsozialistischer Gewaltanwendung und Rechtsbeugung gegen einen prominenten Vertreter des politischen Katholizismus ereignete.

Es ging dabei um den früheren Bürgermeister Josef Nieberle von Weigersdorf, einem einflußreichen ländlichen BVP-Politiker, der – von seinen Anhängern als bayerischer Andreas Hofer apostrophiert – zwischen 1919 und 1933 ohne Unterbrechung das Bürgermeisteramt von Weigersdorf innehatte und als Vorsitzender des Christlichen Bauernvereins von Mittelfranken, als Vorsitzender der BVP im Landkreis Eichstätt und infolge seiner engen Beziehungen zum katholischen Klerus und dem BVP-Landtags-Präsidenten Dompropst Dr. Wohlmuth und anderen namhaften Vertretern des politischen Katholizismus weit über Weigersdorf hinaus Ansehen und Bedeutung erlangt hatte. Schon im Mai 1933, nachdem Nieberle von dem Nationalsozialisten Kegel aus seinem Bürgermeisteramt gedrängt worden war, hatten etwa 400 SA- und HJ-Mitglieder, offenbar angestiftet von Kreisleiter Dr. Krauß, dem der »Bergchristus« Nieberle wegen seiner guten Beziehungen zum katholischen Honoratiorentum besonders verhaßt war, eine massive Volkswut-Demonstration gegen den beliebten BVP-Funktionär unternommen. Nieberle ließ sich davon jedoch nicht einschüchtern. Und als längere Zeit danach der nationalsozialistische Bürgermeister Kegel mit Nieberle einen Streit anfing, der schließlich zu Handgreiflichkeiten führte, blieb Nieberle nichts schuldig und schlug zurück. Der von NS-Seite mit neuen scharfen Angriffen auf Nieberle begleitete Vorfall wurde von Kegel in der Form einer Anzeige wegen Körperverletzung vor Gericht gebracht. Die Eichstätter Staatsanwaltschaft, die den Fall und seine Hintergründe sehr gut kannte, leistete der Anzeige keine Folge, weil sie der Meinung war, daß Kegel selbst der Angreifer war. Auch der schließlich von Kegel und seinen Beratern in der Kreisleitung angerufene Generalstaatsanwalt wies die Beschwerde zurück. Am 5. Juni 1934, fünf Tage nach der von Kreisleiter Dr. Krauß veranlaßten Festnahme des Eichstätter Polizeihauptwachtmeisters Fischer, erfolgte die Zustellung dieser Beschwerdeabweisung des Generalstaatsanwalts. Daraufhin kam es in der folgenden Nacht zu einer nationalsozialistischen Racheaktion gegen Nieberle, die in dem späteren Bericht Hubers folgendermaßen geschildert wurde:

»Ganz wildfremde Leute – 40–50 – drangen in den befriedeten Hof, schlugen das Türfenster ein und stießen Drohrufe gegen Nieberle und seine Frau aus. Bei Ankunft der Gendarmerie stand vor dem Anwesen auch der Kreisleiter von Eichstätt und sein Adjutant. Nieberle befindet sich seitdem im Landgerichtsgefängnis in Eichstätt in Schutzhaft.«

Der Eichstätter Oberstaatsanwalt Huber, der sich in vorbildlicher Weise für die Erhaltung von Rechtssicherheit auch gegen die lokale NS-Führung einsetzte, hatte mit den Fällen Fischer und Nieberle zwei Demonstrationsobjekte zur Hand, die es ihm angezeigt erscheinen ließen, die um sich greifenden Rechtsbrüche der Eichstätter NS-Machthaber beim zuständigen Staatsministerium der Justiz in München zur Sprache zu bringen. Am 11. Juni 1934 referierte er im Beisein des Generalstaatsanwalts beim Strafrechtsreferenten des Ministeriums, Ministerialrat Döbig, über die Fälle und verfaßte auf dessen Veranlassung noch an demselben Tage einen Bericht an das Ministerium über die Vorgänge im Landgerichtsbezirk Eichstätt, der als Vorlage für die am nächsten Tag (12. Juni 34) stattfindende Ministerratssitzung dienen sollte. Der Bericht griff vor allem auch die selbstherrlichen Schutzhaftverhängungen durch den Eichstätter SA-Sonderbeauftragten Heiß an und schilderte, daß dieser, nachdem er von Huber auf seine Kompetenzüberschreitungen und die Verletzungen der bayerischen Bestimmungen über die Zuständigkeit zum Erlaß von Schutzhaftbefehlen aufmerksam gemacht worden sei, ungerührt geantwortet habe, wie wenig er von diesen »fein ausgeklügelten Ministerialentschließungen« halte: »Wir lassen einfach unsere SA demonstrieren und dann wollen wir einmal sehen, ob gegen den Betreffenden, gegen den wir demonstrieren, nicht Schutzhaft zu seiner eigenen Sicherheit angewendet wird.« Genau nach diesem Muster, so berichtete Huber dem Ministerium, sei gegen Nieberle verfahren worden. Und ähnlich verhalte es sich im Falle Fischer, der als Polizeibeamter gegen »objektiv rechtswidrige Handlungen« der HJ eingeschritten sei, auch wenn diese vom Kreisleiter Krauß nur als »Ausdruck jugendlichen Selbstbewußtseins und gesunden politischen Selbstgefühls« hingestellt würden. Die Festnahme Fischers sei um so unbegründeter, als dessen Kollege Hauptwachtmeister Böhm in viel stärkerem Maße in die polizeiliche Aktion am 26./27. Mai eingeschaltet gewesen sei. Die unterschiedliche Behandlung begreife man nur einigermaßen, wenn man wisse, »daß Böhm schon jahrelang Anhänger der Bewegung war, während Fischer in den früheren Jahren mit der Bayerischen Volkspartei sympathisiert haben soll«.

In bezug auf den Fall Fischer schloß der Leiter der Eichstätter Staatsanwaltschaft seinen Bericht mit folgenden eindringlichen Bemerkungen:

»Auf den oben erwähnten Fall Fischer hin, der wegen seines pflichtgemäßen Vorgehens gegen die demonstrierende Hitlerjugend ins Gefängnis gesperrt wurde, weigern sich die Gendarmerie und Polizei, überhaupt noch eine schriftliche Anzeige in derartigen Fällen zu erstatten. Der Hinweis darauf, daß sie dazu verpflichtet sind und daß sie sich des staatlichen Schutzes in einem solchen Fall sicher fühlen können, zieht bei ihnen nicht mehr. Sie bemerken, mit diesem auf dem Papiere stehenden Schutz sei ihnen nichts gedient, wenn der Sonderkommissar sie ins Gefängnis werfen kann und es dann wochenlang dauert, bis der Fall geklärt ist und sie wieder entlassen werden.

Besonders bedenklich scheint mir, daß in einem großen Teil der Bevölkerung das Vertrauen in eine gerechte und unparteiische Staatsführung und in eine gerechte und objektive Rechtsprechung erschüttert ist. Von Polizei und Gendarmerie wird mir immer und immer wieder gesagt, daß Leute, gegen die Gewalt verübt worden oder denen Sachschaden zugefügt worden ist, dringend darum bitten, ja keine Anzeige zu erstatten, denn im Fall eines Strafverfahrens gegen die Täter hätten sie nur weiteres und noch schlimmeres zu befürchten.«

Hubers Bericht scheint seine Wirkung nicht verfehlt zu haben. Am 13. Juni 1934 wurde Fischer aus der Schutzhaft entlassen, und auch Nieberle kam frei. Das war freilich nur ein zeitweiliger Erfolg, errungen durch einen mutigen Staatsanwalt mit festen rechtsstaatlichen Grundsätzen.

Der inzwischen in Gegenwart des Nürnberger Gauleiters Streicher in Eichstätt förmlich zum Bürgermeister der Stadt ernannte Kreisleiter Krauß gab den verbissenen Kampf gegen seine »schwarzen« Gegner noch lange nicht auf. Auf die Haftentlassung Fischers reagierte er am 26. Juni mit massiven erneuten Anschuldigungen, deren Ziel es vor allem war, Fischer aus dem Eichstätter Polizeidienst zu entfernen.

»Polizeihauptwachtmeister Franz Fischer in Eichstätt war in den Jahren vor der nationalen Revolution als ein fanatischer Gegner der Bewegung bekannt. Auch nach dem Umsturz im März 1933 machte er oft genug aus seiner feindseligen Haltung gegen die Bewegung kein Hehl, verweigerte SA-Leuten den Gruß und trat bei allen gegen die Bewegung gerichteten Dingen in Erscheinung, insbesondere, wenn gegen Parteigenossen vorgegangen werden sollte.

Seine Gesinnung der nationalen Regierung und ihren Unterorganen gegenüber brachte er besonders dadurch zum Ausdruck, daß er über den am 4. März 1934 anläßlich der Vereidigung mehrerer SA-Formationen stattgefundenen geselligen Abend auswärtiger Gäste mit verdächtigem Eifer alles zusammentrug, was die Bewegung auch nur einigermaßen belasten konnte. Dabei ging er soweit, mich in meiner Eigenschaft als Kreisleiter zu beschuldigen, als ob durch meine Ansprache am Vorabend der Vereidigung die Erregung der fremden Gäste hervorgerufen hätte. Weitaus schlimmer gebärdete er sich am 27. Mai 1934 am Marktplatz in Eichstätt, als der Ortsgruppe Eichstätt der ›Deutschen Jugendkraft‹ durch die Hitler-Jugend eine Fahne weggenommen wurde. Als die Schutzmannschaft den Führer der Hitler-Jugend in Polizeigewahrsam genommen hatte und die Hitler-Jungen im Rathausgange die Freilassung ihres Führers forderten, schlug er auf diese mit den Fäusten ein und verletzte dadurch mehrere Jungens, einen davon so, daß er ärztliche Hilfe in Anspruch nehmen mußte. Darüber hinaus bedrohte er die Jungens mit der Pistole. Durch dieses Verhalten wurde die Erregung der gesamten Jungens und auch der Bevölkerung so groß, daß Fischer vom 30. Mai bis 13. Juni 1934 in Schutzhaft genommen werden mußte. Auch heute ist aus begreiflichen Gründen die Erregung über Fischer in der Hitler-Jugend und in der Bevölkerung noch eine große. Mit diesem wiederholt zu beanstandenden Verhalten hat Fischer bewiesen, daß er nicht mehr würdig ist, ein Vollzugsorgan der nationalen Regierung zu sein.«

Für seine Anschuldigungen konnte der Kreisleiter zwar letzten Endes keine stichhaltigen Beweise erbringen, ihren Zweck erfüllten sie dennoch. Fischer wurde nach seiner Entlassung aus der Schutzhaft zwangsbeurlaubt. Der Stadtrat reduzierte sein Gehalt auf zwei Drittel und beantragte außer einem Dienststrafverfahren bei der Regierung von Ansbach Fischers Versetzung in den Ruhestand nach dem Gesetz zur

Wiederherstellung des Berufsbeamtentums. Es dauerte eineinhalb Jahre, ehe am 21. November 1935 der Bescheid der Disziplinarkammer eintraf. Fischer konnte aufatmen, er fiel zu seinen Gunsten aus, und die Begründung, die sich wie eine vollkommene Rehabilitierung Fischers liest, sparte nicht mit Seitenhieben auf das willkürliche und unrechtmäßige Vorgehen der nationalsozialistischen Machthaber.

Dennoch war Fischer für Eichstätt »untragbar« geworden. Bürgermeister Krauß hatte schon in einem Bericht an die Regierung vom 20. Oktober 1934 erklärt, »daß Fischer sein Vertrauen vollständig verloren habe und daß ihm, dem Bürgermeister, nicht zugemutet werden könne, den Hauptwachtmeister Fischer länger um sich zu dulden«. Aus solchen Gründen kam die Regierung von Oberfranken und Mittelfranken Anfang 1935, also Monate vor der Entscheidung der Disziplinarkammer München, zu der Ansicht, »daß die Stellung des Polizeihauptwachtmeisters Fischer in Eichstätt so erschüttert ist, daß ein gedeihliches Wirken Fischers in der Stadtverwaltung Eichstätt unter Bürgermeister Krauß wohl auf die Dauer unmöglich ist«. Trotz des für ihn so günstig ausgefallenen Dienststrafverfahrens mußte Fischer nach fast zwei Jahren untätigen Herumwartens seine Heimat verlassen. Er fand mit Wirkung vom 1. April 1936 eine Wiederverwendung als Polizeibeamter in Speyer und später in Würzburg, wo er in den letzten Kriegstagen während eines schweren Luftangriffs den Tod fand.

Auch im Falle Nieberle saß der Kreisleiter Krauß schließlich am längeren Hebel. Im Herbst 1935 wurde der prominente ehemalige BVP-ler für fast zwei Jahre nach Dachau verbracht, wo er Schlimmes erlebte. Er selbst berichtete darüber nach Kriegsende:

»... Im Lager Dachau hatte Krauß die Kommandantur bereits vor meiner Ankunft verständigt, mit welchen Maßnahmen man mich bearbeiten muß. Aus den wüsten Beschimpfungen der SS-Posten konnte ich das des öfteren hören. Die Folge davon war, daß ich am ersten Tage, den ich im Lager verbrachte, gleich der Prügelstrafe von 100 Stockschlägen, ausgeführt von 4 SS-Posten, unterzogen wurde. Auf diese Maßnahme hin konnte ich mehrere Tage nicht mehr gehen und mehr als ein Monat nicht sitzen und liegen, mußte aber trotzdem eine der schwersten Arbeiten in der Kiesgrube verrichten. Auf die von der Kreisleitung Eichstätt übersandten Berichte waren auch die Sonderstrafen, die über mich verhängt wurden, zurückzuführen. So wurde ich z.B. 12 Stunden ›krummgeschlossen‹. Die Folge war, daß ich mehrere Wochen nicht mehr allein essen und nicht mehr aufrecht gehen konnte. Bei 28–30 Grad Kälte wurde ich vier Wochen in den Bunker gesperrt ohne zureichende Ernährung oder Kleidung. Die Folge für meinen Gesundheitszustand war verheerend. Und trotzdem wurde ich im März 1936 in die Strafkompanie versetzt, in alle politischen Häftlinge, die für besondere Maßnahmen vorgesehen waren, zusammengefaßt waren. Was ich in den folgenden 5 Monaten körperlich und seelisch ertragen mußte, kann wohl niemand fassen, der nicht selber Gleiches litt. Während meiner Haft in Dachau unterließ meine Familie nichts, um meine Haft zu verkürzen. Wiederholt eingereichte Gesuche auch bei der Kreisleitung Eichstätt, waren ohne Erfolg.«

Erst auf die gemeinsamen Bemühungen von Dr. Hundhammer und General Hofmann, damals Staatssekretär bei Reichsstatthalter Epp, und des Bischofs Konrad von Preysing hin erfolgte die Entlassung Nieberles aus dem KZ.

Zum Quellenhintergrund

Schon im Frühstadium des Projektes (1976), als in den Archiven Globalrecherchen für das Gesamtthema unternommen wurden, entdeckte die Verfasserin in der Registratur der Regierung von Oberfranken und Mittelfranken in Ansbach die dort relativ zahlreichen Akten über Dienststrafverfahren; darunter sowohl Generalia, wie z. B. »Dienststrafkammer Ansbach 1937–1941« oder »Disziplinargerichte 1933–1942« als auch Spezialia wie z. B. »Einsprüche von Beamten gegen ihre Entlassung«. Zu letzteren gehört auch der 30 Akten umfassende Bestand »Dienststrafverfahren gegen Beamte der Stadt- und Landkreise in Mittelfranken, 1932–1961«, unter dem sich die Akte Fischer befindet: »Eichstätt-Stadt. Disziplinarverfahren ./. Gemeindebeamte, 1934–1936« (Altes Aktenzeichen 4350 h, inzwischen im Staatsarchiv Nürnberg, Regierung von Mittelfranken, KdI, Abgabe 1978, Nr. 2971). Die Akten dieses in mancher Hinsicht besonders interessanten Falles wurden schon damals vollständig kopiert. Die spätere Entscheidung für eine Auswertung im Rahmen der hier vorgelegten Fall-Geschichten ergab sich nicht zuletzt aufgrund der parallelen Untersuchung von Evi Kleinöder über die »Katholischen Jugendvereine in Eichstätt« (vgl. Bd. II dieser Reihe), der für unseren Beitrag auch die Zitate des Jugendpräses entnommen sind (Bayern in der NS-Zeit, Bd. II, S. 197, 207 f.) und auf die sich die Schilderung der HJ-Besetzung des Pfadfinderheimes auf der Willibaldsburg stützt (Bayern in der NS-Zeit, Bd. II, S. 215). Frau Kleinöder, die selbst aus Eichstätt stammt, vermittelte der Verfasserin auch manche Informationen über ortsbekannte Personen und das spezielle katholische Milieu der Stadt, das sie inzwischen auch in einer weiteren Veröffentlichung über Eichstätt geschildert hat. (Evi Kleinöder: Katholische Kirche und Nationalsozialismus im Kampf um die Schulen. Antikirchliche Maßnahmen und ihre Folgen untersucht am Beispiel von Eichstätt, in: Sammelblatt des Historischen Vereins Eichstätt, 74. Jg. 1981, Eichstätt 1981.) Im Laufe der Recherchen dieser Eichstätt-Kennerin fielen auch Informationen über den Fall Fischer an, die Frau Kleinöder im Rahmen ihrer eigenen Studien nicht verwerten konnte und wollte. Sie arbeitete der Verfasserin dankenswerterweise auch zu durch den Hinweis auf mehrere einschlägige Spruchkammerakten in der Registratur des LG Eichstätt: Spruchkammerakten Dr. Walter Krauß (SK – K 179), Josef Wimmer, Polizeibeamter in Eichstätt (SK – W 117), Johann Kraus, Verwaltungsobersekretär (SK – 174), und Ludwig Böhm, Polizeimeister Eichstätt (SK – B 207). Insbesondere die erstgenannte Spruchkammerakte erwies sich als wertvoll, vor allem wegen der Angaben zur Person des wichtigsten Repräsentanten der NSDAP in Eichstätt, des ehemaligen Kreisleiters Krauß. Als weitere Quelle zur Rekonstruktion der Ereignisse und der nationalsozialistischen Reaktion auf sie wurde die *Eichstätter Volkszeitung* für das erste Halbjahr 1934 (Bayerische Staatsbibliothek München, 2. Eph. pol. 14^f) herangezogen.

Obwohl Fischer selbst die Unterlagen über die gegen ihn geführten Angriffe und Verfahren zusammengestellt und aufbewahrt hatte, blieb die Suche danach erfolglos. Sie gingen, wie seine Witwe aussagte, bei den schweren Luftangriffen auf Würzburg (bei denen auch Fischer selbst den Tod fand) verloren.

Bei der Dokumentation der eingeflochtenen Geschichte »Nieberle aus Weigersdorf« kam der Zufall zur Hilfe. Da Oberstaatsanwalt Huber sich bei seiner Anprangerung der ungesetzlichen Methoden der Nationalsozialisten in der Stadt Eichstätt und Umgebung nicht nur auf den Fall Fischer, sondern auch den Fall Nieberle bezogen hatte, war die Verfasserin bemüht, hierüber genauere Informationen zu erhalten, doch alle Recherchen in den einschlägigen Archiven verliefen im Sande. Durch einen Kollegen (Dr. Jacobmeyer), der bei der Preisverleihung im Rahmen des vom Bundespräsidenten veranlaßten Schülerwettbewerbs zu dem Thema »Alltag im Nationalsozialismus« mitgewirkt hatte, wurde die Verfasserin auf einen interessanten Beitrag des Schülers Anton Strobel aufmerksam gemacht. Die Verfasserin ließ sich den Wettbewerbsbeitrag kommen, und es zeigte sich: Der junge Autor Anton Strobel ist ein Enkel des ehemaligen BVP-Politikers Franz Josef Nieberle. Auf der Grundlage der Schilderungen seiner Mutter und deren Geschwister und insbesondere der zahlreichen im »Familienarchiv« liegenden Dokumente hatte Anton Strobel eine interessante und gediegene Arbeit verfaßt, die alle für den Fall notwendigen Informationen enthielt und weitere Recherchen in diesem Punkte überflüssig machte.

VII. Grenzfälle: Widerstand oder Verrat?

Das Thema »Widerstand und Verfolgung«, das durch unsere Geschichten in seiner individuellen Vielfalt und realmenschlichen Ausprägung beleuchtet werden soll, zerbröckelt häufig an seinen Rändern, und die Eindeutigkeit seiner Begriffe löst sich dann auf. Dieses Flüssigwerden klarer rechtlich-moralischer Bewertungsmaßstäbe gehört zur Komplexität und Realistik der Thematik und soll deshalb hier nicht ausgespart werden.

Heinrich M., als Waisenkind in Nürnberg in Heimerziehung und bei ungeliebten Pflegeeltern aufgewachsen, wegen mangelnder Auffassungsgabe von der Volksschule in die Sonderschule abgeschoben, im Alter von 14 Jahren als Knecht zu einem Bauern vermittelt, dort 1935 durchgebrannt, seitdem als Bettler, Gelegenheitsarbeiter, Bummelant in Nürnberg und Umgebung herumvagabundierend, 1938 im Zuge der Asozialen-Aktion der Gestapo infolge der Anzeige eines Asyl-Aufsehers verhaftet, in das Konzentrationslager Flossenbürg eingewiesen und dort – bei schwerer Steinbrucharbeit – bis Kriegsende festgehalten und gepeinigt, ehe er 1945 als schwerkranker, gebrochener Mann von 28 Jahren das Lager verlassen konnte – ist dieser Mann ein Opfer nationalsozialistischer Verfolgung gewesen?

Und wie steht es mit *Joseph H.* aus der Münchener Vorstadt Neuhausen, der sich 1942/43 als 16jähriger Lehrling dem HJ-Dienst entzog und sich, nach deprimierenden Erfahrungen bei einem dreiwöchigen Zwangsaufenthalt in einem Wehrertüchtigungslager der HJ, mit einem Dutzend Gleichaltriger und Gleichgesinnter zu einer Clique zusammentat, die in der Dunkelheit in der Umgebung des Westfriedhofs ihre Streifzüge unternahmen, dabei auch in Schrebergärten einbrachen, dort kampierten, gelegentlich vom Dienst heimkehrenden HJ-Führern auflauerten, sie überfielen und dabei einmal auch eine gut gefüllte Geldbörse erbeuteten, war diese Betätigung des *Joseph H.*, die ihm im Herbst 1943 vom Jugendgericht eine mehrwöchige Haftstrafe einbrachte, Kriminalität, Nonkonformität oder gar Widerstand?

In größerer Ausführlichkeit schildern wir im Folgenden zwei Grenzfälle anderer Art. Der erste – ein Beispiel des Vergehens gegen die in der Kriegszeit kontinuierlich verschärften Vorschriften zur Verhinderung beinahe jeglichen privaten Umgangs mit Kriegsgefangenen – entstammt einer »Fallgruppe«, deren große Häufigkeit sich in den Akten der Sondergerichte und der Polizei deutlich niederschlägt. Die Variationsbreite solcher »Vergehen« – nach ihrer Modalität und Motivation – war dabei außerordentlich groß. Nur in Ausnahmefällen handelte es sich um politisch bewußte Opposition, die z. B. deutsche Arbeiter in einem Rüstungsbetrieb dazu veranlassen konnte, zu den dort eingesetzten französischen, belgischen oder sowjetrussischen Kriegsgefangenen unerlaubten Kontakt aufzunehmen oder gar Methoden der Sabotage oder passiven Resistenz mit ihnen zu verabreden. Aber auch bei ganz unpolitischen, rein privaten, erotischen Gründen, die zu solchen »Vergehen« führten, spielte meist noch ein Element der Nonkonformität, der privaten Widersetzlichkeit gegenüber den vom NS-Regime während des Krieges ideologisch auf die Spitze getriebenen Verboten des Fraternisierens mit dem nationalen Feind (als der der Kriegsgefangene weiterhin galt) eine

Rolle. Nicht von den Motiven her, aber wegen solchen Normenverstoßes erhielten auch solche Fälle mitunter *politische* Bedeutung und wurden *politisch* behandelt. Wenn wir im Folgenden bewußt ein solches Beispiel herausgegriffen haben, so vor allem auch, um das in diesem spektakulären Fall arrangierten Volkszorns und schmählicher öffentlicher Anprangerung besonders gut bezeugte Umfeld der Verfolgungsbeteiligung sowie jene spezifisch nationalsozialistische Spielart der Verfolgung zu veranschaulichen, die rechtsbrecherisch dadurch wurde, daß sie ein tatsächliches Vergehen auf rechtswidrige Weise ahndete.

Der zweite Grenzfall – ein Beispiel des Doppelspiels von illegaler Betätigung und Zuträgerdiensten für die Gestapo – kam gewiß weniger häufig vor. Aber die Dunkelziffer ist hier sicher groß. Die Erpressung und Erpreßbarkeit im Rahmen der Verfolgung politischer Gegner spielte auch in der NS-Zeit wahrscheinlich eine größere Rolle, als gemeinhin bekannt ist. Der Fall, der hier zu erzählen ist, zeigt, daß dabei menschlich zu verstehende und verzeihbare Gründe maßgeblich sein konnten, und daß es – so paradox es klingt – auch noch in der Extremsituation des – aus Not heraus – zum Spitzel gefügig gemachten ehemaligen Gegners Grenzen gab, die man einhalten konnte.

1. Nationalsozialistische Verfolgung oder berechtigte Ahndung nationaler Schande?

Bestimmte Formen des intimen Umgangs mit Kriegsgefangenen, vor allem des Geschlechtsverkehrs zwischen deutschen Frauen und Kriegsgefangenen, sind bereits während des Ersten Weltkrieges in Deutschland – sofern sie bekannt wurden – mit Ordnungsstrafen belegt worden. Außer der moralischen Verurteilung solchen »würdelosen«, »unpatriotischen« Verhaltens wurden vor allem die sich aus solchem intimen Umgang häufig ergebenden Fälle von Fluchthilfe als strafwürdige Feindbegünstigung angesehen. Die moralischen und rechtlichen Sanktionen in anderen Ländern sahen in solchen Fällen ähnlich aus. Dem nationalsozialistischen Regime freilich blieb es vorbehalten, ausgehend von seinem hypertrophen Begriff nationaler Ehre und vor allem seinen ideologischen Normen von Rassereinheit und Rassestolz, während des Zweiten Weltkrieges für dergleichen Fälle massive rechtliche und außerrechtliche Sanktionen bis hin zur Todesstrafe (wenn es sich um fremdvölkische »Verführer« handelte) anzuwenden.

Schon aufgrund des Gesetzes zum »Schutz der Wehrkraft des Deutschen Volkes« vom 25.11.1939 (RGBl I, S.2319) konnte jeglicher Umgang von Zivilpersonen mit Kriegsgefangenen, der sich als »gröbliche Verletzung des gesunden Volksempfindens« interpretieren ließ, strafrechtlich verfolgt werden. Eine weitere Verordnung über den »verbotenen Umgang mit Kriegsgefangenen«, die durch einen Runderlaß des Reichsjustizministeriums vom 11.5.1940, unmittelbar nach Beginn des Westfeldzuges, bekanntgemacht wurde (RGBl I, S.769), spezifizierte, daß dabei kleinste Kleinigkeiten genügen konnten: Wer z.B. Mitteilungen von Kriegsgefangenen weiterleitete, wer einem Kriegsgefangenen Geld wechselte, ihm Briefmarken oder Schreibpapier verkaufte, wer Gespräche mit Kriegsgefangenen oder in Hörweite von Kriegsgefangenen führte, ihnen zuwinkte o.ä., konnte deswegen strafrechtlich zur Rechenschaft gezogen werden. Das NS-Regime forderte eine strikte private Nichtbeachtung der Kriegsgefangenen, was freilich unrealistisch war, weil, zumal auf dem Lande, wo schon 1940 viele polnische und französische Kriegsgefangene bei den Bauern zur Arbeit eingesetzt waren, sich eine solche strenge Abschließung gar nicht durchführen ließ.

Neben der strafrechtlichen Verfolgungsmöglichkeit hatte ein Runderlaß des Reichsführers der SS und Chefs der Deutschen Polizei an die nachgeordneten Polizeibehörden vom 16. Februar 1940 in Fällen verbotenen Geschlechtsverkehrs mit Kriegsgefangenen für die betreffenden Frauen zur Abschreckung die Einweisung in ein Konzentrationslager für mindestens ein Jahr vorgesehen und darüber hinaus der Polizei Weisung erteilt, nicht einzugreifen, wenn die deutschen Frauen und Mädchen am Ort es für angebracht hielten, eine solche ehrlose Geschlechtsgenossin »vor ihrer Überführung in ein KZ öffentlich anzuprangern oder ihr die Haare abzuschneiden«. Das war – kaum verklausuliert – eine deutliche Anregung, vor allem an die Adresse der lokalen Hoheitsträger der Partei, entsprechende Anprangerungen in geeigneten Fällen ins Werk zu setzen.

Doch diese Androhungen fruchteten nicht sehr viel. Vor allem in der ländlichen Provinz, so auch in Bayern, wurden all die Kriegsjahre hindurch intime Beziehungen zwischen Frauen und Kriegsgefangenen geknüpft. Insbesondere die französischen Gefangenen waren, infolge ihrer Tüchtigkeit, ihrer Kultiviertheit und nicht selten auch wegen ihres guten Aussehens und persönlichen Charmes vielfach sehr geschätzt und vermochten so manche wackere Bayerin zu erobern. Am 1. Dezember 1944 berichtete der Bamberger Oberlandesgerichtspräsident in seinem Monatsbericht an den Reichsjustizminister abermals über die nicht zu vermeidenden intimen Verhältnisse zwischen deutschen Frauen und Kriegsgefangenen und bemerkte dabei bissig und süffisant: »Hier ist es insbesondere der Franzose, der mit süßem Wesen und gesteigertem, sexuellen Temperament, geschniegelt und gebügelt, seinen Eindruck auf die deutsche Frau nicht verfehlt, die schließlich alles vergißt und sich dem Fremdling an den Hals wirft.«

Daß es damals ausschließlich Männer waren, die – nicht selten von solchen kaum unterdrückten Gefühlen des Sexualneides bestimmt – als Hoheitsträger der NSDAP, als Polizeibeamte oder Richter das über die Frauen verhängte Keuschheitsgebot im Umgang mit Kriegsgefangenen und Fremdarbeitern zu überwachen hatten, war sicher nicht ganz unerheblich für das meist drakonische Maß von Strafen (in der Regel zwischen ein und zwei Jahren Gefängnis), die wegen solcher Verfehlungen über Frauen verhängt wurden, insbesondere wenn sie sich dabei auch zur Fluchthilfe hatten verleiten lassen. Kam gar noch hinzu, daß der Ankläger die Erregung öffentlichen Aufsehens geltend machen konnte, so wurden dergleichen grobe Ordnungswidrigkeiten zu schweren Verbrechen hochstilisiert.

So geschah es in dem hier zu schildernden Fall, der sich im November 1940 in der oberbayerischen Kreisstadt Bad Aibling zutrug, lange bevor der propagierte Rassenhaß gegen sowjetische »Untermenschen«, die später die Hauptmasse der Kriegsgefangenen und fremdländischen Arbeitskräfte ausmachten, die Methode solcher Verbrechensbekämpfung noch weit grausamer gestaltete. Damals – im Herbst 1940 – nach dem Frankreichfeldzug und auf dem Höhepunkt nationaler deutscher Kriegs- und Siegeseuphorie ging es den lokalen Repräsentanten des NS-Regimes in solchen Fällen häufig in erster Linie darum, durch die Statuierung öffentlich wirksamer Exempel nonkonformes Verhalten zu brandmarken. Die Kreisstadt Aibling wurde in jenem Jahr

VII. Grenzfälle: Widerstand oder Verrat?

zur Szene einer solchen öffentlichen Anprangerung von drei Frauen, die die Bevölkerung der Stadt noch lange in Erinnerung behielt und die nach dem Krieg ihr gerichtliches Nachspiel hatte. Im Rückblick auf die fünf Jahre zurückliegenden Ereignisse erklärte im Jahre 1945 der öffentliche Ankläger:

>»Wir waren von jeher daran gewohnt, über das Mittelalter mit seinen Vorurteilen, dem Pranger, der Folter, den Hexenprozessen und grausamen Abschreckungsmethoden den Stab zu brechen und uns hoch erhaben darüber zu dünken. Aber was wir in den 12 Nazi-Jahren an sadistischer Grausamkeit erlebt, muß das deutsche Volk mit tiefster Beschämung erfüllen, mit tiefem Schmerz, daß solche Gestalten in einem Volke höchster Kultur einmal herrschend sein konnten. Gab es auch noch immer die Entschuldigung, daß man dies alles nicht gewußt, daß sich dies alles hinter dem Eisernen Vorhang der Stacheldrähte der Konzentrationslager abgespielt, so gilt dies nicht für die mittelalterliche Szene, die sich auf offenem Marktplatz am 29. November 1940 in Bad Aibling abspielte.«

Was war geschehen?

Mitten in Bad Aibling, im Schuhbräukeller, befand sich ein Außenlager des Kriegsgefangenenlagers Moosburg. Nach erfolgreichem Abschluß des Frankreichfeldzuges war dieses Lager mit französischen Kriegsgefangenen belegt, die tagsüber einzeln oder in kleinen Gruppen in Bad Aibling und in den umliegenden Ortschaften als Arbeitskräfte eingesetzt wurden. Aufgrund dieses Arbeitseinsatzes bahnten sich unvermeidlich manche Kontakte zwischen den Kriegsgefangenen und der deutschen Bevölkerung an, auch mit Frauen und Mädchen, die mit den Franzosen oder in ihrer Nähe zu tun hatten. Auch wenn die Franzosen abends in das improvisierte Lager zurückgehen mußten, war es nicht schwer, mit ihnen zu verkehren, da das Gefangenenlager nur mäßig bewacht wurde. Jedenfalls war es ohne großes Risiko möglich, in das Lager einzudringen und dort einen französischen Freund oder Geliebten ungestört zu treffen.

Die Geschichte fing damit an, daß sich das Dienstmädchen *Anne Bauer*, die im Haushalt des Fabrikanten Dr. *Weingart* beschäftigt war, in einen Franzosen, der im Anwesen ihres Dienstherrn beschäftigt war, verliebte, mit ihm Briefe austauschte und sich mit ihm heimlich nachts zu treffen begann. Unglückseligerweise faßten die beiden – vor allem das Mädchen scheint sehr naiv gewesen zu sein – den Plan, miteinander zu fliehen. *Anne Bauer* zog ihre Tante, *Lene Beil*, die Frau eines zur Wehrmacht einberufenen Maurers aus dem nur einige Kilometer entfernten Bruckmühl, ins Vertrauen und bat um Rat und Hilfe. An der Flucht wollte sich auch ein weiterer gefangener Franzose, der mit dem Geliebten *Annes* befreundet war, beteiligen. Man traf sich schließlich zu viert. *Lene Beil* ließ sich mit dem anderen Franzosen ein und spielte, eine ebenso leichtfertige Person wie *Anne*, ebenfalls mit dem Gedanken zu fliehen, obwohl sie zwei Kinder zu versorgen hatte. Der erste Schritt sollte darin bestehen, die beiden Franzosen aus dem Lager herauszuholen und bei *Lene Beil* in Bruckmühl zu verstecken, dann wollte man weitersehen.

Am 22. November 1940, nachts 24 Uhr, holten die beiden Frauen ihre französischen Geliebten vom Schuhbräukeller ab, brachten sie in die Wohnung der *Lene Beil* nach Bruckmühl, quartierten sie dort in einem abschließbaren Nebenzimmer ein und versorgten sie mit Zivilkleidern und Essen. Das ging eine Woche lang gut, so gut sogar, daß die beiden naiv-leichtsinnigen Frauen auch Dritte einweihten. So wurde das bei *Lene Beil* in Bruckmühl wohnende blutjunge Dienstmädchen *Else Rat* über die Fluchtpläne informiert. Auch *Anne Bauer* war recht redselig und erzählte dem ihr erst seit einigen Tagen bekannten neuen Chauffeur ihres Dienstherrn von der Sache. Dieser, ein gewisser *Zeisig*, der gern aufschnitt, wegen kleiner Betrügereien schon öfter mit der Polizei zu tun gehabt hatte und gegen den zur Zeit gerade ein Verfahren wegen sogenannter Heimtücke lief, prahlte, wahrscheinlich um dem Dienstmädchen zu imponieren, er hätte schon einmal Franzosen über die Grenze gebracht, sei dabei sogar angeschossen worden, und bot seine Dienste an. Am Donnerstag, dem 28. November, sollte der Helfer vorgestellt werden. *Anne* und der Chauffeur radelten abends gegen 22 Uhr nach Bruckmühl. Sie hatten vorher aus dem Keller ihres Dienstherrn eine Flasche Likör entwendet, um ein passables Gastgeschenk mitbringen zu können. Bei der Tante in Bruckmühl angekommen, setzten sich alle Eingeweihten mit den beiden Franzosen in die Küche, tranken den gestohlenen Likör und besprachen die Flucht. Offenbar berauscht von dem Getränk, entwickelte man phantastische Pläne. Die Flucht sollte über die Schweiz nach Frankreich gehen. Der angeberische Chauffeur erbot sich, den Wagen seines Dienstherren dafür zu stehlen. Auch die Verkleidung der Franzosen wurde bis ins Detail besprochen, der eine Franzose sollte die NSKK-Uniform des Chauffeurs erhalten, der andere als Frau verkleidet werden. Zu guter Letzt beschlossen sie, sich einen Revolver zu besorgen. *Lene Beil* hatte inzwischen mit Rücksicht auf ihre Kinder den Gedanken an eine Flucht aufgegeben. Für die anderen aber wurde als Tag, an dem sie gemeinsam fliehen wollten, der 6. Dezember festgelegt. Zur Ausführung dieses Planes kam es nicht mehr.

Infolge des Hinweises eines Kriegsgefangenen richtete sich der Verdacht der Fluchthilfe für die beiden entwichenen französischen Kriegsgefangenen auf *Anne Bauer*. Am 29.11.1940 früh morgens zwischen 8 und 9 Uhr erschienen im Anwesen des Dr. *Weingart* Polizeibeamte, durchsuchten ihr Zimmer und fanden Briefe und ein Foto ihres französischen Freundes. *Anne Bauer* wurde festgenommen und auf die Polizeiwache verbracht. Dort verhörte sie Polizeikommissär Fischer, der – wie sie später angab – schon bei dieser ersten Vernehmung androhte, ihr die Haare abschneiden zu lassen. Entsprechend eingeschüchtert, gestand sie ihr intimes Verhältnis mit dem Kriegsgefangenen sowie ihre Fluchthilfe und verriet das Versteck der beiden Franzosen. Nur etwa zwei Stunden nach der Festnahme von *Anne* machten sich drei Polizeibeamte auf den Weg nach Bruckmühl und untersuchten die Wohnung von *Lene Beil,* aber zunächst ohne Erfolg; die Franzosen hatten das Kommen der Polizei anscheinend bemerkt und sich aus dem Staube gemacht. *Lene Beil* wurde gleichwohl mitgenommen und zum Amtsgerichtsgefängnis nach Bad Aibling transportiert. Sie stritt vorerst alles ab, doch nach längerem von Fischer geführtem Verhör, nachdem dieser sie als Verräterin am Nationalsozialismus hingestellt und ihr vorgeworfen hatte, sie habe »Deutschland in den Dreck gezogen«, »Rassenschande« begangen und »ihr komme der Kopf herunter, wenn sie nicht ihre Schuld eingestehe«, gestand auch sie die Liaison mit dem französischen Kriegsgefangenen sowie ihre Mithilfe bei der Flucht und verriet das Versteck der beiden Franzosen in ihrer Wohnung. Fischer befahl telefonisch der Gendarmerie Bruckmühl, jene festzunehmen. Diesesmal öffnete das 19jährige Dienstmädchen *Else Rat*. Es gab vor, nichts zu wissen, und führte die Polizisten erst noch an der Nase herum: Als die Polizisten den Schlüssel zu der bewußten Zimmertür verlangten, gab es ihnen drei Schlüssel, von denen keiner paßte. Währenddessen versuchten die Kriegsgefangenen, über den Balkon zu fliehen, was aber durch einen draußen postierten Polizisten vereitelt wurde. Die Polizisten brachen schließlich mit einem Beil die Tür auf und nahmen außer den Franzosen auch *Else Rat* mit auf die Polizeiwache in Bruckmühl. Dort gab sie zu, daß sie von dem Versteck wußte, bestritt aber energisch, ihrerseits mit den Franzosen intimen Verkehr gehabt zu haben.

Jetzt hätte der Fall polizeilich und gerichtlich routinemäßig weitergeführt werden können, wobei – wenn vernünftige, gerechte Richter zum Zuge gekommen wären – neben dem unbestreitbaren Tatbestand der Fluchthilfe die naive Einfältigkeit der Beteiligten sich vermutlich strafmildernd ausgewirkt hätte. Aber vielleicht gerade weil man es mit Frauen niederen sozialen Ranges zu tun hatte, die nicht besonders gut beleumundet waren, kamen die politisch Verantwortlichen in Bad Aibling schnell auf den Gedanken, den Vorfall zum öffentlichen Tribunal und Spektakel zu machen. Triebkräfte hierbei waren der Bürgermeister und NSDAP-Ortsgruppenleiter Bastianelli und Polizeikommissär Fischer. Die beiden, der eine über die Maßen geltungssüchtig, der andere besonders beflissen, erwiesen sich bei der Inszenierung der nun folgenden rechtswidrigen öffentlichen Anprangerung als ein in fataler Weise sich sehr gut ergänzendes Gespann.

Bastianelli, ein Mann italienischer Abstammung und eingefleischter Nazi mit Neigung zu südländischen Temperamentsausbrüchen, hatte schon vor 1933 mit Hilfe der Partei versucht, sich gesellschaftliche Anerkennung und Einfluß zu verschaffen, war aber weiterhin sehr umstritten geblieben, vor allem weil er es als Ortsgruppenleiter der NSDAP schließlich nach 1933 durch allerlei Intrigen fertiggebracht hatte, den alten, allseits geachteten Bürgermeister zu verdrängen. Samt seiner Familie konnte er auch als Bürgermeister den »Makel« der italienischen Abstammung und der Herkunft aus niederen Verhältnissen nicht übertünchen, zumal die Gerüchte, die ihn und seine Frau der Unterschlagung bzw. der Erschleichung von Vorteilen verdächtigten, offenbar nicht aus der Luft gegriffen waren. Krankhafte Geltungssucht, die ihn veranlaßte, sich unberechtigterweise ein Eisernes Kreuz I. Klasse anzustecken oder den gar nicht existierenden Titel eines stellvertretenden Kreisleiters der NSDAP zu führen, und die offenbar auch im Spiele war, als er im Sommer 1940, nach dem Brand des alten barocken Rathauses, das Gebäude sofort niederreißen und mit dem Bau eines prächtigen neuen Rathauses beginnen ließ (Gerüchte wollten sogar wissen, er selbst habe den Brand gelegt), war das mindeste, was man ihm begründet vorwerfen konnte.

Diesem prestigesüchtigen Mann, der nichts auslassen konnte, was die Chance bot, ihm öffentliche Beachtung zu verschaffen, kam der Fall der drei Frauen im November 1940 gerade recht. Und in dem Polizeikommissär Fischer hatte er einen Büttel zur Seite, der, von Hause aus kein Nazi, den Inbegriff des nach oben katzbuckelnden und nach unten tretenden Subalternen erfüllte. Bastianelli beurteilte ihn später (1945) selber so: »Er war sehr eifrig. Er war ein diensteifriger Polizeibeamter, geistig nicht immer ganz auf der Höhe ... politisch war ich zufrieden.« Der Landrat des Kreises, Dr. Roidl, kam der Wahrheit wohl noch ein Stück näher, wenn er dem Polizeibeamten, der sich selbst später als bloßen »Stadttagelöhner« unter der unberechenbaren »Herrschaft des Bastianelli« bezeichnete, nachsagte, er sei in seinem polizeilichen Übereifer »ein narrisches Luder« gewesen, ständig bemüht, dem Bürgermeister, der »seine Beförderung in der Hand hatte«, gefällig zu sein.

So sahen die Akteure aus, die an jenem 29. November 1940 das Heft in die Hand nahmen. Nach Abschluß der polizeilichen Festnahmen und ersten Verhöre machte

Fischer dem Ortsgruppenleiter und Bürgermeister »freudig und eifrig«, wie mehrfach bezeugt wurde, Meldung über seine kriminalistischen Erfolge und gab dabei auch in gehöriger Weise seiner Empörung über die Frauen Ausdruck. Bastianelli nahm das sofort auf und verkündete kurzerhand, »daß er diesen Weibern die Haare abschneiden lassen werde«. Beide kannten wohl den zitierten Himmlerschen Erlaß, wußten deshalb auch, daß so etwas von der politischen Führung durchaus erwünscht war und daß man es freilich so einrichten mußte, als sei die Sache spontan durch öffentliche Erregung und Volkszorn in Gang gekommen. Damit es wirklich zum öffentlichen Haarabschneiden käme, wandte sich Bastianelli mit einer entsprechenden Aufforderung an einige im Rathaus beschäftigte, ihm unterstehende Frauen und Mädchen und ließ außerdem einige ihm als parteifromm bekannte BdM-Mädchen in das Rathaus holen und instruierte sie entsprechend. Später (bei dem Nachkriegsprozeß in dieser Sache) redete er sich heraus, es ei ihm darum gegangen, diese »ehrenhafte Arbeit« nicht einer unkontrollierten Menge, sondern »unbescholtenen« Frauen und Mädchen »mit gutem Ruf« zu übertragen. Die damalige Gruppenführerin der Aiblinger Jungmädel war gerade aus der Mittelschule aus Rosenheim nach Hause gekommen, als ein Bote des Ortsgruppenführers sie aufforderte, sofort in BdM-Uniform im Rathaus zu erscheinen. Auch ein anderes 18jähriges BdM-Mädchen erschien auf solche Aufforderung hin, bekam von Bastianelli persönlich die Schere in die Hand gedrückt und sah sich gezwungen, an der peinlichen Prozedur mitzuwirken, nachdem sie sich erst geweigert hatte, ihr aber von Bastianelli angedroht worden war, sie würde sonst »mit den Frauen auf die gleiche Stufe gestellt« werden.

Die Ankündigung des Bürgermeisters, es werde eine öffentliche Anprangerung der Frauen geben, sprach sich in der Stadt wie ein Lauffeuer herum. Schon am späten Mittag fanden sich auf dem Stadtplatz vor dem Rathaus zahlreiche Menschen, vor allem Frauen, Schüler und Soldaten, ein und warteten auf das angekündigte Schauspiel, einige mit Scheren in der Hand. Um genügend Empörung zu erregen, hatte Fischer nicht nur Einzelheiten aus der Vernehmung im Rathaus ausgeplaudert, sondern diese noch ausgeschmückt mit Bettgeschichten der beiden »schamlosen« Frauen (sie hätten es paarweise nebeneinander im Ehebett der einen Frau, deren Ehemann als Soldat an der Front stehe, getrieben). Das war durchaus geeignet, Entrüstung in der angesammelten Menschenmenge zu schüren; jedenfalls nicht wenige unter der ständig anschwellenden Menschenmenge waren infolgedessen ehrlich empört, daneben standen bloß Neugierige und einige, die bald mit wachsendem Widerwillen Zeuge der Veranstaltung wurden.

Die beiden Frauen *Anne Bauer* und *Lene Beil* waren kaum in der Revierstube angelangt, wo die Vernehmungsniederschrift angefertigt werden sollte, als Bastianelli erschien und anordnete, daß jetzt die beiden Frauen herauszuführen seien. Fischer mußte Zwang anwenden, um die sich wehrenden Frauen nach draußen, auf die Stufen des Rathauses, zu führen, wo sie von johlenden und grölenden Menschen empfangen wurden.

Mit großer Geste trat nun Bastianelli, in SA-Uniform, in die Menge – das Schauspiel klappte wunderbar – und verschaffte sich nur mühsam gegen das Schimpfen und Schreien der Menge Gehör. Die Frauen, so erklärte er pathetisch und zeigte auf sie, seien Verräterinnen der deutschen Rasse. Aber der Volkszorn hatte sich bis jetzt nur akustisch bemerkbar gemacht. Deshalb mußte der Volkstribun deutlicher werden. Er forderte die Menge auf: »Spuckt sie an!« und »Nun die Haare herunter.« Bastianelli konnte zufrieden sein: jetzt gingen die dafür eingeteilten Frauen auf die beiden Angeschuldigten los und begannen, ihnen die Haare abzuschneiden. Andere stürzten, als die Frauen sich wehrten, hinzu, hielten sie fest, rissen ihnen die Haare büschelweise aus, bespuckten sie und schrien ihnen die übelsten Schimpfworte ins Gesicht. Als ein Mädchen sich weigerte zu scheren, entriß ihm eine nachdrängende Frau sofort die Schere und setzte das brutale Werk fort. Als die Frauen gänzlich kahl geschoren waren, führte Fischer sie um die Mariensäule herum und gab der immer noch anwachsenden Menge ausgiebig Gelegenheit, sie weiter anzuspeien, herumzustoßen und zu schlagen (später behauptete er, von all diesen Mißhandlungen nichts bemerkt zu haben). Erst als die Frauen endlich über und über voller Dreck waren, führte er sie in das Revier zurück. Doch einige in der Menge hatten noch nicht genug und verlangten grölend eine weitere Vorführung der Frauen. Bastianelli kam der Volksmeinung sicherlich nicht ungern nach und befahl Fischer, die Frauen erneut herauszubringen. Inzwischen hatte man Schmähschilder mit der Aufschrift »Franzosenhure« angefertigt, die den Frauen umgehängt wurden. In solchem Aufzug wurden sie mehrmals photographiert und dann von Fischer erneut gezwungen, in die zusammengerottete, aggressive Menge hineinzugehen und eine weitere Runde um die Mariensäule zu machen. Wiederum wurden sie beschimpft (»Saumensch, Dreckmensch« etc.) und bespuckt und vereinzelt auch geschlagen. Als die Frauen dann in das Revier geführt wurden, drängten einige aus der Menge nach und konnten ihre Anpöbelungen, von der Polizei ungestört, fortsetzen, während ein Subaltern-Beamter die Vernehmungsniederschrift aufsetzte.

Indessen fuhren Fischer und Bastianelli nach Bruckmühl, um auch *Else Rat* und die beiden Franzosen nach Bad Aibling zu bringen. Die dortige Gendarmerie übergab Fischer das Dienstmädchen *Else Rat* mit der Maßgabe, sie im Amtsgerichtsgefängnis abzuliefern. Genau das aber tat Fischer nicht, sondern er fuhr mit ihr zum Stadtplatz und zwang sie, hinter der inzwischen auf 800 bis 1000 Personen angeschwollenen Menge auszusteigen und durch sie hindurch zum Rathaus zu gehen. So wurde auch dieses, damals knapp neunzehnjährige Mädchen, wie nicht anders zu erwarten, obwohl es weder ein Eingeständnis noch eine Feststellung ihrer Schuld gab, von der aufgeputschten Menge eine gute Stunde lang bespuckt, beschimpft und schließlich von einigen Soldaten kahlgeschoren.

Nur die beiden Franzosen blieben von ähnlichem verschont, weil Bastianelli – wohl wissend, daß er es hier mit den für Kriegsgefangene zuständigen Dienststellen der Wehrmacht zu tun bekommen konnte – diese beiden im eigenen Auto bis an das Polizeirevier heranbrachte. Später brüstete er sich:

>»Nur meiner Autorität und meinem persönlichen Einsatz ist es zu verdanken, daß die beiden von Bruckmühl per Auto gebrachten französischen Kriegsgefangenen ohne jegliche Belästigung von der erregten Menge blieben. Sie äußerten damals, daß sie Angst gehabt hätten, von der Menge mißhandelt oder gar gelyncht zu werden.«

Der gesamte Vorfall des öffentlichen Terrors hatte 3–4 Stunden gedauert, ehe sich die Menge zerstreute. Als die – wie wir sahen – bewußt arrangierte Erregung vorüber war, zeigte sich, daß es neben den Aggressionen und lautstarken Gehässigkeiten, die die Szene beherrscht hatten, auch andere Empfindungen gab. Der Kommandeur des in der Stadt kasernierten Wehrmachtsbataillons z. B. hatte den Soldaten, die sich auf dem Stadtplatz in nicht geringer Zahl mit eingefunden und zum Teil auch an den Mißhandlungen beteiligt hatten, das sofortige Verlassen des Schauplatzes befohlen und, weil der Befehl nicht auf der Stelle von allen befolgt wurde, zur Strafe für zwei Tage die Ausgangszeit verkürzt. Hinter vorgehaltener Hand wurde in den folgenden Tagen auch von der Bevölkerung Kritik an den Vorgängen geäußert, vor allem kam Mitleid mit dem Dienstmädchen *Else* zum Ausdruck, das man möglicherweise ganz ohne Grund in die schmähliche Behandlung einbezogen hatte. Der Pfarrer von Bad Aibling wagte auch öffentliche Kritik. In seiner Silvesterpredigt nannte er die Haarabschneide-Affäre eine »Schmach und Schande für Aibling«. Er wurde daraufhin bei der Gestapo angezeigt, die ihm mit KZ drohte. Schließlich mußte er eine Buße von 200 RM zahlen.

Die Regierung von Oberbayern forderte von Fischer einen Bericht über die Vorgänge an, worauf dieser am 25.2.1941 ein Rechtfertigungsschreiben verfaßte, das als blanker Hohn auf den Sachverhalt interpretiert werden muß, wie die späteren Zeugenaussagen bewiesen. Die Leute auf dem Stadtplatz hätten ein »diszipliniertes Verhalten« an den Tag gelegt, es sei zu »keinerlei Ausschreitungen« gekommen und zum Schutze der vorgeführten Frauen vor Mißhandlungen sei er »persönlich in unmittelbarer Nähe« gewesen. Die nach dem Vorfall in Bad Aibling lautgewordene Kritik begründete Fischer vor allem mit der Aversion gegen den Bürgermeister:

»Jetzt begann eine ca. 10 Tage dauernde Hetzerei gegen den Bürgermeister, besonders in seiner Tätigkeit als Ortsgruppenleiter. An dieser Kritik beteiligten sich persönliche Feinde des Bürgermeisters, Gegner aus katholischen Kreisen sowie Personen, die diese symbolische Anprangerung als Entehrung der deutschen Frau nicht verstanden. An dem Verhalten der Beamten der Schutzpolizei wurde überhaupt fast kein Tadel ausgesprochen. Nur ein kleiner Teil meinte, die Schutzpolizei hätte diese Anprangerung nicht zulassen dürfen. Ich übernehme die volle Verantwortung allein für die Duldung der öffentlichen Anprangerung und darf mich hierbei auf die Weisung des RFSSuChdDtPol. i. RMdI vom 16.2.40 berufen.«

Das öffentliche Spektakel, das Bastianelli und Fischer herbeigeführt hatten, trug offensichtlich dazu bei, daß die anschließende gerichtliche Verurteilung der Frauen sehr scharf ausfiel. Das Sondergericht München verurteilte *Anne Bauer* und *Lene Beil*, denen kein Verteidiger bewilligt wurde, jeweils zu 3½ Jahren Zuchthaus und Aberkennung der bürgerlichen Ehrenrechte auf 5 Jahre. *Else Rat* erhielt, da ihr intime Beziehungen mit den Franzosen trotz intensiver Bemühungen des Polizeibeamten Fischer nicht nachgewiesen werden konnten, wegen der Verheimlichung ihrer Kenntnis des Verstecks der beiden Kriegsgefangenen eine Gefängnisstrafe von 9 Monaten.

Nach dem Zusammenbruch der NS-Herrschaft wurden die Urteile durch Beschluß der 1. Strafkammer des Landgerichts München I vom 3.5.1947 aufgrund der Bestimmungen über die Wiedergutmachung nationalsozialistischen Unrechts aufgehoben. Bastianelli und Fischer hatten sich wegen der Affäre sowohl vor der Spruchkammer als auch vor der Strafkammer des Landgerichts Traunstein zu verantworten. Dabei kam es – zwischen Anklage und Verteidigung wie in der Auslassung der Zeugen – zu bezeichnenden Kontroversen darüber, ob es sich bei den Vorfällen am 29. November 1940 um nationalsozialistisches Unrecht oder um eine – vom politischen Regime des NS unabhängige – Ahndung nationaler Schande gehandelt habe. Gegenüber dem öffentlichen Ankläger konnte Bastianelli – offenbar im Einklang mit einem nicht geringen Teil der Aiblinger Bevölkerung – im Brustton der Überzeugung erklären:

VII. Grenzfälle: Widerstand oder Verrat? 181

»Diese Angelegenheit als nazistisch oder kriegshetzerisch-militaristisch zu bezeichnen, ist jedenfalls abwegig, denn die Empörung der anständigen Menschen über eine solche würdelose und schmutzige unsittliche Handlung entspringt doch einem berechtigten Gefühl für Ehre und Selbstachtung und hat mit politischer Einstellung und Militarismus nichts zu tun. Die Aggressivität der Bevölkerung über die schamlose und würdelose Handlung der drei Frauen, die neben ihrer ehrlosen geschlechtlichen Ausschweifung auch Kriegsgefangenen zur Flucht verhalfen, war die begreifliche Folge der moralischen Entrüstung. ... Von einer ›unabwischbaren Schande Aiblings‹ zu sprechen, ist wohl eine rhetorische Übertreibung. Das Verhalten der Frauen vorher war derart ekelerregend und schamlos, daß sich wohl auch der nüchternste und kühlste Beurteiler angewidert fühlen mußte.«

Kläglicher war die Verteidigung Fischers, der u. a. ausführte (1.3.1948):

»Was hätte ich denn tun sollen, damals, so wie die Situation lag? Hätte mein Weigern nicht mit Sicherheit die Frauen in ein KZ gebracht, so wie es in dem Himmler-Befehl als Regelfall vorgesehen war? Ein Auflehnen gegen diesen Befehl wäre eine Art Selbstmord gewesen und hätte den Frauen auch nicht einen Pfifferling genützt, sondern ihnen im Gegenteil nur geschadet.«

Die Masse der Aiblinger Bevölkerung wollte von der Sache nichts mehr wissen. Die Staatsanwaltschaft hatte große Schwierigkeiten, aussagewillige Zeugen zu finden. Unter diesen hielten die meisten sich aber nicht zurück und verfielen in die alten Gefühle, wenn sie nach ihrer Meinung über die drei damals angeprangerten Frauen gefragt wurden. Der Ermittlungsrichter berichtete darüber: »Fast sämtliche Personen äußerten sich über die Geschädigten abfällig und brachten vor, für sie sei es unverständlich, daß diese Frauen heute als Märtyrer hingestellt und behandelt werden. Wenn heute auch der Krieg verloren sei, so könne sich die Moral nicht zugunsten dieser Frauen gewendet haben.« Typisch war folgende Aussage einer Zeugin im Spruchkammerverfahren gegen Fischer am 18.8.1947:

»Ich habe bei der Haarschneideaktion zugesehen. Ich sah die Sache von der Ferne. Wie ich den Volksauflauf sah, bin ich nicht mehr durchgekommen und bin wieder zurück. Ich hörte abfällige Urteile und habe selbst nicht zurückgehalten.... Die Sache war für mich empörend. Ich habe das ausgesprochen und hörte auch solche Urteile.«

Aber es gab schließlich auch andere Zeugenbekundungen. Eine Frau aus Rosenheim, die an jenem 29. November 1940 mit dem Fahrrad auf dem Wege zu ihren Eltern durch Bad Aibling gekommen war, erinnerte sich an grobe Wutausbrüche einer Gruppe von Soldaten gegen die »Saumenscher«, die man aufhängen müsse. Einer habe ihr gegenüber geäußert:

»Ihr deutschen Frauen schämt Euch, wir bluten an den Fronten und ihr hurt mit den Franzosen herum. Darauf sagte ich ihm, er möchte sich die Leute besser ansehen, zu denen er das sage; und er entschuldigte sich dann. Ich als Frau habe mich geschämt, daß so was vorkommt und bin diesem Menschenstrom ausgewichen.«

Selbst ein Parteigenosse hatte bei der öffentlichen Lynch-Justiz, die da verübt wurde, sich das Empfinden der Rechtswidrigkeit durch die allgemeine Erregung nicht nehmen lassen und gab am 18.8.1947 an, wie er sich damals geäußert hatte:

»Ich habe gesagt, das ist ein Saustall. Das ist im Mittelalter nicht vorgekommen. Die Leute sind hingesprungen mit der Schere und mit dem Messer und haben die Haare herausgerissen. Die Letzte haben sie angespuckt, daß der Dreck heruntergelaufen ist.... Die Leute waren wie die Wilden. Die Masse waren Schulkinder und Erwachsene. ... Ich habe geschimpft und bin wieder heimgegangen. Ich war selber Parteigenosse. Ich habe es nicht gut geheißen. Ich sagte, wenn jedem Soldaten, der eine Französin gehabt hat, das Ohr weggeschnitten würde, wären zwei Drittel ohne Ohren heimgekommen.«

Am eindrucksvollsten war die nachträgliche reuige Einsicht einer Frau, die sich selbst an dem Haarschneiden beteiligt hatte. Hier ihre Aussage vom 13.7.1948:

»Ich habe mich am 29. November 1940 in Bad Aibling befunden. Ich hatte dort sogenannte Zugehplätze. Gegen 4 Uhr nachmittags habe ich erfahren, daß heute auf dem Stadtplatz Frauen von Bruckmühl vorgeführt werden, die sich mit französischen Kriegsgefangenen eingelassen hatten. Da ich schon einmal in der Wolldeckenfabrik in Bruckmühl gearbeitet habe, dachte ich mir: da gehe ich auch hin, vielleicht kenne ich sie. Als ich zum Stadtplatz kam, war dort bereits eine große Menge Menschen versammelt. Sie stand vor dem Grafenbräu. Als ich dort angekommen war, wurden die Frauen gerade herausgeführt. Ich kann mich erinnern, daß sie der damalige Polizeimeister Fischer herausgeführt hat. Die Frauen blieben dann ausgerechnet bei mir stehen. Die Menge, die sich auf dem Stadtplatz befand, war sehr aufgeregt. Plötzlich wurden den Frauen die Haare abgeschnitten. Ich weiß heute selbst nicht mehr, wie es gekommen ist, daß ich dann selbst zu einer Schere gekommen bin und mich am Haarabschneiden beteiligt habe. Ich gebe zu, daß mich das Verhalten dieser Frauen so erregt hatte, daß ich nicht mehr wußte, was ich eigentlich tat. Ich ärgerte mich hauptsächlich über Frau *Beil,* weil diese verheiratet war und diese ihre Nichte nicht davon abgehalten hat.

Deshalb muß es auch gekommen sein, daß ich mich zu der *Beil* wandte und dieser vorne einen Büschel Haare abschnitt. Ich kann mich heute auch noch ganz gut erinnern, daß hinter mir der ehemalige Bürgermeister Bastianelli stand und sagte: ›Spuckt die Frauen an, sie sind es nicht wert, daß sie deutsche Frauen sind!‹ Als ich die Haare der *Beil* abgeschnitten hatte, war ich plötzlich anders. Ich weiß nicht wie mir war. Ich war damals auch mit meinen Nerven sehr herunten. Ich sah plötzlich ein, daß ich einen Fehler begangen hatte. Ich dachte mir immer: ›Das hättest Du nicht tun sollen.‹ ... Ich habe meine Angaben wahrheitsgemäß gemacht und gebe zu, daß ich mich damals nicht rechtmäßig verhalten habe. Ich habe darüber schon oft nachgedacht und mich geschämt gegenüber meinen Pflegekindern. Ich kann aber immer wieder nur sagen, daß ich deshalb schon schwer gelitten habe, weil ich bisher immer anständig durchs Leben gegangen bin, wenn ich auch aus ärmlichen Verhältnissen stamme.«

2. Eine Verräterin?

Die Spitzeltätigkeit ehemaliger Kommunisten, seltener auch ehemaliger Sozialdemokraten war für die Politische Polizei ein ganz wesentliches Instrument zur Aufdeckung illegaler Widerstandsgruppen, vor allem in den ersten Jahren des Regimes. Die in Band V dieser Reihe enthaltenen ausführlichen Darstellungen Hartmut Mehringers über Widerstand und Verfolgung bayerischer Kommunisten und Sozialdemokraten geben dafür eindrucksvolle Belege. Sehr wenig, fast nichts Genaues aber ist darüber bekannt, wie es im einzelnen dazu kam, daß bisher überzeugte kommunistische oder sozialdemokratische Gegner des Regimes »umgedreht« werden konnten. Aus einer Reihe von Einzelfällen kann immerhin geschlossen werden, daß außer materieller Verlockung die erpresserische Ausnutzung der durch die Verfolgung für KZ- oder Gefängnis-Häftlinge entstandenen Not- und Zwangslage dabei eine wesentliche Rolle spielte. Das Doppelspiel, das solchen Agenten zugemutet wurde, muß, wenn und soweit sie es mitspielten, gewiß als Verrat bezeichnet werden. Hinter einem solchen, aufgrund von äußerlichen Fakten klar zu beurteilenden Tatbestand verbarg sich aber mit-

VII. Grenzfälle: Widerstand oder Verrat?

unter auch ein nicht von der Gestapo bestimmtes und von ihr kontrollierbares inneres, psychologisches Doppelspiel der Betreffenden, die mit ihrem Gewissen dadurch ins reine zu kommen suchten, daß sie ein Stück des ihnen auferlegten Zuträgerdienstes selbst wieder durchkreuzten. Das Diktum »Verrat« kann dann zweifelhaft oder gar grundlos werden. Um einen solchen Fall handelte es sich offenbar bei der Geschichte von Frau Mathilde Baierl, die im Folgenden zu erzählen ist.

Mathilde Baierl entstammte einer angesehenen sozialdemokratischen Familie aus Furth im Wald, das – in der bayerischen Oberpfalz nahe der tschechoslowakischen Grenze gelegen – für den illegalen Verkehr mit der sozialdemokratischen Exilorganisation in der Tschechoslowakei in den Jahren nach 1933 eine wichtige Funktion erhielt. Ihr Vater, Philipp Margeth, ein Holzschuhmacher, hatte sich als getreuer Funktionär der SPD einen guten Namen gemacht, auch die Tochter war selbstverständlich Mitglied der Partei geworden und gehörte ganz und gar dem durch die Familie und ihre gleichgesinnten Freunde vermittelten sozialdemokratischen Milieu an. Nach dem Verbot der SPD war ihr Vater im Kontakt zu ehemaligen Genossen geblieben und hatte sich bereit erklärt, als einer der Vertrauensmänner des emigrierten »Grenzsekretärs« Hans Dill beim Herausbringen von Nachrichten für die »Sopade« und beim Hereinschmuggeln sozialdemokratischer Schriften mitzuwirken. Sein Haus in Furth i.W. wurde zu einer der Abholstellen für die Weiterverbreitung solcher heimlich über die Grenze gebrachten SPD-Literatur. Als Grenzgänger betätigten sich gelegentlich auch seine Tochter Mathilde und deren Mann, ein Glasarbeiter, der stolz darauf war, in die ehrbare sozialdemokratische Familie eingeheiratet zu haben, und selbst – wie sich zeigen sollte – ein überzeugter, unbeugsamer Sozialdemokrat war. Die beiden hatten vier kleine Kinder, riskierten aber dennoch die Grenzgängerei, die damals den Tatbestand des Hochverrats erfüllte. Philipp Margeth hatte freilich anfangs Bedenken, seine Tochter und ihren Mann in diese illegale Betätigung mit hineinzuziehen. Sie schilderte später selbst, wie das – im Oktober 1933 – angefangen hatte.

Eines Tages schickte ihre Stiefmutter, ebenso überzeugt und verläßlich sozialdemokratisch wie der gerade abwesende Vater, dringend nach ihr. Ein Gesinnungsgenosse des Vaters, ein gewisser Weber, war gerade gekommen und benötigte jemanden, der – mit den Wegen über die Grenze vertraut – bei einem Verbindungsmann jenseits der Grenze, in einem Bata-Schuhgeschäft in Vollmau, einen Brief abholen könne. Aus der Erinnerung des Jahres 1946 schrieb Mathilde Baierl auf, was sich im Folgenden zutrug:

»Mit noch zwei Frauen, die Schuhe holen wollten in der Bata-Filiale, ging ich nach Vollmau. Die Inhaber des Schuhgeschäfts waren nicht zu Hause und wir warteten im Gasthaus Kolbeck. Des öfteren ging ich nachsehen, da mir daran lag, allein mit den Leuten zu reden. Im Hausflur ging jedesmal ein Mann hin und her. In der dort herrschenden Dunkelheit konnte ich nicht erkennen, wie er aussah. Endlich, die zwei Frauen waren auch dabei, trafen wir den Filialleiter. Ich schnell hin und halblaut nach Post für mich fragen, war eines. Beinahe wäre ich mit dem im Hausgang auf- und abgehenden Mann zusammengestoßen, der eben nach mir fragte. Wir wechselten schnell ein paar Worte, er gab mir seine Adresse an (Cerni-Staab 25), im Falle mir etwas passieren würde, soll ich mich dahin wenden, übergab mir ein Päckchen und, was ich aber nicht mehr bestimmt sagen kann, einen Brief. Auch sagte er mir noch, daß er seine Mutter und sein Mädel in Regensburg habe. Dann gesellte ich mich wieder den beiden Frauen zu, beteiligte mich am Schuhkauf und erstand ein Paar Hausschuhe für mich. Frau Anna Rieger fragte mich, wo ich denn hinverschwunden sei und wollte mich wegen des Mannes verulken, da sie uns scheinbar doch gesehen hatte; ich bedeutete ihr zu schweigen und als ich dann mit ihr allein war, erklärte ich ihr einiges und versprach ihr SPD-Schriften zum Lesen. (Da ich das Paket nicht im Ganzen an mir verbergen konnte, hatte ich es geöffnet und den Inhalt am Körper verstaut.) Zu Hause gab ich ihr dann auch etwas, sowie noch zwei Männern, die aber heute nicht mehr leben. ... Für meinen Vater nahm ich auch einige weg und trug sie ihm hin. Er nahm sie, sagte zu mir, ich solle die Hände von der Sache lassen, ich spiele mit meinem Kopf. Wäre er damals, als meine Stiefmutter um mich schickte, zu Hause gewesen, so hätte man nicht um mich schicken dürfen. Am nächsten oder übernächsten Tag kam der junge Mann und holte sich die Schriften ab.

Dann hörten wir etliche Wochen nichts mehr. An einem Samstag im Dezember 1933 kam wieder eine meiner Stiefschwestern (ich war gerade am Treppenputzen) und sagte, ich solle zu ihnen kommen, es wären wieder solche Leute da. Eingedenk der Warnung meines Vaters sagte ich, ich wolle nichts mehr damit zu tun haben. (Mein Vater war wieder nicht zu Hause.) Es kam kurze Zeit darauf meine zweite Schwester in die Wohnung, es war auch mein Mann anwesend. Sie bat, wir sollen doch kommen. So ging mein Mann eben mit. Es waren zwei bis drei Mann anwesend, die am folgenden Morgen nach Fichtenbach (Tschechei) wollten. Mein Mann versprach sie zu führen, was er auch tat. Mir war es nicht recht, lieber wollte ich gehen. Die Sache ging doch von meinem Elternhause aus; passierte etwas, bekam ich Vorwürfe von seinen Eltern und Geschwistern, außerdem machte ich mir selber Vorwürfe. Da ich aber schon längere Zeit leidend war, ließ es wiederum mein Mann nicht zu. In Fichtenbach trafen sie Hans Dill und (ich kann es nicht mehr ganz bestimmt behaupten) Cerni. Es wurden Berichte ausgetauscht, auch Schriften (Sozialistische Aktion) mitgegeben. Außerdem wurde verabredet, daß mein Mann in vierzehn Tagen bei Voithenberg ein Paket Sozialistische Aktionen abhole, welche Ascherl aus Fichtenbach über die Grenze bringe. Dies geschah auch. Dann hörten wir nichts mehr von der Sache.«

Am 13. Mai 1934 wurde der Vater Mathilde Baierls verhaftet, tags darauf auch ihr Ehemann. Bei seiner Verhaftung waren auch die vier Kinder anwesend, der drittälteste Bub, der sehr am Vater hing, litt so darunter, daß er am Abend in hohem Fieber lag.

Die Baierls mußten immer schon mit wenig Geld auskommen. Nun aber, als der Verdienst von Mann und Vater ausfiel, geriet Mathilde Baierl in ihrer Sorge, wie sie ihre vier Kinder satt kriegen solle, in helle Verzweiflung. Sie beriet sich über Pfingsten mit Freunden im etwa 20 km entfernt liegenden Ort Blaibach. Sie rieten ihr, beim Bürgermeister in Furth um Familienunterstützung nachzusuchen. Dieser warf ihr zunächst in harten Worten vor, daß die Familie mit ihrer früheren SPD-Zugehörigkeit ihre Notlage selbst verschuldet habe, und bewilligte ihr, erst nachdem sie ihm seine frühere SPD-Mitgliedschaft vorgehalten hatte, ganze 8.– RM Unterstützung pro Woche für sie und die vier Kinder. Das reichte kaum für die Behandlung des inzwischen ernstlich erkrankten Jungen. Sie verdingte sich deshalb in den nächsten Tagen nachmittags bei einem Bauern zum Heumachen, »um doch wenigstens die Milch zu verdienen«. Dort wurde sie am 25.5.1934 vom Feld weg verhaftet und in das Gerichtsgefängnis Cham eingeliefert, in dem schon die anderen festgenommenen Mitglieder ihrer Familie einsaßen. Eine Nachbarin und Gasthausbesitzerin in Furth, selbst ehemalige Sozialdemokratin, die viel bei ihren Eltern, den Margeths, verkehrt hatte, erinnerte sich noch im Mai 1947, was diese Situation damals für die Familie bedeutete: »Ich weiß, was das war, als der Vater, die Mutter, der Schwiegersohn und die Tochter eingesperrt wurden und die kleinen Kinder allein waren. Der kleine Ferdl hat gesagt, er tut sich etwas an und der Kleinste ist gestorben, weil er seine Mutter so entbehrte.«

Eine andere sagte aus: »Ich vergesse den Anblick nie, wie die Frau verhaftet und von ihren Kindern weggerissen wurde. Die Kinder sind seelisch kaputt gegangen, ein Junge ist gestorben und das Mädel war so krank und schwach, daß man Angst haben mußte, daß es auch noch stirbt, weil die Mutter eben niemand ersetzen kann. Ich kann bezeugen, daß die Frau immer in einer Notlage war, und daß sie öfter bei meinem Vater Geld aufgenommen hat. Sie hatte nur den Verdienst ihres Mannes, der Glasarbeiter in der Glasfabrik war.«

Anfang Juni wurde Mathilde Baierl von Kriminalsekretär Beetz von der Politischen Polizei Nürnberg vernommen. Sie leugnete, doch ihr vorgelegte unterschriebene Geständnisse ihres Vaters, ihrer Stiefmutter, die einen Tag nach ihr eingeliefert worden war, sowie des inzwischen auch verhafteten vorgenannten Weber ließen weiteres Leugnen sinnlos erscheinen. Sie legte daher ebenfalls ein Geständnis ab. Auf Veranlassung von Beetz schrieb sie auch einen Brief an ihren Mann, der bisher nichts gestanden hatte, und riet ihm, ihrem Beispiel zu folgen.

Im Gefängnis konnte sie zwar nachts Sprechkontakt mit ihren Angehörigen aufnehmen, aber von den Kindern erfuhr niemand etwas. Erst durch einen später verhafteten Schmuggler bekam sie nach Wochen die Nachricht, ihr Neunjähriger sei ernsthaft krank und auch ihre fünfjährige Tochter »wegen Heimweh herz- und nervenkrank« geworden. Die Nachricht verursachte bei der Mutter einen schweren Nervenzusammenbruch. Der Gefängnisarzt verordnete Beruhigungsmittel und nach der Genesung Arbeit außerhalb der Zelle, doch die Mutter kam nicht mehr zur Ruhe. Tag und Nacht sann sie darüber nach, wie sie zu ihren verlassenen und kranken Kindern gelangen könne. Auch ihr Mann erlitt aus denselben Gründen einen schweren Schock und wurde in eine Nervenheilanstalt eingeliefert, wo er wochenlang verblieb. Aber während er die Zeit apathisch und passiv durchlitt, benutzte die resolutere Frau die einzige Gelegenheit, die sich ihr zu bieten schien, um sich aus ihrer Lage zu befreien. Sie berichtete darüber später selber:

»Im Oktober kamen wir ins Polizeigefängnis im Präsidium [Nürnberg]. Im Polizeigefängnis hatten wir Zellen ohne Tageslicht und Luftzufuhr. Es war sehr schmutzig und ekelerregend. Meine Hoffnung sank auf den Nullpunkt, ich sah alles in schwarz. ... In diesem Gefängnis bekamen wir wieder etwas vorgelegt zum Unterschreiben. Es war wieder Herr Beetz. Bei dieser Gelegenheit sagte ich zu ihm, ich könnte doch zu Hause bei meinen Kindern nützlicher sein als hier so untätig rumsitzen, er habe doch noch immer meinen Mann, er solle doch nicht denken, daß ich entfliehe, wo ich denn hinginge mit vier Kindern, auch wolle ich doch die Lage meines Mannes nicht verschlechtern. Er sagte, es bestehe bei mir Verdunkelungsgefahr. Darauf meinte ich, ob ich bis Weihnachten Hoffnung hätte. Er darauf: Es komme darauf an, ob der Prozeß bis dahin beendet sei. In meiner Verzweiflung sagte ich: ›Vielleicht kann ich Ihnen auch einen Gefallen tun‹.«

Mathilde Baierl wurde also nicht wider Willen durch den Kriminalsekretär »umgedreht«, sondern sie selbst gab ihm diese Idee ein, wenn auch die Umstände sozusagen objektiv erpresserisch waren. Das Angebot, dem verhaßten Kriminalsekretär, wenn er nur für ihre Entlassung sorgte, gefällig zu sein, war von der politisch nicht unerfahrenen Frau gewiß auch nicht nur so dahergeredet. Eher ist anzunehmen, daß die praktisch veranlagte Frau sich zutraute, mit der Lage, die sich daraus ergeben könnte, schon fertig werden zu können.

Die Gefangene hörte zunächst nichts mehr von Beetz, dagegen vom Gefängnispfarrer schlechte Nachrichten über ihren Mann (er könne es gar nicht mehr mitansehen, wie ihr Mann seelisch und körperlich zusammenbreche) und weitere beunruhigende Nachrichten über ihre Kinder. Eine Mitgefangene wollte wissen, daß ihr kranker Junge »es nicht mehr lange mache«. Sie bat eine Wärterin inständig um genauere Informationen über ihre Kinder. Daraufhin geschah etwas, das nun doch zeigte, wie die Gestapo ihre Notlage auszunutzen verstand. Sie schrieb darüber:

»Am 18. Dezember kamen die beiden Wärterinnen weinend in meine Zelle. Keine wollte sprechen, eine forderte die andere auf. Mir ahnte nichts Gutes, jetzt wird es kommen, der Junge ist gestorben! Statt dessen sagten sie, ich solle meine Sachen zusammenrichten und mitkommen, ich dürfe heim! Unten im Büro überreichte mir ein Herr in Zivil eine Karte meiner Schwiegereltern, die baten, ich solle alles in Bewegung setzen, um heim zu kommen, wenn ich den Jungen noch lebend sehen wolle. Er sagte dabei, dies sei der Grund meiner Entlassung.«

Da sie kein Geld besaß, wurde sie angewiesen, sich eine Viertelstunde vor Abfahrt des Zuges bei der Bahnhofsmission zu melden, dort würde sie Fahrgeld erhalten. Sie machte sich mit ihrem Karton zu Fuß zum Bahnhof. Dort erwartete sie die nächste Überraschung:

»In der Bahnhofshalle setzte ich mich nieder, ich wollte Menschen sehen. Mit einem alten Juden, der neben mir saß, unterhielt ich mich und trug ihm Grüße an seine jüdische Familie auf, die ich zwar gern besucht, aber mich nicht getraut hatte, um ihnen nicht Unannehmlichkeiten zu machen. Als es Zeit wurde, ging ich zur Mission. Im abgelegenen Teil des Bahnhofs war es mir, als ob mir jemand folgte. Öfters sah ich mich um, konnte aber niemand entdecken. Kurz vor dem Eingang zur Mission erblickte ich Herrn Beetz. Wäre er nicht zugesprungen, ich wäre zu Boden gefallen. ›Jetzt holen sie dich wieder‹, mehr konnte ich nicht mehr denken.«

Von dieser Furcht heimgesucht, empfand sie es wohl eher als eine Erleichterung, als Beetz sie an die »Unterhaltung« mit ihm vom Oktober erinnerte und ihr sagte, sie sei entlassen worden, um ihr »Versprechen einzulösen«. Sie solle ihm gelegentlich Dienste leisten. Ihren späteren Aussagen zufolge weigerte sie sich zunächst mit den Worten, sie wolle nicht noch mehr durchmachen und wünsche das, was sie durchgemacht habe, nicht einmal ihrem Todfeind. Beetz habe daraufhin gesagt, sie solle sich das überlegen, er werde auf sie zukommen und sie dann genauer instruieren.

Mathilde Baierl eilte zu ihren von den Schwiegereltern aufgenommenen Kindern, den vier Monate später eintretenden Tod ihres dritten Jungen konnte sie aber nicht mehr verhindern. Innerhalb einer ihr gesetzten Frist von zehn Tagen ließ sie im Januar 1935 die Gendarmerie in Furth wissen, daß sie zu der von Kriminalsekretär Beetz geforderten »Zusammenarbeit« bereit sei. Sie erhielt daraufhin von Beetz den Auftrag, Verbindung mit in die Tschechoslowakei emigrierten Sozialdemokraten aufzunehmen und sich anzubieten, den durch die Verhaftung der Gruppe um ihren Vater abgebrochenen Austausch von Informationen und sozialdemokratischen Schriften wiederaufzunehmen.

In den folgenden drei Jahren ging sie auftragsgemäß regelmäßig – etwa einmal im Monat – über die Grenze, wo sie vor allem mit dem ehemaligen Reichstagsabgeordneten und jetzigen Grenzsekretär Hans Dill, der ihren Vater gut kannte, zusammentraf. Wie sie sich bei ihm einführte, schilderte Dill in seinen Erinnerungen:

»Philipp Margeth war mir ein guter Freund seit April 1912, da wir uns kennenlernten. ... Jahr und Tag nach der Verhaftung der [von ihm geleiteten illegalen Oberpfälzer] Gruppe erhielt ich von einem an der Grenze wohnenden sudetendeutschen Genossen die Mitteilung, ich möchte an einem bestimmten Tage zu ihm kommen. Ich ging hin und traf dort eine junge, resolute Frau. Ich sah, als ich Guten Morgen gesagt hatte, erst einige Sekunden unentschlossen drein, wußte nicht, ob ich weiterreden sollte oder nicht. Da lachte mir diese Frau ins Gesicht, streckte mir die Hand hin und sagte: ›Gell, da schaun'S. Ich bin dem Baierl seine Frau, der noch sitzt. Dem Margeth seine Hilde.‹

Diese herzliche Art verfehlte auf Dill ihren Eindruck nicht, er faßte sofort Vertrauen zu Mathilde Baierl, fragte sie nach dem Schicksal ihrer Angehörigen und dem

VII. Grenzfälle: Widerstand oder Verrat? 187

Prozeß, der gegen sie geführt wurde. Diese gab bereitwillig Auskunft und bat schließlich um weiteres Material. Nach anfänglichem Zögern Dills, er wollte die Familie nicht noch mehr gefährden, gab er ihr doch Material mit. Das blieb auch in der Folgezeit so. Als Mathilde Baierl bei solchen Treffs wiederholt danach fragte, wie es mit den Aussichten einer Flucht in die Tschechoslowakei und eines Verbleibens dort aussehe, winkte Dill, der den geheimen Grund dieser Frage nicht ahnen konnte, stets ab und meinte, die Emigration sei mit viel »Elend und Sorge« verbunden, man bekomme keine Arbeit, und die Unterstützung sei sehr niedrig. Eine sudetendeutsche Genossin, Frau Brandl, bemerkte bei einer solchen Gelegenheit, ihr selbst sei wegen Unterstützung deutscher Emigranten das Gehalt gekürzt worden und sie befürchte weitere Kürzungen. Solche entmutigenden Äußerungen verringerten die Hoffnung der Mathilde Baierl, sich aus den Fesseln der Gestapo zu befreien.

Bei all ihren Grenzgängen wurde sie von der Gestapo kontrolliert. Man verschaffte ihr den Grenzübertritt und empfing sie nach der Rückkehr. Regelmäßig hatte sie über Stimmung und Lage der emigrierten Genossen zu berichten. Von den in der Regel mitgebrachten Materialien, meist einige hundert Exemplare des »Vorwärts« in Kleindruck auf dünnem Papier, wurden ihr die meisten abgenommen, einen kleinen Rest hatte sie zu behalten und an die von den Emigranten angegebenen Adressen zu verteilen. Nach der glaubwürdigen späteren Aussage des Kriminalsekretärs Beetz war allerdings nicht ein einziger darunter, den die Gestapo nicht schon kannte und überwachte. Auch bei der weiteren Verteilung der Materialien wurde Mathilde Baierl beschattet. Meist brachte Beetz sie persönlich mit dem Wagen in die Nähe der betreffenden Wohnung und nahm sie zu einem verabredeten Zeitpunkt wieder in das Auto auf. »Die Gestapo hatte somit«, wie Beetz später bestätigte, »genaue Kenntnis, an wen und in welchem Umfang das illegale Druckschriftenmaterial verteilt wurde.« Nach der ebenfalls glaubwürdigen Aussage von Beetz verfolgte die Gestapo diese Empfänger nicht, sondern schritt erst ein, wenn diese das Material an andere weitergaben.

Tatsächlich machte Mathilde Baierl bei dieser unfreiwilligen Durchführung der von der Emigration ausgehenden Literatur-Verteilung die Erfahrung, daß viele ehemalige Genossen auf solche unverlangten Lieferungen erschreckt reagierten, sie ablehnten oder nur widerwillig annahmen.

So geschah es z. B., als sie im Frühjahr 1935 im Auftrag von Dill der sozialdemokratischen Familie Bayerer in Regensburg dreihundert tschechische Kronen überbringen sollte und ihr in der Folgezeit mehrfach auch sozialdemokratische Literatur aushändigen wollte. Frau Bayerer weigerte sich jedesmal, etwas anzunehmen. Sie hatte im Zusammenhang mit der Zerschlagung der nordbayerischen illegalen Gruppe der SPD im Frühjahr 1934 selbst ein ähnliches Schicksal erlebt wie die Überbringerin, und ihr Mann und ihre Tochter (ersterer war im Februar 1935 zu 4½ Jahren Zuchthaus verurteilt worden) befanden sich noch in Haft. Später, nach dem Krieg, als herauskam, daß Mathilde Baierl für die Gestapo gearbeitet hatte, glaubte Frau Bayerer, ihr die Schuld am Schicksal ihrer Familie anlasten zu können, mußte diese Beschuldigungen aufgrund der gerichtlichen Feststellungen aber wieder zurückziehen. Jedenfalls infolge der Besuche von Mathilde Baierl seit Frühjahr 1935 geschah ihr seitens der Gestapo nichts.

Prekärer stand es mit der Schuldfrage bei zwei anderen, später (nach 1945) gerichtlich rekonstruierten Fälllen aus dem Frühjahr 1935, als es der Gestapo offenbar darum ging, das weitere Netz der noch bestehenden illegalen Verbindungen der SPD in Nordbayern aufzuklären.

Als Mathilde Baierl in dieser Zeit auftragsgemäß auch den ehemaligen SPD-Landtagsabgeordneten und Leiter der Eisernen Front, Christian Endemann, in Amberg aufsuchte (er wurde nach dem Krieg Oberbürgermeister der Stadt), mußte sie ihm die sozialdemokratischen Drucksachen förmlich aufdrängen. Endemann, der sich mit gutem Grund von der Politischen Polizei beobachtet wähnte, versicherte der Überbringerin, wie er später aussagte, daß er das Material unverzüglich verbrennen würde. Die Gestapo entschloß sich dennoch, ihn zu verhaften. Dies geschah nach einer Haussuchung im Juni 1935, wobei, wie Endemann bemerkt haben will, einer der Gestapobeamten einen Umschlag mit illegaler Literatur, der dann »aufgefunden« wurde, vorher in eine Schublade seines Schreibtisches geschmuggelt hatte. Endemann und seine Frau hatten anschließend eine lange Zeit in Untersuchungshaft zuzubringen. Das Verfahren gegen ihn wurde zwar im Oktober 1936 eingestellt, er kam anschließend aber für zweieinhalb weitere Jahre dennoch nach Dachau, während derer er schwere gesundheitliche Schäden erlitt. Mit der Festnahme der Endemanns hatte die vorangegangene Überbringung illegalen Materials durch Mathilde Baierl wahrscheinlich ursächlich nichts zu tun, konnte sie der Gestapo doch allenfalls als Bestätigung dafür dienen, daß Endemann seitens der Emigranten in der Tschechoslowakei noch immer als potentiell wichtige Kontaktperson angesehen wurde. Auch die Spruchkammer kam im Verfahren gegen Mathilde Baierl bei der Aufklärung dieses Falles zu dem Ergebnis, es könne nicht einwandfrei festgestellt werden, ob sie an der Verfolgung von Endemann mitschuldig sei.

Ein anderer, sie mehr belastender Fall verursachte ihr offenbar schon bei der Beauftragung besondere Gewissenskonflikte. Es ging um eine Literaturbelieferung der sozialdemokratischen Familie Laumer in Straubing im Februar 1935. Frau Laumer, die ein ähnliches Schicksal wie sie selbst erlitten hatte, war ihr persönlich aus der gemeinsamen Untersuchungshaft im Polizeigefängnis in Nürnberg bekannt. Nachdem sie dieser Frau und ihrem Mann dennoch – unter Kontrolle von Beetz – die illegalen sozialdemokratischen Schriften ausgehändigt hatte, bemerkte sie danach erregt zu Beetz, daß sie »die Leute dauern«. Die Aktion wirkte sich insofern besonders verhängnisvoll aus, als Josef Laumer, auch er ehemaliger SPD-Landtagsabgeordneter, eben nach 19monatiger Haft aus Dachau entlassen worden war, als Mathilde Baierl auftauchte. Er wehrte deshalb zunächst auch ab, aber schließlich nahm er die Materialien doch an, bewahrte sie auf und gab sogar einen Teil weiter. Die Gestapo führte einige Zeit später eine Haussuchung durch, Laumer wurde zu vier Jahren Zuchthaus verurteilt und mußte viel durchmachen. Die Mitschuld von Mathilde Baierl war hier kaum zu bestreiten. Dennoch äußerte sich Laumer selbst 1947 sehr zurückhaltend über die Beschuldigte: Er mache sie für die Haft, die er erlitten habe, nicht verantwortlich. Die Gestapo habe jedes Menschen Not ausgenützt. Es wäre nur wichtig zu wissen, warum Mathilde Baierl für beide Seiten gearbeitet habe.

In welcher Lage diese sich gerade damals befand, geht aus den nachträglichen Ermittlungen ebenfalls hervor. Unmittelbar vor dem Besuch bei den Laumers in Straubing hatte Mathilde Baierl Beetz auf die Haft ihres Mannes angesprochen und offenbar versucht, über ihn dessen Entlassung zu bewirken (er war inzwischen – da er immer noch nichts gestanden hatte – vom Gericht wegen Mangel an Beweisen freigesprochen, aber anschließend nach Dachau verbracht worden). Es spricht manches dafür, daß Beetz die Freilassung ihres Mannes von der Aktion bei den Laumers abhängig machte. Tatsächlich wurde ihr Mann, nach überraschend kurzem Aufenthalt in Dachau, im April 1935 entlassen.

Die aufgeführten Fälle waren die einzigen, bei denen Mathilde Baierl aufgrund der Ermittlungen eines nach dem Krieg durch mehrere Instanzen durchgeführten Spruchkammerverfahrens eine mittelbare Schuld am Verfolgungsschicksal ehemaliger sozialdemokratischer Gesinnungsgenossen angelastet werden konnte. Es versteht sich, daß bei diesen Verfahren den Aussagen der ehemaligen Verfolgten ein gebührendes Gewicht eingeräumt wurde und die Vorurteile sich eher gegen die »Verräterin« Mathilde Baierl richteten. Ihre Zuträgerdienste für die Gestapo blieben in allen anderen Fällen harmlos. Seit 1936 ließ auch deren anfängliches Interesse nach, zumal die Verteilung illegaler Schriften seitens der Emigration stark eingeschränkt wurde. Nach der Auflösung der sozialdemokratischen Exilorganisation in der Tschechoslowakei im Jahre 1938 wurde Mathilde Baierl als »ungeeignet« eingeschätzt und nicht mehr weiter eingesetzt. Abgesehen von der oft nur zögernden, keineswegs eilfertigen und beflissenen Art, mit der sie die Gestapo-Aufträge durchgeführt hatte, mag zu dieser Bewertung beigetragen haben, daß ihre Auftraggeber nie ganz sicher sein konnten, was diese »Agentin« bei ihren Besuchen jenseits der Grenze im einzelnen tat und berichtete. Tatsächlich hatte sie, wie sich später bestätigte, die ihr von der Gestapo geebneten Wege des Grenzübertritts und der Kontaktaufnahme mit ehemaligen Genossen benutzt, um weiterhin für die Exilorganisation der SPD wichtige Nachrichten aus dem Reich herauszubringen. Ihre Nachrichten waren schon aufgrund ihrer Vielfalt bedeutend, denn sie kam – per Gestapo-Auto – viel herum und sprach mit zahlreichen Genossen in der Illegalität, von denen einige gerade erst aus der Haft entlassen worden waren. Bei ihr sammelten sich frische, wichtige Informationen über Jahre hin an, die der Exilorganisation von Nutzen waren. Daß sie der illegalen Bewegung schweren Schaden zugefügt hätte, dafür konnte die Spruchkammer selbst dann nicht den unumstößlichen Beweis erbringen, als die SPD in Berufung ging und auf schwere Bestrafung drängte. Mit Sicherheit kann angenommen werden, daß es für Frau Baierl eine Kunst und Nervenprobe gewesen sein muß, in der geschilderten Weise, ohne großen »Erfolg« für die Gestapo, jahrelang mit ihr zusammenzuarbeiten.

Hans Dill, der, als er nach dem Krieg von dem Doppelspiel der ihm so sympathisch gewesenen Tochter seines Freundes Philipp Margeth erfuhr, zunächst das Schlimmste annahm und glaubte, sie müsse »verheerend gewirtschaftet« haben, konnte sich, als die Fakten klarer wurden und herauskam, »daß sie keine Verheerungen angerichtet hatte«, wie er selbst schrieb, »nicht entschließen«, über sie den Stab zu brechen. Bei nachträglicher kritischer Prüfung mußte er einräumen, daß Mathilde Baierl die ganze Zeit über »immer eine Menge Nachrichten brachte, die meist wertvoll waren und, was das entscheidende war, wenn ich sie durch andere Illegale überprüfen ließ, auch wahr gewesen sind«. Vielleicht, so deutete der ehemalige Grenzsekretär den Fall nachträglich, »wohnten zwei Baierl in einer Brust, die Tochter des gesinnungstreuen und unbeugsamen Sozialdemokraten Philipp Margeth und die von Beetz terrorisierte und gelenkte Gestapoagentin, die, wenn sie sich von Beetz weit genug entfernt wußte, mir gebeichtet hat, was unter dem Nazi-System verbrochen wird«.

Die Aufklärung des Falles kam in Gang, als im Oktober 1945 eine ehemalige Genossin Mathilde Baierl bei der Landpolizei des Regierungsbezirks Niederbayern-Oberpfalz anzeigte und beschuldigte, sie sei Agentin der Nürnberger Gestapo gewesen und habe im Frühjahr 1934 alle diejenigen, die sie mit illegalen Schriften versorgte, hochgehen lassen. Die Ermittlungen, in letzter Instanz bei der Berufungskammer der Spruchgerichte in München, ergaben, daß der wesentliche Gehalt dieser Anzeige falsch war. Entlastend für die Beschuldigte sprach, daß sie aufgrund ihrer familiären Notlage bis 1939 ständig erpreßbar war. Ihr Mann erhielt wahrscheinlich nur infolge ihrer Beziehungen zur Gestapo nach der Entlassung aus Dachau, obwohl er als »Roter« verschrien war, im Frühjahr 1935 wieder eine Stelle als Glasarbeiter in Fürth. Ihr Vater durfte nach Abbüßung einer mehrjährigen Zuchthausstrafe Fürth zunächst nicht betreten und sich erst 1939, aufgrund eines Gesuches seiner Tochter, in seiner Heimatstadt wieder niederlassen. Von solchen Vergünstigungen abgesehen, hat Mathilde Baierl für die Gestapo-Dienste außer dem Ersatz ihrer Auslagen finanzielle Zuwendungen nicht erhalten und sie auch nicht erbeten.

Die Spruchkammer rechnete ihr besonders an, daß sie im Laufe der Ermittlungen nichts »verheimlicht«, sondern alles »im einzelnen klar dargelegt« habe. Ihrem Mann hatte sie die Rolle, die sie zur Rettung ihrer Familie unternahm, schon unmittelbar nach dessen Entlassung 1935 gebeichtet. Er war nicht einverstanden damit, es kam zu heftigen Auseinandersetzungen. Die Baierl unterrichtete Beetz von den Schwierigkeiten, die sie zu Hause mit ihrem Mann habe, der verlange, daß sie mit dieser Arbeit aufhöre. Beetz deutete nur an, dieser solle ruhig sein, »sonst werde er abgeholt«. Ihr Mann verfiel erneut in Trübsinnigkeit, konnte und wollte aber letzten Endes nichts ändern. Nur ihrem Vater, dem gradlinigen Sozialdemokraten, wagte sie sich bis 1945 nicht anzuvertrauen. Als die Sache dann herauskam, fügte dies dem Ansehen der Familie, insbesondere Philipp Margeths, den die Amerikaner 1945 für kurze Zeit zum Bürgermeister in Fürth ernannt hatten, schweren Schaden zu. Die Frau hatte ihrer Familie geholfen und ihr zugleich geschadet. Dieses Wissen trug anscheinend dazu bei, daß sie nach 1945 vor Gericht von der extremen Notlage, in der sie sich seinerzeit befunden hatte, nicht viel Aufhebens machte und nicht in emotionaler Weise an Gefühle rührte, die ihr bei ihren Richtern durchaus hätten zugute kommen können. Die ehemalige Sozialdemokratin hatte sich, nach allem was geschehen war, offenbar ein sicheres Empfinden dafür bewahrt, was zählte und was nicht.

Zum Quellenhintergrund

Die Zahl der Akten über Personen, die mit den NS-Vorschriften über den Umgang mit Kriegsgefangenen und Fremdarbeitern in Konflikt geraten sind, sind Legion. Darunter befindet sich auch eine ganze Reihe von Fällen, in denen es zu ähnlichen öffentlichen Anprangerungen kam wie in der von uns erzählten Geschichte. Das Verhalten der staatlichen und der Partei-Dienststellen, und auch das der Bevölkerung wich dabei von dem geschilderten Vorgang in Bad Aibling oft bemerkenswert ab. Wie weit öffentliche Kritik gegenüber solchen von der Polizei veranlaßten Anprangerungen gehen konnte, zeigt besonders gut ein Fall, der sich im April 1940 in Regen ereignete. Dabei nutzten vor allem der Polizeihauptwachtmeister und noch mehr der Landrat im

Rahmen ihrer Möglichkeiten allen Spielraum, um ein nur auf Verdacht hin öffentlich gedemütigtes 15jähriges Mädchen vor weiterer Verfolgung zu bewahren. Dem Landrat gelang es schließlich, sogar Polizei und Gauleitung von der Unschuld des Mädchens zu überzeugen und dessen sofortige Freilassung zu erwirken (Registratur des Landgerichts Deggendorf, Strafverfahren gegen Josef Mader u. a., KMs 2 – 9/48). Gelegentlich wurden wegen unerlaubter intimer Beziehungen zu Fremdarbeiterinnen auch Männer angeprangert, wenn sie, wie es im NS-Jargon hieß, durch sittenwidriges Verhalten gegenüber Frauen minderwertiger Rasse die Ehre des deutschen Volkes und das gesunde Volksempfinden verletzt hatten (zwei Beispiele hierfür enthalten die Akten des Staatsarchivs Würzburg; Gestapo Würzburg 7292 und 10570). Doch wurde im allgemeinen bei diesen Fällen nicht viel Aufhebens gemacht, und die Strafen fielen gering aus. Näherte sich hingegen ein Pole einer deutschen Frau, so konnte ihn dies den Kopf kosten. So wurde zum Beispiel ein 18jähriger polnischer Landarbeiter, der aufgrund freiwilliger Meldung im Landkreis Erding bei einem Bauern in Arbeit stand und der nach eigenem Geständnis dessen Tochter nur gelegentlich einmal in den Arm gezwickt hatte, vom Sondergericht 1 beim Landgericht München I am 4.8.1942 zum Tode verurteilt (Archiv des Instituts für Zeitgeschichte, Fa 216). Das war kein Einzelfall. Die von den Sondergerichten Bayerns wegen unerlaubten Geschlechtsverkehrs gefällten Todesurteile betrafen vor allem Polen. Nicht selten kam es aufgrund entsprechender Geheimerlasse des Chefs der Sicherheitspolizei im späteren Verlauf des Krieges auch zu verfahrenslosen Exekutionen durch die Gestapo, wobei man die beschuldigten Polen meist an irgendeinem Baum aufhängte (vgl. dazu u.a. die Berichte des Oberlandesgerichtspräsidenten von Nürnberg, insbesondere vom 1. Juli und 4. November 1941, Bundesarchiv Koblenz, Reichsjustizministerium, R 22/3381).

Der vorstehend dargestellte Fall aus Bad Aibling wurde vor allem deshalb ausgewählt, weil sich hier das Handeln der verfolgenden Behörden, der Partei (in der Person des Ortsgruppenleiters) und der Polizei (in der Person des Polizeiwachtmeisters) besonders gut dokumentieren ließ. Grundlegend für die Schilderung sind die Strafakten gegen August Bastianelli und Rudolf Fischer (Registratur des Landgerichts Traunstein, KLs 16/49), die Urteile befinden sich auch im Staatsarchiv München, LRA 47016. In den Ermittlungsakten sind auch wichtige Originalakten der Polizei aus dem Jahre 1940 enthalten. Gleichermaßen aussagekräftig waren die Spruchkammerakten der beiden Genannten, daneben auch von Josef Hackhofer (allesamt in der Registratur »S« des Amtsgerichts München).

Die Landesentschädigungsakten der *Anne Bauer* und der *Lene Beil* waren insofern interessant, als sie Kopien der Anklageschrift des Sondergerichts München enthielten, die in dem Bestand der Akten des Sondergerichts im Staatsarchiv München fehlen. Bemerkenswert ist die Akte auch insofern, als sie die Behandlung und Beurteilung des Falles nach 1945 sehr gut veranschaulicht.

Im Gegensatz hierzu lassen sich Dokumente über Grenzfälle der zweiten Art (illegale Betätigung und Zuträgerdienste für die Gestapo) in den Archiven nicht systematisch ermitteln. Der Zufall kam zu Hilfe. Den Hinweis auf die Geschichte der Mathilde Baierl verdankt die Verfasserin ihrem Kollegen Hartmut Mehringer, der auf sie im Rahmen seiner Recherchen zu illegalen Gruppierungen der SPD (vgl. Band V dieser Reihe) stieß (Registratur »S« des Amtsgerichts München, Spruchkammerverfahren gegen Mathilde Baierl). Zusätzlich herangezogen wurden die Spruchkammerakten des

Auftraggebers von Frau Baierl in der Gestapo, des Kriminalsekretärs Konrad Beetz, und die verschiedenen Urteile, die das Landgericht Nürnberg-Fürth über ihn fällte, wobei nur das letzte für unsere Geschichte ergiebig war (Registratur des Landgerichts Nürnberg-Fürth, 821 KLs 304/50).

Die einleitend zur Kontrastierung dieser beiden Grenzfälle skizzierten Beispiele von zwei anderen »Grenzsituationen« am Ende der Skala des Widerstands-Begriffs sind fiktiv, wenn sie auch auf der Kenntnis einer Vielzahl ähnlich gelagerter Fälle beruhen.

VIII. Ein gelehrter Sammler

Anläßlich der feierlichen Eröffnung der Sammlung Kriß, einer bedeutenden Kollektion zur Geschichte des Volksglaubens, insbesondere des Wallfahrtswesens, die im Jahre 1961 im Bayerischen Nationalmuseum stattfand, erinnerte der Wiener Volkskundler Professor Leopold Schmidt daran, »daß es auch in den Reihen der Vertreter der Volkskunde, einer durch den Nationalsozialismus vielfach in Mißkredit gebrachten Wissenschaft, ehrliche, aufrechte Männer gegeben hat, die das System jederzeit und a limine ablehnten«. Damit war Rudolf Kriß gemeint, in volkskundlichen Fachkreisen bekannt als Neubegründer der Wallfahrtskunde, eines wichtigen Teilstücks der Volkskunde. Für dieses Fach interessierte sich Kriß schon zu einer Zeit, als Volks- und Wallfahrtskunde an den Universitäten noch keine etablierte Disziplin darstellten und es auch noch kaum einschlägige Museen gab. Der gebürtige Berchtesgadener (geb. 1903) konnte diesen Interessen freilich nicht ungeteilt von Anfang an nachgehen. Als künftiger Erbe des traditionsreichen Berchtesgadener Hofbräuhauses mußte er erst eine Ausbildung absolvieren, die ihm weniger Freude machte, ihn aber für die Leitung dieses großen Betriebes präparierte. Erst danach konnte er Philosophie, Religionsgeschichte und Volkskunde studieren und in diesen Fächern 1929 bei Otto Mauser in München, einem Vertreter der germanistisch eingestellten Volkskunde, promovieren. Über das Studium hinaus verwandte Kriß einen erheblichen Teil seiner Zeit und seines Vermögens auf eine rege Sammlertätigkeit. Seine Lehrmeister waren dabei die in volkskundlichen Kreisen als Ahnherrin aller süddeutschen und österreichischen Volkskunde geltende Arie Andree-Eysn und ihr Mann, dessen grundlegendes Werk über Votive und Weihegaben des katholischen Volks in Süddeutschland (1904) sich Kriß als besonderes Vorbild nahm. Diese Leidenschaft des jungen Akademikers – er sammelte vor allem Votivgaben – kam so stark zum Durchbruch, daß Fachleute schon nach wenigen Jahren seine Sammlung mit Staunen und Anerkennung betrachteten. Mit der theoretischen Fundierung dieser Sammelarbeit habilitierte er sich 1934 in Wien.

Obwohl Rudolf Kriß' Hauptinteresse auf seine volkskundliche Sammlung und Wissenschaft gerichtet war, entsprach er, dem äußeren Habitus nach, weniger dem Bild eines feinsinnigen Gelehrten, eher dem eines fröhlichen Naturburschen. Zeit seines Lebens wirkte er elastisch und frisch, er liebte die Natur und die Sonne geradezu abgöttisch, war im Sommer wie im Winter braungebrannt. Dadurch schnitten sich im Laufe der Jahre auch seine Gesichtszüge schärfer heraus, wurden allmählich härter, asketischer, mit ihnen kontrastierten um so mehr die hellen, klaren Augen. Seine hochgewachsene Gestalt steckte rund um das Jahr in der Tracht des Berchtesgadener Landes, so daß sein Aussehen mit der herkömmlichen Vorstellung von einem Wissenschaftler kaum in Einklang zu bringen war. Gern vertauschte der vielseitig Interessierte immer wieder einmal sein Gelehrtenheim auf der Koppenleiten im Berchtesgadener Land mit einer einfachen Berghütte. Von Jugend auf war er ein begeisterter, aufmerksamer Wanderer, der sich aufgrund dessen eine intensive Kenntnis vieler Landschaften erwarb, anfangs vor allem der engeren Heimat; später aber zog es ihn über Bayern und

Österreich hinaus nach Italien, in die Balkanländer, schließlich auch in den Vorderen Orient.

Mit solchen Vorlieben war Kriß dennoch keineswegs das, was man sich als – vielleicht etwas schrulliges – Original eines alpenländischen Volkskundlers vorstellen könnte. Er war zugleich ein sehr musischer Mensch, zeitlebens mit viel Verständnis der Literatur und Musik zugetan. Vor allem Opernmusik bildete für ihn eine Quelle besonderer Entspannung und Freude, manche Opern sah er einige Dutzend Male und die seines Lieblingskomponisten Richard Strauß, dem er freundschaftlich verbunden war, gut und gern über 60mal. Des weiteren zählten auch Hans Pfitzner und Wolfgang Fortner zu seinen Bekannten; aber nicht nur Komponisten, auch viele Sänger und Musiker schätzten ihn sehr und besuchten sein Haus gern. Er durfte seinen Bekanntenkreis ohne Übertreibung als groß bezeichnen. Viele der Bekanntschaften waren noch von seiner Gönnerin Andree-Eysn vermittelt worden, durch die er Fachkollegen von Rang und Namen aus Deutschland und Österreich, aber auch aus Italien und Frankreich kennengelernt hatte. Trotz dieser vielfältigen Beziehungen zu Gelehrten, Künstlern und vor allem Musikern kannten ihn nur wenige wirklich; den Kern seines Wesens, höchstpersönliche Dinge hielt er den meisten gegenüber verschlossen und öffnete sie nur den wenigen, die er aufrichtig schätzte und achtete.

Seine vielseitigen Interessen, seine Begeisterungsfähigkeit für die Schönheiten der Natur und der Genuß an geistiger Arbeit, seine philosophische, vor allem an Schopenhauer orientierte Grundeinstellung zum Leben, das alles machte ihn – wie einer seiner langjährigen Freunde es formulierte – »gegen viele Kleinigkeiten des Lebens immun«. Es schützte ihn aber nicht vor den großen Gefahren, wie sein Lebensweg zeigen sollte. Er hatte frühzeitig einen Charakter ausgebildet, der es ihm unmöglich machte, mit seiner Meinung hinter dem Berg zu halten, gleichgültig ob es sich um Gespräche über Literatur oder um Politik handelte. In einem Leben unter normalen Bedingungen hätte ihm dieser freimütige Zug seines Wesens höchstens das eine oder anderemal Ungelegenheiten bereiten können, in nationalsozialistischer Zeit hingegen konnte er lebensgefährlich sein.

Von frühester Jugend an von einem leidenschaftlichen Freiheitsdrang besessen, empfand Kriß dem Nationalsozialismus gegenüber von der ersten Stunde an eine starke instinktive Abneigung. Mit Schrecken erlebte er, wie eine ihm nahestehende Familie vom Nationalsozialismus wie von einem Bazillus befallen wurde. Am wenigsten konnte er verstehen, so erinnerte er sich später, »wie gebildete und kultivierte Menschen plötzlich jede Urteilskraft verloren und den primitivsten Phrasen von Volksrednern anheimfielen«. Um diesem Phänomen auf die Spur zu kommen, beschäftigte er sich systematisch mit der Weltanschauung des Nationalsozialismus und studierte zu diesem Zweck auch Rosenbergs »Mythus des 20. Jahrhunderts«. Zum trockenen Studium der sogenannten Lehren des Nationalsozialismus bekam Kriß lebendigen Anschauungsunterricht sozusagen frei Haus, denn Adolf Hitler und Rudolf Kriß waren Nachbarn, das Gelehrtenheim lag in Untersalzberg, der Berghof auf dem Obersalzberg. So hatte Kriß nicht selten Gelegenheit, den Führer und andere nationalsozialistische Prominente bei gesellschaftlichen Anlässen, zu denen er wie andere Berchtesgadener Honoratioren geladen wurde, kennenzulernen und zu beobachten. Bei solchen Gelegenheiten fielen Rudolf Kriß und seine Mutter, wie aus Kreisen der Verwandtschaft berichtet wird, dadurch auf, daß sie beim Absingen gewisser Lieder und den obligaten Huldigungen an den Führer auf ihren reservierten Ehrenplätzen sitzen blieben. Bestärkt wurde Kriß in dieser Haltung durch eine Schwester Görings, eine gute Freundin von ihm, die sich beharrlich weigerte, auf diesen »Scheiß-Berg«, wie sie zu sagen pflegte, zu gehen. Nach solcherlei Studium von Theorie und Praxis des Nationalsozialismus kam Kriß zu dem Ergebnis, daß die Idee des Nationalsozialismus »verwerflich« sei, den selbstverantwortlichen Geist in Blut- und Bodenrausch ersäufe und den Intellekt zum Sklaven des Willens mache. Für ihn war die Lehre von der Vorherrschaft des Blutes platter Materialismus, der im mittelalterlichen Volksglauben seine Wurzeln hatte. Zum Entsetzen nationalsozialistischer Glaubensgenossen war er durchaus fähig, das Wirken Hitlers mit dem des Antichristen in Vergleich zu setzen.

Auch persönliche Motive bestärkten ihn in dieser Einschätzung des Nationalsozialismus. Als ausgeprägtem Individualisten widerstrebten ihm besonders die totalitären, auf den ganzen Menschen gerichteten, ihn zwangsläufig zum Massenmenschen degradierenden Ansprüche des Nationalsozialismus. Außerdem mußte er den Eindruck gewinnen, die nationalsozialistische Regierung habe seinen beruflichen Lebensweg unwiderruflich verbaut. Als Besitzer des Berchtesgadener Hofbräuhauses war er ein wohlhabender Mann und insofern auch bei seinen wissenschaftlichen Produktionen und Veröffentlichungen materiell völlig unabhängig. Aber die geistige Unabhängigkeit, gerade zu einer Zeit, als Kriß begonnen hatte, auf dem Gebiet der Volkskunde selbst zu schreiben und zu veröffentlichen, schien immer mehr bedroht. Kriß hatte sich diesem Fach zugewandt, als es dafür noch kaum Lehrstühle gab, ihn reizte gerade die Situation und Aufgabe des höchst individuellen und auch eigenwilligen Sammlers und Forschers, der das Fach durch seinen persönlichen Stil zu prägen vermochte, unabhängig von Institutionen oder Fachverbänden. Auch wenn er schließlich selbst solchen Fachvereinigungen beitrat, Fachkongresse besuchte und Vorträge hielt, beeinflußte dies doch kaum sein geistiges Leben. Er blieb, auch nachdem er sich habilitiert und an der Universität in Wien seine Lehrtätigkeit aufgenommen hatte, unter seinen Fachkollegen ein Einzelgänger. Eine solche Existenz aber schien kaum noch möglich, als die Nationalsozialisten sich anschickten, die Volkskunde in den Dienst ihres Blut- und-Boden-Mythos zu nehmen.

Nach Wien war Kriß gegangen, weil er mit dem von ihm verachteten »braunen Gesindel« so wenig wie möglich zu tun haben wollte. Deshalb bemühte er sich auch um die österreichische Staatsbürgerschaft, zumal seine abgöttisch verehrte Mutter selbst gebürtige Wienerin war und auch er die Stadt liebte. Nach Wien brachte er auch seine Sammlung, um sie einerseits als Lehr- und Anschauungsmaterial stets zur Hand zu haben, andererseits vor einem eventuellen Zugriff der Nationalsozialisten sicher zu wissen. Sie wurde hier auch der Öffentlichkeit zugänglich gemacht. Eine ständige Ausstellung in der Neuen Burg eröffnete Kardinal Innitzer, was für Kriß eine hohe Ehre bedeutete, zu diesem Zeitpunkt seitens der germanistisch eingestellten Kollegenschaft aber auch schon kritisch registriert wurde.

Kriß tat zunächst noch so – wider besseres Wissen –, als gäbe es keinen Nationalsozialismus. Seine Vorlesungen hielt er wie bisher, aber er konnte die Augen nicht vor der Tatsache verschließen, daß die Zahl seiner Hörer abnahm und er mehr und mehr auf einer »geistigen Insel« zu leben begann. Auch die Zahl seiner Bekannten verringerte sich zusehends, wenn dies auch kompensiert wurde durch einige neue um so intensivere Beziehungen, so daß er glauben konnte, »die Breite der menschlichen Beziehungen wurde durch deren Intensität mehr als wettgemacht«. In dieser Zeit verlor er aber auch seine über alles geliebte Mutter, das schmerzlichste Ereignis seines bisherigen Lebens. Der knapp 35jährige suchte und fand dafür Ersatz in engen Beziehungen zu einer neuen Freundin, der damals berühmten Sängerin Felicie Hüni-Mihacsek, die – wie überhaupt die Bindung an Frauen mehr mütterlichen Typs – eine große Rolle in seinem Junggesellenleben spielte.

Nach dem Anschluß Österreichs geriet Kriß schnell in die Schußlinie nationalsozialistisch gesinnter Kollegen, die ihn insbesondere wegen seiner guten Beziehungen zur katholischen Kirche verdächtigten. Im April 1938 erließ das damalige österreichische Unterrichtsministerium eine Verfügung, wonach die Lehrbefugnis des Dozenten Kriß bis auf weiteres zu ruhen habe. Doch es gab auch Kollegen und Gönner, die sich für Kriß verwandten. Am 6. März 1939 wurde ihm die Lehrbefugnis wieder zuerkannt, und ein Erlaß vom 28. Februar 1940 ernannte ihn zum Dozenten neuer Ordnung für das Fach »Deutsche Volkskunde« mit der Versicherung, daß er des besonderen Schutzes des »Führers« sicher sein dürfe. Dieser hielt aber offensichtlich nicht lange vor. Das Tauziehen derjenigen, die im Hintergrund gegen Kriß Stellung nahmen, war stärker. Die Lehrbefugnis für das Sommersemester 1939 traf so spät ein, daß Kriß, inzwischen tief gekränkt, kaum Zeit blieb, Vorlesungen oder Seminare vorzubereiten. Vor Beginn des Wintersemesters brach der Krieg aus. Für Kriß bedeutete dies einen besonderen Einschnitt, da die väterliche Brauerei zu einem kriegswichtigen Betrieb erklärt wurde und er sich 1940 gezwungen sah, zur Führung der Brauerei für die Dauer des Krieges Urlaub zu beantragen. Diesem Antrag wurde durch den Reichsminister für Wissenschaft, Erziehung und Volksbildung Ende des Jahres 1940 auch stattgegeben. Doch nicht genug damit. Der Fakultätsausschuß versuchte die Gelegenheit beim Schopf zu fassen, um den Kollegen ganz aus der Universität zu drängen. Der Dekan beantragte, Kriß' Lehrbefugnis als beendet zu erklären. Der Antrag stützte sich einzig und allein auf die schnell herbeigeholte Beurteilung eines nationalsozialistischen Kollegen, in der es u.a. hieß:

> »Die Arbeit [Kriß' Habilitationsschrift] ist in den ›Forschungen zur Volkskunde‹ des sattsam bekannten Vorkämpfers konfessioneller Volkskunde, des Prälaten Schreiber, im Jahre 1937 erschienen. Wie denn Kriß infolge seiner Arbeitsrichtung viel mit den Vertretern der katholischen Kirche zu tun hatte. Sein Wiener Museum wurde von Kardinal Innitzer eröffnet. Allerdings glaube ich nicht, daß bei ihm stärkere innere Bindungen zum politischen Katholizismus bestehen, eher zum Liberalismus. Ein positives Verhältnis zum Nationalsozialismus konnte ich in der Zeit, die [sic!] ich Kriß kenne, bei ihm nicht feststellen.«

Kriß, der Gelegenheit erhielt, zu diesen Angriffen Stellung zu nehmen, gelang es immerhin, die Hauptspitzen der Anklagen zu entkräften, so daß sich der Dekan schließlich mit dem Vorschlag, die Angelegenheit bis zum Ende des Krieges ruhen zu lassen, einverstanden erklärte.

Trotz dieser für ihn günstigen Wende konnte Kriß sich nicht sicher fühlen. Das Schwanken zwischen einer intransigent nationalsozialistischen bzw. »völkischen« Auffassung von deutscher Volkskunde und einer toleranteren Richtung in diesem Fach zeigte sich auch bei der Beurteilung seiner Bücher. Nachdem das Reichspropagandaministerium 1942 seine Schriften verboten hatte, gelang es auf Grund der Intervention des Kurators der wissenschaftlichen Hochschulen in Wien noch einmal, dieses Verbot rückgängig zu machen: Anfang Oktober 1943 wurden Kriß' Publikationen aus

VIII. Ein gelehrter Sammler

der Liste des schädlichen und unerwünschten Schrifttums gestrichen, doch ihr Verfasser hatte weiterhin allen Grund, dieses Erfolges nicht sicher zu sein. Nur ein knappes Vierteljahr später wurde er verhaftet, und ein Jahr danach vom Volksgerichtshof zum Tode verurteilt. Hier waren aber Gründe, die außerhalb seiner wissenschaftlichen Tätigkeit lagen, ausschlaggebend.

Der Anschluß Österreichs brachte Kriß eine grundlegende Veränderung seiner Lebensverhältnisse. Er war gezwungen, nach Berchtesgaden zurückzukehren. Dazu machte der Tod seiner Mutter es nötig, daß er sich in die Geschäfte des ererbten Brauereibetriebes einarbeitete. Die folgenden »Jahre des erzwungenen wissenschaftlichen Brachliegens« empfand er bitter als tote Zeit, obwohl er, gestützt auf seine materielle Unabhängigkeit, alles tat, um seinen wissenschaftlichen Neigungen weiter nachzugehen, und auch Zeit fand zur Abfassung einiger volkskundlicher Werke. Seine gleichwohl latent wachsende Unzufriedenheit fand erst ein Ende, als der Vorstand der Berchtesgadener Weihnachtsschützen an ihn mit der Bitte herantrat, das Brauchtum seines Heimatlandes zu erforschen und in Buchform niederzuschreiben. In der Rückschau meinte Kriß, dies sei der Anstoß gewesen, der ihn wieder seinem eigentlichen Beruf, den er schon fast vergessen zu haben glaubte, zuführte.

Das Ansehen der Weihnachtsschützen war so groß, daß sich im Berchtesgadener Land die stehende Redewendung eingebürgert hatte, es gäbe »Mannerleut, Weiberleut und Weihnachtsschützen«. Dieser ehrwürdige Verein pflegte Brauchtum und Sitte im Berchtesgadener Land seit alters her, sein bedeutendster und auch weit über die bayerischen Grenzen bekannter öffentlicher Auftritt war der zum Christfest, wo die Weihnachtsschützen zur kirchlichen Wandlung vom Herzogberg her Böllerschüsse abgaben. Schießen war überhaupt im Berchtesgadener Land recht beliebt, ja bei vielen sogar eine Leidenschaft. In der Verbotszeit, als alle Gewehre abgeliefert werden mußten, schossen sie sogar mit Kirchentürschlüsseln und anderem mehr. Es war selbstverständlich, daß die Weihnachtsschützen auch zu profanen Festen ihre Kunst zeigten, so zum Beispiel vor dem Ersten Weltkrieg anläßlich des Geburtstages des Prinzregenten, der zu seinem privaten Ehrentag regelmäßig nach Berchtesgaden kam.

Die Nationalsozialisten versuchten von Anfang an, diesen beliebten volkstümlichen Verein gleichzuschalten und sich zunutze zu machen. Wann die Weihnachtsschützen zu schießen hatten, ordnete jetzt die Partei an, beispielsweise zu den Feiern am 1. Mai oder anläßlich des 50. Geburtstages von Adolf Hitler, der seit April 1933 Ehrenmitglied der Weihnachtsschützen war. Hitler und Kriß waren seitdem nicht nur Hofnachbarn, sondern auch Ehrenmitglieder in demselben Verein. Die Ehrenmitgliedschaft Hitlers suchte der Verein vor allem auch zu nützen, um genügend von dem – inzwischen für martialische Zwecke reservierten – Schießpulver zu erhalten. Dabei kam es offenbar zu manchem Ärger. In einem seiner Tischgespräche in der Wolfsschanze, am 9. Februar 1942, ließ Hitler sich darüber aus: »Am Neujahrstag mußte ich immer bis Berchtesgaden laufen, um telefonieren zu können. Triumphierend haben mir diese verfluchten Schützen mitgeteilt, daß sie soundso viel Zentner Pulver – das ich ihnen stifte! – verschossen hätten: Die ganzen Leitungen waren hin.« Ansonsten suchte der beliebte und geachtete Verein sich möglichst unpolitisch zu halten. Das gelang aber schließlich immer weniger. Bis zum Jahr 1939 bestanden durchaus gute Beziehungen zur Partei, dann wurden die Beeinflussungs- und Einschränkungsversuche von NS-Seite stärker, denen die Weihnachtsschützen stillen aber zähen Widerstand entgegensetzten. Ein Konfliktanlaß war unter anderem die Anordnung, daß die Vereinsfahnen beim Kirchenzug anläßlich des Schützenjahrestages nicht mitgeführt werden durften.

Der Konflikt verstärkte sich noch dadurch, daß Gotthard Brandner, der dieses Verbot unterlief und die Mitnahme der Vereinsfahnen in der traditionellen Weise erzwang, gegen den Willen der Kreisleitung einstimmig zum neuen Vorstand der Hauptvereinigung von den Vorständen sämtlicher Lokalvereine gewählt wurde. War die Grundstimmung bei den bäuerlichen Vereinsmitgliedern sowieso schon mißtrauisch geworden, was insbesondere darauf zurückzuführen war, daß für die Enteignung des bäuerlichen Grundbesitzes zur Arrondierung des parteieigenen Führergebietes auf dem Obersalzberg kein Verständnis aufgebracht werden konnte, so wurde diese noch vertieft, als im Jahre 1941 die Partei dem Schützenbrauchtum den Kampf ansagte. Die Entwicklung der Konflikte zwischen Parteileitung und Verein schilderte Kriß in seinem Buch über die Weihnachtsschützen, auf das wir uns im Folgenden stützen.

Der 1941 schärfer werdende Kleinkrieg zwischen Partei und Weihnachtsschützen richtete sich vor allem auf das Fronleichnamsschießen und den Kirchenzug. Bei den weltlichen Feiern waren die Vertreter der Partei zwar immer eingeladen, zogen es aber vor, die Weihnachtsschützen zu schneiden. Eine Ausnahme bildete allein der Landrat. Seine plötzliche Versetzung nach München, so Kriß, war in erster Linie auf sein Eintreten für den Schützenverein zurückzuführen. Dieses latent geführte Scharmützel kam offen zum Ausbruch, als unter dem Vorwand der Kinderlandverschickung die Franziskaner von Berchtesgaden ihr Kloster verlassen sollten. Gotthard Brandner, der auch aus der Bevölkerung heraus gebeten wurde, dieses Vorhaben der Nationalsozialisten zu verhindern, organisierte so viele Unterbringungsmöglichkeiten für Kinder bei bäuerlichen Familien, daß sie die Zahl der möglichen Unterbringungen im Kloster weit überschritten hätten. Mit diesem Ergebnis kam er bei der Kreisleitung allerdings schlecht an; diese teilte ihm ungerührt mit, daß die Beschlagnahme des Klosters dennoch vorgenommen werde, worauf Brandner sein Angebot für die Kinderlandverschickung zurückzog und den Patres andere Unterkünfte in Berchtesgaden besorgte. In Parteikreisen war man auf »die schwarzen Brüder« daraufhin so wütend, daß Brandner beinahe seine Stellung verloren hätte. Aber der Partei waren die Hände gebunden. Kriß schrieb dazu rückblickend: »Die Partei hätte damals die Vereinigung am liebsten ganz aufgelöst, getraute sich jedoch nicht, das zu tun, da wir die Ehrenmitgliedschaft Adolf Hitlers stets geschickt als Aushängeschild für unsere Unantastbarkeit benutzten. In allen Streitfragen verschanzte sich Brandner klug hinter sie und erklärte der Kreisleitung, jede Änderung der überkommenen Gepflogenheiten müsse er dem ›Führer‹ persönlich vortragen.«

Die Partei glaubte sich ihrem Ziel näher, als Brandner, von Beruf Postbeamter, im Herbst 1942 zeitweilig in die Ukraine versetzt wurde. Sie täuschte sich aber, wenn sie erwartete, der Verein werde jetzt gefügiger. Der neue Leiter, unterstützt von dem erfahrenen Berater und Ehrenmitglied Kriß, bemühte sich mit Erfolg, den alten Widerstandsgeist aufrechtzuerhalten.

Kriß selbst stand bei all diesen Auseinandersetzungen mehr im Hintergrund. Er nutzte indessen die Zeit, die praktischen Bestrebungen des Vereins in Richtung Volkstumspflege »geistig zu unterbauen«. Dies geschah in erster Linie mit der Herausgabe einer Schriftenreihe, welche die gesamte Volkskunde im Berchtesgadener Land zum Gegenstand haben sollte, und mit der Abfassung und Herausgabe eines Buches

VIII. Ein gelehrter Sammler

über die Weihnachtsschützen und ihr Brauchtum. Mit dem Erscheinen des Buches über die Weihnachtsschützen im Herbst 1942 begannen die Verfolgungen sich auch zunehmend gegen Kriß zu richten, in dem man nicht zu unrecht das »geistige Oberhaupt« des Vereins erblickte. Der Kreisleiter hatte schon mehrmals Einblick in das Manuskript verlangt, doch Kriß dachte nicht daran, es vor der Drucklegung von den Nationalsozialisten genehmigen zu lassen. Er hielt die Drucklegung geheim und verteilte, bevor das Buch in den Handel kam, 500 Exemplare an die Vereinsmitglieder. Danach überbrachte er dem Kreisleiter ein Exemplar persönlich. Auch andere hohe Parteivertreter und natürlich das Ehrenmitglied Hitler erhielten Widmungsexemplare.

Kriß war damit ziemlich weit gegangen und rechnete ernsthaft mit einer Haussuchung oder gar Verhaftung. Daß er seine Lage durchaus realistisch einschätzte, zeigt folgendes persönliche Schreiben von Reichsleiter Bormann an Gauleiter Giesler vom 13.10.1942:

»Lieber Parteigenosse Giesler!
In der Anlage übermittle ich Ihnen das Buch über das Berchtesgadener Weihnachtsschießen, das ich nebst seinen Anlagen gestern vom Berchtesgadener Kreisleiter erhielt. Unsere einsichtigen Berchtesgadener Parteigenossen ärgern sich, wie mir bekannt ist, schon seit Jahren darüber, daß der ganze Weihnachtsschützenbetrieb von der katholischen Kirche aufgezogen und zur Verschönerung ihrer kirchlichen Feiern durchgeführt wird.
Eine Änderung darf von außen her nicht erfolgen, sie gäbe, zumal während des Krieges, nur Unruhe. Meines Erachtens müßte der Kreisleiter, der selbstverständlich gar nicht in Erscheinung treten dürfte, dafür sorgen, daß ein neuer Weihnachtsschützenverein auf der Grundlage des volklichen Brauchtums gegründet wird; diesen Verein müßte ein geschickter Mann führen, den wir nach Kräften unterstützen müßten; außerdem müßten wir dafür sorgen, daß, wenn möglich, schon die Hitlerjugend im Berchtesgadener Land zu schießen beginnt. Wer schießen will, soll keinesfalls auf die schwarzen Brüder, die die jetzigen Vereine leiten, angewiesen sein. Wie sehr der Brauereibesitzer Dr. Kriß, der Verfasser des Buches, für die katholische Aktion arbeitet, geht aus jeder Seite von 14–33 hervor.
Leider ist in den vergangenen Jahren, wie ich schon einmal betonte, von den bayerischen Behörden herzlich wenig gegen die katholische Aktion geschehen; demgemäß auch nicht das geringste im Berchtesgadener Land! Dorthin hätte man die besten Lehrer und sonstige Beamte schicken müssen, dorthin ausgezeichnete Jugendführer usw.
Ich wäre Ihnen dankbar, wenn Sie bei nächster Gelegenheit die Berchtesgadener Verhältnisse einmal mit dem kommissarischen Kreisleiter Zeitz besprechen würden.«

Kriß' Aktivitäten wurden nach Erscheinen des Buches genauer unter die Lupe genommen, insbesondere seine Reden, in denen er wiederholt zur Wahrung des alten Brauchtums aufforderte und vor allen fremden Einflüssen warnte. Da er außerdem immer wieder zum Respekt vor den christlich-religiösen Bräuchen aufrief, war es eigentlich nur eine Frage der Zeit, wann er mit einem Redeverbot belegt werden würde. Daß dies 1943 geschah, war wohl auf den Personalwechsel in der Kreisleitung Berchtesgaden zurückzuführen, wo im Jahre 1943 ein junger »hemmungsloser Fanatiker«, wie ihn Kriß bezeichnete, Ordnung im nationalsozialistischen Sinn durchzusetzen trachtete.

Kriß war seitdem von bösen Vorahnungen geplagt. Die zunehmende Gewißheit, daß er mit Maßregelungen zu rechnen habe, aber auch das Gefühl, persönlich auf einen Abgrund zuzutreiben, ließen ihn im Herbst 1943 von allem, was ihm lieb war, Abschied nehmen. Wie er selbst sagte, versuchte er, sich »einen Schatz an unzerstörbaren Erinnerungen anzusammeln« und die Schönheiten des Lebens in vollen Zügen zu genießen. An einem schönen föhnigen Novembertag machte er zusammen mit Gotthard Brandner eine letzte Bergtour auf den Hohen Göll, wo er die herrliche Aussicht sich für lange Zeit einzuprägen versuchte. Die Weihnachtstage 1943 kostete Kriß noch bis zur Neige aus; zwischen Weihnachten und Neujahr kam es zu jenem Vorfall, der sein weiteres Schicksal bestimmen sollte.

Um einem Freund einen Dienst zu erweisen, suchte er in diesen Tagen einen Kreisschulungsredner der NSDAP auf; er befand sich dabei nicht in der besten Verfassung, weil ihm an diesem Morgen die Nachricht vom Selbstmord einer Bekannten sehr zu schaffen gemacht hatte, er war daher etwas unaufmerksam und nicht genügend auf der Hut. Der Kreisschulungsredner zog ihn in ein Gespräch über Politik und wollte seine Ansicht über Brauchtumspflege und Religion hören, wobei er einige der üblichen nationalsozialistischen kirchenfeindlichen Platitüden von sich gab. Kriß reagierte gereizt und unkontrolliert, wie er selbst es schilderte:

»Da es mich ärgerte, daß er mir, von dem er doch wußte, daß ich als Dozent gerade dieses Fach lehre, mit derartigen abgedroschenen Sätzen kam und es mich enttäuschte, daß er als gebürtiger Berchtesgadner nicht mehr Verständnis für die Gefühle der bäuerlichen Bevölkerung aufbrachte, antwortete ich teilweise ziemlich scharf. Meine Ablehnung, mich im Rahmen der Parteiveranstaltungen in seinem Sinne zu betätigen, erbitterte ihn noch mehr und ohne viel Umschweife setzte er mich in seinen Reden mit denjenigen Intellektuellen, die die Meinung verträten, daß die Nazis den Reichstag angezündet, ja daß sie überhaupt den Krieg begonnen hätten, auf dieselbe Stufe. Es kann wohl sein, daß ich mich in meinen Antworten zu weit hinreißen ließ und die Äußerung, daß der Nationalsozialismus Persönlichkeiten nicht gelten lasse und die Menschen zu Lügnern erziehe, ist auch tatsächlich gefallen. ... Trotzdem schieden wir nicht im Unfrieden, vielmehr begleitete mich R. ... bis an die Gartenpforte seines Häuschens ... Zuletzt äußerte er sogar noch: ›Und das, worüber wir gesprochen haben, bleibt selbstverständlich unter uns.‹ Ich bezog diese Worte weniger auf mich als auf ihn, da ich glaubte, er wünsche nicht, daß seine Anwürfe gegen das christliche Brauchtum den Weihnachtsschützen zu Ohren kämen, da er mit jenen schon wiederholt Kontroversen über dieses Thema gehabt hatte. Ich ging also beruhigt weg und dachte an nichts Böses.«

Am 11. Januar 1944, in aller Frühe, wurde Kriß durch zwei Gestapo-Beamte verhaftet. Er nahm an, seine Aktivitäten für die Weihnachtsschützen seien der Grund, erst während des Verhörs durch die Gestapo stellte er erstaunt fest, daß er aufgrund einer Anzeige des vorgenannten Schulungsleiters verhaftet worden war. Die Anzeige beschuldigte ihn staatsfeindlicher Äußerungen gefährlichster Art. Stark belastend aber war auch ein Begleitschreiben des Kreisleiters Stredele, das darauf abzielte, Ansehen und Prestige des Gelehrten ins Zwielicht zu rücken. Unter anderem wurde ihm vorgeworfen, seine u. k.-Stellung erschlichen und deren Verlängerung wiederholt mit unlauteren Mitteln erwirkt zu haben. Wenigstens diese Anschuldigung konnte Kriß durch Zeugen so eindrucksvoll widerlegen, daß selbst der Volksgerichtshof sie in der Anklage fallenließ.

Als mittags die Gestapo eine Verhörpause einlegte, kam Kriß zum erstenmal in seinem Leben in eine Gefängniszelle, 1,20 m breit und 2,20 m lang. Er empfand zunächst einen starken Schock. Wie er später schrieb, glaubte er, seine Nerven würden versagen. Aber er fing sich schnell und war beim nachmittäglichen Verhör in »glänzender Form«. Wie er später rekapitulierte, tat er »das einzig Richtige, nämlich gar nichts zuzugeben und alles als ein Mißverständnis hinzustellen. Dabei mußte ich stets darauf achten, den Angeber zu desavouieren, ohne ihn doch als bewußten Lügner hinzustellen. Meine Aufgabe muß ich allem Anschein nach gut gelöst haben, denn der Untersuchungsrichter, dem ich eine Woche später in München vorgeführt wurde, ein enragierter Nazi, bezeichnete meine Aussagen als ein Meisterwerk jesuitischer Wortgewandtheit.«

Am nächsten Tag wurde Kriß nach München zur Gestapo im Wittelsbacher Palais verbracht und in eine Gemeinschaftszelle mit neun Personen gesteckt. Nach nur kurzem Aufenthalt wurde er wieder abgeholt, was Kriß, der noch stark unter einer Gefängnispsychose litt, zutiefst beunruhigte, denn wie jeder Gefangene glaubte auch er, die Veränderung könne nur eine Wende zum Schlechteren bedeuten.

Zu seinem großen Glück aber kam er in das Untersuchungsgefängnis Neudeck in der Au, das ihm für neun Monate zur unfreiwilligen Wohnung wurde. Seinen Eindruck von diesem Gefängnis faßte er wie folgt zusammen: »Ich spürte sofort die völlig andere Luft, die hier wehte; man wurde mit sachlichen Augen und nicht mehr als persönlicher Feind betrachtet. Ich ahnte, daß wenigstens für den Augenblick das Schlimmste überwunden sei, und tatsächlich lernte ich Neudeck als die Krone der bayerischen Gefängnisse allmählich schätzen und lieben, soweit das bei einem Gefängnis eben möglich ist.« Zu diesem Umstand trugen nicht zuletzt die Wachtmeister von Neudeck bei, denen Kriß bis auf zwei Ausnahmen das beste Zeugnis ausstellte. Oberwachtmeister K., fest davon überzeugt, daß Kriß nicht in »dieses Haus« passe, wies ihm eine »schöne Zelle« zu und ließ es auch sonst nicht an Äußerungen des Mitgefühls fehlen. Übertroffen wurde er darin noch von dem gemütlich dreinblickenden ersten Hauptwachtmeister H., mit dem er später gut Freund wurde. Als sie sich zum erstenmal sahen und Kriß seine Geschichte erzählt hatte, wartete der Hauptwachtmeister, bis sein Kollege sich entfernt hatte, und gab seiner Meinung unverhohlen Ausdruck:

»Diese Saubande! Aber den Nazis müßt Ihr es später einmal genau so kochen, wie sie es Euch jetzt tun! Na machen Sie sich nichts draus! Ein Baron sitzt schon seit fünf Jahren hier, ein feiner Mann! – Sie werden sich auch noch eingewöhnen bei uns, Sonnenseite haben Sie auch und wenn's beim Fenster hinausschauen, wobei Sie sich aber nicht erwischen lassen dürfen, sehen Sie in den Garten und dahinter die Trambahn vorüberfahren! – Na, ich komm schon von Zeit zu Zeit und unterhalt mich ein bißchen mit Ihnen.«

Wachtmeister Ho., auch ein »überzeugter Schwarzer«, stand seinem Kollegen in nichts nach. Er erblickte in den politischen Gefangenen Märtyrer, denen Gutes zu tun die Pflicht eines Christenmenschen war. So versorgte er seine Gefangenen mit Lebensmitteln und brachte ihnen abends nach Dienstschluß auch öfter einmal heimlich Bier auf die Zelle. Den besten Eindruck hatte Kriß von dem Oberwachtmeister Roth, den er als »weitaus Anständigsten unter den Beamten«, als einen »Ehrenmann durch und durch« charakterisierte.

Kriß mußte erleben, daß sich die Wachtmeister, die sich in der geschlossenen Sphäre des Gefängnisses sicher fühlen konnten, Bemerkungen leisteten, die an regimekritischer Schärfe seine eigenen Äußerungen, die zu seiner Verhaftung geführt hatten, weit übertrafen. Das war wohl auch der Grund, weswegen er immer noch unter Anfällen von Haftkoller zu leiden hatte, wobei er am liebsten seinen Kopf gegen die Wand geschlagen hätte. Sein Zustand besserte sich erst, als er vollends zu den »Privilegierten« unter den Neudecker Häftlingen avancierte. Er erhielt eine sogenannte »Kavalierszelle«, die weit besser ausgestattet war als die übrigen, und einen guten Arbeitsposten. Als »Tintenkuli« besaß er viele Freiheiten, konnte u. a. im Gefängnis ungehindert herumspazieren. Er arbeitete wenig und las viel, alles in allem ein, wie er selbst fand, erträglicher Zustand.

Mitte März wurde er krank und mußte in die Krankenabteilung von Stadelheim transportiert werden. Ungeachtet der großen Schmerzen und der sie begleitenden Depressionen beschrieb Kriß die dortige Zeit als eine der angenehmsten, die er in den Zuchthäusern des Deutschen Reiches verbracht habe. Über eine der vielen Vergünstigungen, die ihm dort sein Gefängnisleben verschönten, lassen wir Kriß selbst berichten:

»Unser Stationswachtmeister Herr E. war intelligent und bewahrte einen kameradschaftlichen Ton, nur war er fast ein wenig eifersüchtig auf meine Vorzugsstellung beim Herrn Verwalter. Zum Beispiel hatte es mir der Verwalter als einzigem Gefangenen erlaubt, am Samstag Nachmittag in seiner Emaille-Badewanne zu baden, was nicht einmal die Wachtmeister durften, da sie nur für ihn allein bestimmt war. Die übrigen Gefangenen konnten sich nur unter die Brause stellen oder bestenfalls eine alte verrostete Eisenwanne benützen. Herr E. ließ gelegentlich eine Bemerkung darüber fallen, bis ich sagte, am Samstag sei ja doch der Herr Verwalter nie da und er könne nach mir ohne Sorge in die schöne Badewanne steigen. Herr E. meinte: ›Eigentlich gar keine schlechte Idee, aber Sie müssen halt unterdessen aufpassen, für den Fall, daß der Verwalter unerwartet daherkäme.‹ So trat die seltsame Situation ein, daß der Herr Gefangene für den Wachtmeister Schmiere stehen mußte, damit dieser nicht vom Herrn Verwalter bei verbotenem Tun erwischt würde.«

Mitte Mai war Kriß so gut herausgefüttert, daß sich beim besten Willen kein Grund mehr finden ließ, ihn weiter in Stadelheim zu behalten. Der Abschied fiel ihm beinahe schwer, doch in Neudeck wurde er wie ein alter Bekannter aufgenommen, wieder erhielt der »Herr« eine Kavalierszelle und einen guten Posten, er wurde »Bücherhansel« bzw. »Bibliothekar«, wie es Kriß zu bezeichnen liebte. Diese Phase skizzierte er in seiner Erinnerung so:

»Da mich diese Arbeit höchstens drei Stunden am Tag ausfüllte, hatte ich ein schönes Leben. Ich schmökerte in den Büchern herum, empfing den Besuch anderer Gefangener und jeden Nachmittag, an dem die Sonne schien, setzte ich mich mit Erlaubnis des Herrn Verwalters ein bis zwei Stunden lang ins Freie und ließ mich bräunen. Je weiter die Russen im Osten und die Amis im Westen vorrückten, desto ungezwungener wurde das Leben in Neudeck. Anfangs war ich nur der Kriß, nach der Offensive im Osten der Herr Kriß und als auch Frankreich im Sturm erobert worden war, sprachen mich die Wächter nur noch mit Herr Doktor an. ... Die Wachtmeister buhlten förmlich um die Gunst von uns politischen Gefangenen.«

Die Begünstigung geschah oft auf echt bayerische Art, z. B. ließ man den Häftlingen Bier zukommen. So erhielt Kriß an einem heißen Augusttag nacheinander fünf Flaschen Bier heimlich zugesteckt, jede Flasche von einem anderen Wachtmeister.

Auf diese Weise verging auch der Sommer, und im September glaubte im Gefängnis keiner mehr, daß der Fall Kriß noch zur Verhandlung komme. Kriß selbst fühlte sich allmählich völlig sicher. Was er nicht wissen konnte, war, daß die Anklage des Oberreichsanwalts schon seit Juni vorlag, inklusive der Zustimmung des Reichsjustizministeriums. Wegen einiger Unstimmigkeiten zwischen Justizministerium und Parteikanzlei konnte sie aber noch nicht erhoben werden. Wie aus einem Geheimschreiben der Parteikanzlei (Ministerialdirigent Dr. Friedrich) an Staatssekretär Klemm hervorgeht, hatte jene politische Bedenken gegen die vorliegende Fassung der Anklageschrift erhoben und diese folgendermaßen begründet:

»Die Anklage gibt, indem sie Dr. Kriß in breiter Weise als Werkzeug des politischen Katholizismus hinstellt (S. 2 unten), möglicherweise der unerwünschten Auffassung Nahrung, Kriß sei weniger ein Verbrecher, denn ein Märtyrer. Die ebenfalls recht breiten Ausführungen, wonach auch die ›Vereinigten Weihnachtsschützen des Berchtesgadener Landes‹ als solche unter der unmittelbaren Einwirkung des politischen Klerus stehen, werden, wie zu befürchten ist, von dem unbefangenen Leser als befremdlicher Gegensatz empfunden werden zu der ferner hervorgeho-

VIII. Ein gelehrter Sammler

benen Tatsache der Ehrenmitgliedschaft des Führers zu der Vereinigung. Sie lassen auch leider die Sache des Angeklagten als die der Gesamtheit der Weihnachtsschützen und ihres, wie Sie wissen, großen Anhanges erscheinen. Ein Bedürfnis für solche Verallgemeinerungen ist nicht zu erkennen. Es läßt sich m. E. insbesondere nicht aus der Notwendigkeit einer ausreichenden Charakterisierung des Angeklagten herleiten. Die gewählte Verallgemeinerung ist auch, wie mir scheint, von einer durch die Tatsachen nicht gerechtfertigten Schärfe. Der Ausschluß des Angeklagten aus der Vereinigung ist zwar nicht ohne Widerstand, aber immerhin er ist beschlossen worden, und das zum mindesten hätte erwähnt werden müssen. Ich darf im übrigen auf unsere mehrfachen Rücksprachen verweisen.«

Der Weihnachtsschützenverein war tatsächlich mit Forderungen nach dem Ausschluß des Ehrenmitglieds Kriß bombardiert worden, aber die Weihnachtsschützen hielten sich bis zum 17. Juli 1944 wacker. An diesem Tag fuhr Gestapo vor dem Vereinshaus auf, die Vorstände verstanden die Drohung und stimmten dem Ausschluß zu. Listigerweise nahmen sie den Ausschluß aber nicht in die Protokollbücher des Vereins auf und argumentierten in der Folgezeit, er sei deshalb nicht rechtswirksam geworden. Im Zusammenhang damit ist es bemerkenswert, daß die Parteikanzlei von einem erfolgten Ausschluß schon drei Wochen vor dem tatsächlich vollzogenen Ausschluß schrieb; man war sich also ganz sicher, daß der Verein dazu gezwungen werden würde. Nicht weniger auffällig ist, daß die Parteikanzlei den gesamten Weihnachtsschützenkomplex aus der Anklage heraus haben wollte. Er bildete zwar sicher einen der wesentlichen Punkte, weswegen man gegen Kriß vorgegangen war, aber in der Parteikanzlei glaubte man wohl, Hitler wegen seiner Ehrenmitgliedschaft in diesem Verein eventuelle heikle Dinge ersparen zu müssen, und erhoffte sich überdies, mit dem Weihnachtsschützenverein besser fertig werden, d. h. den Verein für eigene Zwecke besser dienstbar machen zu können, wenn dieser in den Fall Kriß nicht hineingezogen würde. Ein anderes Interesse, speziell Bormanns, an einer Verurteilung von Kriß läßt sich nur mutmaßen: durch Zuschlag des Besitzes von Kriß hätte Hitlers Berghof seine längst angestrebte Arrondierung erhalten.

Die Anklage, die Kriß am 19. September 1944 erhielt und die ihn wie ein »Blitz aus heiterem Himmel« traf, hatte den Punkt Weihnachtsschützen völlig fallengelassen. Mit der Anklageschrift traf zugleich der Befehl ein, Kriß sofort nach Berlin zu überführen. Für den Gelehrten begann eine bittere Zeit.

In der Nacht vom 21. auf den 22. September 1944 wurde Kriß nach Berlin transportiert und in das Gefängnis Moabit eingeliefert, das ihm einen schmutzigen und verwahrlosten Eindruck machte. Am Montag, dem 25. September, wurde Kriß gefesselt zum Volksgerichtshof in der Bellevuestraße gebracht, wo für 9.00 Uhr der Verhandlungstermin angesetzt war. Seine Eindrücke von der Verhandlung schilderte Kriß in seinen Erinnerungen:

»Schlag neun Uhr wurde ich in den Gerichtssaal geführt. Er schien mir ziemlich groß, erinnerte mit seinen etwa zwölf Stuhlreihen an einen Vortragssaal und war, da die Verhandlung öffentlich war, mit etwa 100 Personen, zum größten Teil verwundeten Soldaten aus den Berliner Lazaretten, gefüllt. Ich saß gegenüber dem breiten Richtertisch allein auf einem Stuhl; wie gewohnt trug ich meine Berchtesgadener Tracht mit der langen Lederhose. Links von mir standen die Tische des Verteidigers und des Staatsanwaltes, rechts vorne befand sich eine große Tür, durch die der Gerichtshof den Saal betrat.

In ziemlicher Spannung wartete ich etwa eine Viertelstunde. Als die Herren dann endlich hereinkamen, wurde ich ruhig und aufmerksam; es blieb mir keine Zeit mehr, an mich und meine Nerven zu denken. Ich folgte der etwa siebenstündigen Verhandlung fast wie ein unbeteiligter, aber sehr scharfer Beobachter und empfand die Spaltung meines Ichs beinahe körperlich. Die Richter trugen dunkelrote Roben und schnitten kalte, steinerne Gesichter. Als Beisitzer fungierten ein SS- und ein SA-Brigadeführer und ein NSKK-Obergruppenführer. Präsident Freisler erinnerte mich an die Gestalt des Groß-Inquisitors bei Dostojewsky, nur etwas mehr ins Negative gezogen. Ein schmales, langes Gesicht mit scharfen Falten, die sich wie tiefe Kerben von der Nasenwurzel herab zu den Mundwinkeln zogen und dem Gesicht in der Ruhe eine maskenhafte Strenge verliehen. In Rede und Gesten ein vollendeter Schauspieler, mit großen eiskalten Augen, die es jedoch verstanden, Ausdruck zu heucheln und zwar so gut, daß man dem bewegten Blick Entrüstung, Verachtung und Haß, die er abwechselnd in ihn hineinlegte, beinahe hätte glauben können. ... Im Gegensatz dazu war der Staatsanwalt Busch eine indolente Streberseele, mit kugelrundem, völlig ausdruckslosem Gesicht; seinen Antrag auf Verhängung der Todesstrafe las er gleichmütig und unbewegt herunter, als habe er keine Ahnung, was er bedeute. Auf ihn konnte man das Wort Christi anwenden: ›Herr verzeihe ihnen, denn sie wissen nicht, was sie tun.‹ Er wußte es wirklich nicht! Der einzige *Mensch* in diesem Konsortium war Rechtsanwalt Nath, der blaß aussah und voll verhaltener Bewegung schien. Er wirkte vornehm und sehr distinguiert.

Die Verhandlung begann mit der Schilderung der wichtigsten Daten meiner bisherigen Lebensgeschichte. Freisler führte sie sehr geschickt und leitete mit seinen Fragen stets auf das hin, was für ihn wichtig war. Er ließ mich viel zu Worte kommen, was mich wunderte, da ich dadurch etwas Oberwasser bekam und auf die Zuhörerschaft, wie ich deutlich spürte, einen günstigen Eindruck machte. Im zweiten und dritten Teil der Verhandlung gab er sich auch alle Mühe, diesen Eindruck zu verwischen. Nach kurzer Pause folgte die Zeugenvernehmung. Erst wurde R. ... hereingerufen, dessen Aussage einen auswendig gelernten Eindruck erweckte. Wenn er wirklich einmal nicht weiter wußte, so half ihm Herr Freisler durch ausgesprochene Fangfragen geschickt nach, indem er etwa einwarf: ›Hat der Angeklagte nicht etwa auch diese Äußerung getan?‹ und dann irgend etwas Gravierendes aus dem Akt vorlas. R. ... brauchte dann nur Ja zu sagen, was er auch prompt tat und etwa hinzufügte: ›Jetzt erinnere ich mich wieder ganz genau.‹ Hernach folgte meine Verteidigung, bei der mich der Präsident, so oft ihm deren Verlauf nicht mehr ganz behagte, anbrüllte und mir das Wort abschnitt. Ich gewann den bestimmten Eindruck, daß alles nur eine Komödie war und das Urteil von vornherein feststand.

Als zweite Zeugin wurde Felicie Hüni-Mihacsek vernommen, der ich seinerzeit den Verlauf des Gespräches unmittelbar danach mitgeteilt hatte. Freisler behandelte diesen Teil der Verhandlung ziemlich kurz und nebensächlich, indem er von vornherein erklärte, es käme dieser Aussage eine viel geringere Bedeutung zu, indem nämlich R. ... über ein Gespräch selbst, während sie nur ein Gespräch über ein Gespräch zu berichten habe. ...

Nach einer abermaligen Pause folgten die Rede des Staatsanwalts und das Plaidoyer des Verteidigers. Erstere wurde so temperamentlos heruntergelesen, daß sie trotz der Schwere des Strafantrages nicht einmal auf mich einen besonderen Eindruck machte. Die Ausführungen des Rechsanwaltes waren sachlich sehr gut, aber in ihrer Wirkung natürlich dadurch geschwächt, daß eigentlich jedermann wußte, daß sie nur der Form halber stattfinden durften und das feststehende Urteil kaum wesentlich beeinflussen würden. Nach etwa vierstündiger Dauer des Prozesses zog sich der Gerichtshof zur Urteilsberatung zurück. ... Im Saal herrschte die Atmosphäre einer bangen Erwartung. Mein Anwalt sprach bald mit Leuten aus dem Publikum, bald mit mir, versicherte mir tröstend, daß die Stimmung der Zuhörer für mich günstig sei und niemand ein allzu strenges Urteil erwarte. Ich selbst war nicht so optimistisch, allerdings auch nicht pessimistisch, weniger im Hinblick auf das zu erwartende Urteil, als weil ich innerlich wußte, wie es auch ausfallen möge, das Leben würde es mir, sogar im Falle eines Todesurteiles, wahrscheinlich nicht kosten.«

Kriß sollte recht behalten. Die knappe und einfältige Begründung des Todesurteils lautete wie folgt:

»Rudolf Kriß hat im fünften Kriegsjahr einem Volksgenossen gesagt: Wir hätten 1933 den Reichstag angezündet, der Nationalsozialismus lasse Persönlichkeiten nicht gelten und erziehe zum Lügner, jeder anständige Mensch könne den Zusammenbruch eines solchen Systems nur gutheißen, wir hätten den Krieg angefangen, dies Wirken des Nationalsozialismus werde immer nur Blut und Elend nach sich ziehen.

VIII. Ein gelehrter Sammler

Er zählt zu den Hochgebildeten und ist Betriebsführer und Eigentümer eines großen Werkes. Er hätte deshalb in besonderem Maße die Pflicht zu vorbildlicher Haltung. Und doch griff er derartig unsere Kraft zu mannhafter Wehr in unserm Lebenskampf an. Dadurch ist er für immer ehrlos geworden. Er wird mit dem Tode bestraft. Sein Vermögen verfällt dem Reich.«

Kriß behauptete von sich, dieses Todesurteil habe keinen besonderen Eindruck auf ihn gemacht, er habe in einem seelischen Panzer gelebt, der ihn existentielle Bedrohung nicht fühlen ließ. Er hatte nur die Genugtuung verspürt, von einem Menschen wie Freisler zur schwersten Strafe verurteilt worden zu sein.

Sein Aufenthalt in Moabit war nur von kurzer Dauer. Nach drei Tagen kam er mit den anderen Todeskandidaten nach Brandenburg-Goerden, wo er die schwerste Zeit seines Lebens verbringen sollte. Zusammen mit 400 Todeskandidaten wartete er auf seine Hinrichtung. Jeden Montag, zwischen 10.00 und 11.00 Uhr, kamen die Wärter, um die jeweils 35 bis 40 Personen abzuholen, die wöchentlich hingerichtet wurden. Die Todeskandidaten hatten es in mancherlei Hinsicht schlechter als die normalen Gefangenen. Sie durften z. B. die Zelle außer zu einem Spaziergang ein bis zweimal in der Woche nicht verlassen. Sie bekamen keine Arbeit, waren Tag und Nacht gefesselt, und in ihren Todeszellen brannte auch bei Nacht das Licht. Sie waren mit ihren Gedanken allein und hatten viel Zeit zum Nachdenken.

Kriß lebte zwar in einer hochgradigen inneren Anspannung, aber er verlor nie die Hoffnung, daß seine Sache, obwohl alles dagegen sprach, doch noch gut ausgehen werde. Aus dieser Sicherheit heraus verlor er sogar die Angst vor den Hinrichtungen am Montagvormittag, Anlaß furchtbarer Qual für die meisten Todeskandidaten.

Begnadigungen waren seit drei Monaten nicht mehr erfolgt und so kam es beinahe einem Wunder gleich, daß Kriß begnadigt wurde. Einen Monat nach seiner Verurteilung erhielt er die Nachricht, sein Todesurteil sei in lebenslange Zuchthausstrafe umgewandelt worden. Dieses Wunder war in der Hauptsache auf die Intervention einiger Freunde zurückzuführen. Im Auftrage der Vereinigten Weihnachtsschützen hatte Gotthard Brandner nachts, als das Postamt nicht überwacht wurde, ein Gnadengesuch eingeworfen, unbeeindruckt von den Drohungen des Kreisleiters Stredele, der erklärt hatte, jeder, der ein Gnadengesuch einreichen würde, werde den Verrätern des 20. Juli gleichgestellt. Kriß' Freundin, die erwähnte international bekannte Kammersängerin Felicie Hüni-Mihacsek, setzte sich ebenfalls für ihn ein und nicht zuletzt die Schwester Görings.

Jetzt, nach der Begnadigung, nach Wochen angespanntester Konzentration, erlitt Kriß einen seelischen Zusammenbruch mit anhaltenden Verzweiflungsanfällen und Selbstmordgedanken. Doch das Schlimmste stand ihm noch bevor. Am 11. Dezember wurde er nach Straubing transportiert. Die Transporte waren unter den Gefangenen schon immer gefürchtet, doch im 6. Kriegsjahr bei verheerenden Bahnverbindungen wurden sie »geradezu eine sadistische Quälerei«. Weihnachten verbrachte er in einer Baracke in Hof, die Silvesternacht auf dem eiskalten zugigen Dachboden des Nürnberger Polizeigebäudes. Der Transport, der insgesamt 4 Wochen in Anspruch nahm und der den hungernden und frierenden Häftlingen das Äußerste abverlangte – Kriß nahm in diesen vier Wochen 18 Kilo ab –, wurde von ihm als das Schlimmste bezeichnet, was er während der gesamten Haftzeit zu ertragen hatte.

In Straubing ging es wieder besser, er wurde, wie er sagte, mit »Wohlwollen« und »innerer Achtung« behandelt. So ungezwungen wie in Neudeck wurde es nicht mehr.

Während Kriß in Straubing einsaß, interessierte sich die Parteikanzlei dringlichst für den Stand der Vermögenseinziehung und -verwertung. Da im einschlägigen Referat des Oberreichsanwalts nicht klar war, ob der Vorgang Kriß sich bei den verlagerten Sachen befand, erhielt die Parteikanzlei erst einen Monat später, im März 1945, die Auskunft, daß die Auswahl eines geeigneten Treuhänders große Schwierigkeiten verursacht habe, weil alle angegangenen Treuhandgesellschaften in München und Berlin die Übernahme der Vermögensverwaltung abgelehnt hätten mit der Begründung, zu wenig Personal zu haben. Inzwischen habe man aber einen Wirtschaftsprüfer gefunden und mit der Sicherung und Verwaltung des Vermögens beauftragt. Es scheint, als habe die Parteikanzlei ihr Ziel, in den Besitz von Grund und Boden des Hitler-Nachbarn Kriß zu kommen, nicht mehr verwirklichen können. Die Ereignisse der letzten Kriegswochen rollten über solche Absichten hinweg.

Zwei Monate später war Regensburg von den Amerikanern eingenommen, Straubing sollte am 23.4. kampflos übergeben werden, im Straubinger Zuchthaus wurden die Führerbilder abgehängt, tags darauf, am 24. April, wurden die Häftlinge (etwa 2800 Mann) auf den Transport nach Dachau geschickt. Trotz der frühen Jahreszeit war es schon heiß, und die Obstbäume standen in voller Blütenpracht. Kriß freute sich nach eineinhalbjähriger Haftzeit an der Natur, doch das Erfreulichste an diesem traurigen Marsch war, wie er schrieb, die offenkundige Sympathie der Bevölkerung mit den heruntergekommenen Häftlingen. Der Marsch fand für Kriß ein Ende dadurch, daß der Gefängnisinspektor in Landshut ihm und noch einigen wenigen anderen einen Zettel gab, der sie berechtigte, ohne Begleitung einer Wache nach München zu wandern, um sich dort auf der Polizei zu melden. Dieses kurze Zwischenspiel einer zweitägigen Freiheit hätten sie beinahe mit dem Leben bezahlt. Es wurde durch einen SS-Überfall beendet. Kriß landete wieder im Gefängnis von Landshut, wo er von einem amerikanischen Offizier, dem er seine Geschichte erzählen konnte, mit den Worten »Then go on« befreit wurde. Über Nacht war Schnee gefallen und hatte die Baumblüten zugedeckt, in dieser verzauberten Landschaft trat Kriß seinen Heimweg an, der sich von Station zu Station glücklicher gestaltete, denn politische Häftlinge waren inzwischen geachtete Leute geworden. Seine Reise nahm beinahe triumphale Form an und fand ihren krönenden Abschluß in einem grandiosen Empfang in Berchtesgaden.

Zum Quellenhintergrund

Für vermeintlich oder wirklich schwerere Fälle von defaitistischen Äußerungen, die während des Krieges als »Wehrkraftzersetzung« nicht selten mit dem Tode bestraft wurden, war vor allem der Volksgerichtshof zuständig. Die Überlieferung seiner Prozeßakten ist sehr gestört. Nur ein kleinerer Teil, vor allem die etwa 14000 Prozeßakten im Berlin Document Center, sind im Westen zugänglich. Der größere Teil (etwa 40000) Prozeßakten wird im Institut für Marxismus und Leninismus in Ost-Berlin bzw. im DDR-Zentralarchiv in Potsdam verwahrt und ist Historikern aus der Bundesrepublik in der Regel nicht zugänglich. Auch die Mitarbeiter des »Bayern-Projekts« mußten sich im wesentlichen auf die rund 14000 Akten im BDC beschränken. Von diesen beziehen sich auf Bayern nur etwa 300 Fälle, darunter rd. 100 mehr oder weniger pragmatisch überlieferte Fälle von »Wehrkraftzersetzung«. Angesichts dieser Quellenlage ist der mit der Aufklärung einschlägiger bayerischer Fälle befaßte Historiker auf zusätzliche Recherchen angewiesen. Z. B. befindet sich das vom VGH wegen Wehrkraftzersetzung gegen den stellvertretenden Landrat von Kaufbeuren, Regierungsrat Vollrath, verhängte Todesurteil im BDC, hingegen die Anklageschrift und der Schlußbericht der Gestapo München im Staatsarchiv Neuburg (Regierung Schwaben 17 663 bzw. 17 863). Die Akten eines anderen Falles dieser Art liegen im Bundesarchiv (R 60 II–77). VGH-Todesurteile aufgrund der Anklage von Wehrkraftzersetzung finden sich auch unter den Gestapo-Akten Würzburg (Staatsarchiv Würzburg, so zum Beispiel: Gestapo Würzburg 2697, 2403, 2697, 11 377). Bei den an sich schon nicht häufigen Funden bayerischer Pertinenz muß man sich oft entweder mit der Anklageschrift oder dem Urteil (manchmal auch mit beidem) zufriedengeben. Weitere Recherchen sind sehr erschwert. Die meisten Verurteilten sind tot und haben keine Aufzeichnungen hinterlassen. Bei solcher Lage war der Fall Kriß eine seltene Ausnahme: Das Todesurteil war in lebenslängliche Haft umgewandelt worden, und der Betroffene hat nach 1945 über seine dabei gemachten Erlebnisse und Erfahrungen ausführlich berichtet. Auf diesen Fall wurde die Verfasserin von dem Direktor der Puppensammlung der Stadt München, der den Volkskundler Dr. Rudolf Kriß als seinen Mentor verehrte, aufmerksam gemacht. Kriß war inzwischen verstorben, aber er hatte, kurz nachdem er aus der Haft befreit wurde, mit der Niederschrift seiner noch frischen Erfahrungen begonnen und sie am Silvestertage 1945 beendet. Sie erschien ein paar Jahre später im Druck (unter dem Titel: Im Zeichen des Ungeistes. München-Pasing 1948), erreichte aber unverdienterweise kaum eine größere Öffentlichkeit und fiel schnell der Vergessenheit anheim. Die Verfasserin hat sich vielfach auf diese entlegene Publikation gestützt und längere Passagen daraus zitiert. Auch ein weiteres Buch Rudolf Kriß' über den Verein von Berchtesgaden (Die Weihnachtsschützen des Berchtesgadener Landes und ihr Brauchtum. Berchtesgaden [1966].) war von Nutzen.

Der Kontakt zu den beiden Adoptivsöhnen von Rudolf Kriß ließ sich anfangs vielversprechend an. Der eine, der das Haus des Adoptivvaters auf der Koppenleiten übernahm, versprach nicht nur Interviews zu geben, ein Arrangement mit Freunden, Bekannten und Nachbarn eigens für die Verfasserin zu treffen, sondern auch die Einsichtnahme in den Nachlaß seines Adoptivvaters, der u. a. Prozeßakten und Korrespondenzen enthält, zu gestatten. Ebenso hilfsbereit zeigte sich zunächst der andere Adoptivsohn, dem die Verfasserin einige Adressen verdankt. Dann scheinen die beiden Adoptivsöhne anderen Sinnes geworden zu sein; der Verfasserin wurde zunehmend mit hinhaltenden Versprechen, dann mit Bedenken persönlicher Art, dem Ansehen des Betroffenen könnte durch eine Publikation Schaden angetan werden, und zuletzt mit völligem Stillschweigen angezeigt, daß die früheren Zusagen nicht mehr galten.

Aus diesen Gründen den Plan zur Darstellung des Falles Kriß aufzugeben, bestand gleichwohl keine Veranlassung, zumal sich ersatzweise eine Reihe anderer Dokumente auffinden ließ. An erster Stelle sind hier die Personalakten von Rudolf Kriß, betreffend seine Universitätslaufbahn, zu nennen (Archiv der Universität Wien). Das Todesurteil des Volksgerichtshofes fand sich in den Landratsamtsakten Berchtesgaden (Staatsarchiv München, LRA 29 766), drei Berichte über den Fall aus dem Jahre 1944, des Gendarmeriepostens und des Landrats und einer der SD-Außenstelle Berchtesgaden, kamen ebenfalls in den Landratsakten zum Vorschein (Staatsarchiv München, LRA 29656). Aufschluß gaben in bezug auf die politische Beeinflussung des Strafverfahrens gegen Kriß auch einige Dokumente der Partei-Kanzlei (Bundesarchiv Koblenz, R 22/4088).

Sehr hilfreich war schließlich die Kontaktaufnahme und Korrespondenz mit Professor Dr. Leopold Schmidt, dem ehemaligen Direktor des österreichischen Museums für Volkskunde, einem langjährigen guten Freund von Rudolf Kriß, der vieles, auch Persönliches über Rudolf Kriß schon veröffentlicht hatte (Rudolf Kriß 60 Jahre alt, in: Österr. Zeitschrift für Volkskunde, XVI/65, 1962, S. 261 f.; Rudolf Kriß, in: Schönere Heimat, Bd. LI, München 1962, S. 193 ff.; Rudolf Kriß 70 Jahre. Eine Bibliographie seiner Veröffentlichungen, in: Österr. Zeitschrift für Volkskunde, Bd. XXVII/76, 1973, S. 1 ff., und Rudolf Kriß. Nachruf, in: ebendort, S. 243 ff.).

IX. Die Falle für den Grafen

Im November 1944 begegnete der 62jährige Franz Graf von Montgelas im Nürnberger Grand-Hotel der 25jährigen, sehr attraktiven *Marianne Liebel*. Der Graf, den Musen und dem schönen Geschlecht sehr zugetan, wollte renommieren, die Dame gab sich sehr interessiert und zugänglich. Man plauderte über Kunst, die große Welt und schließlich auch über Politik. Franz von Montgelas war leichtsinnig genug, seiner Weltläufigkeit freiesten Ausdruck zu geben, auch durch scharfe, sarkastische Bemerkungen über den hoffnungslos verlorenen Krieg und die von ihm gehaßte Naziführung. Weil es so anregend war, verabredeten sich die beiden für zwei Wochen später ein zweites Mal in demselben Hotel. Im Zimmer des Grafen brachte *Marianne Liebel* diesen nochmals dazu, über Hitlers Kriegführung und das elende Naziregime herzuziehen. Die Schöne entlockte dem Grafen auch abermals die besonders riskanten Äußerungen über das Attentat vom 20. Juli 1944: Graf Stauffenberg hätte die Pistole ziehen sollen, statt eine Höllenmaschine mit Zeitzünder im Führerhauptquartier abzustellen.

Im Nebenzimmer saß, das Ohr an die Wand gepreßt, der 38jährige Georg Achmann, ein Subalternbeamter der Gestapostelle Nürnberg-Fürth. Er hatte vor sich einen von *Marianne Liebel* verfaßten Bericht über die hochverräterischen Bemerkungen des Grafen Montgelas vom vorangegangenen Treffen und hörte jetzt, fast wörtlich, die gleichen Äußerungen.

Viereinhalb Monate später, am 5. April 1945, zwölf Tage bevor die Amerikaner in Nürnberg einmarschierten, fand im Justizgebäude der Stadt unter dem Vorsitz des Leiters des Nürnberger Sondergerichts, Landgerichtsdirektor Dr. Rudolf Oeschey, die erste Sitzung des kurz zuvor von Gauleiter Holz eingerichteten zivilen Standgerichts statt. Die Anklage vertrat Oberstaatsanwalt Dr. Karl Schröder. Nach etwa zweistündiger Verhandlung wurde Graf Montgelas ohne Rechtsbeistand zum Tode verurteilt und am nächsten Tag in aller Eile hingerichtet.

Ein Fall von Widerstand und Märtyrertod im Gefolge des 20. Juli 1944 – oder eine tödliche Farce des Zufalls mit mehreren falsch besetzten Rollen? Jedenfalls kontrastiert in der verhängnisvollen Schlußphase der Tragödie sehr deutlich: Hier ein Mann altaristokratischer Herkunft mit künstlerischen Liebhabereien und lässigem Lebensstil, der von seiner gesellschaftlichen Insellage her den Ernst und die Gefährlichkeit der ihm lächerlich erscheinenden nationalsozialistischen Herrschaft nur gebrochen wahrnimmt, sich leichtfertig darüber hinwegsetzt und schließlich kaum noch versteht, was ihm geschieht. Dort die terrierhafte Energie einiger der vielen, die im NS-System durch unbedenkliche Anpassung erfolgreich nach höheren Ämtern, Auszeichnungen, Einkünften oder Ich-Vergrößerung jagten: ein scharfmachender Staatsanwalt und Richter, erfindungsreiche Gestapobeamte, eine ehrgeizige Spionin. Sie folgten, gedankenlos-präzise, jeweils nur ihrer Profession, aber alle zusammen wurden sie zur Meute, die einen harmlos unschuldigen Oppositionellen zur Strecke brachte, gnadenlos, als sei er ein gefährlicher Hochverräter gewesen.

Stellen wir zunächst die Repräsentanten der Justiz vor, die das letzte Wort in der

Geschichte hatten. Das bis zum Frühjahr 1943 von Landgerichtsdirektor Dr. Oswald Rothaug, ab 1.5.1943 von Dr. Rudolf Oeschey geleitete Nürnberger Sondergericht erwarb sich vor allem während des Krieges den Ruf eines besonders parteiischen, drakonisch urteilenden Tribunals. Das Rasseschande-Urteil im Fall Leo Katzenbergers aus dem Jahre 1942, das nach 1945 im Nürnberger Juristenprozeß für die Anklage gegen Rothaug eine aufsehenerregende Rolle spielte, war nur ein besonders krasses Beispiel innerhalb einer Reihe offensichtlicher Rechtsbeugungen. Kaum irgendwo anders im Reich war eine solche Equipe fanatischer oder opportunistischer nationalsozialistischer Juristen an die Spitze der politischen Strafjustiz gelangt wie nach 1933 in Nürnberg. Den Kern der Seilschaft bildete das Trio Rothaug, Oeschey, Schröder. Rothaug und Schröder kannten sich schon aus den 20er Jahren aus gemeinsamer Justiztätigkeit in Hof, sie standen beide im völkisch-nationalen Lager (Ludendorffianer), wenn sie auch erst 1937 bzw. 1938 offiziell der NSDAP beitraten, und erhielten 1933, offenbar wohlangesehen bei Nürnberger Parteigrößen, dort wichtige Posten in der Strafjustiz. Rothaug zunächst (1933–1936) als Erster Staatsanwalt bei der Nürnberger Staatsanwaltschaft, dann von April 1937–April 1943 als Landgerichtsdirektor und – gleichzeitig – Vorsitzender des Sondergerichts beim OLG Nürnberg (später avancierte er zum Reichsanwalt beim Volksgerichtshof in Berlin); Schröder zuerst (1933–1935) als Landgerichtsrat und Richter an einer Strafkammer des Landgerichts Nürnberg, dann (1936–1940) als Oberstaatsanwalt am Landgericht Würzburg (hier begegnen ihm unsere Leser im Fall Obermayer, vgl. Kap. III), ehe er 1941 als Oberstaatsanwalt nach Nürnberg zurückkehrte und dort auch Leiter der Anklagebehörde bei dem von Rothaug geleiteten Sondergericht wurde. Der Dritte im Bunde, Oeschey, war schon 1931 der Partei beigetreten und geriet in seiner Nürnberger Stellung als Staatsanwalt (bis 1938), dann als Landgerichtsrat und Richter bei der Strafkammer des Landgerichts Nürnberg und (ab 1941) Landgerichtsdirektor, ähnlich wie Schröder, in die Klientel des ihm überlegenen Rothaug, ehe er (ab 1.5.1943) auch dessen Nachfolge als Vorsitzender des Nürnberger Sondergerichts antrat. Alle drei zählten innerhalb der Nürnberger Justiz zu den fanatischen Nationalsozialisten und gaben diesem Ruf alle Nahrung, auch durch nebenberufliche Tätigkeiten im Gaurechtsamt der NSDAP, im NS-Rechtswahrerbund sowie durch enge Beziehungen zu wichtigen Nürnberger Parteifunktionären, wie dem Gauinspekteur des Gaues Franken, Haberkern, mit dem insbesondere Rothaug und Oeschey befreundet waren, und in dessen Gastwirtschaft, der »Blauen Traube«, alle drei sich häufig am Stammtisch trafen.

Während der Kriegszeit sprach das von Rothaug bzw. Oeschey geleitete Sondergericht überdurchschnittlich viele Todesurteile aus, was auch zu besorgten Anfragen des Reichsjustizministeriums führte. Die zynisch-brutale Verhandlungsführung, in der sich Rothaug und Oeschey gegenseitig nichts nachgaben, rief schon damals Entsetzen, auch in Justizkreisen, hervor. Oberlandesgerichtsrat Dr. Josef Grueb, zuletzt Erster Staatsanwalt an der Staatsanwaltschaft beim Oberlandesgericht Nürnberg, erklärte im Nürnberger Juristenprozeß: »Der schlechte Ruf, den das Sondergericht Nürnberg wegen seiner außerordentlich scharfen Urteile« hatte, sei auf die Vorsitzenden Rothaug und Oeschey zurückzuführen. Die Verhandlungsführung durch diese beiden Vorsitzenden habe zu »schwersten Bedenken« Anlaß gegeben. Ihre Voreingenommenheit sei »in unangenehmster Weise« in Erscheinung getreten. Beide hätten »den Gerichtssaal in einer für die Würde und Objektivität des Gerichts unangemessenen Weise« zum

Forum für die Propagierung nationalsozialistischer Auffassungen gemacht. Die von ihnen vertretene Schärfe im Strafmaß sei bestimmt worden von einem »zur Schau getragenen politischen Fanatismus«, hinter dem offenbar auch der Ehrgeiz stand, »auf dem Rücken der Angeklagten Karriere zu machen«. Die verschärften Kriegsgesetze seien dem weit entgegengekommen. In der Verhandlung habe Rothaug »unmißverständlich zu erkennen gegeben, daß der Angeklagte sein Leben verwirkt« habe, wobei er den Staatsanwalt wie die Verteidiger und Sachverständigen wie Luft behandelte. »Bei Oeschey war das hervorstechendste Merkmal die Brutalität seiner Verhandlungsführung, die nicht davor zurückschreckte, den Angeklagten in der Sitzung mit schweren Schimpfworten zu belegen. ...Wohl jeder unbefangene Zuhörer hatte den Eindruck, daß unter der Verhandlungsführung Oescheys sowohl der Angeklagte als auch der Verteidiger in der Wahrnehmung ihrer Prozessual in unzulässiger Weise beschränkt wurde.«

Während des Nürnberger Juristenprozesses stellte sich heraus, daß sich Rothaug offenbar selbst gerühmt hatte, als »Blutrichter« oder »Henker von Nürnberg« bekannt zu sein. Er selbst bezeichnete sich gern als »Luzifer«, bisweilen auch als »Tenno«, was dazu führte, daß man Oberstaatsanwalt Schröder hinter dessen Rücken unter Kollegen den »Regenten von Mandschukuo« nannte, um seine Abhängigkeit von Rothaug zu kennzeichnen. Wie der ehemalige Nürnberger Landgerichtsdirektor Dr. Ferber berichtete, äußerten sich schon vor 1945 vor allem verschiedene Rechtsanwälte im vertrauten Kreis scharf abfällig über Rothaug. Der angesehene Münchener Anwalt Warmuth habe ihm (Ferber) wörtlich erklärt: »Herr Rothaug ist in meinen Augen ein Henker, aber kein Richter.« Verteidiger, die unter Rothaugs Vorsitz Angeklagte vor dem Sondergericht vertraten, konnten, wie einer von ihnen (Dr. Hugo Goeringer) nachträglich berichtete, nicht sicher sein, ob sie von Rothaug deswegen bei Parteikreisen denunziert wurden; sie »mußten sich daher jedes Wort überlegen, um sich vor Rothaug nicht mit dem Angeklagten zu identifizieren und nicht in ein Disziplinarverfahren verwickelt zu werden«. In Heimtückesachen habe er die Angeklagten oft in einer Weise abgekanzelt, daß diese »am Ende der Sitzung seelisch völlig zusammengebrochen waren«, und in Fällen, in denen er ein Todesurteil anstrebte, habe er häufig schon bei Eröffnung der Sitzung in brutaler Weise den Angeklagten als Todeskandidaten behandelt und bezeichnet. In dieselbe Bahn der Verhandlungsführung sei dann auch Oeschey eingetreten, der sich »oftmals noch ordinärer als Rothaug« ausgedrückt habe. Als Beweis hierfür führte Goeringer u.a. den – in diesem Band an anderer Stelle dargestellten – Fall *Terese Mai* an, der mit einem Todesurteil endete. Nach eigener Einschätzung Oescheys führten etwa 20 Prozent der rund 120 unter seinem Vorsitz 1943–1945 am Nürnberger Sondergericht rechtskräftig entschiedenen Verfahren zur Verhängung der Todesstrafe. Mit diesem Richter und dem kaum weniger nationalsozialistisch eingestellten Staatsanwalt Schröder, die jahrelang so sehr in das NS-Regime hineinverwickelt waren, daß sie sein bevorstehendes Ende nicht wahrhaben wollten, bekam Graf Montgelas es im Frühjahr 1945 zu tun.

Ehe wir uns ihm zuwenden, sind einige weitere wichtige Figuren des Dramas, vor allem die Zutreiber der Gestapo, die den Grafen vor Gericht brachten, zu charakterisieren.

Leiter der Gestapostelle Nürnberg-Fürth war seit Ende November 1944 der erst 36jährige SS-Obersturmbannführer Kriminalrat Pulmer, ein Jurist, der, seit Abschluß seines Staatsexamens im Jahre 1934 für den SD arbeitend, eine steile Karriere bei der

Gestapo gemacht hatte und Anfang 1945 noch zum Kommandeur der Sicherheitspolizei in Nürnberg avancierte. Schon lange vor Pulmers Amtsantritt in Nürnberg, unter seinem Vorgänger Otto, war in der Gestapostelle eine Spezialabteilung IV N unter Leitung von Kriminalkommissar Ernst Rudorf für Spitzeldienste gebildet worden. Ihr dienten außer sechs fest angestellten Gestapobeamten, darunter auch Georg Achmann, als »freie Mitarbeiter« 1943/44 regelmäßig 80–100 Agenten zur Auskundschaftung aller möglichen regimefeindlichen Einstellungen, Bestrebungen und Vorkommnisse, darunter seit Oktober 1943 auch *Marianne Liebel*. Intelligent, exzentrisch, maßlos ehrgeizig, hatte die damals erst 24 Jahre zählende, mondän wirkende junge Frau schon eine überdurchschnittlich erfolgreiche Karriere hinter sich. Sie war bereits mit 19 Jahren Abteilungsleiterin einer Bautzener Firma mit über 150 Mann Belegschaft geworden und hatte wenig später die Generalvertretung für den gesamten Export und für den Vertrieb der Firmenprodukte in Deutschland übertragen bekommen. Der Krieg bewirkte aber einen empfindlichen Rückgang des Geschäfts. Sie verlor zwar nicht ihren Posten als Generalvertreterin, hatte aber für die Firma fast nichts mehr zu tun und sah jedenfalls hier keine Aufstiegschancen mehr. Es waren daneben wahrscheinlich noch andere Gründe, die sie veranlaßten, etwas Neues zu wagen: Überschüssige Energie, Langeweile in dem ausgeübten Beruf, der Wunsch nach Verbesserung ihrer materiellen Lage, zumal sie schon in jungen Jahren gewohnt war, auf großem Fuß zu leben, phantastische Vorstellungen von einem großartigen, luxuriösem Leben. Sie war fest davon überzeugt, ihre Schönheit und ihre Talente prädestinierten sie für eine außerordentliche Karriere und Aufgabe. Vor allem reizte sie der Gedanke, sich auf internationalem Parkett zu bewähren. Da es unter den Kriegsbedingungen aber fast unmöglich war, in Länder zu kommen, die sie besonders lockten – sie sprach gut Englisch und Französisch – träumte sie von einer Karriere als Spionin im Stile einer »Mata Hari« – wie sie sie aus Filmen und Büchern kannte und bewunderte. Deshalb meldete sie sich, nach einem ersten vergeblichen Anlauf bei der Gestapo Stuttgart, 1943 bei der Stapostelle in Nürnberg-Fürth und bot ihre guten Dienste an. Dort wurde die auffällige Dame, wie sie später selbst angab, recht zuvorkommend aufgenommen. Der damalige Dienststellenleiter, SS-Obersturmbannführer Otto, der später unrühmlich aus dem Dienst schied und sich kurz vor Kriegsende das Leben nahm, kümmerte sich persönlich um sie, konferierte zweimal mit der attraktiven Person und äußerte auch die – für sie sehr verlockende – Absicht, sie für die Diplomaten- und Gesellschaftsspionage in Berlin zu empfehlen. Doch das zerschlug sich, und sie wurde schließlich für bescheidenere Aufgaben innerhalb der Abteilung IV N eingesetzt, wo sie anscheinend mit großem Erfolg tätig war. Der Abteilungsleiter, Kriminalkommissar Rudorf, gab der Schönen meist persönlich die Aufträge, und ihm verdankte sie auch eine fürstliche Entlohnung. Schließlich beschaffte ihr Gestapochef Otto noch eine »Deckbeschäftigung« bei den Aluminiumwerken in Nürnberg, von denen sie nun ein weiteres Gehalt bezog. Sie leistete dafür aber auch einiges und war vor allem brennend ehrgeizig. Ihr Chef, Ernst Rudorf, erinnerte sich noch nach Jahren: »Die *Liebel* hat immer gedacht, sie müßte etwas Großes bringen.« Sie selbst schilderte nach dem Krieg vor Gericht ihre Tätigkeit eher zurückhaltend:

> »Neben meiner gesamten beruflichen Tätigkeit sowohl für die Bautzener Firma als auch für die Aluminiumwerke in Nürnberg übte ich für die Geheime Staatspolizei eine Informationstätigkeit aus. Die Arbeit bestand konkret in der Abgabe von Stimmungsberichten allgemeiner Art,

Berichte über bestimmte Persönlichkeiten, die ich im Laufe der Zeit kennenlernte und zwar sowohl positiver wie negativer Beziehung, ihrer allgemeinen Haltung, Führung und Ansichten. Ich hatte beispielsweise die Aufgabe, mich in höheren Parteikreisen zu bewegen und Berichte einzusenden über die Umgangsformen, das Verhalten und Auftreten dieser Leute. Ich gab auch Berichte ab, um nur ein Beispiel zu nennen, über Kreisleiter, die sich in Lokalen ungebührlich aufführten und sich nicht ordnungsgemäß benahmen. Mein Hauptaugenmerk richtete ich darauf, ›Verratsstellen‹ aufzudecken, z. B. wenn ein Wirtschaftsführer in der Öffentlichkeit über geheim zu haltende Produktionsmaßnahmen sich äußerte. Selbstverständlich gab ich auch Berichte weiter über geäußerte politische Ansichten positiver und negativer Natur. Ich mußte über jeden Menschen berichten, den ich kennenlernte, ganz gleichgültig, welche politische Einstellung er besaß und welche Ansichten er kundgab. ...

Ich habe in den beiden Jahren (1943 bis 1945) sehr viele Berichte an die Gestapo übermittelt; ich habe ja fast über jeden Menschen, mit dem ich in Berührung kam, Berichte abgegeben, selbst wenn der Betreffende 100prozentig hinter dem Nationalsozialismus stand.«

Auf diese Dame, die sich offenbar die Personen, die sie ausspionierte, weitgehend selbst aussuchte, ebenso wie die Orte und Gelegenheiten, die sie dafür als günstig ansah, traf Graf Montgelas nichtsahnend bei seinem ersten Besuch im Nürnberger Grand-Hotel im November 1944.

Bei dem späteren Schnellverfahren vor dem Standgericht äußerte Montgelas' Ankläger, Oberstaatsanwalt Schröder, in jener beleidigenden Manier, die man sich in Rothaugs und Oescheys Schule gegenüber »Staatsfeinden« angewöhnt hatte: »Schon der Urgroßvater des Angeklagten habe viel Unglück über Bayern gebracht.« Damit war Maximilian Graf von Montgelas gemeint, nach dem Urteil der meisten kompetenten Historiker vielleicht der größte Staatsmann, der jemals im Dienste Bayerns gestanden hatte. Zu seinen vielen historischen Verdiensten zählt auch die Liberalisierung und Humanisierung des bayerischen Strafrechts. Für diese Errungenschaften hatten die Nazis, die seinem Urenkel über ein Jahrhundert später den Prozeß machten, freilich wenig übrig. Dieser Urenkel – sein voller Name lautete: Franz von Sales Maria Eduard Anton Maximilian Joseph Karl de Garnerin de la Thuille, Graf von Montgelas – wurde am 18. Januar 1882 in München geboren. Der Diplomatenberuf des Vaters brachte es mit sich, daß Franz von Montgelas seine frühe Jugend zusammen mit seinen Eltern fast ausschließlich im Ausland (Bern, Rom und Wien) verbrachte.

Anschließend kam er mit zehn Jahren auf das Humanistische Gymnasium in Feldkirch in Vorarlberg, wo er von Jesuitenpatres erzogen wurde. Der Nachfahre des berühmten Geschlechts unterwarf sich der Frömmigkeit dieser Lehrer aber ebensowenig wie den Pflichten des Staatsdienstes. Von nur schwachem Eifer für die »ernsten Fächer«, zog es den künstlerisch veranlagten jungen Grafen nach Absolvierung des Gymnasiums und des wenig geliebten Militärdienstes als Einjährig-Freiwilliger beim Königlichen Leibregiment in München (1899) viel mehr zum technisch-künstlerischen freien Beruf. Er studierte in München und Zürich an der Technischen Hochschule Architektur, schloß mit dem Diplom-Ingenieur ab und arbeitete von 1905 bis zum Kriegsausbruch als Architekt in Berlin.

Nach dem Krieg, den er als Offizier unter anderem an der russischen Front mitgemacht hatte, gründete er in Berlin eine eigene Architektenfirma Montgelas & Co., die sich auf Innenarchitektur und Möbelbau spezialisierte. 1929 ging die Firma in Konkurs. Von da an arbeitete Montgelas als freier Architekt. 1908 heiratete er zum ersten Mal, eine Schweizerin und Halbjüdin, Tochter eines Züricher Hochschulprofessors. Diese Ehe wurde 1931 geschieden. Einige Monate später verheiratete er sich ein zweites

Mal und 1943, noch im Alter von 61 Jahren, nach erfolgter Scheidung, zum dritten Mal.

Der Graf war von Veranlagung her allem Schönen im Leben sehr zugetan, auch dem schönen Geschlecht. Selbst gut aussehend, elegant und witzig, über ein beachtliches Talent als Zeichner und Maler verfügend, bewegte er sich gern in Künstlerkreisen, wo er als vielseitig gebildeter, anregender Gesprächspartner geschätzt war. In diesen Kreisen fand er auch die hübschen Frauen, die sein Leben verschönten. Ihn interessierten Architektur, Malerei und Theater, für Politik brachte er kaum mehr als geringschätziges, ironisches Interesse auf. Seine Theaterleidenschaft war gepaart mit spendabler Großzügigkeit und verschaffte ihm unter den Künstlern viele Freunde. Eine Zeitlang war er abonniert auf eine kleine Bühne in Landsberg an der Warthe, wo eine ausnehmend elegant-liebliche Schauspielerin und Sängerin auftrat. Er fuhr damals zu allen Premieren von Berlin nach Landsberg und lud anschließend zu Premierefeiern ein. Bei der Operette »Wiener Blut« kam er selbst noch zur 25. Jubiläumsaufführung, was – nach dem Bericht des Tenors Peer Baedeker – den Intendanten des Hauses veranlaßte, im Kostüm eines Lakaien in einer Festszene auf der Bühne zu erscheinen, mit dem Stab dreimal dröhnend auf den Boden zu stampfen und zu melden: »Graf Montgelas ist soeben vorgefahren.«

Zu den begeisterten Theatergästen, die von Berlin anreisten, gehörte im übrigen auch der Schriftsteller Ebermayer, mit dem sich Montgelas anfreundete und prächtig verstand. Der etwa gleichaltrige Erich Ebermayer hatte zunächst, wie sein berühmter Vater (in den 20er Jahren Oberreichsanwalt am Reichsgericht), eine juristische Karriere als Anwalt begonnen. Doch von Jugend an schriftstellerisch sehr produktiv und erfolgreich, hatte er sich dann ganz dem Künstlerberuf verschrieben. Die Freundschaft mit dem liberalen Ebermayer trug sicher dazu bei, Montgelas in seiner antinationalsozialistischen Einstellung zu bestärken. Die Nazis strichen Ebermayer nicht nur von der Anwaltsliste, er wurde schon 1934 als Chefdramaturg und Regisseur am Leipziger Schauspielhaus entlassen, und man verbot auch seine Bücher. Ebermayer kam allerdings bald wieder auf die Beine. Er machte sich als Bühnen- und Filmautor einen solchen Namen, daß auch der Propagandaminister nicht auf ihn verzichten wollte. Ebermayers Bekanntenkreis war exquisit, er besaß persönliche Bindungen zu zahlreichen berühmten Dichtern und Schriftstellern (Thomas Mann, Gerhart Hauptmann, Stefan Zweig, Franz Werfel, Klaus Mann u. a.). Mit Montgelas verband ihn einmal die Liebe zum Theater, aber auch die Verachtung gegenüber dem braunen »Gesindel«, über das sich beide gern witzig mokierten. Auch die Siegesmeldungen der Kriegszeit glossierte man ironisch. In Berlin hatten Montgelas und Ebermayer häufig Gelegenheit, sich in dieser Einstellung gegenseitig zu bestätigen.

Der bei Beginn der NS-Zeit fast 50jährige Graf stach schon aufgrund seiner aristokratischen Herkunft und seines Lebensstils scharf ab von dem Gehabe des ebenso rührigen wie subalternen Partei-Kleinbürgertums, das jetzt in Deutschland den Ton anzugeben begann. Vielen Nazis mußte der Mann schon anstößig sein wegen seiner Versippung mit der internationalen Aristokratie (die Großmutter väterlicherseits war gebürtige Engländerin, seine in Lissabon geborene Mutter entstammte dem russischen Adel). Franz von Montgelas machte von Anfang an keinen Hehl daraus, daß er die braunen Machthaber als lächerliche Wichtigtuer und Emporkömmlinge ansah.

Und die naiv-unbekümmerte, fahrlässige Offenheit, die er sich oft erlaubte, um dies in seiner Umgebung immer wieder zum Ausdruck zu bringen, programmierte eigentlich schon lange den Konflikt, zu dem es erst relativ spät kam. Wohl nur die Tatsache, daß Graf Montgelas von Hause aus alles andere als ein politischer Mensch war und auch nach 1933, gestützt auf sein ererbtes Vermögen, einer politischen Indienstnahme lange Zeit aus dem Wege zu gehen wußte, verhinderten, daß es schon vor Beginn des Krieges zu einem Eklat kam.

Der Krieg aber veränderte auch seine Situation. Der beruflich ziemlich beschäftigungslos gewordene Architekt wurde dienstverpflichtet, zuerst bei der Luftwaffe, dann 1942 – um die Ironie voll zu machen – beim Reichssicherheitshauptamt in Berlin. Er hatte hier u. a. die Aufgabe, als Innenarchitekt die Prunkvillen höherer SS-Führer auszugestalten. Für den kultivierten Grafen wurde das eine wachsende Qual. Von der ihm zunehmend widerwärtigen Arbeit suchte er sich methodisch zu drücken, schützte Krankheit und anderes vor und kam immer unregelmäßiger, schließlich überhaupt nicht mehr zum Dienst. Das Reichssicherheitshauptamt strengte deswegen schließlich im Sommer 1943 einen Prozeß vor dem Arbeitsgericht in Charlottenburg gegen ihn an. Als ihm zur selben Zeit auch noch zugemutet wurde, nach Posen zu gehen und dort das Schloß des Reichsstatthalters und Gauleiters Greiser einzurichten, weigerte sich Montgelas rundheraus, diesen Auftrag auszuführen, und zog sich auf das fränkische Familienschloß Kreuth zurück, nachdem, nicht allzuweit entfernt, schon seit 1939 sich auch der alte Freund Erich Ebermayer auf einem alten bayerischen Rittersitz, dem oberpfälzischen Schloß Kaibitz bei Kastl, niedergelassen hatte.

Die Weigerung des Grafen war auch sehr persönlich begründet. Er hatte sich scheiden lassen und wollte eine Frau heiraten, die nicht nur jung und hübsch war, sondern auch aus sehr vermögendem Hause stammte. Unter diesen Umständen konnte Montgelas es verschmerzen, daß er wegen der Arbeitsverweigerung gegenüber dem Reichssicherheitshauptamt zu einer enorm hohen Geldstrafe (25 000 Reichsmark) verurteilt wurde. Der Vater der Braut half dem Grafen, die hohe Summe zu beschaffen, die seine Existenz sonst ruiniert hätte. Ansonsten scheint man in Berlin keine sonderlichen Anstrengungen mehr gemacht zu haben, den inzwischen 61jährigen beim Reichssicherheitshauptamt zu halten. Der Graf, noch immer elegant und bei Frauen Eindruck nicht verfehlend, heiratete am 31. August 1943 in München und bezog mit der jungen Frau das Familienschloß Kreuth in Heideck, im mittelfränkischen Landkreis Hilpoltstein.

Aber auch hier fand er neuen Grund für Ärger, und er trug auf seine Weise dazu bei. Der Bürgermeister und Ortsgruppenführer von Heideck ließ es an Schikanen nicht fehlen und versuchte, den Grafen verschiedentlich in politische Schwierigkeiten zu bringen. Offenbar war dieser trotz seiner schlechten Erfahrungen mit den Nazis keineswegs gezähmt, sondern renitent-aufreizend geblieben. So hielt er z. B. an der Gewohnheit fest, stumm nur den Hut zu ziehen, wenn er mit »Heil Hitler« begrüßt wurde, oder darauf gar, wenn er sich in grimmiger Laune befand, mit »drei Liter« zu antworten. Solche Eskapaden mochten in der Großstadt Berlin untergegangen sein, aber in dem kleinen fränkischen Ort, wo viele mißgünstige kleinliche Nationalsozialisten den Grafen kannten und über ihn redeten, fiel solches Verhalten schwerer ins Gewicht. Wohl wissend, daß ein Teil der Dörfler ihm nicht grün war, hielt er sich mit seinen Äußerungen immerhin so weit zurück, daß man ihn polizeilich und gerichtlich nicht ohne weiteres belangen konnte.

Sicher war auch das Attentat vom 20. Juli 1944 eine Warnung für ihn. Montgelas hatte zu einigen der Verschwörer persönliche Kontakte gepflegt. Zwar gehörte er, soweit feststellbar, nicht zu einem der eingeweihten Kreise der Verschwörung, aber es gab doch gesellschaftliche Verbindungen zu ihnen.

Bis zum Sommer 1943 hatte Montgelas in Berlin mit einer gewissen Regelmäßigkeit an den sogenannten »Herrenabenden« teilgenommen und war dabei auch mit dem Generalobersten Beck, dem Grafen Moltke und Adam Trott zu Solz zusammengekommen. Seine Einstellung zu dem Attentat war offenbar zwiespältig. Über die Hinrichtung einiger Beteiligter, die er persönlich kannte, war er tief erschüttert. Gleichzeitig äußerte er – der Außenstehende, nicht voll Informierte – manche wohlfeile Kritik an dem Unternehmen: wie andere mokierte er sich darüber, daß Graf Stauffenberg eine Bombe benützt und nicht einfach die Pistole gezogen hatte. Auch hielt er den Zeitpunkt des Attentats für verspätet und war skeptisch gegenüber einer Militärdiktatur, die im Falle des Gelingens des Attentats das Hitler-Regime abgelöst hätte. Die gezielte Überwachung des Adels, die nach dem 20. Juli einsetzte, richtete sich möglicherweise auch auf Graf Montgelas. Es gab für die Nazis Gründe genug, die ihn verdächtig machten: Er war Jesuitenschüler, hatte zahlreiche Auslandsbeziehungen, Bekanntschaften mit einigen der Verschwörer, sein Konflikt mit dem Reichssicherheitshauptamt, die politischen Querelen mit dem Bürgermeister am Ort. Dennoch läßt sich nicht sicher sagen, ob die Falle, in die er geriet, ihm von langer Hand her gestellt wurde, oder nur ganz zufällig auf Veranlassung der schönen Spionin, die wir schon kennengelernt haben.

Weil es dem Grafen, der das Berliner Leben über Jahrzehnte hinweg gewohnt war, auf seinem stillen Schloß in der Provinz oft zu eintönig wurde, reiste er häufiger nach München. Den Weg dorthin nahm er über Nürnberg, wo er im Grand-Hotel abzusteigen pflegte. Da Montgelas dort öfter wohnte und sich stets vorher anmeldete, war es der Gestapo sicher möglich, zumal wenn sie sein Telefon überwachte, den bevorstehenden Aufenthalt im Grand-Hotel vorzubereiten und sich darauf einzustellen. Jedenfalls lernte der Graf Mitte November 1944 im Restaurant dieses Hotels *Marianne Liebel* kennen und war schnell angetan von ihrer jugendlichen Attraktivität. Offensichtlich animiert von ihrem Interesse an seinen Erzählungen über Bekannte und Freunde im Ausland, ließ er sich gegenüber der ihm noch ganz Fremden auch zu politischen Vertraulichkeiten hinreißen und machte – witzig und spöttisch – keinen Hehl aus seiner Verachtung für das braune Regime.

Am 24. November 1944 trafen sich der Graf und die Schöne wieder am selben Ort. Wieder entspann sich ein angeregtes Gespräch. Man sprach zunächst von den Dingen, die den Grafen interessierten. Die junge Dame zeigte besonders rege Aufmerksamkeit für Zeichnungen und Radierungen. Als der Graf bemerkte, er habe zufällig einige alte Riedinger Stiche bei sich, die *Liebel* dafür besonderes Interesse zeigte und Montgelas sich anschickte, die Zeichnungen zu holen, schlug die reizende Dame statt dessen vor, mit ihm auf sein Zimmer zu gehen, weil man dort die Stiche viel ungestörter ansehen und miteinander reden könne. Graf Montgelas ging darauf gern ein. So betraten beide etwa gegen 21 Uhr sein Zimmer. Dort setzte sich das Gespräch fort über Malerei und die Zeichnungen, die der Graf der kunstinteressierten Dame erklärte. Wahrscheinlich zeigte er ihr schließlich auch seine eigenen politischen Karikaturen, denn das Gespräch glitt plötzlich auf Politisches über. Die Unterhaltung wurde fast ausschließlich von dem Grafen bestritten, die Dame beschränkte sich auf auffordernd-weiterführende Fragen, wenn das Gespräch zu stocken drohte. Im Laufe des langen Gespräches ließ Graf Montgelas eine Reihe von abfälligen Bemerkungen über Hitler und andere Nazi-Größe fallen. *Marianne Liebel* sagte dazu wenig, aber sie fragte häufig, wie es denn mit dem Soundso stünde, oder sie stieß kleine Ausrufe der Verwunderung aus, die den Grafen ermunterten, sich noch weiter auszulassen.

Die meisten »staatsfeindlichen Äußerungen«, die Montgelas in diesem Gesprächszusammenhang, wie schon bei dem ersten Treffen vor 14 Tagen, von sich gab, waren wenig originell, sondern sie bestanden aus einem Gemisch von Wahrheit und Karikaturen, wie man sie in regimefeindlichen, elitären Zirkeln gern kolportierte. So hatte Montgelas während der zweistündigen Unterhaltung unter anderem gesagt: »Hitler heiße gar nicht Hitler, sondern Schickelgruber«, und dann weiter: »Er bekomme öfters Wutanfälle, reiße Vorhänge herunter, beiße in Teppiche«. Und über Göring: Er sei ein Kleidernarr, »trage die Orden sogar auf dem Mantel«. Goebbels hatte der Graf als »größten Maulaufreißer«, Himmler als »größten Bluthund« bezeichnet. »Die führenden Persönlichkeiten der Partei seien lauter Habenichtse, sie hätten nichts zu verlieren«, suchten sich deshalb bis zuletzt am Ruder zu halten. »Der Krieg werde verloren gehen, Hitler verstehe nichts von Kriegführen, er habe keine Einsicht, rede seinen Generälen drein und lasse sich nicht belehren, er sei kein Diplomat.« Zum Attentat vom 20. Juli hatte er abermals bemerkt: »Wenn schon Stauffenberg einen Erfolg erzielen wollte, dann hätte er sich nicht mit der Bombe begnügen dürfen, sondern auch die Pistole gebrauchen müssen; es sei aber auch wieder eine neue Verschwörergruppe am Werk.«

Das ganze Gespräch wurde nebenan – wir erwähnten es anfangs schon – von SS-Untersturmführer Georg Achmann auftragsgemäß belauscht. Der Auftrag stammte von dem neuen Leiter der Gestapostelle, SS-Obersturmbannführer Pulmer, und erging an den 38jährigen Achmann, weil er – nach einer ganz unpolitischen Polizistenkarriere wegen seiner Ausbildung als Funker 1938 zur Gestapo versetzt – im Mitstenographieren abzuhörender Nachrichten besonders versiert war.

Wie spätere Ermittlungen ergaben, hatte Achmann am Nachmittag desselben Tages von Pulmer einen mit Maschine geschriebenen Bericht von anderthalb Seiten Länge erhalten, der mit einem weiblichen Vornamen unterzeichnet war. Es kann kein Zweifel sein, daß *Marianne Liebel* die Verfasserin war, und nur sie – aufgrund ihrer vor 14 Tagen getroffenen Verabredung mit dem Grafen – Datum und Ort des zu erwartenden weiteren Gesprächs mit ihm – eben an diesem 24. November abends – angeben konnte. Der Bericht enthielt eine ganze Reihe regimekritischer Äußerungen, die Montgelas bei seinem ersten Gespräch mit der Spionin getan hatte. Achmanns Aufgabe bestand darin, als Beamter der Gestapo durch das Mithören und Mitstenographieren des weiteren zu erwartenden Gesprächs eine amtliche Bestätigung der Äußerungen beizubringen, mit der man als Beweisstück arbeiten konnte. Auftragsgemäß ging Achmann am Abend in das Grand-Hotel, trank an der Bar noch kurz ein Bier und begab sich etwa um 19 Uhr auf Horchposten in das für ihn reservierte Zimmer neben dem des Grafen. Beide Zimmer waren durch eine verschlossene Doppeltür getrennt. Achmann hatte die Tür auf seiner Seite öffnen lassen. Wenn er das Ohr an der Türfüllung hatte, war recht gut zu hören, was im Nachbarzimmer gesprochen wurde, und er konnte dies mit der Aufzeichnung auf den Knien vergleichen. Nach zwei Stunden Wartens betraten der Graf und seine Begleiterin das Nebenzimmer. Im Laufe ihrer anfangs langen Unterhaltung über Malerei begann der Beamte sich zu fragen, warum er sich deswegen die Nacht um die Ohren schlagen müsse. Doch plötzlich wurde er hellwach, er hörte laut und deutlich die ihm aus der Aufzeichnung schon bekannte Kritik an Hitler, Goebbels u. a. Die Äußerungen des Grafen waren erstaunlicherweise – auch dies bestätigt, daß es sich im wesentlichen um schon oft wiederholte, stereotype Klischees handelte – zum Teil bis in die Wortwahl hinein identisch mit dem schriftlich Vorliegenden, so daß Achmann auf ein Mitstenographieren bald verzichten und sich darauf beschränken konnte, die gehörten Äußerungen mit den schriftlichen zu vergleichen und diejenigen zu streichen, die an diesem Abend nicht fielen oder die er akustisch nicht richtig verstehen konnte.

Wie jedem anderen Menschen von durchschnittlicher Intelligenz mußte es Achmann klar sein, daß der Verfasser des schriftlichen Vorberichts und die gegenwärtige Gesprächspartnerin des Grafen Montgelas, die diesem nochmals dieselben Bemerkungen entlockte, nur ein und dieselbe Person sein konnte, eine Person, die offenbar imstande war, den Grafen erneut in gleicher Weise zum Sprechen zu bringen, ihm – wie es im Gestapo-Jargon hieß – die Zunge zu ziehen.

Auch das so zustandegekommene Dokument hatte einen »Schönheitsfehler«. Es blieb der Bericht einer Gestapo-Agentin und war deshalb juristisch als Beweisstück für eine Anklage anfechtbar. Aus diesem Grunde mußte die Sache gezinkt werden. Das verlief folgendermaßen: Achmann gab den maschinengeschriebenen Bericht mit den Ausstreichungen an seinen Vorgesetzten Pulmer. Nach ein oder zwei Tagen bekam er das Schreiben wieder zurück mit der Maßgabe, das Durchgestrichene wegzulassen und einen Bericht daraus zu machen. So wurde aus einer Spitzeldenunziation ein Sachbericht, der mit den Worten »vertraulich wurde bekannt« begann und von einem Gestapobeamten unterschrieben war. Auf diese Weise war vertuscht worden, daß es sich um eine gestellte Sache gehandelt hatte, und der Eindruck entstanden, als hätte ein Beamter und SS-Offizier zufällig die staatsabträglichen Äußerungen des Grafen gehört und Anzeige erstattet. Nun hielt man endlich etwas in der Hand, das für eine Verhaftung und Verurteilung des Grafen auszureichen schien, vorausgesetzt er leugnete nicht.

Im Januar 1945 wurde dieser Bericht als Anzeige an die Heimtückeabteilung (Abteilung III) der Gestapo-Stelle weitergereicht. Dort kam er in die Hände des zuständigen Sachbearbeiters, Kriminalsekretär Rhein. Dieser zählte zu den wenigen Polizeibeamten, die sich im Dienste der Gestapo Rechtschaffenheit und Rechtsgefühl bewahrt hatten. Kilian Rhein, seit 1922 Schutzpolizist, 1935 wider Willen zur Gestapo Würzburg und 1941 zur Gestapostelle Nürnberg abkommandiert, wo er für sogenannte Heimtückesachen zuständig wurde, hat in dieser Dienststelle – wie nach dem Krieg mehrere ehemalige Verfolgte übereinstimmend bestätigten – bei vielen Gelegenheiten vermocht, der Verfolgung mildernd in den Arm zu greifen. Vor allem den in der zweiten Kriegshälfte maßlos überdehnten und mit schwersten Strafen bedrohten Verfolgungsgrund der »Wehrkraftzersetzung« suchte er zugunsten mancher Angezeigten durch geschickte Vernehmung und Protokollführung die Spitze zu nehmen. Das erforderte um so mehr Mut, als sein Abteilungsleiter Paul Ohler ein besonders »scharfer Hund« war, der, eng befreundet mit dem bis Herbst 1944 amtierenden Nürnberger Gestapochef Otto, nach 1945 wegen zahlreicher Fälle von Aussageerpressung und Mißhandlungen von Gefangenen zu sieben Jahren Zuchthaus verurteilt wurde.

Auch im Falle der Anzeige gegen Graf Montgelas entschied sich Rhein zunächst einmal für eine Verzögerungstaktik. Er berichtete darüber später in seinem Spruchkammerverfahren: »Ich ließ die Anzeige zunächst eine zeitlang liegen, weil ich sah, daß es eine schmutzige Sache war.« Diesen Trick hatte Rhein schon des öfteren angewandt, aber diesmal kam er damit nicht durch. Der Fall Montgelas hatte sich in der Gestapostelle rasch herumgesprochen, und der aggressive Ohler sah in ihm einen besonders schweren Fall von Regime-Gegnerschaft, drängte wiederholt auf schnelle Bearbeitung und bestimmte schließlich selbst das Datum der Festnahme des Grafen. So mußte Kriminalsekretär Rhein zusammen mit seinem Kollegen Pössinger am 23. Januar 1945 nach Heideck, Schloß Kreuth, fahren, wo sie Graf Montgelas im Beisein seiner Frau verhafteten und in das Gestapo-Gefängnis Nürnberg brachten.

In den nächsten 8 bis 10 Tagen vernahm Rhein den Grafen mehrere Male jeweils zwei bis drei Stunden. Zur Überraschung des Kriminalsekretärs gab Graf Montgelas schon im ersten Verhör im wesentlichen alle in dem Abhördokument festgehaltenen staatsfeindlichen Äußerungen zu, so z. B. daß er gesagt habe, Hitler bekomme des öfteren Wutanfälle, beiße in Teppiche und reiße die Gardinen vom Fenster, daß Goebbels ein großer Maulaufreißer, Göring ein Kleidernarr sei, der die Orden sogar auf dem Mantel trage, und auch, daß Hitler, wie er anhand eines Stammbaumes habe feststellen können, in Wahrheit Schickelgruber heiße. Darüber hinaus bestätigte er erneut seine Auffassung, daß die Nazi-Prominenz allesamt nichts tauge, daß sie Hasardeure seien, die nichts mehr zu verlieren und nur noch Interesse daran hätten, die ihnen verbleibenden Tage auszukosten. Der Krieg ginge auf jeden Fall verloren, Hitler verstehe nichts vom Kriegführen, ihm fehle es an Einsicht, er sei eben kein Diplomat. Bei solcher selbstmörderischer Geständigkeit des Grafen hatte Rhein Mühe, diesem wenigstens irgendeinen Widerspruch zu dem schriftlich vorliegenden Bericht zu entlocken. Im Laufe der langen Verhöre stellte der Graf dann tatsächlich in Abrede, Himmler einen Sadisten genannt zu haben, der immer Blut sehen wolle. Auch brachte Rhein den Grafen dazu, sich ablehnend über die im Attentat Stauffenbergs zutagegetretene Gewalttätigkeit zu äußern. An diese wenigen abweichenden Äußerungen knüpfte Rhein die vage Hoffnung, vor einer gerichtlichen Anklageerhebung zunächst eine Gegenüberstellung des Grafen mit seiner Gesprächspartnerin im Grand-Hotel empfehlen und erreichen zu können; deshalb fragte er nach deren Namen. Solches Ansinnen wies der Graf aber weit von sich und legte statt dessen, wie Rhein später angab, vollendete Ritterlichkeit an den Tag. In der naiven Meinung, diese Dame habe mit der Ausspionierung nichts zu tun, wollte er sie nobel davor schützen, in die Sache hineinverwickelt zu werden. Durch solches charaktervolles Verhalten schlug der Graf dem ihn verhörenden Kriminalsekretär das Mittel einer weiteren Verzögerung oder gar Entwertung der Anzeige aus der Hand. Rhein selbst argwöhnte von vornherein, daß die Dame ein Spitzel war, fragte auch einmal Achmann danach, und dieser gab ihm zu verstehen, daß seine Vermutung richtig sei. Damit waren Rhein die Hände gebunden, denn bei einer V-Person durfte er nichts mehr unternehmen.

Da Montgelas in den Vernehmungen wenigstens einige der ihm zur Last gelegten Äußerungen in Abrede gestellt hatte, glaubte er aber zunächst erreichen zu können, daß diejenige Person, die die Äußerungen gehört hatte, einvernommen würde. Er ging aus diesem Grunde nochmals zu Achmann, der die Anzeige unterschrieben hatte. Doch dieser wies ihn mit der knappen Bemerkung zurück: »Was ich geschrieben habe, kann ich auch beschwören.« Daraus mußte Rhein entnehmen, daß Achmann es selbst gewesen war, der das Gespräch belauscht hatte. Da eine Gegenüberstellung des

Beschuldigten mit einem Gestapobeamten, der ihn angezeigt hatte, allenfalls vom Gericht veranlaßt werden konnte, sah Rhein nun keine weitere Möglichkeit der Verzögerung und legte die Ermittlungsakte seinem Vorgesetzten Ohler vor. Dieser wollte angesichts der Schwere des Falles die Akte samt dem Beschuldigten sofort dem Volksgerichtshof überstellen – solche unmittelbaren Überstellungen waren in besonders schweren Fällen durchaus Usus. Unter Hinweis auf die gespannte Kriegslage, die solche Überstellungen derzeit erschwerte, gelang es Rhein jedoch, seinen Vorgesetzten umzustimmen und sein Einverständnis herbeizuführen, die Ermittlungsakten statt dessen der Staatsanwaltschaft beim Sondergericht in Nürnberg vorzulegen. Angesichts der Überbeschäftigung des Sondergerichts war damit erst einmal Zeit gewonnen, denn erfahrungsgemäß vergingen mehrere Monate, bis dort ein Gerichtsverfahren in Gang kam. Graf Montgelas wurde infolgedessen dem Sondergericht überstellt zusammen mit den Ermittlungsakten, die außer Achmann als Anzeiger keinen einzigen Zeugen aufführten.

Unmittelbar nach der Verhaftung Montgelas' auf Schloß Kreuth hatte auch seine junge Frau vergeblich versucht, ihm zu helfen. Sie telegraphierte in ihrer Verzweiflung einem ihrem Mann bekannten Major beim Oberkommando der Wehrmacht und bat diesen um Hilfe. Der Inhalt des Telegramms wurde der Gestapo anscheinend sofort hinterbracht. Als die Gräfin einen Tag nach der Verhaftung ihres Mannes auf der Gestapostelle in Nürnberg erschien, um ihrem Mann Lebensmittel und anderes zu bringen, wurde sie selbst auf Veranlassung von Ohler festgenommen. Rhein kümmerte sich dann um die Sache und erwirkte ihre Entlassung am nächsten Tage, nach einer kurzen Vernehmung wegen des Telegramms. Später wußte er zu berichten: »Die Gräfin kam in der Folgezeit in der Woche mehrere Male während der Polizeihaft ihres Mannes nach Nürnberg, wo ich den Grafen Montgelas aus seiner Zelle in mein Büro bringen ließ, damit ihm dort die Gräfin die Eßwaren aushändigen und auch mit ihm sprechen konnte. Nach Überführung des Verhafteten in gerichtliche Haft war die Gräfin noch einmal am Tage nach dem Angriff auf Würzburg, am 17. 3. 1945, bei mir, um sich über die anständige Behandlung, die ich ihrem Mann hatte zuteil werden lassen, zu bedanken.«

Am Spätnachmittag des 15. Februar 1945 war Graf Montgelas dem zuständigen Nürnberger Ermittlungsrichter, Amtsgerichtsrat Dr. Eser, überstellt worden. Dieser vernahm tags darauf den Grafen, der sich wiederum zu den meisten der Beschuldigungen bekannte. Dr. Eser konnte angesichts des Inhalts und der Häufung der Äußerungen nicht umhin, einen Fall von Wehrkraftzersetzung anzunehmen, und leitete noch am gleichen Tag die Akten der Staatsanwaltschaft beim Landgericht Nürnberg-Fürth zu. Die etwa 20 Seiten umfassende Akte gelangte hier an Oberstaatsanwalt Dr. Schröder, der, wie bereits erwähnt, auch Leiter der Anklagebehörde beim Sondergericht Nürnberg war. Dieser las den Akt erst selbst und reichte ihn dann dem zuständigen Sachbearbeiter, Staatsanwalt Dr. Müller, weiter. Auch dieser bejahte aufgrund der schwerwiegenden Äußerungen den Tatbestand eines Verbrechens der Wehrkraftzersetzung, hatte aber ein ungutes Gefühl wegen des Zustandekommens der Anzeige und fragte vorsichtig bei der Gestapo an, ob es sich um eine gestellte Sache handele, worauf er keine klare Antwort bekommen haben will. Später, 1947, sagte er dazu aus: »Ich habe bei der damaligen Lektüre der Anzeige angenommen, daß Graf Montgelas einem vorbereiteten Anschlag auf ihn zum Opfer gefallen sei, da das Gespräch vom

Nachbarzimmer aus abgehört wurde ... Herr Dr. Schröder, dem ich ... damals von diesem meinem Verdacht Mitteilung machte, hat damals schon diese Ansicht sehr lebhaft bestritten und zum Ausdruck gebracht, daß seiner Ansicht nach die Dame nicht auf vorherige Bestellung der Gestapo gearbeitet habe.«

Aufgrund dessen sah sich auch Dr. Müller nicht imstande, weiter zu insistieren, und mußte, da für schwerere Fälle von Wehrkraftzersetzung der Volksgerichtshof zuständig war, den Fall an den Oberreichsanwalt des VGH nach Berlin abgeben zur Prüfung von dessen Zuständigkeit. Er verfaßte den üblichen knappen Begleitbrief, über den er später wie folgt berichtete: »Dieser enthielt im allgemeinen eine kurze Schilderung des Tatbestandes, eine kurze Stellungnahme zur Beweisfrage und die rechtliche Würdigung der ›Tat‹; Zeugen wurden namentlich nicht aufgeführt. Es besteht kein Anhaltspunkt für die Annahme, daß der Begleitbrief im Falle Montgelas eingehender gewesen und über den üblichen Umfang von einem halben bis einem ganzen Bogen hinaus gegangen ist. Der Bericht wurde dem Angeklagten zur Unterschrift vorgelegt, von ihm unterschrieben und danach mit den Akten zur Übersendung an den Oberreichsanwalt beim Volksgerichtshof zur Post gegeben. Ein Durchschlag des Vorlageberichts blieb in dem Handakt der Staatsanwaltschaft, der sonst nichts enthielt, zurück.«

Das geschah in der zweiten Hälfte des Monats Februar. Bei der Staatsanwaltschaft Nürnberg ging nie eine Nachricht des Volksgerichtshofes bezüglich des Falles Montgelas ein. Es bestand durchaus die Möglichkeit, daß eine Postsendung durch einen Fliegerangriff vernichtet worden ist. Dr. Schröder kümmerte sich nicht mehr um den Fall, er betrachtete ihn für die Staatsanwaltschaft Nürnberg als erledigt.

Inzwischen hatte die Gräfin nach einem erfahrenen Rechtsanwalt gesucht und am 16. Februar 1945 Dr. Eichinger mit der Vertretung ihres Mannes beauftragt. Beide, Gräfin und Rechtsanwalt, erkundigten sich ab jetzt in gewissen Abständen bei Gericht über Stand und Aussichten des Verfahrens. Die Gräfin war Mitte Februar bei dem Ermittlungsrichter Dr. Eser, der ihr mitteilte, daß er das Verfahren der Staatsanwaltschaft zugeleitet habe, die es sicherlich an die Reichsanwaltschaft beim Volksgerichtshof abgeben werde, wo das Verfahren erfahrungsgemäß sechs bis neun Monate liegen werde, ehe es zur Verhandlung käme. Trotz der Schwere des Falles bestünde somit begründete Hoffnung, daß die Ereignisse über den Fall hinweggehen würden. Rechtsanwalt Dr. Eichinger sprach im Laufe des Monats März beim Staatsanwalt Dr. Müller vor, wo er erfuhr, daß der Fall tatsächlich an den Volksgerichtshof abgegeben worden war. Bei seinen weiteren Erkundigungen wurde ihm mitgeteilt, daß noch keine Antwort eingetroffen sei. Ende März sprach die Gräfin bei Dr. Schröder selbst vor. Auch von ihm erhielt sie die beruhigende Auskunft, daß der Fall ihres Mannes an den Volksgerichtshof abgegangen sei, aber dieser bisher noch keinen Bescheid gegeben habe, und solange dieser nicht erfolge, gegen ihren Mann nichts unternommen werden könne.

In der Zwischenzeit hatte sich Graf Montgelas eine schmerzhafte Krankheit zugezogen, die es nötig machte, ihn täglich zu kathetern. Unter diesen Umständen wurde er mit seiner Zustimmung in die Krankenabteilung des Zellengefängnisses verlegt, weil sich im Untersuchungsgefängnis keine Krankenabteilung befand. Der ihn behandelnde Gefängnisarzt, Dr. Singer, gab in einer späteren Zeugenvernehmung vom 14. Juni 1948 an, daß sich aufgrund der dortigen Behandlung der Zustand des Patienten bald besserte und er auch wieder aufstehen konnte, doch habe er ihm, da er ihn persönlich schätzen gelernt habe, auf eigene Verantwortung angeboten, noch weiter in der Krankenabteilung zu bleiben, was dieser dankbar angenommen habe. Des weiteren sagte Dr. Singer aus:

»Mit Montgelas sprach ich niemals über seinen Fall. Er war sehr zurückhaltend und ruhig, ließ sich mit den übrigen Gefangenen im Saal nicht weiter ein. Er war bescheiden, wunsch- und anspruchslos. Ich hielt ihn für einen hochanständigen Menschen. Ich hatte auch nicht das Gefühl, daß Montgelas sich mir gegenüber aussprechen wollte, sonst hätte ich ihm, wie in anderen derartigen Fällen auch, eine solche Aussprache unter vier Augen ermöglicht.

Ich wußte damals nur nach dem allgemeinen Gerede und gerüchteweise, daß durch eine gestellte Sache Montgelas einer Dame gegenüber beleidigende Äußerungen über führende Persönlichkeiten des Dritten Reiches gemacht habe und diese Äußerungen von einer anderen Person, nach meiner Erinnerung durch einen Kellner, mitstenographiert worden seien. Nach der damaligen Darstellung war Montgelas auf diese Weise in eine Falle gelockt worden.«

Auch der Gefängnispfarrer Johannes Kaul sprach mit Graf Montgelas in diesen Wochen des öfteren. Er erinnerte sich später, daß die Gespräche nur allgemein gehalten waren und Graf Montgelas keine Aussprache über seinen Fall gesucht habe. Der Pfarrer erklärte sich das damit, daß der Graf in der ihm fremden Umgebung, inmitten der vorwiegend kriminellen Gefangenen, außerordentlich befangen gewesen sei.

In diesem Stadium befand sich der Fall Montgelas, als Gauleiter und Reichsverteidigungskommissar Holz in Nürnberg als einem inzwischen feindbedrohten Gebiet aufgrund eines Führerbefehls vom 16. Februar 1945 ein Standgericht bildete. Zur Begründung hieß es in der Präambel der diesbezüglichen Verordnung:

»Die Härte des Ringens um den Bestand des Reiches erfordert von jedem Deutschen Kampfentschlossenheit und Hingabe bis zum äußersten. Wer versucht, sich seinen Pflichten gegenüber der Allgemeinheit zu entziehen, insbesondere wer dies aus Feigheit oder Eigennutz tut, muß sofort mit der notwendigsten Härte zur Rechenschaft gezogen werden, damit nicht aus dem Versagen eines einzelnen dem Reich Schaden erwächst.«

Die Standgerichte waren für alle Straftaten zuständig, die die »deutsche Wehrkraft oder Kampfentschlossenheit« gefährdeten. Das Urteil eines Standgerichts konnte entweder auf Todesstrafe, Freispruch oder Überweisung an die ordentliche Gerichtsbarkeit lauten. Es bedurfte der Bestätigung des Reichsverteidigungskommissars, der auch Ort, Zeit und Art der Strafvollstreckung zu bestimmen hatte. Zusammengesetzt waren die Standgerichte aus einem Strafrichter als Vorsitzendem, einem Politischen Leiter oder Gliederungsführer der NSDAP und einem Offizier der Wehrmacht, der Waffen-SS oder der Polizei als Beisitzer, sowie einem Staatsanwalt als Anklagevertreter. Zum Vorsitzenden des Nürnberger Standgerichts bestimmte Gauleiter Holz den Landgerichtsdirektor des Sondergerichts Nürnberg, Dr. Rudolf Oeschey, zum Anklagevertreter den Oberstaatsanwalt Dr. Karl Schröder. Zu Beisitzern wurden der ebenfalls eingangs schon erwähnte Gauinspekteur Haberkern sowie ein Major der Wehrmacht bestellt. Diese vier Personen rief Gauleiter Holz am Montagmorgen nach Ostern, am 2. April 1945, zwischen 8 und 9 Uhr zu sich und eröffnete ihnen, welche Rolle sie bei dem Standgericht zu spielen hätten. Die kurze Ansprache war durchsetzt mit Durchhalteparolen und großartigen Versprechungen, der amerikanische Vormarsch würde gestoppt werden, in allernächster Zeit sei mit dem Einsatz neuer Waffen zu rechnen, das Standgericht müsse durch schärfstes Vorgehen der Front den nötigen Rückhalt geben. Nach solchen Reden erfolgte die Verpflichtung. Im Anschluß daran teilte Haberkern Schröder mit, nach Wunsch des Gauleiters solle schon anderntags die erste Sitzung des Standgerichts stattfinden und zwar solle der Fall Montgelas verhandelt werden.

Schröder trug keine Bedenken, obwohl er doch wußte, daß des Grafen Delikt in die Zeit vor der Einrichtung von Standgerichten fiel und infolgedessen eine Zuständigkeit des Standgerichts nicht gegeben war. Außerdem war, wie er genauestens wußte, der Fall an den VGH abgegeben worden, und ein zweites Gericht konnte – nach gültigen Rechtsgrundsätzen – in derselben Sache nicht tätig werden. Obendrein waren die Akten mit der Post verschickt worden, und in Nürnberg lag nichts weiter als der oben erwähnte kurze Vorlagebericht von Dr. Müller vor. Lediglich aus technischen Gründen hielt Schröder eine Sitzung gleich am nächsten Tage nicht für möglich, aber da die Gauleitung auf Beschleunigung drängte, erklärte er sich mit einer Verhandlung zwei Tage später, am 5.4.1945, einverstanden. Dafür verfaßte Schröder die Anklageschrift gegen Graf Montgelas ausschließlich auf der Grundlage des Vorlageberichts bzw. Begleitschreibens von Dr. Müller an den Volksgerichtshof, das nicht mehr als eine halbe bis ganze Seite umfaßte. Mit dem Sachbearbeiter Dr. Müller nahm er keine Rücksprache. Die wegen der Kürze der Zeit nur handschriftlich verfaßte Anklage lautete auf Wehrkraftzersetzung und gab als wesentliches Ermittlungsergebnis an, daß der Angeklagte geständig sei. Am 4. April kam es zu einer Rücksprache zwischen Schröder und dem Vorsitzenden des Standgerichts, Oeschey, wobei Schröder erfuhr, daß der Verhandlungstermin gegen Graf Montgelas am nächsten Tag auf nachmittags 3 Uhr festgesetzt sei und daß dessen Anwalt nicht habe geladen werden können, weil sein Büro zerbombt sei und man seine neue Anschrift nicht kenne. Oeschey meinte, das sei aber kein Grund, die Verhandlung auszusetzen, er verhandle eben ohne Verteidiger. Schröder behauptete später, er habe das nicht fair gefunden und sei bemüht gewesen, die neue Anschrift von Rechtsanwalt Eichinger zu finden, was ihm aber nicht gelungen sei. Tatsächlich befand sich Eichingers neues Büro schon seit einigen Tagen nur ein paar Zimmer weiter auf dem gleichen Gang wie das Zimmer von Schröder. Während der Rücksprache mit Oeschey bemerkte Schröder auch, daß Oeschey einen Akt über den Fall Montgelas bei sich hatte. Es waren die Kopien der Gestapo-Ermittlungen, die wenigstens einzusehen der Ankläger Schröder nicht den geringsten Versuch machte.

Graf Montgelas bekam die Anklageschrift erst am Tag seiner Verhandlung am 5.4. vormittags zwischen 11 und 12 Uhr zugestellt. Um diese Zeit, noch vor Beginn des Prozesses, erschien im Gefängnis bereits ein Exekutionskommando mit dem Auftrag, Graf Montgelas hinzurichten. Der Gefängnisoberverwalter schickte das Hinrichtungskommando wieder fort mit dem Hinweis, daß erst am Nachmittag Verhandlung sei.

Graf Montgelas traf die Nachricht völlig unvorbereitet. Auch er hatte den Versicherungen geglaubt, daß sein Verfahren noch lange auf sich warten lassen würde. Zu seiner Vorbereitung auf den plötzlich anberaumten Prozeß vor dem Standgericht hatte er höchstens drei bis vier Stunden Zeit. Die Verhandlung – es war, wie gesagt, die erste demonstrative Sitzung des Nürnberger Standgerichts – begann pünktlich um 3 Uhr. Neben Oeschey als Vorsitzendem, den Beisitzern Haberkern und dem namentlich nicht bekannten Major der Wehrmacht war als einziger Zeuge Kriminalsekretär Kilian Rhein geladen. Im Sitzungssaal, dessen Fensterscheiben durch den letzten Bombenangriff zerstört waren, befanden sich nur wenige Zuschauer, aber man hatte – weil es sich um den ersten Standgerichtsfall handelte – einige Leute vom Justizpersonal zugelassen. Zu Beginn der Sitzung brachte Graf Montgelas vor, daß er ohne Verteidiger sei, für ihn komme alles so überraschend, er habe keine Zeit gehabt sich vorzubereiten, er könne sich nicht selbst verteidigen. Im brüsken Ton gab ihm Oeschey zu verstehen, wenn sein Verteidiger nicht da sei, so könne er ihn auch nicht herbeischaffen, im übrigen sei sein Fall so gelagert, daß ein Verteidiger nicht erforderlich sei. Diese brüske Zurückweisung hat nach übereinstimmender Beobachtung mancher Leute, die dem Prozeß beiwohnten, den Grafen offensichtlich so geschockt, daß er ganz resignierte und keine weiteren Einwände machte. Daraufhin verlas Schröder die schnell aufgesetzte Anklage gegen Montgelas wegen Wehrkraftzersetzung. Der Graf, der das ganze Spiel offenbar nicht zu durchschauen vermochte, beraubte sich seiner letzten Chance, indem er, wie zuvor in der polizeilichen und richterlichen Vernehmung, die ihm zur Last gelegten Beschuldigungen wieder im gleichen Umfang zugab. Wäre er imstande gewesen zu leugnen, so hätte das Standgericht bei der Notwendigkeit der Beweisführung vor einer kaum lösbaren Aufgabe gestanden, denn der Spitzeldienst der Gestapo konnte nicht in Erscheinung treten. Doch dem Grafen kamen solche Überlegungen, ob er denn, um seinen Kopf zu retten, nicht besser alles in Abrede stellen solle, offenbar gar nicht. Er stand selbstverständlich zu dem, was er gesagt hatte, nur einige der Äußerungen bestritt er, vermutlich weil er sie tatsächlich nicht getan hatte, und einigen gab er eine andere Wendung.

Im Anschluß daran wurde Rhein vernommen, der später mit Recht erklärte, »der richtige Zeuge wäre Achmann gewesen, der das, was Montgelas ihm als unrichtig zur Last gelegt hinstellte, hätte beweisen müssen«. Dagegen konnte Rhein nur das bestätigen, was Montgelas ihm gestanden hatte. Seine Vernehmung brachte also nichts Neues, erweckte aber den Anschein, als sei ein Ohrenzeuge der staatsfeindlichen Reden Montgelas' aufgetreten.

Da man auf solche Weise auch vor Gericht des Grafen Geständnis dokumentiert hatte, konnte Oeschey noch einen Schritt weitergehen und den Versuch machen, im Gerichtssaal auch die – mehreren Beteiligten nicht mehr unbekannte – Tatsache der dem Grafen gestellten Falle vom Tisch zu wischen. Er eröffnete dem Grafen, daß sein Gespräch im Grand-Hotel vom Nebenzimmer abgehört worden sei, und fragte, Unwissenheit vorschützend, wer denn die Dame gewesen sei, der gegenüber er sich so staatsfeindlich geäußert habe. Der Graf machte dazu wiederum keine Angaben. Angesichts dieser erneut an den Tag gelegten Ritterlichkeit trieb Oeschey das Spiel auf die Spitze und fragte den Grafen, ob er denn behaupten wolle, daß die Dame eine Gestapoagentin sei. Ohne stutzig zu werden, verneinte der Graf diese Frage.

Damit war die Beweisaufnahme beendet. Dr. Schröder beantragte, den Grafen Montgelas wegen Wehrkraftzersetzung zum Tode zu verurteilen. Das Standgericht, das etwa zwei Stunden lang getagt hatte, zog sich zur Beratung zurück.

Nach kurzer Zeit verkündete Oeschey das Todesurteil. In der anschließend abgegebenen Begründung strich er unter anderem heraus, Montgelas habe einer echten deutschen Frau den Glauben an den Endsieg nehmen wollen. Auf einige Zuhörer machte der Graf einen völlig gebrochenen Eindruck. Einen anderen Eindruck gewann der Gefängnispfarrer, Johannes Kaul, der im Gefängnis auf den Grafen wartete. Er berichtete über dessen letzte Stunden:

»Ich empfing und begrüßte ihn unter dem sogenannten Podium. Montgelas war nach meiner Auffassung vollkommen ruhig. Wir sprachen über den Ausgang der Verhandlung und das Todesurteil. Eine seiner allerersten Äußerungen war: ›Wissen Sie auch, was mich am allermeisten belastet hat? – Daß ich bei den Jesuiten in Feldkirch erzogen wurde.‹ Wir gingen dann zusammen in seine Zelle, sprachen noch längere Zeit miteinander. Ich erbot mich, irgendwelche Wünsche, die er habe, zu erfüllen. Nach anfänglichem Eingehen hierauf brach er aber doch plötzlich ab und meinte, was in Ordnung zu bringen sei, sei in Ordnung. Er ließ dann sehr merken, daß er sich müde fühle und es ihn friere. Er äußerte den Wunsch, ich möge ihm seinen Mantel aus dem Magazin besorgen oder eine Decke. Ich tat dies und er war mir für die Erfüllung dieses Wunsches besonders dankbar. ...

Ich besuchte ihn morgens wieder. Wir sprachen teilweise über belanglose Dinge, um ihn etwas abzulenken und dann auch über religiöse Fragen. Soweit ich mich erinnern kann, habe ich ihn dann nochmals allein gelassen, um dann später, unmittelbar vor der Hinrichtung nochmal zu ihm zu kommen. Ich hatte den Eindruck, daß er nach seiner Überzeugung er den Prozeß und das Urteil für denkbar ungerecht hielt. Von seinem Verteidiger oder von der Abwesenheit seines Verteidigers sagte er – soweit ich mich erinnern kann – mir gegenüber nichts. Er bat mich auch nicht, seine Frau oder seine Angehörigen von seiner Hinrichtung zu verständigen, obwohl ich ihn darnach gefragt hatte.«

Wahrscheinlich noch am Abend desselben Tages, spätestens am Morgen des nächsten Tages ging Schröder zu Gauleiter Holz, um ihm über den Ausgang des ersten Standgerichtsprozesses Bericht zu erstatten. Er hatte weder das Urteil, geschweige denn die Urteilsbegründung bei sich. Diese hatte Oeschey bis zu dem Zeitpunkt noch gar nicht ausgefertigt, sie gelangte offenbar erst nach dem 6. April in die Hände Schröders. Holz forderte gleichwohl sofort die Hinrichtung durch Erhängen, Schröder konnte schließlich nur erreichen, daß Holz sich mit dem Tod durch Erschießen einverstanden erklärte. Die Möglichkeit, daß Holz als Gerichtsherr auch eine Begnadigung hätte aussprechen können, wurde aber überhaupt nicht angeschnitten.

Die Hinrichtung wurde am 6. April im Hof des Strafgefängnisses in Nürnberg vollzogen, ohne daß die nächsten Angehörigen oder der Verteidiger des Grafen davon etwas wußten.

Am 10. April wollte Dr. Eichinger seinen Mandanten im Gefängnis aufsuchen und erfuhr erst dabei, daß dieser bereits verurteilt und hingerichtet worden sei. Eichinger suchte daraufhin sofort Staatsanwalt Dr. Müller auf, doch dieser wußte auch noch nichts, versprach aber, Erkundigungen einzuziehen. Am nächsten Tag, dem 11. April, als Eichinger wieder bei Müller vorsprach, hielt sich in dessen Büro gerade Schröder auf. Offenbar um das Schnellverfahren zu rechtfertigen, stellte Schröder Eichinger gegenüber den Fall Montgelas als einen der schwersten Fälle hin, die ihm jemals untergekommen seien, und bezeichnete Graf Montgelas als »geistigen Teilnehmer des 20. Juli 1944«. Auf die Frage des Rechtsanwalts, warum er denn nicht verständigt worden sei, entgegnete Schröder, sein Büro konnte nicht aufgefunden werden. Als Eichinger erklärte, daß sein Büro im Anwaltszimmer des Gerichtsgebäudes doch nur ein paar Zimmer von Schröders Büro entfernt sei, wies dieser ihn mit der Bemerkung ab, das sei eben nicht bekannt gewesen.

Die Gräfin Montgelas erfuhr vom Tod ihres Mannes erst durch die Zeitung. In der *Fränkischen Tageszeitung* vom 12.4.1945 stand zu lesen, Graf Montgelas sei »eines schimpflichen Todes« gestorben, er habe »den Führer in unflätigster Weise beschimpft, ihn verächtlich gemacht und mit seiner böswilligen und zersetzenden Kritik die Kampfkraft des Volkes zu untergraben versucht«.

Zum Quellenhintergrund

Einen ersten Hinweis auf den Fall Montgelas erhielt die Verfasserin aus Künstlerkreisen. Ein ehemaliger Bekannter des Grafen, der Sänger Peer Baedeker, war, nachdem er die beiden damals schon erschienenen Bände dieser Reihe zur Kenntnis genommen hatte, der Meinung, daß diese »traurige Episode« – wie er sie nannte – Aufnahme in der Reihe finden müßte. Der Anregung folgte die Verfasserin, nachdem sich im Laufe weiterer Recherchen herausstellte, daß auch die im Fall Montgelas besonders wichtige Rolle der Gestapo und Justiz gut dokumentierbar war. Peer Baedeker, der gerade seine Memoiren schrieb und infolgedessen seine Erinnerung an die fragliche Zeit aufgefrischt hatte, verdankt die Verfasserin auch eine Reihe von Details über die Person Montgelas'. Darüber hinaus machte er auf weitere Bekannte des Grafen aufmerksam, so zum Beispiel den ehemaligen Intendanten Willy Moll und die Sängerin Irene Brüggemann, deren Aussagen sich als sehr nützlich erwiesen.

Die näheren oder entfernteren Verwandten von Franz Graf von Montgelas reagierten auf Anfragen sehr freundlich, aber sie wußten so gut wie nichts über dessen Schicksal. Anders seine Witwe, Rosemarie Gräfin Montgelas, die Wichtiges über ihren Mann zu berichten wußte. Anläßlich der Verhaftung des Grafen waren dessen Papiere und Akten beschlagnahmt worden, doch die Gräfin hatte nach Kriegsende, in dem Bemühen, den Fall aufzuklären, eine Reihe einschlägiger Unterlagen gesammelt, die sie freundlicherweise der Verfasserin in Kopie zur Verfügung stellte. Unter ihnen befindet sich z. B. ihr eigener Bericht über den Fall an den amerikanischen CIC vom 1. Juni 1945, ein Bericht des Polizeipräsidenten in Frankfurt über das, was er über den Fall in Erfahrung gebracht hatte, an die Witwe vom 26. Januar 1946, ebenso ein Bericht von Rechtsanwalt Dr. Joseph Eichinger vom 9. Februar 1946, der Bericht des ehemaligen Verwaltungsinspektors bei den Strafgefängnissen Nürnberg, sowie ein Schreiben von Kilian Rhein vom 14. Januar 1947.

Diese Unterlagen veranschaulichen vor allem den persönlichen Hintergrund, weniger das Verfolgungsumfeld und die Rolle der Gestapo Nürnberg und der Nürnberger Strafjustiz. Bezüglich der Nürnberger Gestapo erwiesen sich folgende Spruchkammerakten als wichtig: Kilian Rhein, Paul Ohler, Ernst Rudorf, vor allem aber von *Marianne Liebel* (alle in der Registratur »S« des Amtsgerichts München); ferner die Strafakten in den Verfahren gegen Georg Achmann (Staatsarchiv Nürnberg, Staatsanwaltschaft beim LG Nürnberg-Fürth 113) und gegen Paul Ohler (4 Bde.) sowie die Ermittlungsakten im Verfahren gegen Hartmut Pulmer (3 Bde.), (beide in der Registratur des Landgerichts Nürnberg-Fürth, KLs 238/48 bzw. Js 193/60.)

In bezug auf die angeführten Personen der Nürnberger Strafjustiz waren ergiebig vor allem die Spruchkammerakte Dr. Karl Schröder (Registratur »S« des Amtsgerichts München) und die Akten des gegen ihn durchgeführten Strafverfahrens (2 Bde.), (Registratur des Landgerichts Nürnberg-Fürth, KLs 189/48).

In allen diesen Gerichts- und Spruchkammerakten spielte der Fall Montgelas eine Rolle, besonders in dem Spruchkammerverfahren gegen *Marianne Liebel* und dem Strafverfahren gegen Dr. Karl Schröder wegen Totschlags. Schröder wurde mit Urteil vom September 1948 der fahrlässigen Tötung in Tateinheit mit fahrlässiger unzulässiger Vollstreckung für schuldig befunden und zu einem Jahr und sechs Monaten Gefängnis verurteilt, seine Revision wurde abgewiesen. *Marianne Liebel* wurde im Mai 1948 als Hauptschuldige (Gruppe I) eingestuft und u. a. zu zwei Jahren Arbeitslager verurteilt, im Revisionsverfahren vom Oktober 1950 wurde die Strafe um ein Jahr erhöht und die von ihr angestrengte Revision verworfen. Auch im Nürnberger Juristenprozeß spielte der Fall Montgelas für die Schulderkennung bei Oeschey eine gewichtige Rolle (siehe hier v. a. das Protokoll (d) vom 4.12.1947, S. 10 643 ff.). Eine Reihe von Nürnberger Dokumenten konnten vor allem zur Beurteilung von Oeschey, Rothaug und Schröder herangezogen werden. Zitiert wurde in unserer Schilderung aus folgenden Nürnberger Dokumenten: Prot. (d) vom 27.3.1947, S. 1211 f., vom 10.4.1947, S. 1885, vom 8.4.1947, S. 1707, NG 672.

Vergeblich bemühte sich die Verfasserin um Einsicht in das unveröffentlichte Tagebuch Ebermayers, das sich im Besitz von dessen Adoptivsohn, Frhr. Alexander E. von Richthofen, befindet. Der mehrfach Angeschriebene reagierte überhaupt nicht.

X. Ein junger Märtyrer

Wir lesen als Datum den 8. Februar 1945: In der Wohnung seines väterlichen Freundes, des Domkapitulars Dr. Kainz in Würzburg, schreibt ein junger Mann, der 19jährige Student Robert Limpert, sein Testament. Er verfügt darin über seinen einzigen nennenswerten Besitz, seine Bibliothek, die manches seltene und kostbare Buch enthält. Jeder seiner Angehörigen und Freunde möge sich das Geeignete aussuchen. In frommer Demut ist ein letzter Dank, ein letzter Gruß formuliert an die Eltern, den Großvater, die Schwester, an die väterlichen Freunde, an Mitschüler, Bekannte und an den einzigen Freund. Zum Schluß legt er allen, vor allem der kleinen Schwester, den christlichen Leitspruch ans Herz, dem er selbst zu folgen versucht habe:

»Pietas, caritas, castitas! Besonders das zweite Wort neben den mehr oder weniger selbstverständlichen beiden anderen möchte ich Euch empfehlen: Übt Liebe Euren Mitmenschen gegenüber, Ausgebombten, Evakuierten, allen Menschen! Dann werdet Ihr einst ruhig sterben. Allen, die mir vielleicht einmal Unrecht taten, verzeihe ich von Herzen gern. Mein politisches Testament ist Euch mündlich bekannt. Nochmals an alle ein herzliches, heißes Vergelts Gott! Gott sei mir armen Sünder gnädig! Robert Limpert.«

Robert Limpert lebte zu dieser Zeit in intensiver Todesahnung. Er war schon seit langem schwer herzkrank, das mag mitgewirkt haben. Es kam nicht von ungefähr, wenn er in seinen Abschiedszeilen ausdrücklich auf sein »politisches Testament« hinwies. Der streng katholisch erzogene, mit idealistischer Begeisterung der Wissenschaft zugewandte, ganz und gar zivilistische junge Mann hatte sich seit langem aufgebäumt gegen den martialischen Ungeist des Nazismus und des Krieges, der auch in der fränkischen Provinz alles Leben zu erdrücken drohte. Seinem Wahlspruch »Pietas, caritas, castitas!« treu zu bleiben, das würde ihm, so mag er geahnt haben, das Leben kosten. Er formulierte sogar seine Todesanzeige, nur die Stelle, an der das Todesdatum einzusetzen war, blieb offen. Zehn Wochen später konnte sie durch ein genaues Datum geschlossen werden: den 18. 4. 1945.

Alle diejenigen, die Robert Limpert näher kannten – Verwandte, Bekannte und Lehrer – charakterisierten ihn später als hochintelligenten, sehr begabten jungen Mann. Sie alle kannten ihn als tiefreligiös, mutig und offenherzig. Dazu war er von den Eltern erzogen worden. Ein ihm nahestehender Bekannter sagte über den jungen Idealisten, er habe sich dem Geistigen verschrieben: »Ein Leben in Freiheit und Frieden war sein Berufsziel, wissenschaftliches Arbeiten seine Daseinsbestimmung.«

Robert Limpert wurde am 15. Juni 1925 in Ansbach geboren. Es sei eine wundervolle Kindheit gewesen, so erinnerte sich seine jüngere Schwester später. Der Vater war Reichsbahninspektor und danach Verwaltungsbeamter beim Landrat in Ansbach. Die Familie war gut katholisch in der überwiegend evangelischen Stadt. Robert war lange Zeit Ministrant, ein Onkel war Domkaplan in Bamberg und erhielt später eine eigene Pfarrstelle in der Oberpfalz. Schon als Kind trug Robert Limpert eine Brille und war recht füllig, wohl eine Folge der früh aufgetretenen Herzkrankheit. Er wurde in der Schule stets vom Sport befreit. Die ganze Schulzeit hindurch immer wieder einmal Klassenprimus, gab er den Eltern berechtigten Anlaß zu hochfliegenden Hoffnungen. Nach vier Klassen der Volksschule in Ansbach besuchte er anschließend das dortige Gymnasium. Seine ungewöhnliche Begabung erwarb ihm das Wohlwollen mancher Lehrkraft. Aber sein früh hervortretendes politisches Aufbegehren gegen den nationalsozialistischen Zeitgeist und gewiß auch die Einseitigkeit überdurchschnittlicher geistiger Interessen und Fähigkeiten, mit denen er seine körperlichen Schwächen kompensierte, brachten ihn gleichzeitig in eine Außenseiterstellung. Aus seiner Abneigung gegen den Nationalsozialismus machte er kein Hehl und nahm auch in der Schule, wo natürlich auch nationalsozialistisch gesinnte Lehrer tätig waren, kein Blatt vor den Mund. Zum Glück gab es einige Lehrer, die auch hier mit ihm sympathisierten. Zu diesen gehörten Dr. Hans Schregle, der nach 1945 1. Bürgermeister von Ansbach werden sollte, und Dr. Karl Bosl, der spätere Lehrstuhlinhaber für Bayerische Landesgeschichte in München. Ein glaubwürdiges Zeugnis besagt, der begabte Gymnasiast sei manches Mal nationalsozialistischen Lehrern vor der ganzen Klasse mutig entgegengetreten, habe sie der Verfälschung der Wahrheit und einer lügnerischen Erziehung bezichtigt.

Ein Schülerstreich, der sich an solche antinationalsozialistische Kundgebungen anschloß, war der Anlaß dafür, daß Robert Limpert und ein damaliger Klassenkamerad, der spätere evangelische Theologe Pfarrer Dr. Wolfgang Hammer, im Herbst 1943 das Gymnasium verlassen mußten. Hammer berichtete darüber im Rückblick:

»Im Herbst 1943, genau Mitte November, unternahmen wir alle einen ›Schülerstreich‹, der jedoch einen politischen Hintergrund hatte: Während der üblichen Nachtwachen, die unsere Klasse wochenweise für das Gymnasium (während der Fliegeralarme) in einer eigenen Wachstube ausübte, war es zu Beschädigungen von Verdunkelungs-Vorhängen und zu Kreideaufschriften auf Tafeln in verschiedenen Klaßräumen gekommen: ›Ende mit dem Krieg‹, oder ›Wer ist heute noch Nazi‹ o. ä. Verdächtigt wurden Limpert und ich als Initiatoren dieses ›Unsinns‹ … Als nun eine Lehrerratssitzung anberaumt wurde, in der unsere Strafen festzusetzen waren, fanden wir heraus, daß sich jener Wachraum gerade über dem Lehrerzimmer befand. Alle (damals noch übriggebliebenen) neun Schüler der Klasse, die noch nicht bei Flak oder Wehrmacht waren, wie ich oder Robert, der ein Herzleiden hatte, versammelten sich im Wachraum. Wir legten eine elektrische Leitung an der Dachrinne hinunter in den darunter gelegenen Stock, verschafften uns vor der Sitzung Einlaß durch den Hausmeister und versteckten ein Mikrophon hinter einem Fenstervorhang. Eher wie Lausbuben denn als politische Verschwörer sahen wir dann unsere Lehrer hereinspazieren, darunter den Rektor Dr. S., Vizedirektor E. und den NS-Vertrauenslehrer Dr. R. (Biologie), ein an sich harmloser Mensch, aber – ich glaube durch die Darwinsche Rassenlehre – der einzig fest überzeugte Nationalsozialist an der Schule. Die Leitung funktionierte gut 15 Minuten; wir hörten Begrüßung und erste Diskussion alles grinsend über der Decke mit, bis die Verbindung jäh abbrach. Ein jüngerer Schüler hatte die Leitung an der Dachrinne entdeckt, verfolgt und sie dem Hausmeister gezeigt. Die nächsten Sekunden wurden dramatisch: plötzlich hämmerten unsere Vorgesetzten an der Tür: ›Öffnen, sofort öffnen!‹ … Am nächsten Tag wurden Limpert und ich dimittiert, die anderen ernstlich verwarnt und mit strengem Arrest bestraft. Doch waren es der Direktor S. und der Vizedirektor E., die uns durch Telefonate mit Erlangen die Fortsetzung des Gymnasiums und die Beendigung durch das Abitur auf freundlichste Art ermöglichten.«

Der Wechsel des Gymnasiums beeinträchtigte Limperts Leistungen kaum. Er legte ein ausgezeichnetes Abitur ab. In Latein, Griechisch und Deutsch schloß er mit 1 ab, in allen anderen Fächern, mit Ausnahme der Mathematik, mit der Note 2. Dabei hatte er wenig Zeit zur Vorbereitung, denn er gab während der Woche täglich nachmittags von 13.30 an bis abends um 6 oder 7 Uhr Nachhilfeunterricht, sogar am Samstag noch eine Stunde. Außerdem folgte er manchen außerschulischen geistigen Interessen.

Schon 1942 war er Mitglied der »Vorderasiatisch-ägyptischen Gesellschaft« und ein Jahr darauf Mitglied der »Schweizerischen Palaestina-Gesellschaft« geworden. Für Fachzeitschriften schrieb er kleine Artikel und Leserbriefe, z. B. über die »Sintflut in moderner Beleuchtung« für die Zeitschrift »Auslese«.

Nach dem Abitur beabsichtigte Robert Limpert, im Frühjahr 1944 Orientalistik in Wien zu studieren, besonders Turkologie und Arabistik möglichst zusammen mit Indologie und Iranistik. Von außergewöhnlicher Sprachenbegabung, beherrschte er von den alten Sprachen Latein und Griechisch, sprach Französisch, Englisch und Italienisch fließend, auch ein bißchen Spanisch, versuchte sich in so schweren Sprachen wie Neupersisch und Türkisch und hatte in Privatstunden bei einem Professor in Neuendettelsau schon recht gut Arabisch gelernt. Da er aufgrund seiner Herzkrankheit wehruntauglich war, hätte Robert Limpert eigentlich sofort mit dem Studium beginnen können. In Wien und anderen deutschen Universitäten wurde er aber anscheinend nicht zugelassen, und so versuchte er, sich an der Universität in Fribourg in der Schweiz zu immatrikulieren. Für das Sommersemester 1944 erwirkte er sämtliche nötigen Genehmigungen für ein Auslandsstudium, aber die eidgenössische Fremdenpolizei hatte gewisse Bedenken. Für das Wintersemester 1944/45 beschaffte sich Limpert wiederum die Genehmigung vom Reichssicherheitshauptamt und vom Polizeipräsidium Ansbach, auch ein Empfehlungsschreiben des Erzbischofs von Bamberg brachte er bei. Der Dekan der philosophischen Fakultät der Université Fribourg nahm inzwischen regen Anteil an den Bemühungen des ihm so warm empfohlenen angehenden Studenten Limpert. Aber die Reichsstudentenführung erteilte keine Auslandsgenehmigungen mehr, nur noch in solchen Fällen, die dem Interesse des Reiches dienten. Mit einer solchen Sondergenehmigung durfte Robert Limpert kaum rechnen. Der Freiburger Dekan schrieb ihm zum Trost, vielleicht gelinge es im Sommersemester 1945, wenn er alle nötigen Genehmigungen beibringen könne. Seitens der Universität Fribourg sei ihm die Immatrikulation für das kommende Semester jedenfalls sicher, er brauche nur zu erscheinen. So ging Limpert vorläufig nach Würzburg und besuchte – im Wintersemester 1944/45 – als Gasthörer die dortige Universität, nachdem er bei seinem väterlichen Freund, Domkapitular Dr. Kainz, in der Domstraße untergekommen war.

Anfang März 1945, etwa vier Wochen nach der Abfassung seines Testaments, wurde Limpert eingezogen und kam zum Fliegerhorst Seligenstadt bei Würzburg. Acht Tage später fand ein Fliegerangriff auf Würzburg statt, in dessen Verlauf er einen schweren Herzanfall erlitt. Er wurde in das Revier gebracht, einige Tage beobachtet und anschließend als wehruntauglich entlassen. Seine Mutter besuchte ihn im Lazarett und stellte mit Schrecken fest, daß Robert nur mühsam sprechen konnte. Er war kaum erholt, da begannen Mitte März die neuen schweren Bombardements auf Würzburg, die die halbe Stadt in Schutt und Asche legten. Limpert kehrte nach Ansbach zurück, im Reisegepäck das Trauma dieser Luftangriffe. Sein Vater berichtete über ihn in dieser Zeit: »Seitdem hielt er sich bei uns hier in Ansbach auf. Er war immer noch der Antinationalsozialist und der Kriegsgegner wie er früher war, nur jetzt im verstärktem Maße. Er machte daraus kein Hehl. Ich warnte ihn oft deswegen, daß er doch mit dem Kopf nicht durch die Wand könne, aber es war vergebens. Sehr oft sprach er mit uns über die schweren Zerstörungen durch die Fliegerangriffe in Würzburg und er konnte es nicht verstehen, daß man eine solche Stadt sozusagen zur Festung erklärt hatte. In diesem Zusammenhange sprach er öfters über die beabsichtigte Verteidigung Ansbachs und er gab seiner Meinung dahin Ausdruck, daß eine solche Verteidigung gar keinen Sinn habe, denn wenn die Amerikaner über den Atlantikwall, über den Westwall und über den Rhein gekommen sind, so sei doch Ansbach, das im Tal liege, gar kein Hindernis für sie in ihrem weiteren Vorrücken. Auch mit anderen Leuten sprach er in diesem Sinne.«

Kriegsmüdigkeit hatte sich auch in Ansbach ausgebreitet, lange bevor die Amerikaner fränkischen Boden berührten. Friedenssehnsucht erfaßte selbst diejenigen, die Hitlers militärische Anfangserfolge bejubelt hatten. Die meisten hatten den Krieg nicht gewollt. Viele hörten Berichte von Heimaturlaubern, manche auch die Feindsender, und alle sahen, daß Massen von alliierten Bombern völlig ungehindert über das Land flogen. Die immense Überlegenheit des Gegners war nicht mehr zu verkennen. Nur einige fanatische Parteigänger des NS-Regimes oder sture, im Kadavergehorsam erzogene Offiziere oder Beamte glaubten, sich und anderen noch die Notwendigkeit weiterer Verteidigung einreden zu müssen. Auch die Ansbacher erlebten die kaum enden wollenden Fliegeralarme, aber die gegnerischen Bomberschwärme zogen über die Stadt hinweg – trotz des nahegelegenen Flugplatzes stets ungehindert von deutscher Flak- oder Jagdabwehr.

Bis zum 22. Februar blieb Ansbach von Fliegerangriffen völlig verschont. Erst an diesem und dem darauffolgenden Tag bekamen die Ansbacher einiges von der tödlichen Wirkung der feindlichen Bomber zu spüren. In der Stadt wurden Hunderte von Toten und Verletzten gezählt, noch Tage danach brannte es in der Bahnhofsgegend. Besonders grauenhaft sah es in der näheren Umgebung des zerbombten Stadtfriedhofs aus. Leichenteile und Sargtrümmer sollen in den Bäumen der Triesdorfer Straße gehangen sein. Aber im wesentlichen war nur das Bahnhofsviertel von dem Angriff betroffen, die Innenstadt blieb völlig erhalten. Im Vergleich zu anderen Städten war Ansbach noch günstig weggekommen und vom Kriegsgeschehen noch relativ unberührt geblieben. Dennoch bestimmte der Krieg das Leben der Einwohner mehr und mehr. In der Stadt lebten fast nur noch Frauen, Kinder und Greise. Tagtäglich konnten rückflutende Einheiten, Truppenreste, Versprengte und Verletzte beobachtet werden. Doch die meisten Einwohner von Ansbach kümmerten sich wenig um diese Auflösungserscheinungen. Sie waren vollauf mit dem eigenen Überleben beschäftigt, verbrachten die meiste Zeit des Tages in den Luftschutzkellern oder mit der immer schwieriger werdenden Besorgung von Lebensmitteln.

In den Tagen, an denen Robert Limpert von Würzburg in seine Heimatstadt zurückkehrte, rüstete sich diese schon zum letzten Verteidigungskampf, während sich gleichzeitig deutliche Auflösungserscheinungen im Gefüge des Dritten Reiches bemerkbar machten. Die amerikanischen Truppen näherten sich rasch. Am 1. April standen die Amerikaner bereits kurz vor der Mainschleife bei Ochsenfurt, tags darauf überquerten sie den Fluß und nahmen Ochsenfurt ein. Um Ochsenfurt und Marktbreit wurde kurz aber heftig gekämpft. Eine weitere Frontlücke war bei Tauberbischofsheim aufgebrochen. In Würzburg wurde in der Trümmerwüste der Stadt noch tagelang gekämpft, bis die Stadt am 5. April fest in amerikanischer Hand war. In den ersten Apriltagen verlief die Front noch gute 50 Kilometer nordwestlich von Ansbach im Bogen von Ochsenfurt, Bolzhausen, Königshofen und Dörzbach, doch den Geschützdonner konnte man schon in der Stadt hören. Der fränkische Gauleiter und Reichsverteidigungskommissar Holz beabsichtigte, den »deutschesten aller Gaue« bis zum Letzten zu verteidigen, wie er in seinen Aufrufen verbreiten ließ. In einem hieß es: »Wir werden kämpfen wie die Löwen, mit fanatischer Wut um jeden Fußbreit Boden. Sollte der Feind in Franken eindringen, so werden wir ihn packen, werfen und vernichten. Kreisleiter, sonstige politische Leiter und Gliederungsführer kämpfen in ihrem Kreis, siegen oder fallen. Jetzt gibt es nur noch eine Parole: Kampf bis aufs Messer!«

Nürnberg, die Stadt der Reichsparteitage, sollte Zentrum dieses Kampfes bis zum Untergang sein, Ansbach erklärte Holz zum »Verteidigungskern von Nordbayern«. Gemäß dieser ihr zudiktierten Rolle mußte für die Stadt ein im nationalsozialistischen Sinne zuverlässiger Kampfkommandant gefunden werden. Am 27. März 1945 wurde die Funktion des Kampfkommandanten dem 50jährigen Luftwaffen-Oberst Dr. Ernst Meyer, der seit dem 1. August 1944 auf dem nahegelegenen Flugplatz Katterbach stationiert war, übertragen. In dieser Eigenschaft erwarb er sich den Ruf eines äußerst hartgesottenen, gnadenlosen Offiziers und blindgläubigen Hitler-Anhängers, der, nur noch auf seinen Offizierseid und ein nationalsozialistisch verstandenes Pflichtgefühl pochend, bald alles Maß für Moralität und Menschlichkeit verlieren sollte. Bis zur Kapitulation glaubte er, wie er später behauptete, felsenfest an einen Sieg, herbeigeführt durch den Einsatz von Wunderwaffen. Auch nach der Kapitulation träumte er noch von einer Wende. Meyer war ein extremes Beispiel dafür, was jahrelange nationalsozialistische Indoktrination anrichten konnte.

Vor seiner Zeit als Kampfkommandant galt er als ein honoriger Mann und tadelloser Offizier. Er entstammte einer angesehenen Professorenfamilie aus Freiburg mit pietistischem Hintergrund.

Nach dem Abitur 1914 hatte er sich als Kriegsfreiwilliger zur Nachrichtentruppe gemeldet. Nach dem Krieg studierte er Physik und Chemie, promovierte 1924 und wurde zunächst Privatassistent bei zwei angesehenen Professoren, später Assistent am physikalischen Institut der Universität in Freiburg und dann in Leipzig. Einer seiner Vorgesetzten beurteilte ihn als pflichtbewußten und begabten Akademiker sowie als integren Charakter. Er galt als vorbildlicher Familienvater. Auch auf unparteiische Beobachter machte er den Eindruck eines hochintelligenten, vielseitig gebildeten, schlagfertigen Menschen. Seit 1933 war er Mitglied der NSDAP, der SA (als Rottenführer), des NS-Dozentenbundes, der NSV und der DAF. Im Jahre 1936 wurde er wieder Soldat. Abgesehen von zehn Monaten Frontdienst im Osten von Februar bis November 1943 war er ohne Unterbrechung mit der Ausbildung fliegenden Personals beschäftigt, zuletzt bei der Verbandsführerschule in Katterbach. Nach der Aussage eines dort ebenfalls stationierten Arztes soll er da allerdings schon als Scharfmacher und Intrigant aufgefallen sein. Sicher ist, daß Meyer keinen Augenblick Zweifel ließ an seinem Glauben an den Endsieg. Deswegen schien er wohl auch prädestiniert für den Posten in Ansbach.

Meyers Bestellung zum Kampfkommandanten vollzog sich in dieser chaotischen Schlußphase des Krieges auf recht unkonventionelle Weise. Er erhielt den Besuch eines Generalmajors oder Generalleutnants – an Rang und Namen konnte sich Meyer schon einige Wochen danach nicht mehr erinnern – vom AOK I, der in diesen Tagen als Inspekteur der Kampfkommandanten die Front bereiste und Meyer »den heiligen Eid« abnahm, »Ansbach bis zur letzten Patrone zu verteidigen«.

Noch bevor der berüchtigte Befehl herauskam, wonach jede Stadt als Festung bis zum Äußersten verteidigt werden sollte, machte sich Meyer an die Vorbereitung dieser Aufgabe. Er bestimmte eine Verteidigungslinie, die von Neukirchen-Katterbach, Hennenbach, Wasserzell, Schalkhausen einige Kilometer um Ansbach herum verlief. Den Plan einer solchen Vorweg-Verteidigung gehabt zu haben, darauf hielt er sich auch später noch viel zugute. Es sei seine Absicht gewesen, dadurch die Stadt zu schonen, denn vom militärischen Standpunkt aus habe alles dafür gesprochen, die Kampflinie direkt an den Stadtrand zu legen.

Meyer sammelte Versprengte, stellte neue Einheiten auf und sorgte für ihre Bewaffnung. Er organisierte aus den Ansbacher Lagerbeständen 21 8,8 cm Flakgeschütze, für die er erst Bedienungsmannschaften zusammenstellen und ausbilden lassen mußte, ließ 40 russische Beutekanonen, 7,63 cm Infanteriegeschütze herbeischaffen, die dazugehörige Munition aus Oberdachstetten und Bamberg heranbringen. Für das gesamte Kreisgebiet organisierte er insgesamt 700 Panzerfäuste. Aus den zahlreichen Flugzeugen, die auf dem Flugplatz Katterbach noch herumstanden, aber wegen Spritmangels nicht eingesetzt werden konnten, ließ Meyer die Bordwaffen ausbauen. Er sorgte dafür, daß Stellungen ausgehoben, Panzersperren gebaut und Sprengungen vorbereitet wurden. Stolz auf diese Organisationsleistung, erklärte er im Rückblick noch Monate nach Kriegsende im November 1945, zur Verteidigung Ansbachs sei genügend Munition vorhanden gewesen. Das bedeutete aber nur, daß ihr Einsatz große Verluste auf beiden Seiten gewärtigen lassen mußte.

Zur selben Zeit begann der junge Robert Limpert in Ansbach mit Aktivitäten, die diejenigen des Kampfkommandanten überflüssig machen sollten. Er stellte Flugblätter her, die zur kampflosen Übergabe der Stadt aufforderten. Seit seiner Rückkehr wartete er immer noch auf das Ausreisevisum und den Bescheid über seine Immatrikulation bei der Philosophischen Fakultät der Universität Fribourg (Schweiz). Am 6. April schrieb der damalige Dekan der Philosophischen Fakultät die langersehnte Bescheinigung, in der es hieß, daß Robert Limpert aufgrund der eingesandten Zeugnisse als ordentlicher Student an der Fribourger Universität immatrikuliert sei und sich zur Aufnahme seiner Studien dort aufzuhalten habe. Diese Nachricht erreichte Robert Limpert aber nicht mehr.

Robert Limpert traf sich häufig mit einigen ehemaligen Klassenkameraden, fast täglich kamen sie in dem kleinen Atelier eines befreundeten Skulpturisten und Malers zusammen, wo sie sich gegenseitig Mut machten. So ließ sich das Gefühl des hilflosen Ausgeliefertseins besser ertragen. Sie bestätigten sich gegenseitig in ihrer Auffassung über die Sinnlosigkeit des Krieges, die Nutzlosigkeit menschlicher und materieller Opfer, die eine Verteidigung der Stadt erfordern würde; das Beispiel Würzburgs hatten sie dabei dicht vor Augen.

Robert Limpert war aber der einzige unter ihnen, der sich nicht mit solchem Gedankenaustausch begnügte, sondern darauf brannte, etwas zu tun, um eine verlustreiche Verteidigung seiner Vaterstadt zu verhindern. Er verfaßte Flugblätter, zog sie auf dem Vervielfältigungsapparat eines Freundes ab und klebte sie in der Nacht vom 7. auf den 8. April unter Lebensgefahr an Hauswände, Türen, Schaufenster und Anschlagstellen der Partei. Es sind insgesamt drei Flugblätter erhalten geblieben, keines ist mehr genau datierbar, alle drei aber müssen zwischen dem 7. und 17. April verfaßt und verteilt worden sein. Die von Limpert verfaßten Texte der drei Flugblätter geben wir hier in voller Länge wieder:

[Flugblatt Nr.1:]

»Achtung! Achtung!

An alle Einwohner Ansbachs

Die Truppen der Vereinten Nationen stoßen nach Ansbach vor. Nach Überwindung stärkster Widerstandslinien an der Atlantik-Küste, in Frankreich, am Westwall und am Rhein dringen sie nun durch freies Gelände immer tiefer in das Reich ein. Unsere wichtigsten Industriegebiete in Oberschlesien, an der Saar und an der Ruhr sind in Feindeshand. Verkehrsanlagen und uns noch verbliebene Fabriken sind oder werden durch ... [unleserlich] wirksamen Gegenschlag Hitlers unmöglich.

Trotzdem brechen die Nazibonzen den sinnlos gewordenen Widerstand nicht ab, weil sie nicht wollen, daß irgendein Deutscher ihren eigenen Untergang überlebt.

Ansbacher!

In unserer eigenen Hand liegt nun die Entscheidung über Tod oder Weiterleben unserer Person, über Vernichtung oder Erhaltung unserer Habe, über Untergang oder Fortbestehen unserer Stadt!

[Flugblatt Nr. 2:]

Ansbacher!

Amerikanische Panzer sind in Nürnberg! Erlangen, Neustadt/a.d.A., Oberdachstetten, Rothenburg und Schillingsfürst sind von ihnen besetzt. Jede Stadt, die Widerstand leistete, wurde zusammengeschossen und dann doch erobert! Denkt an Marktbreit! Wir alle wollen unsere bisher verschonte Stadt retten! Wenn die Panzer kommen: Weiße Fahnen raus! Niemand leistet Widerstand! Tod den Nazi Henkern!«

Das letzte erhalten gebliebene Flugblatt verteilte Limpert am 17. April, wovon er bei seiner Verhaftung am anderen Tag einige mißglückte Abzüge bei sich trug.

[Flugblatt Nr. 3:]

»Ansbacher!

Verteidigung der Stadt bedeutet ihre völlige Vernichtung. Unsere Stadt ist einer der wenigen Orte des Reiches, die noch verhältnismäßig unzerstört sind. Wir wollen sie uns erhalten! Widerstand kann die Amerikaner nicht aufhalten, nur uns den Untergrang bringen. Beseitigt die Panzersperren! Verhindert die Verteidigung!

Retten wir die Stadt und das Leben für uns und für Deutschland!

Das Sekretariat Ansbach der sechs vereinten deutschen antinazistischen Parteien des Friedens und Wiederaufbaus.«

Schon in der ersten Nacht, in der Limpert seine Flugblätter in der Stadt verteilte, soll er, wie ein ehemaliger Klassenkamerad behauptete, von einem Volkssturmmann mit dem Gewehr verfolgt worden sein. Limpert ließ sich aber dadurch nicht einschüchtern und setzte seine Arbeit fort.

Es kann angenommen werden, daß die meisten Ansbacher, die diese Flugzettel in den Apriltagen 1945 zu Gesicht bekamen, schockiert waren. So sehr sie verängstigt das Kriegsende herbeisehnten – der offene Aufruf zur Sabotage der militärischen Verteidigung der Stadt wird vielen Ansbachern, die seit Jahr und Tag daran gewohnt und dazu erzogen waren, der nationalen Obrigkeit in staatsfrommer Gesinnung zu dienen, als Zeichen des Zusammenbruchs aller geläufigen Werte erschienen sein. Kreisleiter, Kampfkommandant und Kriminalpolizei reagierten aufgeschreckt. Sie alle waren sich einig, daß die Wirkung dieser Flugblätter in die Breite ging und daher nicht zu unterschätzen sei. Kriminalbeamte wurden angewiesen, diese Zettel wieder abzureißen. Die von Limpert veranlaßte illegale Flugblattaktion, unseres Wissens die einzige, die es in

Ansbach damals gab, war einer der letzten Fälle, den die inzwischen schon verlagerte Kriminalpolizei-Außenstelle Ansbach überhaupt noch bearbeitete.

Wie andere Behörden hatte auch die Polizei, in der Überzeugung, daß der Kampf um Ansbach nicht mehr lange auf sich warten lassen werde, schon damit begonnen, einige ihrer Dienststellen in sicherere Gebiete auszuquartieren. Die Ordnungspolizei unter der Leitung von Oberst Overbeck mit ihrem kriminalpolizeilichen Dezernat hatte sich schon am 12. April nach Süden abgesetzt und in Eichstätt ein provisorisches Quartier für die Kriminalaußenstelle Ansbach errichtet. Lediglich die örtliche Schutzpolizeidienstabteilung war in Ansbach geblieben und mußte die Aufgaben der Ordnungspolizei mitversehen. Leiter der Schutzpolizeidienststelle, dem im »Fall Limpert« eine wesentliche Rolle zufallen sollte, war seit 26 Jahren der 63jährige Hauptmann Hauenstein. Er hatte schon 41 Dienstjahre als Polizeibeamter abgeleistet und zeichnete sich, nach Meinung seiner Untergebenen, durch Ruhe und Besonnenheit aus. Andere, die nicht von ihm abhängig waren, sagten ihm dagegen nach, er sei bei aller zur Schau gestellten Selbstherrlichkeit ein unterwürfiger, verantwortungsscheuer Beamter gewesen.

Auch der Oberbürgermeister und sein Stellvertreter, der zweite Bürgermeister, hatten Ansbach frühzeitig verlassen, ebenso die Bezirksregierung, bei der nur einige wenige Beamte unter Leitung von Oberregierungsrat Bernreuther zurückgeblieben waren. Ähnlich stand es mit den Gerichten und der Staatsanwaltschaft. Letzterer unterstand auch das Ansbacher Gefängnis. Der Gefängnisvorstand, Oberstaatsanwalt Dr. Dotterweich, hatte die Mehrzahl der Gefangenen schon Ende März nach Nürnberg abtransportieren lassen. Lediglich die politischen Gefangenen, 18 bis 20 Leute, waren auf seine Weisung in Ansbach geblieben, und den Strafvollzugsbeamten war Order erteilt worden, diese zu entlassen, sobald der Kampf um Ansbach beginnen würde. Aber als Kampfkommandant Meyer davon hörte, ließ er den Gefängnisvorstand zu sich kommen und forderte ihn lautstark und energisch auf, auch diese Gefangenen, einschließlich der nichttransportfähigen, in Marsch zu setzen, andernfalls würde er Meldung beim SS-Abschnitt machen.

Zu dieser Zeit verlief die Front nur noch etwa 30 Kilometer nordwestlich von Ansbach entfernt. Am 9. April war die 12. US-Panzerdivision bei Uffenheim durchgebrochen, und am 12. April stand sie an einer Frontlinie, die sich von Pommersfelden südlich von Uffenheim nach Blaufelden zog.

Um den 12. April herum erhielten Kampfkommandant und Kreisleiter von Ansbach vom Kommandanten des 13. SS-Armeekorps, SS-General Simon, dessen Stab sich in Schillingsfürst – etwa 30 km westlich von Ansbach – befand, eine große Anzahl von schreiend rot und schwarz gedruckten Plakaten mit dem Befehl, sie überall anzuschlagen. Simon, der eine steile Nazi-Karriere hinter sich hatte (1929 noch Wachtmeister bei der Wehrmacht, ab 1934 Aufstieg in der Waffen-SS bis zum Obergruppenführer und Generalleutnant), bezweckte mit dem Plakatanschlag, die Bevölkerung einzuschüchtern und die Kampfkommandanten und sonstigen Zuständigen zu hartem Durchgreifen zu ermutigen. Veranlassung hierfür waren vor allem die Vorkommnisse in Brettheim (bei Rothenburg o.T.), die wir zum besseren Verständnis des Verhaltens der Ansbacher Behörden im Fall Limpert zunächst erzählen müssen:

In der Nacht vom 6. zum 7. April hatte die 10. amerikanische Panzerdivision die Frontlinie zwischen Bad Mergentheim und Dörzbach durchbrochen. Dabei war auch das kleine württembergische Kirchdorf Brettheim, nahe an der württembergisch-bayerischen Grenze, etwa 50 km von Ansbach und wenige Kilometer von Schillingsfürst entfernt, in den unmittelbaren Frontbereich geraten. Zwar konnte die aufgerissene Frontlücke wieder geschlossen werden, doch blieben die zahlreichen eingedrungenen feindlichen Panzer eine Gefahr. Welche Stoßrichtung sie nehmen würden, bedurfte der militärischen Aufklärung. In diesem Zusammenhang erhielt der Volkssturm in Rothenburg o.T., bestehend aus 25 Hitlerjungen im Alter von 17 und 18 Jahren unter Führung eines schwerkriegsbeschädigten Unteroffiziers, den Auftrag, die Straße zwischen Blaufelden und Crailsheim zu observieren. In einem Nachbardorf von Brettheim, dem nur 2½ km entfernten Hausen am Bach, nahm der Unteroffizier mit seinen Hitlerjungen am 7. April gegen 4 Uhr morgens in der Gastwirtschaft Quartier. Vier der Jungen, bewaffnet mit einem Gewehr, vier Panzerfäusten und mehreren Handgranaten, setzte er zur Panzeraufklärung ein. Sie marschierten in Richtung Roth a.See und mußten so über Brettheim kommen.

Bürgermeister Kurz und mehrere Einwohner des Dorfes Hausen waren über die nächtliche Einquartierung dieser Vaterlandsverteidiger entsetzt, und einige forderten die sofortige Vertreibung der Hitlerjungen.

Kurz, der für den Fall von Kampfhandlungen schwere amerikanische Repressalien für die kleinen Gemeinden befürchtete, informierte telefonisch seinen Brettheimer Kollegen, Bürgermeister Gackstatter, von dem Einsatz der Hitlerjungen. Und bei dem Ortsgruppenleiter Wolfmeyer fragte er telefonisch an, ob man denn diese Jungen nicht fortjagen könne, da sich Hausen nicht von solchen Grünschnäbeln verteidigt wissen wolle. Der Ortsgruppenleiter empfahl, die Jungen in Frieden zu lassen, da sie schließlich zur Wehrmacht gehörten. Zu guter Letzt rief Kurz noch den Molkereibesitzer Schmetzer in Brettheim an, informierte auch ihn, daß einige Hitlerjungen auf Brettheim zumarschierten, und empfahl, die Brettheimer sollten doch schauen, »daß sie die wieder losbrächten«.

Als im Morgengrauen, gegen 7 Uhr, die vier Hitlerjungen eben die Molkerei Schmetzer passiert hatten, wurden sie etwa 50 Meter weiter, am Ortsausgang, von einer größeren Gruppe von Männern angehalten und entwaffnet. Beteiligt waren u.a. Schmetzer selbst, zwei seiner Angestellten und sein Lehrling Schwarzenberger, der Bauer Hanselmann und der Gemeindediener Uhl. Bei der Entwaffnung ging es hoch her, man schrie, man wolle sich von solchen Rotzjungen nicht verteidigen lassen, Uhl packte einen der Hitlerjungen am Rock und beutelte ihn, Hanselmann verabreichte einem anderen eine Ohrfeige. Den lauthals weinenden, über den nächsten Hügel fliehenden Hitlerjungen wurde sogar noch ein Schuß nachgejagt. Hanselmann, Uhl und Schwarzenberger, letzterer auf Geheiß seines Chefs Schmetzer, trugen die Waffen zum nahe gelegenen Dorfweiher, Uhl zerlegte die Waffen, die sie dann gemeinsam in das schlammige Wasser warfen.

Die Hitlerjungen waren inzwischen auf Umwegen wieder nach Hausen gelangt und machten ihrem Unteroffizier Meldung. Sie waren noch sehr aufgeregt, einer heulte immer noch und mußte beruhigt werden. Unteroffizier Bloß meldete den Vorfall der Kreisleitung in Rothenburg o.T. und erhielt von dort den Befehl, die Waffen zurückzufordern. Zusammen mit seinen Jungen machte er sich anschließend nach Brettheim auf und stellte an den Ortsgruppenleiter Wolfmeyer die ultimative Forderung, die Waffen bis 18 Uhr wieder zu beschaffen.

X. Ein junger Märtyrer

Inzwischen hatte SS-General Simon von dem Vorfall Kenntnis erhalten und sich entschlossen, selbst für Ordnung zu sorgen. Am späten Nachmittag erhielt sein Erster Offizier, SS-Sturmbannführer Gottschalk, ein Mann mit reicher Erfahrung im Sicherheitsdienst der SS, den Auftrag, die Entwaffnung in Brettheim zu untersuchen. Gottschalk fuhr in Begleitung eines weiteren Offiziers und einiger SS-Soldaten erst nach Hausen und ließ sich von den Hitlerjungen die Ereignisse schildern. Am Abend begann die Untersuchung in Brettheim. Der SS-Sturmbannführer informierte den Bürgermeister und den Ortsgruppenleiter von seinem Auftrag, ließ die gesamte verdächtige männliche Bevölkerung von Brettheim zusammentrommeln, die eingehend befragt und anschließend den Hitlerjungen einzeln gegenübergestellt wurde. Aber alles blieb ergebnislos, keiner machte Angaben, keiner verriet den anderen. Gottschalk wütete, er drohte, das ganze Dorf niederbrennen zu lassen und einzelne Brettheimer zu erschießen. Da trat der Bauer Hanselmann freiwillig vor und bekannte, an der Entwaffnung beteiligt gewesen zu sein. Der damals 15jährige Schwarzenberger wurde aus dem Bett gerissen, auch er gab zu, an der Beseitigung der Waffen mitgewirkt zu haben. Als weiterer Teilnehmer wurde der Gemeindediener Uhl festgestellt. Dieser war aber von einem Elektromonteur rechtzeitig gewarnt worden und kurzentschlossen geflohen.

Um die Sache »ins Reine« zu bringen, beschloß Gottschalk, auf der Stelle den Hanselmann durch ein Standgericht aburteilen zu lassen, obwohl er hierzu keinen Auftrag hatte. Er selbst übernahm den Vorsitz und bestellte den ihn begleitenden Offizier, einen SS-Major, und den Ortsgruppenleiter Wolfmeyer zu seinen Beisitzern. Die beiden SS-Offiziere des so zustandegekommenen Standgerichts verlangten die Todesstrafe und eine Unterzeichnung des »mehrheitlich« gefällten Urteils auch durch Wolfmeyer. Dieser aber verweigerte seine Unterschrift, nicht nur weil es sich um einen Einwohner seines Dorfes handelte, sondern auch, weil der verurteilte Hanselmann einer der besten und beliebtesten Bauern des Ortes war. Trotz schwerer Schicksalsschläge bearbeitete Hanselmann drei Höfe, er war ein unermüdlicher Arbeiter und – auch nach Meinung des Ortsgruppenleiters Wolfmeyer – der hilfsbereiteste Bauer der Gemeinde.

Ob auch der Brettheimer Bürgermeister Gackstätter, wie es dann später von Gottschalk behauptet wurde, zur Mitwirkung bei dem Standgericht aufgefordert worden war und wie Wolfmeyer ebenfalls seine Unterschrift verweigert hatte, konnte auch später nicht zweifelsfrei aufgeklärt werden.

Jedenfalls war eine förmliche Verkündigung des Urteils unter diesen Umständen nicht möglich. Gottschalk begnügte sich zunächst damit, die zusammengeholten Männer Brettheims wegen des Vorfalles streng zu rügen (»sie sollten sich was schämen«) und sie streng zu ermahnen, bei der bevorstehenden Verteidigung von Brettheim ihr Bestes zu tun, Brettheim sei ein Eckpfeiler der Verteidigungsfront. Dann durften sie alle bis auf Hanselmann und Schwarzenberger in den frühen Morgenstunden des 8. April wieder nach Hause gehen.

Hanselmann und Schwarzenberger wurden von dem SS-Kommando mit dem Wagen über Schillingsfürst nach Rothenburg o. T. in das dortige Gefängnis verbracht. Unmittelbar nach dieser gespenstischen Nachtszene im Dorf Brettheim suchte Wolfmeyer seine Frau im Krankenhaus auf und erzählte ihr von den letzten Ereignissen, wie scharf die SS durchgegriffen habe, ja gedroht habe, den Ort abzubrennen und einzelne Einwohner zu erschießen, er habe das Schlimmste abwehren können und sich

»schützend vor die ganze Ortschaft gestellt«. Eine Cousine von Frau Wolfmeyer riet zur Flucht, aber er wies einen solchen Plan weit von sich, er müsse dem Bauern Hanselmann weiterhin helfen, und er beriet mit seiner Frau, wie er bei einer weiteren Verhandlung gegen Hanselmann für diesen sprechen könne.

Am nächsten Tag, dem 9. April, wurden er und der Bürgermeister Gackstätter aufgrund von Haftbefehlen festgenommen, offensichtlich wegen ihres widersetzlichen Verhaltens bei der beabsichtigten Verurteilung Hanselmanns durch das nächtliche Standgericht. Beide waren in der Gemeinde sehr beliebt und hatten gut zusammengearbeitet. Gackstätter, zweifellos der führende Mann Brettheims, war schon über 30 Jahre lang Bürgermeister des Ortes gewesen, und Wolfmeyer, der Lehrer des Ortes, hatte als Ortsgruppenleiter der NSDAP dafür gesorgt, daß die Partei hier keine scharfmacherische Rolle spielen konnte. Beide wurden nunmehr ebenfalls in das Rothenburger Gefängnis eingeliefert, wo sich schon Hanselmann und Schwarzenberger befanden.

Der Lehrling Schwarzenberger wurde auf Befehl von Simon dem Kreisleiter Höllfritsch übergeben, weil gegen ihn wegen seiner Jugend kein Verfahren angestrengt werden konnte. Der Kreisleiter verwarnte ihn und übergab ihn einem HJ-Wehrertüchtigungslager, aus dem er bald fliehen konnte. An demselben Tag, Montag, dem 9. April, wurde in der Dienststelle der Kreisleitung erneut ein Standgerichtsverfahren gegen Hanselmann abgehalten. Der Vorsitzende war wiederum Gottschalk.

In der einstündigen Verhandlung wegen Wehrkraftzersetzung verhielt sich Hanselmann offenbar sehr wortkarg und in sich gekehrt, antwortete meist einsilbig mit ja oder nein und ging nur aus sich heraus, um zu betonen, er habe das Dorf schützen wollen. Er wurde gleichwohl zum Tode verurteilt.

Wolfmeyer, der im Gefängnis von Hanselmanns Verurteilung erfuhr, war darüber vollkommen verzweifelt, ahnte aber keineswegs, in welch gefährlicher Lage er sich selber befand. Dies zeigt ein Auszug aus einem Brief an seine Frau, den er in diesen Stunden schrieb:

»Könntest Du die Umstände sehen, unter denen ich schreibe, es würde Dir schwer. Ich sitze im Gefängnis. Tisch, Bank, der bekannte Eimer und die hochgeklappte Pritsche, Wasserkrug und Becken, das ist meine Umgebung. ...

O Lore, warum das? Hab' ich das verdient mit all meiner Aufopferung?

Eben schrieb ich ein Brieflein an den Kreisleiter mit der Bitte um rasche Vernehmung. Niemand bringts hin. Alles so stur, so ablehnend, schroff, kalt, gefühllos. Dabei steht der Feind vor dem Tore. Oder heute schon in Brettheim?

Ich vergehe vor Angst und Sorge um Dich, um unsere lieben Kinder, um unser Haus. Und niemand hilft. Nun weiß ich, was Verzweiflung ist. Heut' Nacht war's eisig kalt. Ich konnte vor Kälte nicht schlafen. Ich hatte heftiges Herzklopfen, meine, ich müsse gegen die Tür rennen, ich glaubte, es ginge nimmer. Gegen 3 Uhr schlief ich dann doch etwas ein. Heut' früh: Kübel leeren, Waschwasser. Ein furchtbarer Tiefangriff, und wir sind eingesperrt. Sollen uns die Bomben töten? O dieser herzlose Betrieb in diesen traurigen Ruinen. Beim Kübelleeren erfuhr ich: Hanselmann zum Tode verurteilt. ...

Ich kann Dir nicht sagen, wie traurig, wie verzweifelt mir zumute ist.«

Am Dienstag, dem 10. April, wurden der verurteilte Hanselmann, Gackstätter und Wolfmeyer von Rothenburg nach Schillingsfürst transportiert. Im dortigen Schloß tagte ein neues Standgericht, das nun auch Wolfmeyer und Gackstätter zum Tode verurteilte, offenbar allein wegen ihrer tatsächlichen oder (im Falle Gackstätter) angeblichen Verweigerung der Unterschriftsleistung in dem ersten Standgerichtsverfahren gegen Hanselmann. Die Begründung lautete, sie hätten Hanselmann schützen wollen. Wolfmeyer bat um Gnade, er sei nun bereit, das Todesurteil gegen Hanselmann zu unterschreiben, doch SS-General Simon, dem das Urteil zur Bestätigung vorgelegt wurde, lehnte ab mit den Worten: »Das könnte den Herren so passen, jahrelang, wo es uns gut ging, haben sie ›Heil Hitler‹ gerufen und jetzt will man uns in den Rücken fallen. Aufhängen muß man die Kerle.« Er unterschrieb das Urteil und fügte hinzu: »Erhängen.« Noch vor Sonnenuntergang wurden Wolfmeyer und Gackstätter nach Brettheim gefahren. Wolfmeyer bat um Papier und Bleistift, um dem schon in Rothenburg begonnenen Brief an seine hochschwangere, im Krankenhaus liegende Frau, aus dem wir schon zitiert haben, noch diese Worte hinzuzufügen:

»Meine liebe Lore! Nun mein letztes Wort: Weil ich am Sonntagnacht nicht hart genug war und nicht unterschrieb, darum muß ich sterben. Werde Du nicht auch weich ... Sorge für unsere lieben Kinder, für das Kleinste im Mutterleib. Grüße und küsse alle ... auch ich danke Euch nochmals ... und nun zum letzten Lebewohl. Noch kann ich's n ...«

Den letzten Satz konnte er nicht mehr beenden, die Zeit reichte nicht aus. Alle drei, Hanselmann, Gackstätter und Wolfmeyer, wurden noch am selben Abend, kurz nach ihrem Eintreffen in Brettheim, unter Mithilfe der Volkssturm-Hitlerjungen, die das Debakel ausgelöst hatten, an Bäumen vor dem Brettheimer Friedhofseingang gehängt. Den toten Körpern hängte man Schilder um den Hals. Auf einem stand: »Ich bin der Verräter Hanselmann«, auf den anderen: »Ich habe mich schützend vor den Verräter Hanselmann gestellt.«

Gottschalk hatte angeordnet, daß die Leichen nicht abgenommen werden dürfen. Sie blieben vier Tage hängen.

Brettheim wurde am 17. April durch schwere Kampfhandlungen und Bombardements zum größten Teil zerstört.

Nach der Hinrichtung ließ Simon überall in seinem Korpsbereich, so auch in Ansbach, Plakate anschlagen, die über die Brettheimer Exekutionen informierten. In dieser öffentlichen »Bekanntmachung« hieß es abschließend:

»Das Deutsche Volk ist entschlossen, mit zunehmender Schärfe solche feigen, selbstsüchtigen und pflichtvergessenen Verräter auszumerzen und wird nicht davor zurückschrecken, auch deren Familien aus der Gemeinschaft des in Ehren kämpfenden Deutschen Volkes zu streichen.

Der Kommandierende General
gez. Simon
SS-Gruppenführer und Generalleutnant der Waffen-SS.«

Die Bekanntmachung zeigte allen Ansbachern, wie gefährlich jeder Versuch war, der geplanten martialischen Verteidigung der Stadt in den Arm zu fallen. Den Kampfkommandanten bestärkte sie in seiner harten Gangart, und Limpert mußte nun endgültig wissen, daß er sein Leben riskierte.

Am 12. April gab außerdem das OKW aus dem Führerhauptquartier folgenden scharfen Befehl heraus:

»Städte liegen an wichtigen Verkehrsknotenpunkten. Sie müssen daher bis zum äußersten verteidigt und gehalten werden, ohne jede Rücksicht auf Versprechungen und Drohungen, die durch Parlamentäre oder Rundfunksendungen überbracht werden. Für die Befolgung dieses Befehls sind die in jeder Stadt ernannten Kampfkommandanten persönlich verantwortlich. Handeln sie dieser soldatischen Pflicht zuwider, so werden sie wie alle zivilen Amtspersonen, die den

Kampfkommandanten von dieser Pflicht abspenstig machen wollen oder gar ihn bei der Erfüllung seiner Aufgabe behindern, zum Tode verurteilt.«

Für viele Städte hatte dieser Befehl keine Geltung mehr. Bamberg fiel am 13. April. In der Nacht vom 13. auf den 14. April bezog das Generalkommando des XIII. Armee-Korps eine neue Stellung in der Hoffnung, daß die arg geschwächten deutschen Verbände sich neu stabilisieren ließen.

Auch die 352. Volksgrenadier-Division, der die vorgenannten Hitler-Jungen angehörten, zog sich in dieser Nacht auf den Aisch-Abschnitt zurück.

Aber in Ansbach erließ Meyer am 14. April, offensichtlich angeregt durch den zitierten OKW-Befehl, einen martialischen Kampfaufruf an alle Abschnittsführer seines Befehlsbereichs. Darin hieß es:

»Die Verteidigung des Kreisgebietes Ansbach erfolgt bereits, wenn der Feind die Kreisgrenze zu überschreiten versucht. Dazu ist dann jeder verpflichtet, der eine Waffe tragen kann. ...

Der Kampf wird auch bei Durchbruch von motorisierten Einheiten in Richtung Ansbach von den Außenstellen gegen den Nachschub und evtl. Ortsbesetzungen tags und besonders nachts weitergeführt. Häuser, die die weiße Fahne zeigen, werden angezündet, die Schuldigen erschossen. Der Wehrwolf bekämpft den Feind und richtet den Verräter. Feindfreie Orte sind sofort wieder zu besetzen und durch Sperren erneut zu sichern. ...

Der Abschnittsführer bestimmt Sammelplätze für Versprengte, daß sie sofort wieder zum Einsatz verfügbar sind. Auch alle näher gelegenen rückwärtigen Stützpunkte sind Versprengtensammelplätze. ...

Volkssturm muß die Civilärzte verpflichten. ... Die Hauptverbandplätze sind beschleunigt einzurichten. Dabei muß die gegnerische Luftüberlegenheit für die Auswahl der Plätze in Rechnung gestellt werden.

An jeder Sperre ist sogleich schärfste Kontrolle aller Passanten einzurichten. Wer neugierig nach Bewaffnung fragt oder sich sonst auffällig interessiert, wird festgenommen. ...

Alle Sperren sind und bleiben geschlossen. Die Bevölkerung und besonders der Volkssturm ist Träger des Widerstandes. Alle geschlossenen Sperren sind Tag und Nacht zu bewachen. Keine Sperre darf sich überrumpeln lassen. Dafür ist der Sperrenführer voll verantwortlich. ...

Bei allen geschlossenen Sperren sind die Verteidigungsmannschaften in dauernder erhöhter Alarmbereitschaft. Mit Panzerspähungen ist jederzeit zu rechnen.«

Nachdem dieser Befehl ergangen war, setzte Robert Limpert in der Nacht vom 14. auf den 15. April erneut sein Leben aufs Spiel: Bis in die frühen Morgenstunden hinein verteilte er Flugblätter. Wenn die Kriminalpolizei, die nach dem Hersteller und Verteiler der Flugblätter schon fahndete, Ansbach auch bereits verlassen hatte, so verfügte sie in der Stadt doch noch über ihre Agenten und Zuträger. Und auch die Schutzpolizei versah noch ihren Dienst und konnte um so gefährlicher werden, als ihr Leiter, Hauptmann Hauenstein, der Ansicht war, sie müsse die Aufgaben der Kriminalpolizei miterledigen. Dieser Mann, Hauenstein, von dessen Verhalten im Falle Limpert später Entscheidendes abhängen sollte, war in mancher Hinsicht durchaus bereit, sich dem Kampfkommandanten zu widersetzen. Das Potential an Resistenzfähigkeit, über das er verfügte, verbrauchte er aber in wenigen Tagen:

Ein erster Anlaß, am Abend des 15. April, war das Verlangen des Kampfkommandanten, in den Kellerräumen des Gymnasiums in der Reuterstraße einen Kriegsverbandsplatz einzurichten. Diese Forderung, die der Polizeidienststelle von einem jüngeren Wehrmachtsarzt überbracht wurde, lehnte Hauenstein ab mit der Begründung, daß die Keller als Luftschutzräume eingerichtet seien und auch für die Feuerwehr benötigt würden. Eigentlich fiel diese Entscheidung in die Kompetenz des Oberbürgermeisters von Ansbach. Aber dieser war schon seit Tagen »ortsabwesend«, wie die Umschreibung seiner Flucht lautete, und so mußte Hauptmann Hauenstein dem Kampfkommandanten die Absage erteilen. Dieser vermerkte ihm das übel. Höchstens ein, zwei Stunden später, zwischen 20 und 21 Uhr, erhielt Hauenstein einen Befehl Meyers, wonach die Schutzpolizei von Ansbach ein von einem Standgericht gefälltes Todesurteil an einem Polen am nächsten Morgen (16.4.) um 5 Uhr zu vollstrecken habe. Hauenstein verweigerte den Vollzug des Todesurteils, weil, so argumentierte er, es sich um ein Standgerichtsurteil handele und ein solches nach den bestehenden Vorschriften durch die Wehrmacht selbst vollzogen werden müsse. Als ihm aber am 16. April morgens zwischen 7 und 8 Uhr der Kampfkommandant durch seinen geschäftsführenden Offizier, Oberleutnant Lehmann, androhen ließ, ihn »wegen fortgesetzter Verweigerung des Vollzugs eines vor dem Feind erhaltenen Befehls« selbst vor ein Standgericht zu stellen, gab Hauenstein seinen Widerstand auf und ließ den Polen durch einen Beamten der Schutzpolizei exekutieren. Gegenstand des Todesurteils war die leicht hingeworfene Bemerkung des Polen, nun werde sich das Blättchen bald wenden.

Noch ein weiterer Fall kam hinzu: Am Morgen des 17. April sah sich Hauenstein gezwungen, dem Kommandeur des Kampfunterabschnittes Ansbach-Stadt, Major Schwegler, zu melden, daß es unmöglich sei, mit Hilfe der Feuerwehr, wie Schwegler drei Tage vorher befohlen hatte, fünf Panzersperren bis nachmittags 16 Uhr fertigzustellen, vor allem wegen des Mangels an Arbeitskräften, Holz und Fahrzeugen. Hauenstein wurde von Schwegler abgekanzelt mit den Worten: »Ich will von Ihnen keine Meldung über Schwierigkeiten haben, sondern über die fertige Arbeit. Vergessen Sie nicht, daß Sie Ihren Kopf verwirkt haben, wenn die Panzersperren nicht fertig werden.«

Das war zuviel für den Hauptmann der Schutzpolizei. Anderthalb Jahre später kommentierte er die damalige Situation wie folgt: »Dies war die zweite Todesdrohung innerhalb von zwei Tagen. So wurde ich behandelt, obwohl ich mich mit aller Kraft dem Panzersperrbau hingegeben habe. Am Nachmittag des 17.4.1945 bin ich vor Erschöpfung zusammengebrochen. – Dieses Erlebnis wirkte in mir nach. Es herrschte Überspannung an allen Stellen und auf allen Gebieten. Der fleißigste Mensch konnte unter die Räder kommen. – Vernunftgründe galten nicht mehr.«

Inzwischen hatten sich die Sherman-Panzer der 12. Panzer-Division Ansbach von zwei Seiten genähert. Bei Feuchtwangen gelang den Amerikanern ein Panzereinbruch. Damit war die Flanke des in und um Ansbach gezogenen Verteidigungsgürtels aufgerissen. Ein Teil der amerikanischen Panzertruppen kam vom Westen aus der Richtung Feuchtwangen und erreichte am Abend des 17. April Geisengrund, ein anderer Teil der US-Streitkräfte näherte sich Ansbach aus nördlicher Richtung von Rügland und Röshof. Sie schossen mit Artillerie-Störfeuer in die Stadt, vor allem in die Kasernen. Der Kampf um Ansbach begann.

Die meisten Ansbacher ahnten davon aber nichts. Sie kampierten in ihrer Mehrzahl schon seit Tagen in Luftschutzkellern, wo sie sich, so gut es ging, eingerichtet hatten. Sie verließen die Keller kaum, es sei denn um die nötigen Nahrungsmittel zu besorgen und bei der Gelegenheit etwas Neues über die Kriegslage zu erfahren. So standen, wie ein Studienprofessor berichtete, gegen 22 Uhr vor dem Raabschen Luftschutzkeller in der Lagardestraße gerade 10 bis 15 Leute herum und tauschten Gerüchte und

Informationen aus, als ein den meisten unbekannter Offizier in Uniform, auf der Schulter eine Panzerfaust, auf der Bildfläche erschien und den Herumstehenden oder gerade Vorbeikommenden energisch befahl, ihm zu folgen und am Bahnübergang an der äußeren Lagardestraße eine Panzersperre zu bauen. Der Studienprofessor berichtete über die Szenen, die sich daraufhin abspielten:

›Da ich eine weiße Armbinde/Luftschutzarmbinde trug, fuhr er auf mich los und sagte: ›Der Mann mit seiner weißen Armbinde, was sind Sie?‹ Ich antwortete: ›Beim Luftschutz‹. Darauf schrie er mich an: ›Sie haben sofort mit mir zu kommen!‹ Im selben Augenblick erschien ein SS-Mann. Der Offizier fuhr auf ihn los und sagte zu ihm: ›Sie haben sofort mit mir zu kommen, um eine Panzersperre zu bauen!‹ Der SS-Mann erklärte daraufhin, er könne und dürfe das nicht, weil er einen wichtigen Befehl zu überbringen habe. Darauf schrie der Offizier, indem er den SS-Mann an der Brust packte und schüttelte: ›Du bist SS-Mann, das hast Du dem Führer versprochen, ich bin der Kampfkommandant Oberst Meyer und ich habe zu bestimmen!‹ Darauf erwiderte der SS-Mann nichts mehr. – Im gleichen Augenblick erschien ein uniformierter Feuerwehrmann. Auch diesen fuhr der Oberst Meyer an, er müsse sofort mit ihm zum Bauen einer Panzersperre kommen. Der Feuerwehrmann erwiderte: ›Herr Oberst, das kann ich nicht, ich habe den Befehl, mich an einer bestimmten Stelle einzufinden.‹ Darauf schrie der Oberst Meyer in höchster Erregung: ›Das ist mir gleich, ich bin der Kampfkommandant, Sie haben sofort mit mir zu kommen!‹ Darauf schwieg der Feuerwehrmann. Nun ging der Oberst Meyer in den Luftschutzkeller und soll, wie ich später vernommen habe, die im Luftschutzkeller untergebrachten Leute in größter Weise angeschnauzt und beschimpft haben. Als er wieder herauskam, befahl er den sämtlichen umherstehenden Leuten, mit ihm zum Bauen der Panzersperre zu kommen. Auf dem Weg dorthin rief er aus: ›Es handelt sich nicht um uns, es handelt sich um unsere Kinder.‹ Nachdem er am Ort der geplanten Panzersperre einem ihm unterstellten Offizier weitere Befehle gegeben hatte, wandte er sich der Stadt zu.‹

Als der Kampf um Ansbach begann, suchte auch Regierungsvizepräsident Bernreuther, wie Hunderte seiner Mitbürger, den Luftschutzkeller im Schloßgebäude auf. Er versah dort die Funktion des Luftschutzleiters, da der eigentliche dafür zuständige Beamte mit nach Eichstätt gegangen war, als das Gros der Regierungsbehörde auf Anordnung des Regierungspräsidenten Anfang April dorthin verlegt worden war. Einige Tage vor dem 17. April hatte die Wehrmacht zwei Räume des Luftschutzkellers beschlagnahmt und dort den Gefechtsstand des Kampfkommandanten eingerichtet. Bernreuther erblickte in dieser Maßnahme eine starke Gefährdung der ihm anvertrauten Schutzsuchenden und machte deswegen dem Kampfkommandanten und dem Kreisleiter Seitz, der sich ebenfalls in den Räumen des Gefechtsstandes befand, Vorhaltungen. Die Bedenken des Regierungsvizepräsidenten wurden zunächst vom Tisch gewischt, doch in der Nacht vom 17. auf den 18. April räumte der Kampfkommandant von sich aus den Gefechtsstand und verlegte ihn in das bei Eyb gelegene Tonwerk.

In dieser Nacht konnte man noch mehr Hitlerbilder rezatabwärts schwimmen sehen als die Tage zuvor; und braune Uniformjacken, auf die die Besitzer einst so stolz gewesen waren, fanden sich in dunklen Ecken und im Stadtgraben. In dieser Nacht ›verabschiedete‹ sich auch der Kreisleiter. Er äußerte, er müsse einmal die Volkssturmtruppen inspizieren, stieg in seinen Volkswagen und wurde seitdem in Ansbach nicht mehr gesehen. Anderntags soll er schon in Oberammergau gewesen sein. Die Behörden waren nur noch in der dritten Garnitur vertreten. In dieser Nacht zog sich, wahrscheinlich zum Entsetzen des Kampfkommandanten, auch der größte Teil der Wehrmacht in die Gegend südlich von Ansbach zurück. Bis auf wenige schwache Sicherungstruppen war Ansbach von Militär entblößt.

Der 18. April, der letzte Kriegstag für Ansbach, brach an. Er kündigte frühsommerliche Temperaturen an. Die Bäume standen schon in schönster Blütenpracht. Aber wer von den Ansbachern hatte einen Blick dafür? In den frühen Morgenstunden wurden sie durch schwere Detonationen aufgeschreckt. Viele glaubten, nun seien die gefürchteten Bomber da, aber es war kein Motorengeräusch zu hören. Fünf Brücken in und um Ansbach waren ohne vorherige Warnung mit übergroßen Sprengbomben in die Luft gejagt worden. Als dann der Morgen zu dämmern begann, donnerte und grollte es aus Richtung Katterbach herüber nach Ansbach. Deutsche Soldaten sprengten weite Teile des Flugplatzes Katterbach und zerstörten die dort noch stehenden Flugzeuge vom Typ Me 110. Millionenwerte wurden noch kurz vor Toresschluß vernichtet.

Da sich der Großteil der Wehrmacht nach Süden abgesetzt hatte, bot sich den Frühaufstehern unter den Ansbachern ein ausgestorbenes Straßenbild. Das änderte sich schlagartig, als sich in Windeseile herumsprach, daß die Nahrungsmitteldepots geöffnet worden seien. Ein Ansbacher verfaßte nach 25 Jahren für die *Fränkische Landeszeitung* einen Erinnerungsbericht an diesen Morgen:

»Es war ein gespenstischer Anblick. Die Leute waren wie verrückt. Keiner ließ sich mehr halten, obwohl schon vereinzeltes Artilleriefeuer in der Stadt lag. Mit einem Leiterwagen zog ich in die Oberhäuserstraße. Über mir kreiste ein amerikanischer Artilleriebeobachter in seiner einmotorigen Maschine. Der Ami flog ganz niedrig, keine 150 Meter hoch war er. Aber auch das war mir in diesem Augenblick wurst. Schließlich ging es mir im wahrsten Sinne des Wortes um die Wurst und das Fleisch in Dosen. In der Endresstraße angekommen, zwängten sich die Leute mit ihren Karren und Wagen durch eine knapp zwei Meter breite Öffnung der dort errichteten Panzersperre aus mächtigen Baumstämmen. Es war ein Mordsdurcheinander. Aber schließlich habe ich den Durchgang doch geschafft.

Vor der Bachmannfabrik angekommen, glaubte ich zunächst meinen Augen nicht zu trauen: An die 100 Frauen, Kinder, Jugendliche und Opas tummelten sich aufgeregt herum wie auf einem Jahrmarkt. Ich kümmerte mich nicht um das Geschrei. Mit meinem Leiterwagen zog ich in die Lagerhalle, als wäre dies das Selbstverständlichste von der Welt. Ging es schon vor der Fabrik zu wie bei den Irren, so war es drinnen noch schlimmer. Bis zur Decke war die gute Hälfte der Halle mit Kisten voll gestapelt. Einige junge Burschen thronten auf dem Kistenberg wie Barockengel und knallten die Ware herunter. Meist zerbrachen die Kisten klatschend am Boden, so daß nicht wenige Dosen eingedrückt herauspurzelten. Gierig stürzte sich dann jedesmal die Masse der untenstehenden Frauen und Männer auf den Segen, der da von oben kam. Ich hatte meinen Leiterwagen in wenigen Minuten bis fast auf Mannshöhe gefüllt. Nur mühsam konnte ich mir einen Weg nach draußen bahnen, begleitet von den ordinärsten Schimpfworten einiger Frauen. Meine Beute waren an die 200 Dosen, jede rund ein Kilo schwer: Schmalz, Jagdwurst, Rindfleisch, Leberwurst und Schweinefleisch. Mein Wagen ächzte in allen Fugen, so daß ich mich draußen vor der Fabrik entschloß, eine Kiste abzuwerfen. Ich traf dabei fast einen Feldwebel der Infanterie. ›Blöder Hund‹, zischte er. ›haut endlich hier ab! Die Amis stehen schon in der Dombachstraße.‹ Als sollten seine Worte bestätigt werden, ratterte auch schon ein Maschinengewehr. Mit einem Satz rannte der Feldwebel an den gegenüberliegenden Zaun, warf sich hin und feuerte aus seiner Maschinenpistole in Richtung des Bachmannsweihers. Nur kurz schauten die mit dem Dosenaufladen beschäftigten Zivilisten erschrocken auf – und machten dann weiter. Das klingt heute unwahrscheinlich, war aber so. Auch ich bemerkte erst jetzt, daß in Vorgärten, den Nischen und Haustüren der gegenüberliegenden Häuser deutsche Soldaten lagen, bewaffnet zumeist mit Karabinern und Panzerfäusten. Nun wurde es mir aber doch angst und bang. Wie von Hunden gehetzt zog ich mit meinen kostbaren Dosen ab.«

In der Stadt kursierten die wildesten Gerüchte, wie üblich durchsetzt mit einigen Körnchen Wahrheit. Es hieß z. B., der Kreisleiter sei mit verschiedenen Ortsgruppenleitern geflohen, die Gestapo ebenfalls, die SS wäre abgezogen worden, der Kampfkommandant sei verschwunden und Militär befände sich um und in Ansbach kaum noch. Viele Ansbacher wußten nicht, wo die Amerikaner kämpften, schon gar nicht, daß sie bereits in Ansbach standen.

Robert Limpert hatte erfahren, daß die Amerikaner bis zum äußeren Teil der Dombachstraße vorgedrungen waren. Er glaubte, nun sei die Stunde angebrochen, der Stimme der Vernunft Gehör zu verschaffen. In aller Frühe ging er auf das Rathaus, um den in der Stadt verbliebenen dritten Bürgermeister, Albert Böhm, zur kampflosen Übergabe der Stadt zu bewegen. Böhm war zwar ein alter Nazi mit Goldenem Parteiabzeichen (seit 1923 Pg, seit 1933 in der SS), glaubte aber, von den Besatzern nicht allzuviel befürchten zu müssen, deshalb war er auch als einziger höherer NS-Funktionär in der Stadt geblieben. Die Tatsache, daß ein Student mit einem Bürgermeister über eine so außergewöhnlich wichtige Sache verhandelte, war unter den damaligen Umständen nichts Besonderes. In der Stadt gab es ja kaum noch Männer. Vor dem Auftreten Limperts soll – nach späteren Angaben Meyers – schon eine Frauendelegation von dem Bürgermeister erfolglos eine kampflose Übergabe der Stadt verlangt haben. Der 19jährige hingegen schien erfolgreich zu sein. Böhm sagte Limpert die kampflose Übergabe der Stadt zu, anderen Angaben zufolge soll er ihn sogar ermächtigt haben, die Rolle des Emissärs zu spielen und den Amerikanern um 10 Uhr bei der Gneisenau-Kaserne die Übergabe der Stadt zu melden. Robert Limpert eilte fort, um von seinem Erfolg zu berichten. Einer seiner ehemaligen Klassenkameraden, Herbert Franke, berichtete einen Monat später über Limperts nächste Schritte:

»Limpert suchte daraufhin Herrn Studienrat Pospiech in der Würzburger Straße auf, um ihm die Dinge mitzuteilen. Da jedoch Pospiech nicht in seiner Wohnung war, begab sich Limpert ins Gymnasium, um Herrn Dr. Bosl anzutreffen. Unterwegs versammelte er die Leute auf der Straße um sich, teilte ihnen mit, die Stadt würde übergeben, forderte sie auf, die Waffen wegzuwerfen, die Panzersperren einzureißen und die weiße Fahne zu hissen. Leute, die noch äußerten, weiterkämpfen zu wollen, wurden von der erregten Menge fast verprügelt; es war geradezu ein Volksaufstand, den Limpert entfacht hatte. Im Keller des Gymnasiums traf Limpert Dr. Bosl, teilte ihm das Vorgefallene mit und ließ sich den Aufenthaltsort von Pospiech sagen. Pospiech fand er im Luftschutzkeller ›Raab‹. Er berichtete auch ihm die Ereignisse und wollte sich auf den Weg zur Kaserne machen, als Kreishandwerksmeister Eschenbacher verkündete, der Kampfkommandant Oberst Meyer wolle die Stadt nicht übergeben.«

Ehe Kampfkommandant Meyer von diesen Vorgängen erfuhr, hatte er schon am Ort seines Gefechtsstandes, in dem zwei Kilometer von Ansbach entfernten Eyb, Veranlassung, gegen die Sabotage seiner Verteidigungsanstrengungen Sturm zu laufen. Stellte er doch fest, daß in dem kleinen Ort die Panzersperren weggeräumt waren. Einige resolute Frauen der Gemeinde hatten gegen die Sperren bei dem Ortsbürgermeister Wurmthaler protestiert und ihre Beseitigung gefordert. Die Sperren seien ohnehin wertlos und würden nur zur Zerschießung des Ortes durch die Amerikaner führen. Als sich der Bürgermeister halb willfährig, halb unschlüssig gezeigt hatte, waren die Frauen daran gegangen, eigenhändig die Holzbohlen der Sperren zu zersägen und die Stücke als Feuerholz in ihre Häuser zu tragen. Der Kampfkommandant, über diesen Vorfall empört, erschien am 18. April gegen 10^{30} Uhr vormittags auf dem Bürgermeisteramt von Eyb und machte dem Bürgermeister in dessen Wohnung eine dramatische Szene. Wurmthalers Frau, die Zeugin des Auftritts war, gab später zu Protokoll, was Meyer ihrem Mann androhte: »Sie sind Bürgermeister und für die Gemeinde verantwortlich. Wir werden Sie zur Verantwortung ziehen und Sie werden dafür büßen.

Ihr Anwesen lassen wir in Flammen aufgehen und Sie selbst werden erschossen.« Meyer meldete den Bürgermeister der SS-Division. Zwei Stunden später, am Mittag des 18. April, wurde Wurmthaler von einer SS-Streife abgeholt und zu einem Standgericht in Nehdorf gebracht. Wir wissen nicht, was sich dort zugetragen hat. Aber offensichtlich scheinen die SS-Führer, mit denen der Bürgermeister zu tun bekam, weniger fanatisch gewesen zu sein als der Ansbacher Kampfkommandant. Am Abend desselben Tages wurde Wurmthaler wieder auf freien Fuß gesetzt und kehrte in seine Gemeinde zurück.

Nach diesem Vorfall in Eyb begab sich Kampfkommandant Meyer am späteren Vormittag des 18. April nach Ansbach und erfuhr hier, daß Bürgermeister Böhm sich für die Kapitulation der Stadt ausgesprochen habe. Meyer eilte daraufhin in das Rathaus der Stadt und setzte hier Böhm offenbar ähnlich zu wie vorher dem Bürgermeister von Eyb. Auffälligerweise unterließ er aber eine förmliche Meldung und die Einleitung eines standgerichtlichen Verfahrens. Um dies und sein gleichwohl scharfes Auftreten zu begründen, erklärte Meyer Monate später, Böhm habe, als er, Meyer, ihn im Rathaus zur Rede stellte, sich als »verächtlicher Feigling« mit »schalen Ausreden« hinter dem inzwischen verschwundenen Kreisleiter von Ansbach versteckt. Hätte er, Meyer, den Kreisleiter zu einer Gegenüberstellung erreichen können, wäre »das Standgericht sicher gewesen«. Nur weil der Beweis der lügnerischen Ausrede Böhms nicht sicher geführt werden konnte, sei dieser »einem Standgericht entronnen«. Diese nachträgliche Erläuterung benötigte Meyer vor allem zur Begründung seines ganz andersartigen Verhaltens gegenüber Robert Limpert kurze Zeit später.

Während Meyer mit Bürgermeister Böhm sprach, hatte sich vor dem Rathaus eine Gruppe von Menschen eingefunden. Aus dem Rathaus kommend hielt Meyer vor diesen Leuten eine geharnischte kurze Ansprache, in der er allen Defaitisten mit scharfen Repressalien drohte. Unter den Zuhörern befand sich auch Landgerichtsdirektor Dr. Eichinger. Er schilderte später, was er sah und hörte: Meyer scheint in diesen Stunden um sich herum nur noch Verräter, Drückeberger und Defaitisten gesehen zu haben. Wie so manche andere »glühende« Nationalsozialisten wurde er in den letzten Stunden seiner Befehlsführung zum aggressiven Amokläufer gegen die Wirklichkeit der Niederlage. Wenige Minuten nach seiner Ansprache vor dem Rathaus nahm Meyer an der Rathausecke einen 15jährigen Jungen auf einem Fahrrad ins Visier seines Gewehrs, weil der Junge die Aufforderung zur Abgabe des Fahrrades nicht befolgt hatte, in der Absicht, ihn zu erschießen. »Glücklicherweise«, so der Zeuge Dr. Eichinger, »hielt ein auf dem Gehsteig gehender unbeteiligter Soldat den Buben auf, der Oberst mit seinen Soldaten sprangen hinzu, nahmen das Rad und ließen den Buben laufen.« Dr. Eichinger zweifelte nicht daran, daß der Kampfkommandant, »nur um das Rad zu beschlagnahmen, den Knaben, der gar nicht wußte, was los war, ohne weiteres von hinten vom Rad heruntergeschossen hätte«, wenn der Soldat nicht dazwischengekommen wäre.

Nachdem Robert Limpert zu Ohren gekommen war, wie sich die Dinge nach seinem Überzeugungsversuch beim Bürgermeister im Rathaus infolge des Auftrittes des Kampfkommandanten entwickelt hatten, war er zum Äußersten entschlossen. Von dem Vorhaben, den Kampfkommandanten zu erschießen, konnte sein Vater ihn nur mit Mühe abhalten. Robert Limpert entschloß sich daraufhin zu einem anderen spektakulären Akt. Mit einer Pistole und einer Kneifzange in der Tasche ging er von der elterlichen Wohnung auf die belebte König-Ludwig-Promenade und durchschnitt hier in aller Öffentlichkeit das über der Erde geführte Kabel, das bis vor kurzem die Telefonverbindung zwischen dem (inzwischen geräumten) Gefechtsstand des Kampfkommandanten zu den vor der Stadt postierten Truppenteilen gewesen war. Limpert wußte nichts von der Verlegung des Gefechtsstandes des Kampfkommandanten. Er risikierte alles, ohne etwas zu bewirken. Auch wenn er annehmen konnte, daß die große Mehrheit der Bevölkerung Ansbachs an einem schnellen Ende des Kampfes interessiert war, mußte er sich des Risikos seines auffälligen Handelns am hellichten Tage bewußt sein.

Das Wahrscheinliche geschah! Zwei Hitler-Jungen im Alter von 13 und 14 Jahren, die sich die gesprengte Rezatbrücke angesehen hatten, beobachteten ihn. Der eine sah, wie Limpert das Kabel zerschnitt, der andere, von seinem Kameraden aufmerksam gemacht, konnte gerade noch sehen, wie Limpert die Kombizange in die Joppentasche steckte. Einer der beiden Jungen wohnte nur ein paar Häuser von den Limperts entfernt und kannte Robert Limpert vom Sehen. Die Jungen erzählten einigen herumstehenden Männern, was sie beobachtet hatten, darunter befand sich auch der Onkel eines der beiden Hitler-Jungen, ein Blockwart und Alt-Parteigenosse. Er riet seinem Neffen, das Gesehene der Polizei zu melden. Daraufhin gingen die beiden Jungen zur Polizeiwache im Rathaus und meldeten dem diensttuenden Wachtmeister Döhla den Vorfall. Dieser informierte sofort seinen Vorgesetzten Zippold. Inzwischen soll ein Soldat auf der Polizeiwache erschienen sein und mitgeteilt haben, daß er schon den Kampfkommandanten und die Kreisleitung über den Fall benachrichtigt habe. Keiner der anwesenden Polizeibeamten kam auf den Gedanken, sich die Namen der Jungen und des Soldaten nennen zu lassen und aufzuschreiben, wie es Vorschrift gewesen wäre. Deshalb konnte der Soldat, als es später um die gerichtliche Aufklärung der Vorgänge ging, nie ausfindig gemacht werden. Die beiden Jungen wurden durch Zufall entdeckt. Was folgte, war ein makabres Stück gedankenloser Polizeibeamtenroutine.

Wachtmeister Döhla begab sich in den Luftschutzkeller des Schlosses, wo er, wie Limpert, noch immer den Gefechtsstand des Kampfkommandanten vermutete, um diesem Meldung zu machen. Außer einigen Zivilisten traf er dort aber kein Mitglied des militärischen Stabes des Kommandanten mehr an, konnte sich also mit eigenen Augen davon überzeugen, daß der Gefechtsstand dort nicht mehr existierte und also auch Limperts Tat keinerlei Bedeutung gehabt hatte.

Wieder auf der Polizeiwache, teilte er seine Feststellungen seinem Vorgesetzten Zippold mit, der seinerseits inzwischen dem Kommandanten der Schutzpolizei Hauenstein Bericht über den Fall erstattet hatte. Zippold und Hauenstein waren sich darüber einig, daß der Fall eigentlich in die Zuständigkeit der Kriminalpolizei falle. Da die letzten Beamten des Außenpostens der Kriminalpolizei in Ansbach ihre Dienststelle aber bereits am Vortage verlassen hatte, sah sich Hauenstein »gezwungen«, wie er später selbst aussagte, den Fall von der Schutzpolizei »bearbeiten« zu lassen. Nichts wäre einfacher gewesen, als der Fall in den chaotischen letzten Kriegsstunden unter diesen Umständen auf sich beruhen zu lassen. Dies um so mehr, als die Tat Limperts, wie die Polizei inzwischen wußte, weder für die »kämpfende Truppe« noch für irgend jemand sonst Konsequenzen gehabt hatte. Außerdem herrschte auf der Polizeiwache am Vormittag dieses 18. April, wie die Polizeibeamten später aussagten, ein starker Betrieb, der Rechtfertigung genug dafür gewesen wäre, den Fall Limpert liegenzulassen.

Statt dessen aber setzte Zippold seinen Hauptwachtmeister Döhla sofort in Marsch und beauftragte ihn, »sich nach Limpert umzusehen und diesen bei Betreffen auf die Wache zu bringen«. Gleichgültig, ob die spätere Behauptung Zippolds, er habe im Auftrage Hauensteins gehandelt, zutrifft oder nicht, die Anordnung zur Verhaftung Limperts war mehr als übereifrig und kaum gerechtfertigt. Die Polizei hatte sich bisher noch nicht vergewissert, ob die beiden Jungen die Wahrheit gesagt hatten (Döhla begnügte sich damit, sich von ihnen das zerschnittene Kabel zeigen zu lassen), und sie wußte außerdem, daß der Gefechtsstand des Kommandanten nicht mehr besetzt war, mithin durch Limperts Tat keine Verbindung vom Kampfkommandanten zur Truppe hatte unterbrochen werden können. Zippold meinte gleichwohl, den Fall verfolgen zu müssen. Der Ermittlungsbeamte der amerikanischen Militärregierung sah es später für Zippold als besonders belastend an, daß dieser Limpert verhaften ließ, ohne vorher die Namen der Denunzianten feststellen zu lassen, diese auch nicht vernommen und sich nicht selbst von dem Tatbestand überzeugt hatte. Zippold erklärte seinerseits nachträglich den schnellen Verhaftungsbefehl mit den Worten: »Der Verdacht ist doch klar auf der Hand gelegen, da die zwei Jungen mitgeteilt haben, der Limpert hat die Kabel durchgeschnitten. Sonst läuft doch der Limpert davon und es liegt doch einem Polizeibeamten schon in der Natur, daß er einen Erfolg haben will.« Es ist nicht auszuschließen, daß die vorausgegangene Kritik des Kampfkommandanten an Hauenstein dessen Dienststelle zu solchem kompensatorischen Diensteifer veranlaßt hatte.

Wachtmeister Döhla war möglicherweise selbst überrascht, als er Robert Limpert in der Wohnung seiner Eltern tatsächlich vorfand.

Man hätte annehmen sollen, der intelligente junge Mann, der bemerkt hatte, daß er beobachtet worden war, sei bemüht gewesen, sich irgendwo anders zu verstecken. Doch Limpert nahm von der König-Ludwig-Promenade den direkten Weg nach Hause. Dort erzählte er seinen Eltern in aufgeregtem Ton, was vorgefallen war, und blieb mit ihnen im Luftschutzkeller. Nach der Erinnerung des Vaters (sie wurde bei der Kriminalpolizei Ansbach schriftlich am 4.5.1945 festgehalten) kamen 10 Minuten danach zwei uniformierte Polizeibeamte und führten Robert Limpert ab.

Unterwegs fragte Hauptwachtmeister Döhla den Studenten, ob er bewaffnet sei. Limpert bejahte dies, griff in die Hosentasche und zog einen 6schüssigen geladenen Trommelrevolver heraus. Widerstandslos händigte er die Waffe dem Polizisten aus. Auf der Wache angelangt, nahm Döhla eine Leibesvisitation vor. Dabei kam eine Reihe von verdächtigen Gegenständen zum Vorschein: eine schwarze Maske, eine Kombizange oder Drahtschere, zwei Flugblätter, wie sie in den letzten Tagen an vielen Stellen Ansbachs gefunden worden waren, und der Entwurf für ein weiteres Flugblatt.

Die Verbreitung dieser Flugblätter hatte, wie bereits erwähnt, bei der Polizei schon seit Tagen beträchtliches Aufsehen erregt und sie zu verschiedenen Recherchen veranlaßt. Das Auftauchen des Flugblattes bei Limpert machte den Polizeibeamten erneut deutlich, daß eigentlich die Gestapo diesen Fall zu bearbeiten habe. Hauenstein stellte dies auch ausdrücklich fest, meinte aber wiederum, daß die Ordnungspolizei vertretungsweise den Fall übernehmen müsse.

Nachdem solche Polizeibeamten-Routine dazu geführt hatte, daß Limpert auf der

Polizeiwache in Gewahrsam genommen wurde, ging der Automatismus der eingeübten Subalternität weiter, obwohl die meisten Polizeibeamten an der Verfolgung des Falles so kurz vor der Ankunft der Amerikaner kaum Interesse gehabt haben dürften. Um sich in dieser Hinsicht abzusichern und die Verantwortung möglichst von sich abzuwälzen, beauftragte Hauenstein seinen Untergebenen, Oberleutnant Zippold, den Fall bei Oberregierungsrat Bernreuther vorzutragen und ihn nach dessen Weisungen zu bearbeiten. Zippold suchte sofort den Regierungsvizepräsidenten im Luftschutzkeller des Schlosses auf und trug ihm den Fall vor. Über die Besprechung machte Bernreuther am 16. 10. 1945 die folgende Aussage:

»Er frug mich, was mit dem Mann geschehen solle, ob man ihn nicht mit Rücksicht auf den bevorstehenden Einmarsch der Amerikaner laufen lassen solle. Ich trug Bedenken, dem zuzustimmen, da es sich ja um ein schweres militärisches Verbrechen handelte, hielt mich auch selbst zu einer derartigen Anordnung gar nicht für zuständig. Soviel ich mich erinnern kann, habe ich dann den Gefechtsstand des Kampfkommandanten angeläutet und dort erfahren, daß von der Division bereits der Befehl eingetroffen sei, daß der Festgenommene festzuhalten sei und daß er zum Tod verurteilt sei. Ob es sich bei diesem Befehl lediglich um einen militärischen Befehl oder um ein gerichtlich ausgesprochenes Urteil handelte, wurde nicht mitgeteilt. Es kann sein, daß ich dann dem Leutnant Zippold gesagt habe, es sei wohl zweckmäßig, in der Wohnung des Limpert, den ich übrigens persönlich nicht kannte, eine Haussuchung zu halten, um allenfalls den Vervielfältigungsapparat, auf dem die Plakate hergestellt waren, sicherzustellen. ... Damit war der Fall für mich erledigt. ... Meine Tätigkeit in dem Falle Limpert bestand also, wie ich oben geschildert habe, lediglich in zwei Maßnahmen, nämlich erstens, in einem Telefongespräch mit dem Gefechtsstand des Kampfkommandanten, bei dem ich erfuhr, daß Limpert bereits von der Division zum Tode verurteilt sei und festgehalten werden müsse, und zweitens, in dem Vorschlag, bei Limpert eine Haussuchung zu halten mit dem Ziele der Beschlagnahme des Vervielfältigungsapparates. Ich habe mich mit diesen Maßnahmen innerhalb der Grenzen meiner Zuständigkeit gehalten und habe auch dadurch in keiner Weise am Tode Limperts mitgewirkt. ... Im übrigen ist es richtig, daß die Polizei im allgemeinen dem Regierungspräsidenten unterstellt ist. Ausgenommen waren damals die Geheime Staatspolizei und die Kriminalpolizei. Da das Durchschneiden der Kabel und das Anschlagen der Plakate durch die Kriminalpolizei oder die Geheime Staatspolizei zu behandeln gewesen wäre, bestand eigentlich für den Regierungspräsidenten überhaupt kein Anlaß, sich mit dem Fall zu befassen. Wenn ich es trotzdem in dem angegebenen Umfang getan habe, so geschah es nur deshalb, um der Polizei in Ansbach, die bei der gegebenen Situation in dem Falle etwas hilflos gegenüberstand, zu helfen.«

Bernreuther wollte seinen Hinweis auf die Haussuchung nicht als Weisung, sondern als Rat verstanden wissen. Allerdings gab er dies, wie er selbst aussagte, Zippold gegenüber nicht deutlich zu verstehen, so daß dieser die Äußerung des Vizepräsidenten über die vorzunehmende Haussuchung als dienstliche Anweisung auffassen mußte. Der Sache nach entsprach dies auch der Auffassung Bernreuthers, der noch während der Prozeßverhandlung über sich sagte: »Ich habe mich damals noch an die Gesetze gebunden gefühlt und das Vorgehen des Limpert als ein schweres militärisches Verbrechen verurteilt.«

Der später von der Militärregierung mit den Ermittlungen zum Fall Limpert beauftragte amerikanische Offizier bemerkte dazu:

»Von Bernreuther wäre allerdings zu erwarten gewesen, daß er als alter Jurist, als erfahrener Mann und damaliger Leiter der Regierung soviel Einblick in die Verhältnisse gehabt hätte, von Menschlichkeit und innerem Anstand ganz zu schweigen, daß er gewußt hätte, daß die Eroberung der Stadt Ansbach nur mehr eine Frage von Stunden sein konnte und daß das Ende der Naziherrschaft in Ansbach nicht mehr durch eine blutige Mordtat gekennzeichnet zu sein bräuchte. Daß er auf die Denunziation der beiden Hitlerjungen hin offenbar alle Hebel in Bewegung setzte, um Limpert an Meyer auszuliefern, spricht dafür, daß er grundsätzlich mit Meyer einig ging, da er in diesen letzten Stunden eine Maßregelung durch höhere Behördenstellen doch nicht mehr zu fürchten hatte. Seine eigenen Freunde an der Regierung äußerten zu dieser Haltung Bernreuthers, daß ihn in dieser Situation klares Denken und Menschlichkeit verlassen haben müsse, während er sonst durch seine maßvolle Haltung sich gewisse Sympathien erwarb. ... So wird auch bei Bernreuther an diesem letzten Tag das echt preußische Pflichtgefühl unmenschlich harter, brutaler Prägung lebendig geworden sein und ihn bei seinem maßlosen Ehrbegriff als alter Reserveoffizier übersehen haben lassen, daß die Rettung der Stadt Ansbach und Tausender Menschen höher stehe als der Ehrbegriff und die tote Haltung einer sterbenden Welt.«

Polizeioberleutnant Zippold entsprach dem »Rat« des Regierungsvizepräsidenten und befahl zwei Polizeibeamten, eine Haussuchung in der Wohnung Limpert vorzunehmen. Vater Limpert berichtete später, nur etwa eine halbe Stunde nach der Verhaftung seines Sohnes seien die beiden Polizeibeamten gekommen. Sie fanden ein Flugblatt in einem Wandschränkchen im ersten Stock und ein weiteres Blatt auf einem Bücherregal im Zimmer Robert Limperts. Es handelte sich um mißlungene Abzüge, doch die Schrift war so gut zu erkennen, daß der Vater die Handschrift seines Sohnes identifizieren konnte. Des weiteren wurde das gleiche Papier gefunden, aus dem die bekannten Flugblätter hergestellt worden waren. Der Vervielfältigungsapparat war nicht mehr aufzufinden. Ihn hatte Mutter Limpert inzwischen in den Abort geworfen, weil auf ihm der Name Frank vermerkt war. Frank war ein ehemaliger Klassenkamerad von Robert Limpert, den die Eltern Limperts decken wollten.

Lange hielt es Vater Limpert jetzt nicht mehr zu Hause. Gegen 11^{45} Uhr ging er aus Sorge um seinen Sohn zur Polizei. Vor dem Rathaus trat er an Hauptmann Hauenstein, der sich in Begleitung einiger Polizeibeamten befand, heran und bat ihn, seinen Sohn sprechen zu dürfen. Hauenstein verweigerte ihm die Bitte mit den Worten: »Ihren Sohn können Sie jetzt nicht sprechen, Sie brauchen sich gar nicht zu beunruhigen.« Vater Limpert machte sich daraufhin auf den Weg nach Hause.

Inzwischen war den Polizeibeamten klargeworden, daß sie voreilig gehandelt hatten. Nun versuchten sie – nach eigener Aussage –, den Fall auf die lange Bank zu schieben. Hauenstein beauftragte deswegen Zippold, erst einmal einen Bericht zu schreiben. Es scheint glaubwürdig, daß Hauenstein in diesem Stadium der Entwicklung des Falles Zeit gewinnen wollte und die Sache möglichst bis zum Einmarsch der Amerikaner in die Stadt hinauszuzögern suchte.

Jetzt aber machte ihm der Kampfkommandant einen Strich durch die Rechnung. Oberst Meyer kam gegen 13 Uhr in die Fernsprechvermittlungsstelle ins Schloß, wo ihm der diensttuende Feldwebel berichtete, daß das Fernsprechkabel zerstört worden sei. Der Mann, der es durchtrennt habe, sei von der Polizei verhaftet worden. Man erwarte seine Weisungen, was nun zu geschehen habe. Meyer marschierte mit seinem Gefechtsläufer zur Polizeiwache und traf dort auf Hauenstein, der gerade das Rathaus verlassen wollte, und überfiel ihn mit den Worten: »Wo ist der Kerl, der das Kabel durchschnitten hat, den Kerl will ich sehen.« Meyer hielt, wie wir schon erfahren haben, von dem Polizeidienststellenleiter Hauenstein nicht viel, betrachtete ihn als »armes Würstchen«, das vor jeder Verantwortung zurückschrecke und sich hinter papierenen Paragraphen und Bestimmungen verstecke. Entsprechend behandelte er den Polizeihauptmann. Er ließ sich von Hauenstein zur Arrestzelle führen. Als er Limpert sah, interessierte ihn als erstes, warum ein so junger und wohlbeleibter Mann nicht

Soldat sei. Möglicherweise rief dieser erste Eindruck bei dem »schneidigen« Kampfkommandanten starke Antipathien gegen Limpert hervor. Dieser erklärte, er sei krank und deswegen wehrdienstuntauglich und zeigte eine entsprechende Bescheinigung. Daraufhin fragte ihn Meyer nach dem Telefonkabel, worauf Limpert ausweichend antwortete: das Kabel habe ihn »interessiert«. Einen Moment war Meyer – nach eigener späterer Aussage – unschlüssig, was er jetzt tun sollte. In diesem Augenblick bemerkte Hauenstein – jetzt ganz und gar erbötig –, daß noch ganz anderes Material vorläge. Meyer trat aus der engen Zelle heraus und verlangte von Hauenstein, ihm dieses Material zu zeigen. Die Arrestzelle wurde wieder mit einer Doppeltür geschlossen. Meyer, der Gefechtsläufer, Hauenstein und Zippold begaben sich in das Dienstzimmer Zippolds, wo dieser über den Fall Limpert Bericht erstattete unter Vorlage der Beweisstücke, die bei der Leibesvisitation und bei der Haussuchung gefunden worden waren. Meyers Reaktion war eindeutig. Bei seiner späteren Vernehmung vom 26. bis 30. Oktober 1945 beschrieb er sie wie folgt:

> »Für mich war kein Zweifel, daß ich hier den Mann gefaßt hatte, der seit etwa 8 Tagen schon landesverräterische Anschläge in großer Zahl verbreitet hatte. Es waren bereits mehrmals Suchaktionen der Hitlerjugend nach den Anschlägen durchgeführt worden. Ein ganzer Pack Zettel war gesammelt worden. Ich hatte dieserhalb u. a. schon nach Schillingsfürst an das Korps berichtet. Auch Polizei und Kreisleitung beteiligten sich an der Suchaktion nach den Anschlägen. Die Flugzettel, bzw. Anschläge hatten starken Eindruck auf die Bevölkerung gemacht. Hier war – daran konnte für mich kein Zweifel mehr bestehen – der Täter gefunden. Während vorn in der Kampflinie zuletzt noch 2600 Mann braver Soldaten ihr Leben einsetzten zur Verteidigung der Heimat, hier fiel einer ihnen feige in den Rücken. Nun mußte ich handeln. Ich sagte: ›Meine Herren, wir bilden sofort ein Standgericht.‹ Indem ich auf die einzelnen Personen zeigte, Sie, Hauenstein als Vorsitzender, Beisitzer Oberleutnant Zippold und Uffz. Franz, mein Gefechtsläufer. Hierauf Schweigen. Ich hatte den Eindruck einer gewissen Hilflosigkeit. Ich fragte nun die Einzelnen nach ihrer Meinung.«

Es trat Stille ein. Keiner getraute sich etwas zu sagen. Hauenstein, weil man von ihm eine Antwort erwartete, sprach als erster: Er sagte wörtlich: »Nach den vorhandenen Beweisstücken erscheint Limpert staatsfeindlicher Umtriebe dringend verdächtig.« Zippold wollte die sich anbahnende Entwicklung etwas verzögern, deswegen sagte er unter indirektem Hinweis auf weitere notwendige Ermittlungen: »Bei weiteren Feststellungen wird sich herausstellen, daß Limpert nicht der Alleinschuldige ist.« Der Gefechtsläufer sprach sich eindeutig für Hängen aus. Hauenstein erwartete, daß Limpert nun vorgeführt, ihm das Beweismaterial vorgehalten und das Wort erteilt würde. Aber kaum hatte der Gefechtsläufer seinen Satz beendet, sagte Meyer: »Ich verurteile Limpert zum Tode. Das Urteil wird sofort vollstreckt.« Vier Stunden vor dem Einmarsch der Amerikaner in Ansbach fällte der Kampfkommandant dieses allen Verfahrensregeln spottende, praktisch von ihm allein diktierte Standgerichtsurteil. Die hinzugezogenen berufserfahrenen Polizeibeamten erhoben keinen Einspruch, obwohl ihnen die Rechtswidrigkeit und Sinnlosigkeit des Tötungsbefehls nicht verborgen blieb. Wie Hauenstein in seinen späteren Berichten vom 4. Juni 1945 (bearbeitete Fassung vom 28.8.1945) schrieb, hatte er als Polizeimann mit 41 Dienstjahren »Zweifel an der Richtigkeit des Handelns des Oberst Meyer, denn er machte den Ankläger, den Richter und den Vollstrecker des von ihm gefällten Urteils«. Auch habe er ein Standgericht nicht wirklich gebildet. Für diese Behauptung führte Hauenstein 11 Verfahrensfehler ins Feld, unter anderem: Meyer habe die Anklage selbst erhoben, das

Urteil selbst gefällt, der Angeklagte sei nicht gehört worden, er habe der Verhandlung nicht beigewohnt usw. Zippold erklärte später kurz und bündig, er habe an das Urteil gar nicht geglaubt. Bemerkenswerterweise behaupteten beide Polizeibeamten ein Dreivierteljahr später, als ihnen im März 1946 eröffnet wurde, daß sie selbst der Beihilfe zum Mord beschuldigt würden, nicht die geringsten Zweifel an dem Standgerichtsverfahren und dem gefällten Urteil gehabt zu haben. Diese plötzliche Änderung ihrer Aussage vermochte die Strafkammer des Landgerichts Ansbach, das gegen sie verhandelte, deshalb auch nicht zu beeinflussen. In der Urteilsbegründung vom 14.12.1946 heißt es:

>»Sie durften von dem Augenblicke an, als sie das ungesetzliche Vorgehen des M. erkannt hatten, also nach der Urteilsfällung durch M., an der Vollstreckung in keiner Weise mitwirken, sie waren vielmehr schon kraft ihres polizeilichen Amtes, das ihnen die Verhütung von Verbrechen aufgab, unbedingt verpflichtet, alles ihnen nur irgendwie Mögliche zu tun, um M. an der sofortigen weiteren Ausführung seiner Tat zu hindern, sie durften sich darin auch durch einen höheren Befehl nicht irre machen lassen. Statt dessen haben H. und Z. an der Vollstreckung nicht nur in einem gewissen, noch zu erörterndem Umfange sich tätig beteiligt, sondern auch nichts unternommen, um M. von seiner ungesetzlichen Handlungsweise abzubringen. Sie hätten schon, als M. das Urteil verkündete und die sofortige Vollstreckung anordnete, als Mitglieder des Standgerichts dem Gerichtsherrn M. unzweideutig erklären müssen, daß ein Urteil des Gerichts noch gar nicht vorliege und er als Gerichtsherr in keiner Weise befugt sei, anstelle des hiefür eingesetzten Standgerichts das Urteil selbst zu fällen, sie hätten durch energischen Widerspruch gegenüber M. nach der Überzeugung des Gerichts zum mindesten einen Aufschub der Hinrichtung zuwege bringen können. Ihr Vorbringen, M. sei in seinem damaligen Zustande erregtesten fanatischen Kampfeifers allen Vorstellungen der Vernunft unzugänglich gewesen und hätte sich auf nichts eingelassen, auch sei zu befürchten gewesen, daß er bei einer Weigerung, der Hinrichtung beizuwohnen, gegen sie selbst standgerichtlich vorgegangen wäre, ist als leere Ausflucht zu werten, denn das Verhalten des Angeklagten M. hatte, wie H. in der Hauptverhandlung wörtlich erklärte, in ihm ›keinerlei Furcht erweckt‹. Sie hätten unbedingt den nötigen Mut aufbringen müssen, M. entschieden entgegenzutreten, im Notfalle hätten sie gegenüber einer Gewalt des nur von einem Meldegänger begleiteten M. des Schutzes der verschiedenen anwesenden, ihnen unterstellten Polizeibeamten sich versichern und bedienen können. Sie haben aber nicht einmal den Versuch unternommen, M. entgegen zu wirken, vielmehr in liebedienerischer Ergebenheit gegenüber einem höherrangigen Offizier das gröbste Unrecht an L. geschehen lassen.«

Nachdem Meyer das ›Urteil‹ gegen Limpert gefällt hatte, befahl er Hauptmann Hauenstein und Oberleutnant Zippold, bei der Hinrichtung als Zeugen anwesend zu sein, und verlangte eine Leine. Während die Polizeibeamten diese besorgten, suchte Meyer nach einer geeigneten Vorrichtung zum Hängen und fand in der Nähe des Rathaustores einen in die Mauer eingelassenen Haken. Daraufhin ging er in Begleitung von Hauenstein und Zippold zur Arrestzelle, ließ sie aufsperren und verkündete Limpert das Urteil. Wie Zippold später aussagte, wollte Limpert etwas entgegnen, aber Meyer verbot ihm das Wort und sagte: »Du bist ein Staatsverbrecher und hast nichts mehr zu melden.« Limpert verlangte nach einem Pfarrer. Meyer verwehrte ihm auch diese letzte Bitte. Er führte Limpert am Arm nach oben zum Rathaustor. Ihnen folgten die Polizeibeamten und der Gefechtsläufer. Sie alle erreichten die Hinrichtungsstätte am Rathausbogen ohne Zwischenfälle. Doch nun passierte, wie sich Meyer vor Gericht ausdrückte, ein »Malheur«: Die Leine wurde durch den in einer Höhe von etwa 2,5 Metern befestigten Haken gezogen, der Kampfkommandant machte sich höchstpersönlich daran, die Schlinge zu knüpfen. Da duckte sich Limpert, machte einen Satz zur Seite und rannte davon. Dem Fliehenden sprangen Meyer, sein Gefechtsläufer und einige Polizeibeamte nach. Der schwer herzkranke Limpert stolperte nach 75 Metern ungefähr auf der Höhe Utzstraße 5. Seine Verfolger stürzten sich auf ihn. Es war nur noch ein Menschenknäuel zu sehen. Limpert stieß gellende Hilfe- und Schmerzensschreie aus. Er wurde getreten und an den Haaren gezerrt, doch keiner der Umherstehenden rührte einen Finger, keiner legte ein Wort für den jungen Mann ein. Einige der Umstehenden beteiligten sich sogar daran, den um Hilfe Schreienden wieder zum Rathauseingang zu schleppen. Oberleutnant Zippold rechnete es sich besonders hoch an, daß er dem Delinquenten dazu verholfen habe, »anständig« zu dem Haken zurückgeführt zu werden. In seinem Bericht vom 27. August 1945 schrieb er: »Als sich seine Hilferufe immer mehr steigerten und schließlich in ein Wehgeschrei ausarteten, ging ich etwas näher hinzu. Nun beobachtete ich, daß Oberst M. den Limpert an seinen langen Scheitelhaaren zerrte, was ihm wahrscheinlich Schmerzen verursachte. Um das unwürdige ›an den Haarenziehen‹ zu vermeiden, ging ich nun hin und nahm Limpert an seinem noch freien linken Arm, um ihn zusammen mit anderen Polizeibeamten in anständiger Weise zurückzuführen.« Was dann geschah, schilderte ein unbeteiligter Augenzeuge, Landgerichtsdirektor Dr. Eichinger:

»Während er von den Schutzleuten festgehalten blieb, trat der Oberst vor ihn, legte ihm die Schlinge über den Kopf, zog sie mit beiden Händen über der Kehle fest zusammen, Schutzleute zogen ihn langsam empor, indem sie den Strick durch den Haken laufen ließen. Der Delinquent hatte die Arme empor gehalten und fingerte sich an der Wand und der frischgebauten Luftschutzmauer empor, da er unter sich zufolge der im Eck liegenden Ziegelsteine immer noch Boden fand. Da bückte sich der Oberst und scharrte mit seinen Händen die Steine unter den Füßen des Delinquenten weg. Da riß der Strick, der Delinquent fiel mit der Schlinge und einem Strickrest um den Hals auf den Boden. Schnell machte der Oberst eine neue Schlinge, legte sie dem am Boden Liegenden neuerdings um den Hals, Schutzleute zogen wiederum an. Der Delinquent ließ jetzt die Arme hängen und hatte das Gesicht gegen die Gumbertuskirche gerichtet. Seine Füße standen immer noch auf, aber sie trugen das Gewicht des eigenen Körpers nicht mehr. Mit eingeknickten Knien blieb er hängen.«

Seit dem Eintreffen des Kampfkommandanten im Rathaus bis zum Tode Limperts waren nicht mehr als 15 Minuten vergangen. Meyer ließ noch einige der bei Limpert gefundenen Flugblätter an dessen Körper anheften und dazu einen mit grüner Farbe beschriebenen Zettel mit dem Text: »Ich bin der Verfasser.« Da sich einige Leute auf der Straße eingefunden hatten, hielt er eine kurze Ansprache, die darin gipfelte, daß hier ein Landesverräter der verdienten Strafe zugeführt worden sei, im übrigen sei die Lage nicht schlecht, man habe 5 Panzer erledigt, wahrscheinlich kämen die Amerikaner nicht mehr nach Ansbach. Mit dem Befehl, die Leiche müsse solange hängen bleiben, bis sie »stinke«, verließ Meyer den Rathausplatz. Einige Zeugen erklärten später, Meyer habe anschließend ein Fahrrad requiriert und sei sofort aus der Stadt geflohen. Er selbst behauptete, er habe befehlsgemäß im Rahmen der allgemeinen Absetzbewegungen mit seinen Soldaten Ansbach geräumt und diese am nächsten Tag in der Nähe von Wassertrüdingen einer anderen Truppeneinheit unterstellt.

Erst Stunden später beauftragte Hauenstein Hauptwachtmeister Döhla, Vater Limpert vom Tod seines Sohnes zu benachrichtigen. Die Polizeibeamten warteten inzwischen in ihren Diensträumen auf die Amerikaner. Diese kamen etwa um 17.30 Uhr, fanden die Polizeimannschaft geschlossen vor, nahmen sie alle in Gefangenschaft und schnitten Limpert von dem Haken.

Sie waren von der Tat und dem Schicksal Robert Limperts tief beeindruckt. Noch

in der späteren voluminösen amerikanischen Publikation über die Operationen der
7. Amerikanischen Armee ist der Fall Limpert als einziges Beispiel für die sporadisch
aufgetretene deutsche Opposition in den letzten Tagen des Krieges aufgeführt. Eines
der bei ihm gefundenen Flugblätter ist in Übersetzung wiedergegeben:

»Citizens of Ansbach

Defense of the city spells your complete destruction. Our city is one of the few places in the
Reich which is relatively not destroyed. We want to keep it for ourselves. Resistance cannot halt
the Americans; it can bring our doom. Put aside the tank obstacles; hinder the defense. Let us
save the city and life for ourselves and Germany.«

So eindeutig respektvoll war die Haltung der Einwohner von Ansbach gegenüber
Robert Limpert nach Kriegsende nicht. Zu viele ehrbare Bürger waren in fataler
Weise in den Fall verwickelt; deshalb durfte Limpert kein Denkmal gesetzt werden.
Symptomatisch für die geteilte Meinung der Ansbacher war die verschiedenartige Einstellung der Eltern der beiden jugendlichen Denunzianten. Die Eltern des einen HJ-Jungen äußerten sich noch nachträglich besonders gehässig über Limpert. Der Vater
sagte, er habe seinen Sohn so erzogen, daß er alles, was nicht richtig sei, der Polizei
melde. Darüber hinaus bemerkte er: »Man will dem Limpert nachrühmen, er hätte die
Stadt gerettet – das ist ja gar nicht wahr, der Draht war ja in fünf Minuten wieder geflickt.« Die Mutter übertraf den Vater noch in übler Nachrede, indem sie bedeutungsvoll darauf hinwies, daß doch der Limpert von der Schule ›geflogen‹ sei. Ganz anders
reagierten die Eltern des anderen Jungen. Die Mutter bekannte offen, daß sie die Tat
ihres Jungen verabscheue. Der Vater dieses Jungen kam zur Zeit der gerichtlichen Ermittlungen gerade aus der Gefangenschaft zurück und erzählte zu Hause, er habe gehört, zwei Hitlerjungen hätten den Limpert verraten. Er war völlig niedergeschmettert,
als er erfuhr, daß sein eigener Sohn dabei mitgewirkt hatte.

Es entbehrte nicht der lächerlichen Züge, wenn Albert Böhm, der Alt-Pg und
Goldfasan, jahrelang sein Spruchkammerurteil anfocht mit der Begründung, man
hätte seinen »bürgerlichen Mut« und seine »aufrechte Gesinnung«, die sich in seiner
tapferen Tat, der kampflosen Übergabe der Stadt, manifestierten, bagatellisiert. Denn
schließlich, so argumentierte er noch 1951 in einem Schreiben an die Berufungskammer in München, sei das lebensgefährlich gewesen, immerhin habe Stadtkommandant
Meyer am 18. April »den Studenten Lingel (!), der sich ebenfalls gegen die Verteidigung der Stadt recht aktiv ausdrückte, eigenhändig am Rathaustor aufgehängt«. Böhm
war entfallen, daß er die Stadt erst tags darauf, als der Stadtkommandant Ansbach
längst verlassen hatte, unter völlig harmlosen Bedingungen den Amerikanern übergeben hatte.

Besonders grotesk mutet es an, daß einige Leute sich bemühten, den Kampfkommandanten Meyer als Retter Ansbachs hinzustellen. Der als fanatisch bekannte ehemalige Nationalsozialist SS-Generalleutnant Simon behauptete ebenso markig wie
verlogen, daß Meyer unter Einsatz seines Lebens den Entschluß gefaßt habe, den
Kampf um Ansbach frühzeitig zu beenden, und so die Stadt gerettet habe. Auch
Meyer selbst genierte sich nicht zu erklären, eines Tages werde die Stadt sein Foto erbitten, um ihn als Retter der Stadt feiern zu können. Dies zu tun, hütete sich die Stadt
natürlich wohlweislich, aber sie konnte sich auch bis auf den heutigen Tag nicht entschließen, Robert Limpert als ihren tapferen Sohn zu ehren. Hartnäckig hielt sich unter Ansbacher Bürgern wider besseres Wissen die Legende, Robert Limperts Tat habe

deutschen Soldaten das Leben gekostet, weil sie der Rückzugsbefehl nicht rechtzeitig erreichte. Obwohl die Tatsache, daß der Gefechtsstand des Kampfkommandanten längst verlegt gewesen war, allgemein bekannt war, hielten viele zäh an dieser Behauptung fest. An Limperts Tat erinnert in Ansbach nur eine kleine Gedenkplakette, die Freunde von ihm geschaffen und an seinem Geburtshause angebracht haben.

Zum Quellenhintergrund

Erste Anhaltspunkte über den »Fall Limpert« lieferte das in der großen Veröffentlichungsreihe von NSG-Prozessen über Tötungsverbrechen enthaltene Urteil der Strafkammer des Landgerichts Ansbach gegen den ehemaligen Kampfkommandanten Dr. Meyer u. a. (Justiz und NS-Verbrechen. Sammlung deutscher Strafurteile wegen nationalsozialistischer Tötungsverbrechen 1945–1966, Bd. 1, bearb. von A. L. Rüter-Ehlermann und C. F. Rüter. Amsterdam 1968, S. 112–129 und 649 ff.). Obwohl in der Urteilsbegründung auf nur zweieinhalb Seiten geschildert (S. 117 ff.), beeindruckte der Fall schon beim ersten Lesen so sehr, daß sich die Absicht weiterer Erkundung schnell aufdrängte. Eine Anfrage bei den Amsterdamer Herausgebern ergab, daß diese nicht ermächtigt waren, die ihnen von den Landesjustizverwaltungen überlassenen Unterlagen Dritten zur Verfügung zu stellen. Aufgrund eines Erlasses des Bayerischen Staatsministeriums der Justiz aus dem Jahre 1970, das die nachgeordneten Justizbehörden anwies, dem Institut für Zeitgeschichte in besonderen Fällen Unterlagen aus Verfahren wegen NS-Verbrechen zur historischen Auswertung zu überlassen, erhielt die Verfasserin auf schnellstem Wege die erbetenen Prozeßakten (Registratur des Landgerichts Ansbach, KLs 24/46).

Bei der Auswertung dieses Prozeßmaterials zeigte sich, daß sämtliche an dem Fall beteiligten Polizeibeamten zur Zeit des Prozesses in demselben Gefangenenlager (Boel-Iggelheim) untergebracht waren und infolgedessen über den Fall ausgiebig sprechen konnten. Die gerichtlichen Vernehmungen sind dadurch offensichtlich belastet worden. Auch fällt der Unterschied auf zwischen den relativ freimütigen Äußerungen einiger Polizeibeamten bei frühen Vernehmungen, als sie sich noch als bloße Informanten betrachteten, und den späteren Vernehmungen, als sie selbst der Beihilfe zum Mord angeklagt waren. Dennoch erwiesen sich die drei umfangreichen Aktenbände als höchst ergiebig, wenn sie auch oft mehr Aufschluß geben über die Mentalität der Angeklagten und die Schwierigkeiten des Verfahrens als über den Gegenstand der Anklage, den Fall »Robert Limpert«.

Zur Aufhellung der Person und Lebensgeschichte Limperts war der Kontakt mit Personen aus seinem engsten Umkreis unentbehrlich. Es entspann sich ein ausgedehnter, zum Teil reger Briefwechsel, manchmal kombiniert mit Telefongesprächen, mit einer Reihe von Personen aus dem ehemaligen Freundeskreis Robert Limperts. Ihnen allen hat die Verfasserin für wertvolle Erzählungen und Detailschilderungen zu danken, insbesondere Professor Dr. Karl Bosl, einem der ehemaligen Ansbacher Lehrer Robert Limperts am Gymnasium von Ansbach, dem Studienprofessor Heinrich Pospiech, ehemals am selben Gymnasium, Dr. Dr. Wolfgang Hammer, Freund und Schulkamerad Limperts, und Martin Kronacker, einem langjährigen Freund der Familie.

Sie alle hatten, in zum Teil vorsichtigen Wendungen, auch auf den Leiter des Stadtarchivs Ansbach, Archivdirektor Lang, hingewiesen, mit dem die Verfasserin ohnehin schon in brieflichem Kontakt stand. Er hatte ihr mitgeteilt, daß es bei der Stadt Ansbach »Akten offizieller Natur« nicht gebe, er hingegen selbst versucht habe, »Unterlagen über den Fall Limpert zu sammeln«. Der interessierten Nachfrage der Verfasserin, ob seine persönlichen Recherchen – damals wußte die Verfasserin noch nicht, daß Lang 1970 vom Stadtrat den offiziellen Auftrag zu einer Dokumentation über Robert Limpert erhalten hatte, der im Laufe der Zeit allerdings offensichtlich in Vergessenheit geriet – von Erfolg gewesen seien und ob er selbst beabsichtige, über Robert Limpert etwas zu publizieren, entgegnete er, er wolle in »absehbarer Zeit« nichts über Robert Limpert veröffentlichen, er verfüge »selbstverständlich ... über eine Menge von Informationen«, die er »gerne zur Verfügung stelle«. Im Laufe der folgenden zwei Jahre ist es der Verfasserin nicht gelungen, diese zu erhalten; nicht einmal eine Kopie des Limpertschen Flugblattes, das Kronacker dem Stadtarchivar übergeben hatte, konnte sie zu Gesicht kriegen. Hingegen war es ihr möglich, ein Originalflugblatt von dem ehemaligen Chief-Investigator der Militärregierung für den Stadt- und Landkreis Ansbach, Professor Dr. Frank D. Horvay aus Ohio, zu bekommen. Auch eine dreieinhalb Seiten lange Ausarbeitung des Stadtarchivars »Betr. Robert Limpert (1925-1945)«, die Lang 1970 offensichtlich dem Stadtrat vorgelegt hatte, erhielt die Verfasserin von dem amerikanischen Professor.

Von einer Kontaktaufnahme mit Familienangehörigen Robert Limperts wurde der Verfasserin verschiedentlich abgeraten, der Stadtarchivar von Ansbach bat sogar, die »Familie selbst zu verschonen«. Indessen gestaltete sich die Beziehung zu Gertraut Höptner, der Schwester von Robert Limpert, als überaus herzlich und wissenschaftlich fruchtbringend. Frau Höptner konnte nicht nur einige höchst wichtige Aussagen über Person und Charakter ihres Bruders machen, in ihrem Besitz befindet sich auch dessen persönlicher Nachlaß. In ihm sind enthalten sein Briefwechsel 1943–1945, Aufzeichnungen nicht sehr umfangreicher Art, seine Veröffentlichungen und sein Testament. Auch wenn sich das Tagebuch, das Robert Limpert nach Aussage seiner Schwester damals führte, nicht finden ließ, so bildete schon dieser Teil des Nachlasses eine gewichtige Bereicherung der Dokumentengrundlage.

Im Vergleich dazu war die Auswertung einiger Spruchkammerakten (Registratur Amtsgericht Ansbach, Karl Bosl, Friedrich Bernreuther, Albert Böhm) wenig ergiebig und half nur einige, nicht unwichtige Details zu rekonstruieren.

Die *Fränkische Landeszeitung* wurde im Hinblick auf Erinnerungsartikel an die Ereignisse des 18. April 1945 durchgesehen, festzuhalten blieben da die Ausgaben vom 24.4.1946, 18.4.1955, 15.7.1969, 4.7.1970, 18.4.1980.

Die englische Übersetzung des letzten Flugblatts von Robert Limpert, das die Amerikaner an seiner Leiche fanden, wurde entnommen aus der amerikanischen Kriegsgeschichte: Report of Operations. The Seventh United States Army in France and Germany 1944–1945. Heidelberg 1946, Bd. III, S. 778.

Die in den »Fall Limpert« eingeschlossenen Geschehnisse in Brettheim sind zum erstenmal in einem Artikel von Joachim Heldt in der Zeitschrift *Stern*, Nr. 37, vom 10.9.1960, unter dem Titel »Wir werden weiter marschieren« aufgegriffen worden. Von Otto Ströbel etwas umgearbeitet, wurde der Artikel für den Gebrauch an den Schulen des Landkreises Schwäbisch Hall auch in einer Sonderpublikation präsentiert

(Otto Ströbel: Die Männer von Brettheim, hrsg. vom Landkreis Schwäbisch Hall. Kirchberg an der Jagst 1981). Diese journalistische Aufbereitung läßt die Vorgänge, Zusammenhänge und Details der tatsächlichen Geschichte aber kaum noch wiedererkennen. Die einschlägigen Gerichtsakten, die in diesem Fall besonders eindrucksvoll und sprechend sind, liefern weit Genaueres und weit mehr. Es handelt sich hierbei um die zehn Jahre währenden Prozesse gegen Erich Höllfritsch, Max Simon, Friedrich Gottschalk und andere und die noch wichtigeren Verfahren gegen Max Simon, Friedrich Gottschalk, Ernst Otto und Ernst Smolka wegen Mordes (Registratur Landgericht Ansbach, Ks 1 a-d/52, Ks 1 und 2/54, Bd. I–XII). Diese Akten sind nicht nur hochinteressant in bezug auf die Vorkommnisse in Brettheim, sondern vor allem auch in bezug auf die Prozeßgeschichte. Immer wieder gab es neue überraschende Wendungen im Prozeßverlauf, so z. B. im Verfahren gegen Höllfritsch: nachdem die Anklageschrift vom Dezember 1950 schon fertiggestellt war, ergab sich ein ganz neues Bild, weil auch der Vorsitzende des ehemaligen Standgerichts in Schillingsfürst (Otto) und die beiden Beisitzer aufgefunden worden waren (Smolka und Moschen). (Vgl. Beschluß der Strafkammer des Landgerichts Ansbach vom 15.10.1954). Ähnlich dramatisch entwickelte sich das Verfahren gegen den SS-General Simon, als der Zeuge, Landwirtschaftsrat Dr. Friedrich Esser, sich mehr und mehr in Widersprüche verwickelte und schließlich, entgegen seiner Absicht, verriet, daß er beim Standgericht gegen Hanselmann selbst anwesend gewesen war und als Beisitzer sogar das Urteil unterschrieben hatte. Der Tat oder der Beteiligung an der Tat oder der Begünstigung der Angeklagten hinreichend verdächtig, wurde er zwei Jahre später selbst vor ein Schwurgericht in Nürnberg gestellt.

Die Prozesse, die alle ohne Ausnahme mit Freispruch für den Hauptangeklagten Simon endeten, erregten im In- und Ausland Aufsehen und lösten immer wieder heftige Kontroversen aus. So wurde schon das erste Urteil (vom 15.10.1955) ein skandalöses Fehlurteil genannt (siehe z. B. Otto Gritschneder: SS-General Simon freigesprochen, in *Rheinischer Merkur* vom 4.11.1955); ähnlich die Berichterstattung über das Urteil vom 23.7.1960 im *Rheinischen Merkur* vom 29.7.1960 (»Da lacht die SS«). Immer wieder wurden schockierende Einzelheiten bekannt. So wurde z. B. der Nebenklägerin, der Witwe Wolfmeyers, und deren Rechtsanwalt erst im März 1958 bekannt, daß der hinzugezogene Sachverständige Dr. Frohwein den angeklagten ehemaligen Waffen-SS-General Simon, als dieser seinerzeit in Padua wegen Kriegsverbrechen vor einem britischen Militärgericht stand, verteidigt hatte. (Simon wurde dabei zum Tode verurteilt, das Urteil wurde später in »lebenslängliche Haft« umgewandelt, und der Verurteilte wurde später begnadigt.)

Der Schwurgerichtsvorsitzende des ersten Prozesses, Landgerichtsdirektor Dr. Andreas Schmidt, so stellte sich allmählich heraus, war der NSDAP schon 1927 beigetreten (Ortsgruppenführer des NS-Rechtwahrerbundes etc.). Im April 1956 brachte der Bayerische Rundfunk die Nachricht, daß der damalige Anklagevertreter – das Verfahren war inzwischen von Ansbach an das Schwurgericht Nürnberg-Fürth abgegeben worden (Registratur Landgericht Ansbach, Ks 1 a – c/59(60)) – Oberstaatsanwalt Dr. Kühn, während des Krieges einige Zeit Ankläger beim Sondergericht Nürnberg gewesen war und als solcher auch einige Todesurteile beantragt hatte. Die harte amtliche Stellungnahme, die auch in mehreren Zeitungen veröffentlicht wurde, wandte sich gegen die Art, wie die Vorwürfe in die Öffentlichkeit lanciert wurden, dies sei »Wasser auf die Mühlen der Angeklagten«, die aber dennoch ihrer »gerechten Strafe« zugeführt werden würden. Dem entgegneten die Anwälte der Gegenseite: Wer an einem Sondergericht tätig gewesen sei, habe objektiv die vom Staat diktierte »Verwilderung der Strafrechtspflege« begünstigt, also genau das gemacht, was den Angeklagten im vorliegenden Verfahren vorgeworfen wurde.

Der Charakterisierung des ehemaligen Kampfkommandanten von Ansbach diente auch das Verfahren gegen Erich Stentzel (Registratur Landgericht Ansbach, Ks 3 a b/ 58), der 1945 dem Kampfkommandanten unterstellt war. Im wesentlichen ging es bei diesem Prozeß um eine andere Geschichte: Stentzel und ein weiterer nicht festgestellter Offizier hatten am 12. April eine Mühle in Ergersheim, weil auf ihr die weiße Fahne gehißt war, in Brand gesteckt und anschließend den Müller erschossen (als »Beweisstück« waren die Todeskugeln in einem Umschlag der Akte beigegeben).

Abkürzungsverzeichnis

AgitProp	Agitation und Propaganda
BayHStA	Bayerisches Hauptstaatsarchiv
Bd., Bde.	Band, Bände
BDC	Berlin Document Center
BdM	Bund deutscher Mädel
Bearb., bearb.	Bearbeiter, bearbeitet
BMW	Bayerische Motorenwerke
BPP	Bayerische Politische Polizei
BSW	Brüderliche Vereinigung sowjetrussischer Kriegsgefangener
BVP	Bayerische Volkspartei
DAF	Deutsche Arbeitsfront
Derop AG	Deutsche Vertriebsgesellschaft für russische Ölprodukte
DDR	Deutsche Demokratische Republik
Div.	Division
DJK	Deutsche Jugendkraft
Dok.	Dokument
EK	Ehrenkreuz
f., ff.	folgend(e)
Gestapa	Geheimes Staatspolizeiamt (Berlin)
Gestapo	Geheime Staatspolizei
gez.	gezeichnet
HJ	Hitlerjugend
Hrsg., hrsg.	Herausgeber, herausgegeben
IfZ	Institut für Zeitgeschichte
ITS	International Tracing Service (Internationaler Suchdienst)
Jg.	Jahrgang
KdI	Kammer des Innern
KJVD	Kommunistischer Jugendverband (Deutschlands)
KL	Konzentrationslager
KPD	Kommunistische Partei Deutschlands
KZ	Konzentrationslager

LG	Landgericht
LGR	Landgerichtsrat
LRA	Landratsamt
NS	Nationalsozialismus, nationalsozialistisch
NSDAP	Nationalsozialistische Deutsche Arbeiterpartei
NSG	Nationalsozialistische Gewaltverbrechen
NSV	Nationalsozialistische Volkswohlfahrt
o.J.	ohne Jahr
OLG	Oberlandesgericht
OKW	Oberkommando der Wehrmacht
Pg.	Parteigenosse
Regt.	Regiment
RFB	Roter Frontkämpferbund
RFSSuChdDtPol	Reichsführer SS und Chef der Deutschen Polizei
RGBl.	Reichsgesetzblatt
RM	Reichsmark
RMdI	Reichsminister des Innern
RSHA	Reichssicherheitshauptamt
S.	Seite
SA	Sturmabteilung
SAJ	Sozialistische Arbeiterjugend
SD	Sicherheitsdienst
SK	Spruchkammer
SPD	Sozialdemokratische Partei Deutschlands
SS	Schutzstaffel der NSDAP
StA	Staatsarchiv
Stanw	Staatsanwaltschaft
Uffz.	Unteroffizier
uk	unabkömmlich
US	United States
USDP	Unabhängige Sozialdemokratische Partei Deutschlands
VB	Völkischer Beobachter
VGH	Volksgerichtshof
V-Person	Vertrauensperson
VVN	Vereinigung der Verfolgten des Naziregimes
z.b.V.	zur besonderen Verwendung

Sachregister

Adel 138, 214 ff.
Amtsgericht Starnberg 131
Anonyme Briefe 152–155
Anprangerungen 139, 174–182, 190
»Anschluß« Österreichs 196 f.
Antisemitismus 57, 59, 77, 79, 81 f., 85 ff., 91, 100, 108 f., 112, 118, 126, 139
Arbeitsverweigerung 215
Attentate gegen Hitler
 Bürgerbräukeller 34
 20. Juli 140, 209, 215–219, 225
Ausbürgerungen 115
Ausweisung 97, 108
Ausweisungshaft 80

Bayerische Politische Polizei s. Gestapo
Bayerisches Staatsministerium der Justiz 167
Bayerische Volkspartei 52, 59, 61, 121, 124, 127, 157–161, 166 f., 169
Bayernwacht 119, 121 f., 124 f.
Beamte 143, 157 f., 168 ff.
Begnadigungen 205
Berchtesgadener Weihnachtsschützen 197–200, 202 f., 205, 207
Bezirksamt (h. a. Landratsamt)
 Alzenau 52, 60, 66, 72
 Berchtesgaden 249
 Eichstätt 158 ff., 163, 165
 Kitzingen 111 f.
 Regen 190 f.
 Starnberg 117, 125
Bibelforscher 139
Bne-Brith 88
Bombardierungen 24, 35, 42, 145 f., 149, 230 f.
Britische Konsularbehörden 112
Brüderliche Vereinigung sowjetrussischer Kriegsgefangener (Organisation) 44
Bund deutscher Mädel 166, 178

Christlicher Bauernverein 166

Defaitismus 144 f., 206, 209, 245
Denunzierung 40, 45, 60, 148 ff., 180, 200, 256 ff., 253
Der gerade Weg (Zeitschrift) 120, 125, 139
Deutsche Arbeitsfront 33, 63, 151, 153 f.
Deutsche Briefe (Exilzeitschrift) 134 ff.
Deutscher Tag (der völkischen Verbände) 116, 118, 122
Deutsch-Sowjetischer Nichtangriffspakt 144, 149

Dienststrafverfahren 168 ff.
Doktorwürde, Aberkennung 95 f.
Dunkelhaft 82, 85, 89, 94

Eiserne Front 188
Emigration 115
 Palästina 111 f.
 Schweiz 133 f.
 Shanghai 112
 Tschechoslowakei 186
 Übersee 112
Exekutionen
 verfahrenslose 191
 Verweigerung 46, 241

Flugblätter 23 f., 31, 35–50, 233 ff., 240, 247, 249 f., 252 f., 255
Fränkische Tageszeitung 225
Fränkisches Volksblatt 107
Freimaurer 88
Fremdarbeiter 190 f.
Fronleichnamsprozessionen 165, 198

Gestapa 93 f., 97, 102, 104, 106 f., 112
Gestapo 53, 76, 138–141, 148, 150, 160, 182, 247 f.
 München (h. a. Wittelsbacher Palais) 25, 29, 31–35, 40 ff., 42–48, 50, 63 f., 66, 70 f., 79–81, 83–88, 90–99, 101 f., 104 f., 107, 109, 111, 138, 150, 160, 180, 201 f., 207
 Nürnberg 145, 185–191, 209, 211 f., 216–221, 226
 Würzburg 61, 66–82, 87 ff., 92 f., 85–107, 109 f., 111, 154 f., 191, 218
Gewerkschaften 125, 151, 154
Gymnasien
 Ansbach 229, 244, 254
 Eichstätt 158

Haftanstalten
 Aichach 145
 Amberg 110
 Ansbach 235
 Aschaffenburg 61, 71
 Bad Aibling 176, 179
 Brandenburg-Goerden 205
 Cham 184 f.
 Eichstätt 166
 Moabit 203
 München 44, 85 f., 92

Sachregister

Neudeck 32, 201 f., 206
Nürnberg 185, 188, 226
Ochsenfurt 81, 87 ff., 92 ff., 105, 110
Rothenburg o. d. T. 237 f.
Stadelheim 28, 46, 201
Straubing 205 f.
Traunstein 44
Waldheim 110
Würzburg 78–82, 89–93, 99, 104, 110
Haussuchungen 27, 78, 81, 150, 188, 248 f.
Heimtücke 89, 109, 143, 148 f., 153 f., 209, 211, 217 ff., 222
Hilfsverein der Juden in Deutschland 112
Hitlerjugend 32, 43 f., 64, 66, 128, 158–161, 163–168, 172, 199, 236 f., 239 f., 246 ff., 250, 253
Hochverrat 31, 45, 48, 79 ff., 84, 144 f.
Homosexualität 77–81, 83 f., 94 ff., 98, 100–103, 107, 110

Jesuiten 139, 213, 216, 225
Juden 28, 70, 78 f., 89, 93, 98 ff., 111 f., 121, 126, 130 f., 152
s. a. Antisemitismus, Emigration
Justiz und Gestapo (Rechtsbeugung) 99, 101, 105 f., 109

Katholizismus 122, 126, 128, 157, 159 f., 166, 202
Kirche, katholische
Austritte 142 f.
und Judenfrage 70, 126
und NS-Regime 43, 52–61, 59, 61 ff., 65, 68–74, 121 f., 126, 128 f., 132 ff., 136–143, 157, 159, 163 f., 169, 180, 197–200
s. a. Jesuiten, Konkordat, Protestaktionen, Verbände
Kommunismus, Kommunisten
(h. a. Kommunistische Partei Deutschlands) 23, 26–29, 31–35, 38, 40 f., 43 f., 47, 50, 52, 78 f., 111, 123, 138 ff., 143 ff., 149 f., 163, 182 f.
Konkordat 63, 129, 141, 159
Konzentrationslager 32 f., 144, 152, 174 f., 180 ff.
Buchenwald 112
Dachau 28 ff., 32–35, 45 f., 50 f., 67, 79–92, 95, 97 ff., 101 f., 104 ff., 109–113, 127, 129, 139, 144, 155, 169, 188 ff., 206
Flossenbürg 172
Mauthausen 110
Sachsenhausen 112
Kriegsgefangene 172–179, 181 f., 190

Landesverrat 79 ff., 84, 98, 144 ff.

Landgericht
Eichstätt 163 f., 167 f.
Nürnberg-Fürth 210, 220 f.
Weimar 80
Würzburg 80 ff., 87, 89–95, 97–110, 210
Landratsamt s. Bezirksamt
Land- und Seebote (Zeitung) 115–120, 122 f., 126–129
Lehrer 143, 157 f.

Mainfränkische Zeitung 79
Mißhandlungen (von Häftlingen) 28, 33, 44, 46, 81–89, 92, 98, 105, 109, 169, 178 ff., 218, 252

Nationalsozialistische Deutsche
Arbeiterpartei 42, 91, 111, 116–124, 126–134, 143, 150, 152 f., 158, 160, 162 f., 207 f., 210, 222, 238
und Brauchtum 195, 197 (s. a. Berchtesgadener Weihnachtsschützen)
Kreisleitung
Ansbach 234 f., 242 f., 245 f., 250
Berchtesgaden 198 ff.
Eichstätt 158 f., 162–170
Rothenburg o. d. T. 236 ff.
Starnberg 126 ff., 132 ff., 136
Würzburg 151
Ortsgruppe
Bad Aibling 177, 182
Brettheim 236–239, 256
Eichstätt 158 f.
Gräfelfing 138
Heideck 215
Mömbris 52–67, 71 f., 74 f.
Starnberg 122 ff., 126–129, 132
NS-Frauenschaft 54
NS-Rechtswahrerbund 102, 210, 256
NSV 60, 62 ff., 153 f.

Oberlandesgericht
Bamberg 174
München 48, 51, 114, 121, 137
Nürnberg 191, 210 f.
Obersalzberg 194 f., 198, 203, 206

Parteikanzlei 202 f., 206, 208
Polizei (Landespolizei, Kriminalpolizei) 28, 36, 40, 48, 52, 59 f., 66 f., 71 f., 78, 81, 90 f., 93, 136, 157–163, 167 ff., 176–180, 190 f., 208, 230, 234 f., 240 f., 246, 248, 254
Postkontrolle 78, 82, 85, 89, 91–94, 96, 101, 105, 135, 139–142, 144 ff., 153
Protestaktionen
gegen NS 54–58, 60 f., 66 f., 69 f., 72
von NS 70, 72, 160 ff., 166 ff., 178–182

Regierung von
  Oberbayern 36, 47 f., 51, 180
  Oberfranken und Mittelfranken 62, 160, 170
  Unterfranken 62, 71, 108
Reichsbanner 151
Reichsführer-SS und Chef der Deutschen Polizei 90, 92, 97, 104, 106, 110, 174, 180 f., 191
Reichsjustizministerium 93 ff., 98 f., 101 f., 104–107, 109, 114, 202, 210
Reichskirchenministerium 71
»Reichskristallnacht« 89, 152
Reichssicherheitshauptamt 45 f., 88, 155, 215 f., 230
Reichsstatthalter von Bayern 91 f., 169
Reichsvereinigung der Juden in Deutschland 112
Röhm-Affaire 32, 101 f., 106
Rote Hilfe 27, 29, 143
Rotfrontkämpferbund 31 f., 34, 51

SA 27 f., 32, 54, 60, 64, 69 ff., 73, 118, 124 ff., 128, 132, 140, 152, 160–168, 204
Schutzhaft 28, 71, 73, 78 f., 81, 88–92, 94, 97, 111 f., 125, 127, 131, 139, 153, 155, 159 f., 166 ff.
Schweizer Konsularbehörden 79, 84 ff., 88, 93 ff., 97 ff., 101, 103–106
Sicherheitspolizei und Sicherheitsdienst 59 f., 74, 140 f., 203, 208, 212 f.
Sicherungsverwahrung 94, 108 f.
Sondergericht
  Bamberg 73, 75, 109, 155
  Dresden 148
  München 48 f., 51, 150, 180, 191
  Nürnberg 145 f., 209 ff., 220, 256 f.
Sozialistische Partei Deutschlands 25 f., 28, 30, 52, 67, 125, 138, 151, 153 ff., 182 ff., 186–191
Spitzeltätigkeit 33, 41 f., 46, 84, 140, 182 f., 185–192, 209, 212 f., 216–221, 224
SS 28, 30, 32 f., 42, 68, 117, 127 ff., 131, 170, 188 f., 204, 206, 215, 218, 222, 237, 239, 242–245, 253
s. a. Reichsführer-SS

Stahlhelm 138
Standgerichte 209, 213, 222–225, 237 f., 241, 245, 250 f., 256
Stürmer, der 54–59, 61 f., 64–67, 69–74, 100, 107

Tank (NS-Kampfblatt) 122
Todesstrafe 79, 146, 191, 204–207, 209 ff., 222, 224 f., 237–241, 248, 250 f.
s. a. Exekutionen

Universitäten
  Frankfurt/M. 95 f.
  Fribourg 230, 233
  München 23
  Wien 195, 207
Unabhängige Sozialistische Partei Deutschlands 24 ff.

Verbände und Vereine 116, 126
  katholische 63, 116, 132, 139, 158, 164 ff., 168
  sozialistische 30 f., 143
  völkische 116, 118, 122
Vermögensbeschlagnahme und -einziehung 79–83, 96 f., 206
Vertrauensratswahlen 63
Völkischer Beobachter 51, 91, 117, 131
Volksgerichtshof 37, 46 ff., 84, 98, 146, 200, 202–208, 210, 220 f., 223
Volkssturm 236 f., 239 f., 242
Vorwärts (Exilzeitung) 187

Wahlen 152 f.
  1932 157
  1932, Nov. 52
  1933, März 27, 52, 123 f., 158
  1933, Nov. 130
Wehrkraftzersetzung 144 ff., 206 f., 218, 220 f., 223 ff., 238
Wehrmacht 43 f., 161, 163 f., 236, 239–253
Wehrwolf 240
Weiße Rose 23 f., 37 f., 48
Winterhilfswerk 69, 135, 148 f., 152
»Wittelsbacher Palais« s. Gestapo München
Würzburger Generalanzeiger 108 f.